21世纪应用型本科会计系列规划教材

国家级一流本科专业建设点教材
省级一流本科专业建设点教材
省级精品课程教材

中级财务会计

（第四版）

Intermediate Financial Accounting
4th edition

姜昕 李爱华 陈继兵 编著

东北财经大学出版社
Dongbei University of Finance & Economics Press
大连

图书在版编目（CIP）数据

中级财务会计 / 姜昕，李爱华，陈继兵编著．—4版．—大连：东北财经大学出版社，2021.2（2021.9重印）
（21世纪应用型本科会计系列规划教材）
ISBN 978-7-5654-4116-5

Ⅰ.中…　Ⅱ.①姜…②李…③陈…　Ⅲ.财务会计-高等学校-教材　Ⅳ.F234.4

中国版本图书馆CIP数据核字（2021）第027829号

东北财经大学出版社出版
（大连市黑石礁尖山街217号　邮政编码　116025）
网　址：http://www.dufep.cn
读者信箱：dufep@dufe.edu.cn
大连天骄彩色印刷有限公司印刷　东北财经大学出版社发行

幅面尺寸：185mm×260mm　字数：462千字　印张：19.5
2021年2月第4版　2021年9月第2次印刷

责任编辑：蔡　丽　周　慧　责任校对：慧　心
封面设计：冀贵收　版式设计：钟福建

定价：42.00元

教学支持　售后服务　联系电话：（0411）84710309

如有印装质量问题，请联系营销部：（0411）84710711

第四版前言

本书是以财政部颁布的企业会计准则、企业会计准则解释、《企业会计准则——应用指南》为依据，按照高等院校会计学专业主干课程教学大纲的要求进行编写的，系统阐述了会计要素的确认、计量、记录与报告的基本理论与方法。

本书内容从理论到实务，从日常会计核算到期末编制财务报告，由浅入深，循序渐进。除第 1 章外，其他 14 章都设置实例，更突出会计实务操作。为了让学生更好地把握学习内容和重点，本书每一章都设置了“学习目标”“基本训练”，以便学生进行预习和巩固所学知识。本书不仅适用于会计类本科专业的教学，还可作为企事业单位会计从业人员的培训教材。

全书共分 15 章：第 1 章总论，阐述了中级财务会计的基本理论；第 2 章至第 14 章按照会计要素依次展开，系统阐述了其会计处理方法；第 15 章阐述了财务报告的内容及编制方法。

本书第四版增加了企业会计准则解释及新修订和新发布的具体会计准则内容，同时对第三版的不足之处进行了完善。本书在进行第四版第 2 次印刷时，依据财政部会计司 2021 年 3 月发布的企业会计准则实施问答，针对涉及的相关具体会计准则进行相应修改，主要修改了第 9、12 章等。

本书由姜昕、李爱华、陈继兵合作完成，具体分工如下：姜昕编写第 3、6、7、8、9、10、15 章；李爱华编写第 4、11、12、14 章；陈继兵编写第 1、2、5、13 章。

在本书编写过程中，编者参考了国内外的部分文献资料。另外，研究生侯晓晗、王娜、周媛子、彭秋月和佟佳俐参与了本书的修订工作，在此一并表示感谢！由于我们的水平有限，书中难免存在疏漏和不足之处，敬请广大读者批评指正。

编　者

2021 年 1 月

目　录

第1章　总　论

学习目标

- ◆ 重点掌握财务会计的基本假设、财务会计的基本要素、会计信息的质量要求。
- ◆ 掌握财务会计的目标、财务会计的信息处理程序、财务会计报告的构成。
- ◆ 了解财务会计的特征、企业会计准则的内容。

1.1　财务会计概述

财务会计随着经济的发展而不断完善，至今已成为一门比较完整的、系统的经济管理学科。它是现代会计的一个分支，主要是为企业外部的各利益关系人定期提供各种财务会计报告。因此，财务会计的定义可表述为：财务会计是以会计法为准绳，依据企业会计准则，按照规定的会计程序，采用一系列的专门方法，为有关方面提供财务状况、经营成果和现金流量等信息的一种管理活动。

1.1.1　财务会计的特征

1. 主要向企业外部利益关系人提供对决策有用的会计信息

财务会计侧重于向企业外部利益相关者（如投资者、债权人等）提供有关企业财务状况、经营成果和现金流量情况等信息，企业外部决策人通过财务会计提供的会计信息了解企业的盈利能力和财务状况等，进而判断企业的发展前景，从而作出自己的决策。管理会计侧重于向企业内部管理者提供进行经营规划、经营管理和预测决策所需的相关信息。财务会计侧重于过去的信息，为外部有关各方提供所需数据；管理会计侧重于未来的信息。

2. 以提供财务会计报告为核心工作

财务会计以会计准则为依据，确认、计量、记录、报告企业资产、负债、所有者权益、利润以及现金流量的增减变化，反映企业收入的取得、费用的发生、利润的形成及分配，并定期报告企业的财务状况、经营成果和现金流量。财务报告既可以满足企业外部投资者、债权人的需要，又可以满足企业内部管理者的需要。而管理会计只是为企业的经营决策提供有选择性的管理信息，它不把编制会计报告当作主要目标，其业绩报告也不对外公开。

3. 以传统的会计处理模式作为信息加工的方法

财务会计运用的仍然是以复式记账系统为基础的会计程序和方法，以复式记账为核心，以凭证和账簿组织为形式，包括序时记录、分类记录、试算平衡、对账和结账等一系列步骤。收入和费用的确认，以权责发生制为基础，提供反映企业经济活动的历史信息。

而管理会计则引进吸收了管理科学和计算技术等自然科学及其他相关经济学科的理论、技术和方法，突破了传统会计的范畴。

1.1.2 财务会计的目标

财务会计的目标是开展会计工作所要达到的目的。财务会计的目的是指财务会计信息如何满足社会各方面的需要，它应当与我国社会主义市场经济体制相适应。我国现阶段企业财务会计的目标，是向财务报告使用者提供与企业财务状况、经营成果和现金流量等有关的会计信息，反映企业管理层受托责任的履行情况，从而有助于财务报告使用者作出经济决策。

1. 为投资者提供对决策有用的信息

企业编制财务报告的主要目的是满足财务报告使用者的信息需要，有助于财务报告使用者作出经济决策。而投资者是企业财务报告的首要使用者。企业应当如实反映所拥有或者控制的经济资源、对经济资源的要求权以及经济资源及其要求权的变化情况，如实反映企业的各项收入、费用、利得和损失的金额及其变动情况，如实反映企业各项经营活动、投资活动和筹资活动等所形成的现金流入和现金流出情况等，从而有助于现在的或者潜在的投资者正确、合理地评价企业的资产质量、偿债能力、盈利能力和营运效率等，有助于投资者评估与投资有关的未来现金流量的金额、时间分布和风险等，有助于投资者根据相关会计信息作出理性的投资决策。

2. 为其他利益相关者提供有用的信息

企业财务报告使用者除了投资者之外还有债权人、政府及有关部门、社会公众等。如企业贷款人、供应商等债权人通常十分关心企业的偿债能力和财务风险，其需要信息来评估企业能否如期支付贷款本金及其利息，能否如期支付所欠购货款等；政府及有关部门作为经济管理和经济监管部门，通常关心经济资源分配的公平、合理，市场经济秩序的公正、有序，宏观决策所依据的信息真实、可靠等。

3. 反映企业管理层受托责任的履行情况

现代企业制度强调企业所有权和经营权相分离，企业管理层是受委托人之托经营管理企业及其各项资产，负有受托责任，即企业管理层所经营管理的企业各项资产基本上均为投资者投入的资本（或者作为再投资的留存收益）或者向债权人借入的资金所形成的，企业管理层有责任妥善保管并合理、有效运用这些资产。特别是企业投资者和债权人等也需要及时或者经常性地了解企业管理层保管、使用资产的情况，以便于评价企业管理层受托责任的履行情况和业绩情况，并决定是否需要调整投资或者信贷政策，是否需要加强企业内部控制和其他制度建设，是否需要更换管理层等。

1.1.3 财务会计的信息处理程序

1. 会计确认

会计确认是指按照规定的标准和方法，辨认和确定经济信息是否作为会计信息进行正式记录并列入财务报告的过程。也就是说，会计确认就是要确定企业发生的经济业务是否应当进入会计信息系统，应该作为什么会计要素的组成部分进入，应该在什么时候进入。会计确认的基本标准是：被确认的项目应符合会计要素的定义和特征；被确认项目的成本或价值应该能被充分可靠地加以计量，即应该能够用货币表示其数量；经确认的项目所反映的信息与信息使用者的决策相关；所确认的项目必须是真实的、可验证的和客观公正的。

2. 会计计量

会计计量是指以货币为主要计量单位，对被计量对象进行量化，从而确定应记录金额的会计处理程序。也就是说，会计计量就是对会计要素金额的确定。会计确认是计量的基础，会计确认的原则不同，会计计量的结果就不一样。会计计量是为了将符合确认条件的会计要素登记入账并列报于财务报告而确定其金额的过程。企业应当按照规定的会计计量属性进行计量，确定相关金额。计量属性是指所予计量的某一要素的特性。从会计角度看，计量属性反映的是会计要素金额的确定基础，主要包括：

（1）历史成本，又称实际成本，是指取得或制造某项财产物资时所实际支付的现金或现金等价物。采用历史成本计量，资产按照购置时支付的现金或者现金等价物的金额，或者按照购置资产时所付出的对价的公允价值计量。负债按照其因承担现时义务而实际收到的款项或者资产的金额，或者承担现时义务的合同金额，或者日常活动中为偿还负债预期需要支付的现金或者现金等价物的金额计量。

（2）重置成本，又称现行成本，是指按照当前市场条件，重新取得同样一项资产所需支付的现金或现金等价物金额。采用重置成本计量，资产按照现在购买相同或者相似资产所需支付的现金或者现金等价物的金额计量；负债按照现在偿付该项债务所需支付的现金或者现金等价物的金额计量。在会计实务中，重置成本多应用于盘盈固定资产的计量等。

（3）可变现净值，是指在正常生产经营过程中，以预计售价减去进一步加工成本和预计销售费用以及相关税费后的净值。采用可变现净值计量，资产按照其正常对外销售所能收到现金或者现金等价物的金额扣减该资产至完工时估计将要发生的成本、估计的销售费用以及相关税费后的金额计量。可变现净值通常应用于存货资产减值情况下的后续计量。

（4）现值，是指对未来现金流量以恰当的折现率进行折现后的价值，是考虑货币时间价值的一种计量属性。采用现值计量，资产按照预计从其持续使用和最终处置中所产生的未来净现金流入量的折现金额计量；负债按照预计期限内需要偿还的未来净现金流出量的折现金额计量。现值通常用于非流动资产可收回金额和以摊余成本计量的金融资产价值的确定等。如在确定固定资产、无形资产等的可收回金额时，通常需要计算资产预计未来现金流量的现值。

（5）公允价值，是指市场参与者在计量日发生的有序交易中，出售一项资产所能收到或者转移一项负债所需支付的价格。采用公允价值计量，资产和负债按照在公平交易中熟悉情况的交易双方自愿进行资产交换或者债务清偿的金额计量。公允价值主要应用于交易性金融资产、其他债权投资（其他权益工具投资）的计量等。

以上几种计量属性的应用原则是：企业在对会计要素进行计量时，一般应当采用历史成本，采用重置成本、可变现净值、现值以及公允价值计量的应当保证所确定的会计要素金额能够取得并可靠计量。

3. 会计记录

会计记录是将经确认、计量的项目，运用复式记账的方法记入有关账簿的过程。在这个环节中，需要解决的问题主要有账户设置、账务处理程序、账户对应关系、账户与报表项目的协调与配合等。会计记录是对会计业务进行加工、分类整理的过程，其正确与否直接影响会计信息质量。因此，会计人员应做好这一环节的工作，以便向信息的使用者提供真实、准确、完整和可靠的会计信息。在实际工作中，会计确认、会计计量和会计记录是紧密结合的。

4. 会计报告

会计报告是对通过会计记录所生成的信息进行加工和转换，传递给信息使用者的过程。财务会计报告是由会计报表和附注组成的财务报告体系。在这个体系中，会计报表是核心，也是传递财务信息的主要媒介。附注是为了帮助信息使用者正确阅读和理解会计报表信息所作的说明。

以上会计确认、计量、记录和报告构成了一个有机整体。企业会计信息的处理程序是一套完整的体系。其中，会计确认是会计信息处理的第一步，是会计信息处理的门槛，主要解决经济业务和事项是否应该、能不能够在会计中反映，以及应该在什么项目中反映的问题；会计计量是第二步，主要解决经济业务和事项用什么计量属性来计量，从而决定会计所反映的金额问题；会计记录是第三步，这一步是会计确认和计量的具体体现，即将经济业务和事项具体记录在凭证、账簿等会计资料中；会计报告是最后一步，即在前面几步的基础上，对凭证、账簿等会计资料进行进一步的归纳和整理，通过财务会计报告将财务会计信息提供给会计信息使用者。企业会计准则更强调的是会计确认、计量和报告。

1.2 财务会计的基本假设

财务会计的基本假设又称会计基本前提或会计假设，是指组织财务会计工作必须具备的前提条件。其是企业会计确认、计量和报告的前提，是对会计核算所处时间、空间环境等所作的合理设定。其包括：

1. 会计主体

会计主体又称经济主体或会计实体，是指会计工作为其服务的特定单位或组织。确定会计主体，就是要明确为谁核算，核算谁的经济业务。会计主体主要是规定企业会计确认、计量和报告的空间范围。明确界定会计主体是开展会计确认、计量和报告工作的重要前提。首先，明确会计主体，才能划定会计所要处理的各项交易或事项的范围。在会计工作中，只有那些影响企业本身经济利益的各项交易或事项才能加以确认、计量和报告，那些不影响企业本身经济利益的各项交易或事项则不能加以确认、计量和报告。其次，明确会计主体，才能将会计主体的交易或者事项与会计主体所有者的交易或者事项以及其他会计主体的交易或者事项区分开来。

会计主体不同于法律主体。一般来说，法律主体必然是会计主体。例如，一家企业作为一个法律主体，应当建立财务会计系统，独立反映其财务状况、经营成果和现金流量。但是，会计主体不一定是法律主体。例如，就企业集团而言，母公司拥有若干子公司，母、子公司虽然是不同的法律主体，但是母公司对子公司拥有控制权，为了全面反映企业集团的财务状况、经营成果和现金流量，有必要将企业集团作为一个会计主体，编制合并财务报表。

2. 持续经营

持续经营是指在可以预见的将来，企业将会按当前的规模和状态继续经营下去，不会停业，也不会大规模削减业务。在持续经营前提下，会计确认、计量和报告应当以企业持续正常的生产经营活动为前提。在此前提下选择会计程序及会计处理方法，进行会计核算。在会计核算上所使用的一系列会计原则和会计处理方法建立在会计主体持续经营的基础之上，从而解决了很多常见的财产计价和收益确认问题。如果一家企业在不能持续经营时还假定企业能够持续经营，并仍按持续经营基本假设选择会计确认、计量和报告原则与方法，就不能客观地反映企业的财务状况、经营成果和现金流量，会误导会计信息使用者的经济决策。

3. 会计分期

会计分期是指将一家企业持续经营的生产经营活动划分为一个个连续的、长短相同的期间。会计分期的目的，在于通过会计期间的划分，将持续经营的生产经营活动划分成连续、相等的期间，据以结算盈亏，按期编报财务报告，从而及时向财务报告使用者提供有关企业财务状况、经营成果和现金流量的信息。

在会计分期假设下，企业应当划分会计期间，分期结算账目和编制财务报告。会计期间通常分为年度和中期。中期，是指短于一个完整的会计年度的报告期间。根据企业会计准则的规定，以日历年度作为企业的会计年度，即每年的 1 月 1 日至 12 月 31 日为一个会计年度。为了满足有关方面的需要，还要划分半年度、季度和月度。半年度、季度和月度均按公历起讫日期确定，均称为会计中期。会计期间的划分对于确定会计核算程序和方法具有极其重要的作用。

4. 货币计量

货币计量是指会计主体在会计确认、计量和报告时以货币计量，反映会计主体的生产经营活动。在会计的确认、计量和报告过程中之所以选择以货币为基础进行计量，是因为货币的本身属性。在商品经济条件下，货币是商品的一般等价物，是衡量商品价值的共同尺度，会计核算就必然选择货币作为计量单位。只有选择货币尺度进行计量，才能充分反映企业的生产经营情况，所以，基本准则规定，会计确认、计量和报告应选择货币作为计量单位。

按规定，在我国境内的企业会计核算应以人民币作为记账本位币。业务收支以人民币以外的货币为主的企业，也可以选定其中的一种货币作为记账本位币。但是，编报的财务会计报告应当折算为人民币反映。

1.3　财务会计的基本要素

财务会计的基本要素简称会计要素，是按照交易或者事项的经济特征对财务会计对象的基本分类。它既是会计确认和计量的依据，也是作为财务会计报告核心内容的会计报表的基本构成要素。会计要素按照其性质可分为资产、负债、所有者权益、收入、费用和利润六类。会计要素的界定和分类可以使财务会计系统更加科学严密，为使用者提供更加有用的信息。

1.3.1　资　产

1. 资产的定义

资产是指企业过去的交易或者事项形成的、由企业拥有或者控制的、预期会给企业带来经济利益的资源。资产按其流动性不同，可分为流动资产和非流动资产。流动资产是指可以在一年或者超过一年的一个营业周期内变现或耗用的资产，主要包括货币资金、交易性金融资产、应收票据、应收账款和存货等；除流动资产以外的其他所有资产都是非流动资产，包括长期股权投资、其他权益投资、固定资产、投资性房地产、无形资产等。

2. 资产的特征

（1）资产是由企业过去的交易或者事项形成的。过去的交易或者事项包括购买、生产、建造行为或者其他交易或事项。也就是说，只有过去的交易或者事项才能产生资产，企业预期在未来发生的交易或者事项不形成资产。资产必须是现实的资产，而不是预期的资产。不属于现实的资产，不得作为资产确认，如企业预计要购买的一台设备等。

（2）资产应为企业拥有或者控制的资源。这具体是指企业享有某项资源的所有权，或者虽然不享有某项资源的所有权，但该资源能被企业所控制，企业可以按照自己的意愿使用或处置该资源。对于一些通过特殊方式形成的资产，企业虽然对其不拥有所有权，但企业能够对其进行实际控制，如企业融资租入的固定资产等。

（3）资产预期会给企业带来经济利益。资产具有直接或者间接导致现金或者现金等价物流入企业的潜力。这种潜力可以来自企业日常的生产经营活动，也可以是非日常活动；带来的经济利益可能是现金或者现金等价物，也可以是能转化为现金或者现金等价物，或者是能减少现金或者现金等价物的流出。

资产预期能为企业带来经济利益是资产的重要特征。如果某一项目预期不能给企业带来经济利益，那么就不能将其确认为企业的资产。如果前期已经确认为资产的项目，不能再为企业带来经济利益，那么也不能再确认为企业的资产，如已毁损的存货、长期闲置的设备等。

3. 资产的确认条件

将一项资源确认为资产，首先要符合资产的定义，其次还要同时满足以下两个条件：

（1）与该资源有关的经济利益很可能流入企业。资产的确认应与经济利益流入的不确定性程度的判断结合起来，如果根据编制财务报表时所取得的证据，与资源有关的经济利益很可能流入企业，就应当将其作为资产予以确认。

（2）该资源的成本或者价值能够可靠地计量。可计量性是所有会计要素确认的重要前提，资产的确认也是如此。只有有关资源的成本或者价值能够可靠地计量，资产才能予以确认。

1.3.2 负　债

1. 负债的定义

负债是指企业过去的交易或者事项形成的，预期会导致经济利益流出企业的现时义务。负债按其流动性的不同分为流动负债和非流动负债。流动负债是指将在一年或者超过一年的一个营业周期内偿还的债务，包括短期借款、应付票据、应付账款、应付职工薪酬和应交税费等；非流动负债是指偿还期在一年或者超过一年的一个营业周期以上的负债，包括长期借款、应付债券和长期应付款等。

2. 负债的特征

（1）负债是企业承担的现时义务。这是负债的基本特征。现时义务是指企业在现行条件下已承担的义务。未来发生的交易或者事项形成的义务，不属于现时义务，不应当确认为负债。

现时义务可分为法定义务和推定义务。法定义务是指具有约束力的合同或者法律和法规规定的义务，通常依法执行，如应付账款、银行借款、应交税费等；推定义务是指企业公开的承诺或者公开宣布的政策而导致企业将承担的责任，如商品售后保修服务等，企业应当将其确认为一项负债。

（2）负债预期会导致经济利益流出企业。负债的本质特征是预期会导致经济利益流出企业。无论负债是以何种形式出现的，其作为一种现时义务，最终的履行均会导致经济利益流出企业。

在履行现时义务清偿负债时，导致经济利益流出企业的形式多种多样，具体表现为交付资产、提供劳务、将一部分股权给债权人等。负债在大多数情况下要用现金进行偿还，在有的情况下也可以用商品和其他资产或者通过提供劳务的方式进行清偿，有些负债还可以通过举借新债来抵补。

（3）负债是由企业过去的交易或者事项形成的。负债应当由企业过去的交易或者事项形成，即只有过去的交易或者事项才形成负债，如购买货物、接受银行贷款等。企业在未来发生的承诺、签订的合同等交易或者事项，不形成负债。

3. 负债的确认条件

将一项现时义务确认为负债，首先要符合负债的定义，其次要同时满足以下两个条件：

（1）与该义务有关的经济利益很可能流出企业。在实务中，履行义务所需流出的经济利益带有不确定性，尤其是推定义务。因此，负债的确认应当与对经济利益流出的不确定性程度的判断结合起来。如果有确凿证据表明，与现时义务有关的经济利益很可能流出企业，就应当将其确认为负债；反之，不应将其确认为负债。

（2）未来流出的经济利益的金额能够可靠地计量。对于与法定义务有关的经济利益流出金额，通常可以根据合同或者法律规定的金额予以确定；对于与推定义务有关的经济利益流出金额，企业应当根据履行相关义务所需支出的最佳估计数进行估计，并综合考虑有关货币时间价值、风险等因素的影响予以确定。

1.3.3 所有者权益

1. 所有者权益的定义

所有者权益是指企业资产扣除负债后由所有者享有的剩余权益。公司的所有者权益又称为股东权益。所有者权益是所有者对企业资产的剩余索取权，它是企业全部资产扣除负债后应由所有者享有的部分。

2. 所有者权益的来源构成

所有者权益的来源包括所有者投入的资本、直接计入所有者权益的利得和损失、留存收益等，一般由实收资本（或股本）、资本公积、盈余公积、其他综合收益、其他权益工具和未分配利润等构成。

（1）所有者投入的资本是指所有者投入企业的资本部分，它既包括构成企业注册资本或者股本部分的金额，也包括投入资本超过注册资本或者股本部分的金额。

（2）直接计入所有者权益的利得和损失是指不应计入当期损益、会导致所有者权益发生增减变动的、与所有者投入资本或者向所有者分配利润无关的利得或者损失。

利得是指由企业非日常活动所形成的、会导致所有者权益增加的、与所有者投入资本无关的经济利益的流入；损失是指由企业非日常活动所发生的、会导致所有者权益减少的、与向所有者分配利润无关的经济利益的流出，如其他债权投资（其他权益工具投资）的公允价值变动额等。

（3）留存收益是企业历年实现的净利润留存于企业的部分，主要包括累计计提的盈余公积和未分配利润。

3. 所有者权益的特征

所有者权益与负债相比具有以下特征：

（1）所有者权益在一般情况下不需要企业归还投资；

（2）所有者权益所形成的资金不需要支付费用；

（3）投资者可以参与企业的利润分配。

4. 所有者权益的确认条件

所有者权益的确认主要依赖于其他会计要素，尤其是资产和负债的确认；所有者权益金额的确定也主要取决于资产和负债的计量。如企业接受投资者投入的资产，在该资产符合企业资产确认条件时，就相应地符合了所有者权益的确认条件。

1.3.4 收　入

1. 收入的定义

收入是指企业在日常活动中形成的、会导致所有者权益增加的、与所有者投入资本无关的经济利益的总流入。

2. 收入的特征

（1）收入是企业在日常活动中形成的。日常活动是指企业为完成其经营目标所从事的经常性活动以及与之相关的活动。如工业企业制造并销售产品、商业企业销售商品、安装公司提供安装服务、商业银行对外贷款等均属于企业的日常活动。

（2）收入会导致所有者权益的增加。与收入相关的经济利益的流入应当会导致所有者权益的增加，不会导致所有者权益增加的经济利益的流入不符合收入的定义，不应确认为收入，如企业向银行借入款项等。

（3）收入是与所有者投入资本无关的经济利益的总流入。收入应当会导致经济利益的流入，从而导致资产的增加。如企业销售商品，应当在收到现金或者在未来有权收到现金时，才表明该交易符合收入的定义。

3. 收入的确认条件

收入的确认至少应当符合以下条件：一是与收入相关的经济利益很可能流入企业；二是经济利益流入企业的结果导致资产的增加或者负债的减少；三是经济利益的流入额能够可靠计量。

1.3.5 费　用

1. 费用的定义

费用是指企业在日常活动中发生的、会导致所有者权益减少的、与向所有者分配利润无关的经济利益的总流出。

2. 费用的特征

（1）费用是企业在日常活动中形成的。日常活动所产生的费用通常包括销售成本（营业成本）、管理费用等。将费用界定为日常活动所形成的，目的是将其与损失相区分，企业非日常活动所形成的经济利益的流出不能确认为费用。

（2）费用最终导致所有者权益的减少。与费用相关的经济利益的流出应当会导致所有者权益的减少，不会导致所有者权益减少的经济利益的流出不符合费用的定义。

（3）费用会导致经济利益的流出，但不包括向所有者分配的利润。费用的发生会导致资产的减少或者负债的增加（最终也会导致资产的减少），如现金或者现金等价物的流出等。企业向所有者分配利润也会导致经济利益的流出，该经济利益的流出属于所有者权益的抵减项目，不属于费用。

3. 费用的确认条件

费用的确认除了应当符合定义外，还应当符合以下条件：一是与费用相关的经济利益很可能流出企业；二是经济利益流出企业的结果导致资产的减少或者负债的增加；三是经济利益的流出额能够可靠计量。

1.3.6 利 润

1. 利润的定义

利润是指企业在一定会计期间的经营成果，是评价企业管理层业绩的一项重要指标，同时也是财务报告使用者进行决策时的重要参考依据。

2. 利润的来源构成

利润包括收入减去费用后的净额、直接计入当期利润的利得和损失等。其中收入减去费用后的净额反映的是企业日常活动的经营业绩，直接计入当期利润的利得和损失反映的是企业非日常活动的业绩。利润包括营业利润、利润总额和净利润。

3. 利润的确认条件

利润的确认主要依赖于收入和费用以及利得和损失的确认，其金额的确定也主要取决于收入、费用、利得、损失金额的计量。

1.3.7 会计基本要素的关系

会计基本要素之间存在一定的数量关系。反映各会计要素之间数量关系的等式叫作会计等式。会计等式揭示了会计基本要素之间的联系，它是复式记账、试算平衡和编制会计报表的理论依据。在任何一个会计期间开始时，企业的资产、负债与所有者权益之间都存在下列数量关系：

资产=负债+所有者权益

随着企业经营活动的不断进行，在会计期间内，企业一方面会取得收入，因此而增加资产（或减少负债）；另一方面要发生各种各样的费用，因此而减少资产（或增加负债）。所以，企业在会计期中（结账之前），原来的会计等式就转化为以下关系：

资产=负债+所有者权益+（收入-费用）

到会计期末，企业将收入与费用相抵销，计算出本期利润或亏损，并将利润按规定程序进行分配后，上述会计等式又恢复为期初的形式：

资产=负债+所有者权益

以上会计六要素之间相互影响，密切联系，全面综合地反映了企业的经营活动。

1.4 会计信息质量要求

会计信息质量要求是对企业财务报告中所提供会计信息质量的基本要求，是使财务报告中所提供会计信息对投资者等使用者决策有用应具备的基本特征。根据基本准则的规定，会计信息质量要求包括以下特征：

1. 可靠性

可靠性是指企业应当以实际发生的交易或者事项为依据进行确认、计量和报告，如实反映符合确认和计量要求的各项会计要素及其他相关信息，保证会计信息真实可靠、内容完整。为了贯彻可靠性要求，企业应当做到：以实际发生的交易或者事项为依据进行确认、计量和报告；在符合重要性和成本效益原则的前提下，保证会计信息的完整性。可靠性要求：会计确认必须以实际经济活动为依据；会计计量、记录的对象必须是真实的经济业务；会计报告必须如实反映会计信息，不得掩饰。因此，会计核算应做到内容真实，数字准确，资料可靠。

2. 相关性

相关性是指企业提供的会计信息应当与投资者等财务报告使用者的经济决策需要相关，有助于投资者等财务报告使用者对企业过去、现在或者未来的情况作出评价或者预测。相关性要求企业在确认、计量和报告会计信息的过程中，充分考虑使用者的决策模式和信息需要。提供相关的会计信息应当有助于使用者评价企业过去的决策，证实或者修正过去的有关预测，因而具有反馈价值，还应当具有预测价值，有助于使用者根据财务报告所提供的会计信息预测企业未来的财务状况、经营成果和现金流量。

3. 可理解性

可理解性是指企业提供的会计信息应当清晰明了，便于投资者等财务报告使用者理解和使用。企业编制财务报告、提供会计信息的目的在于提供给有关方面使用，而要使各方使用者有效使用会计信息，应当能让其弄懂会计信息的内容，这就要求财务报告所提供的会计信息清晰明了，易于理解。只有这样，才能提高会计信息的有用性，实现财务报告的目标，满足向投资者等财务报告使用者提供对决策有用信息的要求，有利于会计信息使用者准确、完整地把握会计信息所要说明的内容，从而更好地利用会计信息。

4. 可比性

可比性是指企业提供的会计信息应当相互可比。这具体包括两个方面：

第一，同一企业不同时期可比。为了便于投资者等财务报告使用者了解企业财务状况、经营成果和现金流量的变化趋势，比较企业在不同时期的财务报告信息，全面、客观地评价过去、预测未来，从而作出决策，可比性要求同一企业对不同时期发生的相同或者相似的交易或者事项采用一致的会计政策，不得随意变更；如有必要变更，应当将变更的内容和理由、变更的累积影响数，以及累积影响数不能合理确定的理由等，在会计报表附注中予以说明。可比性要求便于从纵向对同一企业前后各期会计信息进行比较和分析，从而有利于预测企业的未来发展趋势。

第二，不同企业相同会计期间可比。为了便于投资者等财务报告使用者评价不同企业的财务状况、经营成果和现金流量及其变动情况，可比性要求不同企业同一会计期间发生的相同或者相似的交易或者事项采用规定的会计政策，确保会计信息口径一致、相互可比。可比性要求便于从横向对同一期间不同企业的会计信息进行相互比较和分析，为有关方面决策提供可比的会计信息。

5. 实质重于形式

实质重于形式是指企业应当按照交易或事项的经济实质进行会计确认、计量和报告，不仅仅以交易或者事项的法律形式为依据。在会计工作中，交易或事项的外在法律形式并不总能完全真实地反映其经济实质。在某些情况下，交易或事项的实质可能与其外在法律形式所反映的内容不尽相同。为了使会计信息更加真实地反映客观的经济活动，必须依据交易或事项的实质进行确认、计量和报告，如融资租入固定资产、商品的售后回购等。

6. 重要性

重要性是指企业提供的会计信息应当反映与企业财务状况、经营成果和现金流量有关的所有重要交易或者事项。如果财务报告中提供的会计信息的省略或者错报会影响投资者等使用者据此作出决策，那么该信息就具有重要性。重要性的应用需要依赖职业判断，企业应当根据其所处环境和实际情况，从项目的性质和金额两方面加以判断。例如，对资产、负债、损益等有较大影响，并进而影响财务会计报告使用者据以作出合理判断的重要会计事项，必须按照规定的会计方法和程序进行处理，并在财务会计报告中予以充分、准确披露；对于次要的会计事项，在不影响会计信息真实性和不至于误导财务会计报告使用者作出正确判断的前提下，可以适当简化处理。

7. 谨慎性

谨慎性是指企业对交易或者事项进行会计确认、计量和报告时应保持应有的谨慎，不应高估资产或者收益、低估负债或者费用。企业的生产经营活动面临着许多风险和不确定性，如应收款项的可收回性、固定资产的使用寿命、无形资产的使用寿命、售出存货可能发生的退货或者返修等。谨慎性要求企业在面临不确定性因素的情况下作出职业判断时保持应有的谨慎，充分估计各种风险和损失，既不高估资产或者收益，也不低估负债或者费用。谨慎性的应用也不允许企业设置秘密准备，否则将不符合会计信息的可靠性和相关性要求。

8. 及时性

及时性是指企业对于已经发生的交易或者事项，应当及时进行确认、计量和报告，不得提前或者延后。只有能够满足会计信息使用者对经济决策的及时需要，信息才有价值。根据及时性要求，企业要及时收集、处理、传递会计信息，以便使有关财务报告使用者及时加以利用。

1.5 企业会计准则

企业会计准则是在会计理论的指导下，通过一定的组织机构所制定的会计标准，是企业会计工作的规范，是处理会计实务、评价会计工作质量的准绳。会计准则的制定和完善，一方面受社会政治经济环境的影响，另一方面随着会计理论与实践的发展而不断完善。我国为了适应市场经济发展的需要，根据《中华人民共和国会计法》，制定了会计准则，包括基本会计准则和具体会计准则。

基本会计准则是指为进行会计核算工作而作出的原则性规范。我国自 1993 年 7 月 1 日起实施的《企业会计准则——基本准则》主要就企业财务会计的一般要求和主要方面作出原则性的规定，为制定具体会计准则和会计制度提供依据。它包括四个部分：会计核算的基本前提、会计核算的一般原则、会计要素准则、会计报表的基本内容与要求。

具体会计准则是根据基本会计准则的要求，对会计核算的基本业务和特殊行业的会计确认、计量、报告工作作出规定。截至 2001 年年底，我国共发布 16 项具体会计准则。2006 年 2 月财政部在对原会计准则进行修订的基础上，发布了 1 项基本会计准则和 38 项具体会计准则。

为保持与国际财务报告准则的协调和趋同，近年来财政部对我国企业会计准则进行了两次大规模修订和增补：2014 年 1—3 月，财政部修订了基本准则和 5 项具体准则，发布了 3 项具体准则；2017 年 4—7 月修订了 6 项具体准则，2017 年 5 月发布了 1 项具体准则，2018 年 12 月修订了 1 项具体准则。到目前为止，我国企业会计准则形成了 1 项基本准则和 42 项具体准则的新局面。

基本训练

◆ 复习思考题

1. 财务会计的目标是什么？
2. 财务会计的信息处理程序如何？
3. 财务会计的基本假设有哪些？
4. 财务会计的基本要素有哪些？各基本要素的特征及确认如何？
5. 财务会计的信息质量要求有哪些？
6. 企业会计准则有哪些？

第2章　货币资金

学习目标

◆ 重点掌握库存现金的核算、银行存款的核算和其他货币资金的核算。

◆ 掌握货币资金的内容和含义，库存现金的使用范围，库存现金、银行存款的日常管理。

◆ 了解货币资金的性质、银行存款的结算方式、其他货币资金的概念及相关的内部控制。

2.1　货币资金概述

1. 货币资金的性质

货币资金是指企业的生产经营资金在周转过程中处于货币形态的资金。在企业的日常生产经营过程中，会发生大量有关货币资金的收入与支付业务，货币资金是企业资产的主要组成部分，是流动性最强的资产，在生产经营过程中起着非常重要的作用。

为了保证企业生产经营活动的正常进行，必须拥有一定数量的货币资金，以便购买原材料、缴纳税费、发放工资、清偿各种债务、支付利息以及支付股利或进行投资活动等。货币资金不仅是企业流动性最强的资产，而且是唯一能够直接转化为任何其他资产形态的资产。通过企业货币资金的拥有量与负债的比例关系，能够分析企业的偿债能力和支付能力。此外，由于货币资金是直接的流通货币，在日常频繁的收支活动中特别容易发生差错和丢失，以及被不法人员贪污或挪用，因此，加强对货币资金的管理和控制，组织好货币资金的收支核算是会计核算中的一项十分重要的工作。

2. 货币资金的内容

货币资金一般包括硬币、纸币、存放在银行或其他金融机构的活期存款以及银行本票存款和银行汇票存款等可以立即支付使用的交换媒介。凡是不能立即支付使用的存款（如银行冻结存款等），一般不能视为货币资金。

货币资金的内容按照其存放的地点和用途不同分为库存现金、银行存款和其他货币资金三部分。

2.2　库存现金

2.2.1　库存现金的使用范围

我国会计上所说的现金是指狭义上的现金，即库存现金，也称为现钞，包括本国货币和外国货币。由于现金是流动性最强的一种货币资金，因此企业可以随时动用现金购置所需的财产物资、支付有关费用等。根据我国现金管理制度和结算制度的规定，企业收支的各种款项必须按照国务院颁发的《现金管理暂行条例》的规定办理，在规定的范围内使用现金。不属于现金结算范围内的款项支付或收入，一律通过银行进行转账结算，不得支付或收入现金。

现金的支出范围包括：（1）职工工资、津贴；（2）个人劳动报酬；（3）根据国家规定颁发给个人的科学技术、文化艺术、体育等各种奖金；（4）各种劳保、福利费用以及国家规定的对个人的其他支出；（5）向个人收购农副产品和其他物资的价款；（6）出差人员必须随身携带的差旅费；（7）结算起点以下的零星支出；（8）中国人民银行确定需要支付现金的其他支出。

现金的收入范围包括：（1）剩余差旅费和归还备用金等个人的交款；（2）对个人或不能转账的集体单位的销售收入；（3）不足转账起点的小额销售收入等。

2.2.2 库存现金限额

库存现金限额是指为保证各单位日常零星支出按规定允许留存的现金的最高数额。企业在日常经营活动中发生的现金收入应及时送存银行，不得直接用于自己的支出。用收入的现金直接支付支出的叫作“坐支现金”。因特殊情况需要坐支现金的，应当事先报经开户银行审批，由开户银行核定坐支范围和库存现金限额。企业的库存现金限额由其开户银行根据开户单位的实际情况和距离银行远近核定，一般为3~5天的日常零星开支需要量。边远地区和交通不便地区的企业，可以适当放宽库存现金限额，但不得多于15天的日常零星开支所需的现金。正常开支需要量不包括企业每月发放工资和不定期差旅费等大额现金支出。库存现金限额一经确定，企业必须严格遵守，按照规定的限额控制现金的结余量，超过限额的部分必须及时送存银行。库存现金低于限额时，企业可以签发现金支票从银行提取现金，补足限额。

2.2.3 库存现金日常管理的规定

（1）现金收入应当在当天送存银行，如果当天送存银行确实有困难，由银行确定送存时间。

（2）企业可以在现金使用范围内支付现金或从银行提取现金，但是不得从本企业的现金收入中直接支付（坐支）。

（3）企业从银行提取现金时，应当在取款凭证上写明具体用途，并由财会部门负责人签字盖章后，交由银行审核后方可支取；将现金存入银行时，应当根据有关原始凭证，由会计主管人员或指定人员审核，并根据审核无误的原始凭证编制记账凭证，并且注意避免重复记账。

2.2.4 库存现金的核算

为了总括地反映和监督企业库存现金的收支情况，需进行现金的总分类核算，企业应设置“库存现金”账户。该账户用于核算现金收入、支出变动和结存情况，属于资产类账户，借方登记现金的收入数额，贷方登记现金的支出数额，借方余额表示库存现金的实存数额。

库存现金核算的内容主要包括现金收入核算和现金支出核算。企业收到现金时，按审核无误的会计凭证，借记“库存现金”科目，贷记有关科目；企业实际支付现金时，按审核无误的会计凭证，借记有关科目，贷记“库存现金”科目。

企业除了进行现金总分类核算之外，还应进行现金序时核算，即企业应设置“库存现金日记账”，由出纳人员根据收付款凭证，按照业务发生顺序逐笔登记。每日终了，应当计算当日的现金收入合计数、现金支出合计数和现金结余数，并将现金结余数与实际库存数核对，做到账实相符。

【例 2-1】A 企业 5 月份发生的有关现金收支业务如下：5 月 5 日签发现金支票一张，从银行提取现金 10 000 元备用；5 月 10 日某职工因出差向企业预借差旅费 3 000 元；5 月 12 日取得零星销售产品收入，价款 400 元，增值税税额 52 元，共计现金 452 元；5 月 15 日该职工出差回来，报销差旅费 2 500 元，并将余款 500 元现金交回企业；5 月 16 日管理部门报销办公费用 400 元；5 月 25 日支付本月管理部门电话费 300 元；5 月 30 日将现金 5 000 元存入银行。

要求：根据上述经济业务编制会计分录。

【解】A 企业 5 月 5 日签发现金支票：

借：库存现金	10 000	
贷：银行存款		10 000

5 月 10 日预借差旅费：

借：其他应收款——某职工	3 000	
贷：库存现金		3 000

5 月 12 日取得零星销售产品收入：

借：库存现金	452	
贷：主营业务收入		400
应交税费——应交增值税（销项税额）		52

5 月 15 日报销差旅费：

借：库存现金	500	
管理费用	2 500	
贷：其他应收款——某职工		3 000

5 月 16 日报销办公费用：

借：管理费用	400	
贷：库存现金		400

5 月 25 日支付本月管理部门电话费：

借：管理费用	300	
贷：库存现金		300

5 月 30 日将现金存入银行：

借：银行存款	5 000	
贷：库存现金		5 000

2.2.5 库存现金的清查

为了保证现金的安全完整，还应定期或不定期地对现金进行清查。现金清查主要采用账实核对方法，包括两部分内容：一是出纳人员每日对现金进行日清日结；二是清查小组定期或不定期地对现金进行盘点与核对，即将现金的实存数与账存数进行核对，保证账实相符。对现金实存数进行盘点，必须以现金管理的有关规定为依据。如果发现账实不符，应该立即查明原因，及时纠正，并且根据清查结果编制库存现金盘点报告单，填写现金的实存数、账存数和盘盈盘亏情况及原因，按照规定进行相应的会计处理，不得以今日长款弥补他日短款。无法确定原因的差异应该及时报告给有关负责人。

现金清查过程中发现的长款或短款，应通过“待处理财产损溢——待处理流动资产损溢”账户进行核算，待查明原因后，再根据不同原因进行不同账务处理：

（1）属于现金短缺情况，应按照实际短缺的金额，由责任人赔偿的部分，借记“其他应收款——×××”或“库存现金”等科目，贷记“待处理财产损溢——待处理流动资产损溢”科目；由保险公司赔偿的部分，借记“其他应收款——应收保险赔偿”科目，贷记“待处理财产损溢——待处理流动资产损溢”科目；无法查明原因的部分，根据管理权限，经批准后处理，借记“管理费用——现金短缺”科目，贷记“待处理财产损溢——待处理流动资产损溢”科目。

（2）属于现金溢余情况，应按照实际溢余的金额，应支付给有关人员或单位的，借记“待处理财产损溢——待处理流动资产损溢”科目，贷记“其他应付款——应付现金溢余”科目；无法查明原因的现金溢余，经批准后，借记“待处理财产损溢——待处理流动资产损溢”科目，贷记“营业外收入——现金溢余”科目。

【例 2-2】A 企业 5 月份发生的有关现金清查业务如下：5 月 5 日清查小组清查现金时，发现现金短款 400 元，原因待查；5 月 7 日清查小组经过细查后发现该企业出纳人员在支付外单位款项时多支付 150 元，应由出纳人员赔偿，其余 250 元无法查明原因，作为管理费用处理；5 月 28 日清查小组清查现金时发现长款 800 元，原因待查；5 月 30 日清查小组经过细查后发现该企业出纳人员在支付工资时少支付给某职工 300 元，其余 500 元无法查明原因。

要求：根据上述经济业务编制会计分录。

【解】5 月 5 日发现现金短款：

借：待处理财产损溢——待处理流动资产损溢　400
　贷：库存现金　400

5 月 7 日处理现金短款：

借：其他应收款——×××　150
　　管理费用——现金短缺　250
　贷：待处理财产损溢——待处理流动资产损溢　400

5 月 28 日发现现金长款：

借：库存现金　800
　贷：待处理财产损溢——待处理流动资产损溢　800

5 月 30 日处理现金长款：

借：待处理财产损溢——待处理流动资产损溢	800
贷：其他应付款——应付现金溢余	300
营业外收入——现金溢余	500

2.3 银行存款

2.3.1 银行存款的定义

银行存款是指企业存放在银行或其他金融机构的那部分货币资金。按照国家规定，凡是独立核算的单位都必须在当地银行开立账户，企业收入的一切款项都必须送存银行；企业的一切支出除了规定可以用现金支付的以外，都必须遵守银行结算办法的有关规定，通过银行办理转账结算。任何单位都必须按照规定对银行存款进行管理。银行存款的管理主要包括两个方面，银行存款账户管理和结算管理。

2.3.2 银行存款账户管理

为了维护金融秩序，规范我国的银行账户的开立与使用，中国人民银行制定了《人民币结算银行账户管理办法》，规定企业必须在银行开立账户，以办理存款、取款和转账业务。一般来讲，企业应该根据实际需要在银行开立基本存款账户、一般存款账户、临时存款账户和专用存款账户。按照规定，一家企业只能选择一家银行的一个营业机构开立一个基本存款账户，不得在多家银行机构开立基本存款账户，也不得在同一家银行的几个分支机构开立多个基本存款账户。基本存款账户是办理企业日常结算和现金收付业务的账户，企业的工资、奖金等现金的支取只能通过本账户办理。一般存款账户是企业为了业务方便在基本存款账户以外的银行开立的账户，主要用于办理企业借款转存、借款归还和其他结算的资金收付。该账户可以办理现金缴存，但不得办理现金支取。临时存款账户是企业因临时经营活动需要而开立的暂时性账户，企业可以通过本账户办理转账结算和根据国家现金管理的规定办理现金收付业务。专用存款账户是企业因特殊用途需要而开立的具有特定用途的账户。

企业在开立银行存款账户以后，可到开户银行购买各种银行往来使用的凭证（如送款簿、进账单、现金支票、转账支票等），用来办理各种银行存款的收付款项。企业除按照规定留存的库存现金外，所有货币资金都必须存入银行。企业与其他单位之间的一切收付款项，除了现金管理制度规定可以使用现金支付的内容以外，都必须通过银行办理转账结算，按照银行规定的结算方式，进行银行存款划转。所以，企业的银行存款账户必须要有可供支付的存款。在使用账户时应严格执行《支付结算办法》的规定，其具体内容主要包括：企业的银行账户不得转借给其他单位或个人使用；不得用银行账户进行非法活动；不得签发没有资金保证的票据或空头支票，套取银行信用；不得签发、取得和转让没有真实交易和债权债务的票据，套取银行和他人的资金；不得无理拒绝付款、任意占用他人资金；不准违反规定开立和使用账户。

2.3.3 银行存款结算管理

银行存款结算是指企业之间的款项收付不是动用现金，而是由银行从付款单位账户划转到收款单位账户的货币资金结算行为。不同国家和地区的不同经济业务，采用的结算方式也不相同。企业发生货币资金收付业务可以采用银行汇票、商业汇票、银行本票、支票、信用卡、汇兑、委托收款、托收承付和信用证等结算方式进行结算。各种结算方式都有相应的适用条件和结算程序。适用于国内的结算方式有银行汇票、商业汇票、银行本票、支票、信用卡、汇兑、委托收款和托收承付；适用于国际的结算方式有信用证、托收和汇付3种。常用的银行存款结算方式包括：

1. 银行汇票

银行汇票是汇款人将款项交存当地银行，由出票银行签发的，由其在见票时按照实际结算金额无条件支付给收款人或持票人的票据。银行汇票的出票银行为银行汇票的付款人。银行汇票具有使用灵活、票随人到、兑现性强等特点。它的适用范围是企业与异地单位或个人的各种款项结算。银行汇票可以用于转账，注明“现金”字样的银行汇票也可以用于支取现金。银行汇票的提示付款期限为自出票日起1个月内。持票人超过付款提示期限提示付款的，银行不予受理。银行汇票可以背书转让给被背书人。银行汇票的背书转让以不超过出票金额的实际结算金额为准，未填写实际结算金额或实际结算金额超过出票金额的银行汇票不得背书转让。

2. 银行本票

银行本票是由银行签发的，承诺自己在见票时无条件支付确定金额给收款人或者持票人的票据。银行本票由银行签发并保证兑付，而且见票即付。因此，银行本票具有信誉高、支付功能强等特点。它的适用范围是单位和个人在同一票据交换区域需要进行的各种款项结算。银行本票可以用于转账，注明“现金”字样的银行本票也可以用于支取现金，在票面划去“转账”字样的银行本票为现金本票。银行本票的提示付款期限为自出票日起最长不得超过2个月。持票人超过付款提示期限提示付款的，银行不予受理。银行本票可以背书转让给被背书人。银行本票分为定额本票和不定额本票两种。其中，定额本票分为1 000元、5 000元、10 000元和50 000元4种面额。

3. 商业汇票

商业汇票是由出票人签发的，委托付款人在指定日期无条件支付确定的金额给收款人或持票人的票据。在银行开立存款账户的法人与其他组织之间必须具有真实的交易关系或债权债务关系，才能使用商业汇票，如企业购买原材料、销售商品等业务。它的适用范围是同城与异地的各种款项结算。商业汇票的付款期限由交易双方自定，但最长期限不得超过6个月。商业汇票可以背书转让给被背书人。符合条件的商业承兑汇票的持票人可持未到期的商业汇票连同贴现凭证，向银行申请贴现。按照承兑人的不同，商业汇票分为：

（1）商业承兑汇票，是由银行以外的付款人承兑，由销货企业或购货企业签发的票据。商业承兑汇票由购货企业承兑，属于商业信用范畴。商业承兑汇票按照交易双方约定，承兑时，购货企业应当在商业汇票正面注明“承兑”字样、承兑日期并签章。承兑不得附有条件，否则视为拒绝承兑。汇票到期时，购货企业的开户银行凭汇票将票款划给销货企业或贴现银行。销货企业应在提示付款期限内通过开户银行委托收款或直接向付款人提示付款。汇票到期时，如果购货企业的存款不足支付票款，开户银行应将汇票退还给销货企业，银行不负责付款，由购销双方自行解决处理。

（2）银行承兑汇票，是由银行承兑，由在承兑银行开立存款账户的存款人签发的票据。银行承兑汇票属于银行信用范畴，存款人应与承兑银行具有真实的委托付款关系，而且资信状况良好。购货企业应该在汇票到期前将票款足额交存银行，以准备由承兑银行在汇票到期日或到期后的见票日支付票款。销货企业在汇票到期时将汇票与进账单一同送交开户银行以便转账收款，承兑银行根据汇票将承兑款项无条件划给销货企业，承兑银行按照票面金额向出票人收取万分之五的手续费。如果购货企业在汇票到期日不能足额交存票款，承兑银行也要向持票人无条件付款，但是对出票人尚未支付的汇票金额按照每天万分之五的利率计算收取罚息。

4. 支票

支票是由单位或个人签发的，委托办理存款业务的银行在见票时无条件支付确定的金额给收款人或者持票人的票据。支票是同城结算中应用比较广泛的一种结算方式。单位和个人在同一票据交换区域的各种结算，均可使用支票。支票由银行统一印制，主要分为现金支票、转账支票和普通支票3种。现金支票是在支票上印有“现金”字样的支票，现金支票只能用于支取现金。转账支票是在支票上印有“转账”字样的支票。转账支票只能用于转账。普通支票是在支票上没有“现金”“转账”字样的支票。在普通支票左上角划两条平行线的支票为划线支票，只能用于转账，不能提取现金；没有划平行线的普通支票既可以用于支取现金，也可以用于转账。支票的提示付款期限为自出票日起10天内，但中国人民银行另有规定的除外。签发的支票金额不得超过其付款时在付款人处实有的存款额，同时不得签发空头支票、与预留银行签章不符的支票以及支付密码错误的支票。转账支票可以在票据交换区域内背书转让。

5. 汇兑

汇兑是汇款人委托银行将其款项支付给收款人的结算方式。它的适用范围是企业与异地单位或个人的各种款项结算。汇兑分为信汇和电汇两种，由汇款人根据需要选择使用，签发时注明“信汇”或“电汇”字样。信汇是指汇款人委托银行通过邮寄方式将款项划给收款人；电汇是指汇款人委托银行通过电报方式将款项划给收款人。

6. 委托收款

委托收款是收款人委托银行向付款人收取款项的结算方式。它的适用范围是单位与个人在同城和异地的各种款项结算。委托收款还适用于收取电费、电话费等付款人众多、分散的公用事业等相关款项。委托收款结算款项的划回方式分邮寄和电报两种，由收款人根据需要选择使用。

7. 托收承付

托收承付是指企业根据购销合同由收款人发货，委托银行向异地付款人收取款项，由付款人向银行承认付款的结算方式。它的适用范围是企业与异地单位的商品交易，以及因商品交易而产生的劳务供应的款项结算。但是，有些交易如代销、寄销、赊销商品的款项不得办理托收承付结算。收款单位和付款单位双方使用托收承付结算方式时必须签有符合《中华人民共和国民法典》的购销合同，并在合同上注明使用托收承付结算方式。托收承付款项划回方式分为邮寄和电报两种，由收款人根据需要选择使用，收款单位办理托收承付必须具有商品发出的凭证或其他证明。托收承付结算每笔的金额起点为 10 000 元，新华书店系统每笔的金额起点为 1 000 元。

8. 信用卡

信用卡是指商业银行向个人和单位发行的，凭以向特约单位购物、消费和向银行存取现金，且具有消费功能的特制载体卡片。信用卡按照使用对象分为单位卡和个人卡；按照信用等级分为金卡和普通卡。凡在中国境内金融机构开立基本存款账户的单位均可以申请单位卡。单位卡可申请若干张，单位卡账户的资金一律从其基本存款账户转账转入，不得交存现金，不得将销售收入的款项存入其账户。凡具有完全民事行为能力的公民均可申请个人卡。持卡人可以持信用卡在特约单位购物、消费。金卡最高透支额不得超过 10 000 元，普通卡最高不得超过 5 000 元，并且按照透支金额和期限银行计收透支利息。单位卡不得用于 10 万元以上的商品交易、劳务供应款项的结算。信用卡在规定的限额和期限内允许善意透支，透支期限最长为 60 天。但是，信用卡不能恶意透支，即超过规定期限或规定限额，经发卡银行催收无效的透支行为。严禁将单位款项存入个人卡账户中。

9. 信用证

信用证属于国际贸易结算的一种主要方式。本教材所说的信用证主要是指国内信用证（以下简称信用证），即由银行（包括政策性银行、商业银行、农村合作银行、村镇银行和农村信用社）依照申请人的申请开立的、对相符交单予以付款的承诺。因此，信用证也作为我国银行结算方式的种类之一。信用证付款期限最长不超过 1 年。开证行可要求申请人交存一定数额的保证金，并可根据申请人的资信情况要求其提供抵押、质押、保证等合法有效的担保。信用证按付款期限分为即期信用证和远期信用证。信用证只限于转账结算，不得支取现金。信用证是不可撤销、不可转让的跟单信用证。不可撤销是指信用证已经开出，在有效期内未经受益人及有关当事人的同意，开证行不能片面修改和撤销。只要主要受益人提供的单据符合信用证的规定，开证银行就必须履行付款的义务。跟单是指信用证项下的汇票必须附有货运单据。

2.3.4 银行存款的核算

为了总括地反映和监督企业在银行开立的结算账户的收支情况，企业需进行银行存款的总分类核算，设置“银行存款”账户。该账户用于核算银行存款的收付变动和结存情况，属于资产类账户，借方登记银行存款的收入数额，贷方登记银行存款的付出数额，借方余额表示银行存款的实存数额。企业存入其他金融机构的存款也在本账户中核算，但企业的外埠存款、银行本票存款、银行汇票存款等在“其他货币资金”账户核算，不在本账户内核算。

为了全面、连续地了解企业每日银行存款的收支动态和余额情况，需要进行银行存款的序时核算，企业通过设置和登记银行存款日记账，根据银行存款的收支业务，逐日逐笔地记录银行存款的增减情况，每日终了，应当计算出当日的银行存款余额，以便分析、检查企业的银行存款收支业务，并且银行存款日记账的余额必须与银行存款总账科目的余额核对相符。

【例 2-3】某企业 5 月份发生的有关银行存款收付业务如下：5 月 6 日企业销售商

品一批，开出增值税专用发票一张，发票注明商品价款为20 000元，增值税销项税额为2 600元，共计22 600元，收到支票存入银行；5月7日企业收回上月销售商品的货款11 600元，存入银行；5月8日企业预收货款10 000元，存入银行；5月10日企业从银行提取现金18 000元，以备发放工资；5月15日企业购进物资一批，取得增值税专用发票一张，发票注明价款5 000元，增值税进项税额650元，共计5 650元，用转账支票付讫；5月20日企业用银行存款10 000元支付销售商品的广告费。

要求：根据上述经济业务编制会计分录。

【解】5月6日销售商品：

借：银行存款　22 600

　贷：主营业务收入　20 000

　　应交税费——应交增值税（销项税额）　2 600

5月7日收回销售商品货款：

借：银行存款　11 600

　贷：应收账款　11 600

5月8日预收货款：

借：银行存款　10 000

　贷：预收账款　10 000

5月10日从银行提取现金：

借：库存现金　18 000

　贷：银行存款　18 000

5月15日购进物资一批：

借：材料采购　5 000

　应交税费——应交增值税（进项税额）　650

　贷：银行存款　5 650

5月20日支付广告费：

借：销售费用——广告费　10 000

　贷：银行存款　10 000

2.3.5 银行存款的清查

为了保证银行存款的安全完整，还应对银行存款进行清查。银行存款清查主要采用银行存款日记账与银行转来的对账单相互核对的方法，每月至少核对一次。一般情况下二者是能够相符的，如果二者不符，应查明原因进行调整。造成不符的原因有三个：第一，企业和银行双方存在一方或双方记账错误，即企业或银行对银行存款结存额的计算发生错误。第二，出现记账错漏，即企业或银行对银行存款的收入、支出的错记或漏记。第三，存在未达账项，即企业与银行之间对于同一业务，由于记账时间不同，一方已经登记入账而另一方尚未登记入账的会计事项，具体又分为四种情况：

（1）企业已经收款入账，银行尚未收款入账的款项；

（2）企业已经付款入账，银行尚未付款入账的款项；

（3）银行已经收款入账，企业尚未收款入账的款项；

（4）银行已经付款入账，企业尚未付款入账的款项。

如果企业的银行存款日记账余额与银行对账单余额不一致，则必须查明原因。企业需要编制“银行存款余额调节表”，如果调节后余额一致，表明账户内结存额基本计算无误；如果调节后余额仍然不一致，则表明账户内结存额一定有错误，应查明原因。属于银行方面的原因，应通知银行进行更正；属于企业方面的原因，应按照更正错账的方法进行更正，没有核对上的项目若认为是未达账项，应确认并督促有关部门人员办理结算手续或入账手续。通过对银行存款余额的调整，列示企业与银行的存款余额记录上由未达账项引起的差异，并且确定银行存款账户的实有数额。

2.4 其他货币资金

2.4.1 其他货币资金的定义和种类

其他货币资金是指除库存现金、银行存款以外的其他各种货币资金。在企业的经营资金中，虽然其他货币资金同库存现金和银行存款一样都可以作为支付手段的货币，但由于其特殊的存在形式和支付方式，应单独进行会计核算，单独设置会计科目。

其他货币资金主要包括外埠存款、银行汇票存款、银行本票存款、信用卡存款、信用证保证金存款、存出投资款等。外埠存款是指企业到外地进行临时或零星采购时，汇往采购地银行开立的采购专户的款项。企业在外埠开立采购专户，需要经开户地银行批准。银行汇票存款是指企业为取得银行汇票按规定存入银行的款项。银行本票存款是企业为了取得银行本票按照规定存入银行的款项。信用卡存款是企业为取得信用卡，按照规定存入银行的款项。信用证保证金存款是企业为取得信用证按照规定存入银行的保证金。存出投资款是企业已经存入证券公司但尚未进行短期投资的现金。

2.4.2 其他货币资金的核算

1. 外埠存款

当企业将款项委托当地银行汇往采购地银行开立的采购专户时，根据汇出款项凭证编制付款凭证，进行账务处理，借记“其他货币资金——外埠存款”科目，贷记“银行存款”科目。用外埠存款支付材料的采购货款等款项时，企业会计部门应根据供应单位发票账单等编制付款凭证，借记“材料采购”“应交税费——应交增值税（进项税额）”等科目，贷记“其他货币资金——外埠存款”科目。采购员完成采购任务离开采购地时，采购账户如有余额，应将多余的外埠存款转回当地银行，企业会计部门根据银行的收账通知，编制收款凭证，借记“银行存款”科目，贷记“其他货币资金——外埠存款”科目。

【例 2-4】A 企业 5 月份因采购需要将款项汇往外地：5 月 5 日企业在外地银行开立临时采购专户，将 60 000 元汇往采购地；5 月 6 日外出采购员以外埠存款购买原材料，价款为 50 000 元，增值税为 6 500 元，总计 56 500 元；5 月 15 日外埠采购业务结束，将外埠存款清户，剩余采购资金 3 500 元转回本地银行。

要求：根据上述经济业务编制会计分录。

【解】5月5日将款项汇往外地：

借：其他货币资金——外埠存款　　60 000

　贷：银行存款　　60 000

5月6日用外埠存款购买原材料：

借：材料采购　　50 000

　　应交税费——应交增值税（进项税额）　　6 500

　贷：其他货币资金——外埠存款　　56 500

5月15日将余款转回：

借：银行存款　　3 500

　贷：其他货币资金——外埠存款　　3 500

2. 银行汇票存款

企业使用银行汇票办理结算时，应填写“银行汇票委托书”，并将相应金额的款项存入银行，取得汇票后根据银行盖章退回的委托书存根联，借记“其他货币资金——银行汇票”科目，贷记“银行存款”科目。企业用银行汇票支付材料的采购款等款项时，企业会计部门应根据供应单位发票账单等凭证编制付款凭证，借记“材料采购”“应交税费——应交增值税（进项税额）”等科目，贷记“其他货币资金——银行汇票”科目。采购员完成采购任务，采购账户如有余额，应将多余的银行汇票存款转回，企业会计部门根据银行的收账通知，编制收款凭证，借记“银行存款”科目，贷记“其他货币资金——银行汇票”科目。

【例2-5】A企业5月份因采购需要将款项交存银行，并提交“银行汇票委托书”办理银行汇票手续，发生的银行汇票业务如下：5月6日企业提出申请办理银行汇票，将款项60 000元存入银行转为银行汇票存款；5月7日采购员以银行汇票购买原材料，价款为50 000元，增值税为6 500元，总计56 500元；5月17日采购业务结束，收到多余款项退回通知，剩余资金3 500元转回。

要求：根据上述经济业务编制会计分录。

【解】5月6日办理银行汇票：

借：其他货币资金——银行汇票　　60 000

　贷：银行存款　　60 000

5月7日以银行汇票购买原材料：

借：材料采购　　50 000

　　应交税费——应交增值税（进项税额）　　6 500

　贷：其他货币资金——银行汇票　　56 500

5月17日将余款转回：

借：银行存款　　3 500

　贷：其他货币资金——银行汇票　　3 500

3. 银行本票存款

办理银行本票存款手续时，企业向银行提交“银行本票申请书”并将款项存入银行，取得银行本票后，按银行盖章退回的申请书存根联，借记“其他货币资金——银行本票”科目，贷记“银行存款”科目。企业用银行本票支付材料的采购货款等款项时，企业会计部门应根据供应单位发票账单等凭证编制付款凭证，借记“材料采购”“应交税费——应交增值税（进项税额）”等科目，贷记“其他货币资金——银行本票”科目。采购员完成采购任务，银行本票因为超过付款期等原因要求退款，应将银行本票转回，企业会计部门根据银行的收账通知，编制收款凭证，借记“银行存款”科目，贷记“其他货币资金——银行本票”科目。

【例 2-6】A 企业 5 月份因采购需要将款项交存银行，并提交银行本票申请书办理银行本票手续，发生的银行本票业务如下：5 月 6 日企业在提出申请办理银行本票时，将款项 60 000 元存入银行转为银行本票存款；5 月 7 日采购员以银行本票购买原材料，价款为 50 000 元，增值税为 6 500 元，总计 56 500 元；5 月 17 日采购业务结束，收到多余款项退回通知，剩余资金 3 500 元转回。

要求：根据上述经济业务编制会计分录。

【解】5 月 6 日办理银行本票：

借：其他货币资金——银行本票	60 000	
贷：银行存款		60 000

5 月 7 日以银行本票购买原材料：

借：材料采购	50 000	
应交税费——应交增值税（进项税额）	6 500	
贷：其他货币资金——银行本票		56 500

5 月 17 日将余款转回：

借：银行存款	3 500	
贷：其他货币资金——银行本票		3 500

4. 信用卡存款

办理信用卡存款手续时，企业向银行提交“办理信用卡申请书”并将款项存入银行，按银行盖章退回的申请书存根联，借记“其他货币资金——信用卡”科目，贷记“银行存款”科目。企业用信用卡购物或支付费用时，借记有关科目，贷记“其他货币资金——信用卡”科目。

【例 2-7】A 企业 5 月份发生的信用卡业务如下：5 月 6 日办理信用卡业务，将 50 000 元款项存入信用卡；5 月 17 日用信用卡支付办公费用 2 400 元。

要求：根据上述经济业务编制会计分录。

【解】5 月 6 日办理信用卡：

借：其他货币资金——信用卡	50 000	
贷：银行存款		50 000

5 月 17 日用信用卡支付办公费用：

借：管理费用	2 400	
贷：其他货币资金——信用卡		2 400

5. 信用证保证金存款

办理信用证手续时，按照规定应向银行提交“开证申请书”并将款项存入银行，按银行盖章退回的申请书存根联，借记“其他货币资金——信用证”科目，贷记“银行存款”科目。企业使用信用证时，借记有关科目，贷记“其他货币资金——信用证”

科目。

【例 2-8】A 企业 5 月份发生的信用证业务如下：5 月 6 日企业提出申请办理信用证，将款项 60 000 元存入银行；5 月 7 日采购员以信用证购买原材料，价款为 50 000 元，增值税为 6 500 元，总计 56 500 元。

要求：根据上述经济业务编制会计分录。

【解】5 月 6 日办理信用证：

借：其他货币资金——信用证　60 000

　贷：银行存款　60 000

5 月 7 日以信用证购买原材料：

借：材料采购　50 000

　　应交税费——应交增值税（进项税额）　6 500

　贷：其他货币资金——信用证　56 500

6. 存出投资款

企业在向证券公司进行证券投资时，应向证券公司申请资金账号并划出资金，按划出资金额，借记"其他货币资金——存出投资款"科目，贷记"银行存款"科目；购买股票或债券时按实际发生额，借记"交易性金融资产"等科目，贷记"其他货币资金——存出投资款"科目。

【例 2-9】A 企业 5 月份发生的存出投资款业务如下：5 月 6 日企业将款项 60 000 元划入证券公司准备投资；5 月 17 日企业用存入证券公司的款项购买股票 30 000 元。

要求：根据上述经济业务编制会计分录。

【解】5 月 6 日将款项划入证券公司：

借：其他货币资金——存出投资款　60 000

　贷：银行存款　60 000

5 月 17 日购买股票：

借：交易性金融资产　30 000

　贷：其他货币资金——存出投资款　30 000

基本训练

◆ 复习思考题

1. 什么是货币资金？包括哪些内容？
2. 现金支出范围有哪些？
3. 如何规定企业的库存现金限额？
4. 银行存款结算方式有哪些？
5. 说明各种银行存款结算方式的适用范围。
6. 商业汇票分为哪些种类？
7. 其他货币资金的内容有哪些？

◆ 计算分析题

（1）企业出纳员开出现金支票一张，提取现金 5 000 元，用作零星支出。（2）采购员出差预借差旅费2 000元，以现金支付。(3) 企业开出转账支票一张，金额9 500元，用以偿付东方公司货款。(4) 企业将款项交存银行，开出银行汇票一张，金额60 000元，由采购员携往外地采购。(5) 企业管理部门用信用卡购买办公用品，总共花费1 500元。

要求：根据上述经济业务编制会计分录。

第3章　应收款项

学习目标

◆ 重点掌握应收款项余额百分比法、应收票据贴现的计算、坏账损失核算的备抵法。

◆ 掌握账龄分析法和赊销百分比法、应收票据的概念及种类、应收票据利息及到期日的确定、应收票据的核算。

◆ 了解应收款项的含义、类别，应收账款的概念，预付账款的核算，明确坏账损失的处理方法。

3.1　应收票据

3.1.1　应收票据的概念及种类

在我国，除商业汇票外，大部分票据都是即期票据，可以即刻收款或存入银行成为货币资金。这部分即期票据不需要作为应收票据核算。应收票据主要指商业汇票，确切地讲，应收票据就是指企业持有的未到期或未兑现的商业汇票，是指企业因销售商品、提供劳务等收到的商业汇票。商业汇票的期限不得超过 6 个月，因而我国的应收票据是一种流动资产。

如前所述，商业汇票按照承兑人不同，可分为银行承兑汇票和商业承兑汇票两种；按照票据是否带有追索权，可分为带追索权的商业汇票和不带追索权的商业汇票两种；按照是否带息，可分为不带息商业汇票和带息商业汇票两种。

3.1.2　应收票据利息及到期日的确定

应收票据利息是针对带息应收票据而言的，企业应当在中期期末和年度终了，按照票据的面值和确定的利率计算票据的利息。票据的利息应计入应收利息，同时冲减财务费用。其计算公式为：

应收票据利息=应收票据票面金额×票面利率×期限

其中：票面利率一般指年利率。期限指签发日至到期日的时间间隔（有效期）。票据的期限有按月表示和按日表示两种方法。

（1）票据的期限按月表示时，不考虑每个月份的实际天数，应以到期月份中与出票日相同的那一天作为到期日。当签发票据的日期为某月月末时，统一以到期月份的最后一日为到期日。例如，3 月 5 日签发的期限为 6 个月的商业汇票，其到期日为 9 月 5 日；4 月 30 日签发的期限为 3 个月的商业汇票，其到期日为 7 月 31 日。票据期限按月表示时，带息票据的利息按票面金额、票据期限和利率计算。年利率要换算成月利率（年利率÷12）。

（2）票据的期限按日表示时，不考虑月数，应按票据的实际经历天数计算。在票据签发日和到期日这两天中，只算其中的一天，即“算头不算尾”或“算尾不算头”。例如，3月15日签发的期限为180天的商业票据，按照“算尾不算头”的方法，其到期日应该为9月11日：

$$180-\frac{3\text{月份}}{\text{剩余天数}}-\frac{4\text{月份}}{\text{实有天数}}-\frac{5\text{月份}}{\text{实有天数}}-\frac{6\text{月份}}{\text{实有天数}}-\frac{7\text{月份}}{\text{实有天数}}-\frac{8\text{月份}}{\text{实有天数}}$$

$$=180-(31-15)-30-31-30-31-31=11\text{（天）}$$

票据的期限按日表示时，带息票据的利息应按票面金额、票据期限（天数）和日利率（年利率÷360）计算。

带息商业汇票到期收回款项时，应按收到的本金和利息，借记“银行存款”科目；按账面价值，贷记“应收票据”科目；按其差额，贷记“财务费用”科目。

3.1.3 应收票据的核算

为了反映和监督应收票据的取得、收回等经济业务，企业应设置“应收票据”账户，该账户借方登记取得的应收票据的面值，贷方登记到期收回票款或到期前向银行贴现的应收票据的票面余额，期末余额在借方，反映尚未收回且未申请贴现的应收票据的面值。

1. 不带息应收票据

不带息应收票据的到期价值等于应收票据的面值。企业销售商品、提供劳务收到开出、承兑的商业汇票时，按应收票据的面值，借记“应收票据”科目，按实现的营业收入，贷记“主营业务收入”科目，按照增值税专用发票上注明的增值税税额，贷记“应交税费——应交增值税（销项税额）”科目；应收票据到期收回时，按票面金额，借记“银行存款”科目，贷记“应收票据”科目。商业承兑汇票到期时，如果承兑人违约拒付或无力支付票款，企业收到银行退回的商业汇票、未付票款通知书或拒绝付款证明等，将到期票据的票面金额转入“应收账款”科目，借记“应收账款”科目，贷记“应收票据”科目。

【例3-1】A企业2020年8月20日销售产品一批，采用商业汇票结算方式，增值税专用发票上注明销售收入为100 000元，增值税税额为13 000元，收到不带息票据一张，期限为6个月，到期日为2021年2月20日。

要求：根据上述经济业务编制会计分录。

【解】2020年8月20日收到商业承兑汇票时：

借：应收票据　　113 000

　贷：主营业务收入　　100 000

　　应交税费——应交增值税（销项税额）　　13 000

2021年2月20日应收票据到期，企业收回款项存入银行时：

借：银行存款　　113 000

　贷：应收票据　　113 000

假设该票据到期，对方企业无力偿还票款，则应当将到期的票面金额转入“应收账款”科目：

借：应收账款　　113 000

　贷：应收票据　　113 000

2. 带息应收票据

带息应收票据到期时，承兑人除了向收款人或被背书人支付票面金额外，还应按票面金额和票据规定的利率，计算从利息开始日至到期日的票据利息。按照权责发生制原则，票据到期前尽管利息尚未实际收到，但企业已经取得收取利息的权利，应借记“应收利息”科目，贷记“财务费用”（或“利息收入”）科目。

【例 3-2】A 企业 2020 年 8 月 31 日销售产品一批，采用商业汇票结算方式，增值税专用发票上注明销售收入为 100 000 元，增值税税额为 13 000 元，收到带息票据一张，票面利率为 8%，期限为 6 个月，到期日为 2021 年 2 月 28 日。

要求：根据上述经济业务编制会计分录。

【解】销售商品，收到商业承兑汇票时：

借：应收票据　113 000

　贷：主营业务收入　100 000

　　　应交税费——应交增值税（销项税额）　13 000

年末，计提票据利息时：

借：应收利息（113 000×8%÷12×4）　3 013

　贷：财务费用　3 013

应收票据到期，企业收回款项存入银行时：

借：银行存款（113 000×（1+8%÷12×6））　117 520

　贷：应收票据　113 000

　　　应收利息　3 013

　　　财务费用（113 000×8%÷12×2）　1 507

3. 应收票据背书转让

应收票据背书转让是指持票人因偿还前欠货款等原因，将未到期的商业汇票背书转让给其他单位或个人的业务活动。根据金融资产相关制度的规定，企业可以将自己持有的应收票据进行背书转让，用以购买需要的物资或者偿还债务。背书是指持票人在票据背面签字记载有关事项的票据行为，签字人称为背书人，背书人对票据的到期付款应当承担连带责任。

企业将持有的应收票据背书转让，取得所需物资时，按增值税专用发票上注明的计入物资成本的价值，借记“材料采购”“库存商品”“原材料”等科目，按增值税税额，借记“应交税费——应交增值税（进项税额）”科目，按应收票据的面值，贷记“应收票据”科目，按补付或收到的差额，借记或贷记“银行存款”科目。

如果是带息票据，按增值税专用发票上注明的计入物资成本的价值，借记“材料采购”“库存商品”“原材料”等科目，按增值税税额，借记“应交税费——应交增值税（进项税额）”科目，按应收票据的面值，贷记“应收票据”科目，按收到或补付的差额，借记或贷记“银行存款”科目，按尚未计提的利息，贷记“财务费用”科目。

4. 应收票据的贴现

企业持有的应收票据在到期前，如果出现资金短缺，可以持未到期的商业汇票向其开户行申请贴现，以便获得所需要的资金。应收票据贴现是持票人因急需资金，将未到期的商业汇票背书转让给银行，银行受理后从票据到期值中扣除贴现利息后，将余额支付给贴现企业的业务活动。贴现所得金额的计算公式如下：

贴现所得金额=票据到期值-贴现利息

票据到期值=票据面值×（1+票面利率×票面期限）

贴现利息=票据到期值×贴现率×贴现期

贴现期=票据期限-企业已持有票据期限

应收票据的贴现分为不带息应收票据贴现和带息应收票据贴现。

（1）不带息应收票据贴现。这类票据的到期值就是其面值。企业将未到期的不带息应收票据向银行贴现，按贴现净额，借记“银行存款”科目，按贴现利息部分，借记“财务费用”科目；按照应收票据的面值，贷记“应收票据”科目。按照结算办法的相关规定，实付贴现金额按照到期值扣除贴现日至到期日前一天的利息计算。贴现期一般用贴现天数表示。因此，在贴现日和票据到期日这两天中只能计算一天。例如，企业4月10日将3月31日签发的、期限为60天的商业汇票贴现，其贴现天数为50天（60-10），到期日为5月30日（4月份30天，5月份30天）。

【例3-3】A企业因急需资金，于4月14日将一张1月20日签发的、期限为120天、票面价值10 000元的不带息商业汇票向银行贴现，年贴现率为10%。

要求：根据上述经济业务编制会计分录。

【解】到期日为5月20日（1月份11天，2月份28天，3月份31天，4月份30天，120-11-28-31-30=20（天））。票据持有天数84天（1月份11天，2月份28天，3月份31天，4月份14天，11+28+31+14=84（天）），其贴现天数为36天（120-84）。

编制会计分录如下：

借：银行存款	9 900	
财务费用（10 000×10%÷360×36）	100	
贷：应收票据		10 000

（2）带息应收票据贴现，这类票据的到期值是其面值与按票据载明的利率计算的票据全部期间的利息之和。企业将未到期的带息应收票据向银行贴现，应按实际收到的贴现金额，借记“银行存款”科目；按照应收票据的面值，贷记“应收票据”科目，按其差额借记或贷记“财务费用”科目。

【例3-4】A企业因急需资金，于4月14日将一张1月20日签发的、期限为120天、票面价值为10 000元、票面利率为年利率6%的商业汇票向银行贴现，年贴现率为10%。

要求：根据上述经济业务编制会计分录。

【解】到期日为5月20日（1月份11天，2月份28天，3月份31天，4月份30天，120-11-28-31-30=20（天））。票据持有天数84天（1月份11天，2月份28天，3月份31天，4月份14天，11+28+31+14=84（天）），其贴现天数为36天（120-84）。

票据到期值=10 000×（1+6%÷360×120）=10 200（元）

贴现利息=10 200×10%÷360×36=102（元）

贴现所得金额=10 200-102=10 098（元）

编制会计分录如下：

借：银行存款	10 098	
贷：应收票据		10 000
财务费用		98

如果贴现的商业承兑汇票到期，承兑人的银行存款账户不足支付，银行即将已经贴现的票据退回申请贴现的企业，同时从贴现企业的账户中将票据划回。此时，贴现企业应按照所付票据本金加利息将其转为“应收账款”，借记“应收账款”科目，贷记“银行存款”科目。如果申请贴现的是银行承兑汇票，贴现企业的银行存款账户余额不足，银行将作为逾期贷款处理，贴现企业应借记“应收账款”科目，贷记“短期借款”科目。

企业持未到期的商业汇票向银行贴现，符合金融资产终止确认条件的（将金融资产所有权上几乎所有的风险和报酬转移给转入方），应终止确认该金融资产（如银行承兑汇票贴现）；不符合金融资产终止确认条件的（如商业承兑汇票贴现），作为取得短期借款处理，因贴现而产生的或有负债，通过报表披露予以反映。

3.1.4 应收票据备查簿

为了逐笔记录每一项应收票据，企业应设置“应收票据备查簿”，详细记录每一项应收票据的种类、号数、出票日期、票面金额、票面利率、交易合同、付款人、承兑人、背书人、购货单位、到期日、背书转让日、贴现日、贴现率、贴现所得金额、收款日期、收回金额和退票等情况，直到应收票据到期结清票款或退票之后，才能在“应收票据备查簿”内核销。

3.2 应收账款

3.2.1 应收账款的概念及确认

应收账款是企业因对外销售商品、产品，提供劳务等经营活动而应向客户收取的款项。在某些情况下，企业在客户支付对价之前，先通过履行履约义务进而取得收取对价的权利，且该权利取决于时间流逝之外的其他因素，则企业拥有一项合同资产，当且仅当该企业收取对价的权利为无条件收取合同对价的权利时，确认为应收账款，借记“应收账款”科目，贷记“合同资产”科目。具体而言，应收账款是指企业因销售商品、产品或提供劳务等原因，应向购货客户或接受劳务的客户收取的款项或代垫的运杂费等。应收账款有其特定的范围：

（1）应收账款是指因销售活动形成的债权，不包括应收职工欠款、应收债务人利息等其他应收款；

（2）应收账款是指流动资产性质的债权，不包括长期的债权，如长期债券投资和长期股票投资等；

（3）应收账款是指本企业应收客户的款项，不包括企业付出的各类存出保证金，如租入包装物保证金等。

应收账款应在收入实现时予以确认。

3.2.2 应收账款计价

应收账款计价通常按照实际发生额入账，计价时还需要考虑商业折扣和现金折扣等因素。

1. 商业折扣

商业折扣是指企业为了鼓励购货方多购买商品，根据市场供需情况，或针对不同的顾客，在商品标价上给予的扣除。在日常经济活动中，企业为了扩大销售或者占领市场，对批发商往往给予商业折扣。因此，商业折扣是企业最常用的促销手段，通常采用销量越多价格越低的促销策略，即“薄利多销”的促销策略。企业在销售淡季为了扩大销售，对季节性商品通常采用商业折扣方式。但是，在实际工作中，企业有时利用人们的消费心理，即使在销售旺季也把商业折扣作为一种促销竞争的手段。商业折扣一般在交易发生时即刻确定。它仅仅是确定销售价格的一种手段，并不需要在购销双方任何一方的账上反映。所以，商业折扣对应收账款的入账价值没什么实质影响。在商业折扣条件下，企业应收账款入账价值应按扣除商业折扣以后的实际售价确认。

2. 现金折扣

现金折扣是指债权人为了鼓励客户，即债务人，在规定的期限内付款，而向债务人提供的债务扣除。现金折扣通常发生在以赊销方式销售商品及提供劳务的交易中。企业为了鼓励客户提前付款，通常与债务人达成协议，债务人在不同期限内付款可以享受不同比例的折扣，即“早付款”的促销策略。现金折扣通常用符号“折扣/付款期限”来表示。例如，“2/10，1/20，N/30”表示在 10 天内付款按照售价给予 2% 的折扣；在 10 天以上 20 天以内付款按照售价给予 1% 的折扣；在 20 天以上 30 天内（信用期内）付款则不给予折扣。

在现金折扣条件下，应收账款入账价值的确认有两种表示方法：

（1）总价法，是将未减去现金折扣的金额作为实际售价，记作应收账款的入账价值。现金折扣只有当客户在折扣期内支付款项时才予以确认。在总价法下，销货方把给予客户的现金折扣视为融资的理财费用，作为财务费用计入当期。我国会计实务中通常采用此方法。

（2）净价法，是将扣减现金折扣后的金额作为实际售价，据以确认应收账款的入账价值。在净价法下，销货方把客户取得折扣视为正常现象，认为客户一般都会提前付款，而将由于客户超过折扣期限而多收入的金额视为提供信贷获得的收入。

需要指出的是，从理论上讲，企业因销货而发生的应收账款数额要高于现销额，这是因为企业将货币时间价值因素考虑在了应收账款及营业收入数额之内。企业发生的现金折扣应冲减营业收入，并相应冲减应收的销项税额。但是，在会计实务中以销货发票作为增值税的计税依据，发生现金折扣并不能改变原始发票金额，计算现金折扣时，按照折扣率乘以销售发票总价作为销售现金折扣处理，确认为财务费用。

3.2.3 应收账款的核算

为了核算和监督应收账款的增减变动情况，企业应当设置“应收账款”账户。该账户属于资产类账户，借方登记发生的应收账款，贷方登记收回的应收账款，期末余额一般在借方，表示企业尚未收回的应收账款。

企业除了进行应收账款的总分类核算外，还应进行应收账款的明细分类核算，按照不同的购货单位和接受劳务的单位设置明细账。

企业销售商品或材料等发生应收款项时，借记“应收账款”科目，贷记“主营业务收入”“应交税费——应交增值税（销项税额）”“其他业务收入”等科目；收回款项时，借记“银行存款”科目，贷记“应收账款”科目。

企业发生的应收账款在没有商业折扣的情况下，按应收的全部金额入账。

【例 3-5】A 公司向甲企业销售一批产品，价值总计 58 000 元，适用的增值税税率为 13%，已经办妥委托银行收款手续。

要求：根据上述经济业务编制会计分录。

【解】销售时：

借：应收账款　65 540

　贷：主营业务收入　58 000

　　应交税费——应交增值税（销项税额）　7 540

收到货款时：

借：银行存款　65 540

　贷：应收账款　65 540

企业发生的应收账款在有商业折扣的情况下，应按扣除商业折扣后的金额入账。

【例 3-6】A 公司销售产品一批，按照价目表标明的价格计算，其售价金额为 30 000 元，批量销售，公司给予购货方 10% 的商业折扣，金额为 3 000 元，公司应收账款的入账价值金额为 27 000 元，适用的增值税税率为 13%。

要求：根据上述经济业务编制会计分录。

【解】销售时：

借：应收账款　30 510

　贷：主营业务收入　27 000

　　应交税费——应交增值税（销项税额）　3 510

收到货款时：

借：银行存款　30 510

　贷：应收账款　30 510

企业发生的应收账款在有现金折扣的情况下，采用总价法入账，发生的现金折扣作为财务费用处理。

【例 3-7】A 公司销售产品一批，售价为 100 000 元，规定的现金折扣条件为 2/10，1/20，N/30，适用的增值税税率为 13%，产品交付并办妥银行收款手续。

要求：根据上述经济业务编制会计分录。

【解】借：应收账款　113 000

　　贷：主营业务收入　100 000

　　　应交税费——应交增值税（销项税额）　13 000

如果上述货款在 10 天内收到，购货方符合 2/10 的现金折扣条件，公司应给予购货方 2% 的现金折扣，编制会计分录如下：

借：银行存款　110 740

　　财务费用　2 260

　贷：应收账款　113 000

如果上述货款在 10 天以上 20 天内收到，购货方符合 1/20 的现金折扣条件，公司应给予购货方 1% 的现金折扣，编制会计分录如下：

借：银行存款　111 870

　　财务费用　1 130

贷：应收账款 113 000

如果上述货款超过了现金折扣的最后期限，购货方应该全额付款，编制会计分录如下：

借：银行存款 113 000

贷：应收账款 113 000

3.3 预付账款

预付账款是指企业按照购货合同的规定预付给供应单位的款项。为了核算和监督预付账款的增减变动情况，企业应设置“预付账款”账户。该账户属于资产类账户，借方登记预付的款项和补付的款项，贷方登记收到采购物资时按发票金额冲销的预付账款金额和因预付账款多余而退回的款项，期末余额一般在借方，表示企业实际预付的款项。

企业除了进行预付账款总分类核算外，还应进行预付账款明细分类核算，按照不同的供应单位设置明细账。

企业在采购物资预付款项时，借记“预付账款”科目，贷记“银行存款”科目；收到所购物资时，按照应计入材料采购成本的金额，借记“材料采购”“原材料”“库存商品”等科目，按照增值税专用发票注明的增值税税额，借记“应交税费——应交增值税（进项税额）”科目，贷记“预付账款”科目；补付款项时，借记“预付账款”科目，贷记“银行存款”科目；收到退回的多余款项时，借记“银行存款”科目，贷记“预付账款”科目。

预付账款不多的企业，可以不设“预付账款”账户，直接在“应付账款”账户核算。但是，在编制资产负债表时，应当按预付账款明细账借方余额与应付账款明细账借方余额的合计数填列在“预付款项”项目中。

【例 3-8】A 企业预付所购物资的定金为 20 000 元；收到所购物资并且验收入库，价款 20 000 元，增值税税额 2 600 元，共计 22 600 元；用银行存款补付不足款项 2 600 元。

要求：根据上述经济业务编制会计分录。

【解】预付定金时：

借：预付账款 20 000

贷：银行存款 20 000

收到所购物资时：

借：原材料 20 000

应交税费——应交增值税（进项税额） 2 600

贷：预付账款 22 600

补付款项时：

借：预付账款 2 600

贷：银行存款 2 600

如果有确凿证据证明由于供货单位破产、撤销等原因而不能收回所购物资的，说明企业预付的账款已经不再符合预付账款的性质，应将其原来已经计入预付账款的金额转入其他应收款。企业按照预计不能收回的所购物资的预付账款的账面余额，借记“其他应收款——预付账款转入”科目，贷记“预付账款”科目，并按照“其他应收款——预付账款转入”科目余额计提坏账准备。

若【例3-8】中，企业预付了20 000元定金后，由于对方企业破产，导致企业无法收到所购物资，编制会计分录如下：

借：其他应收款——预付账款转入　　20 000

　贷：预付账款　　20 000

3.4 其他应收款

其他应收款是指除应收票据、应收账款和预付账款以外的各种应收、暂付款项，包括各种应收赔款、存出保证金、备用金、应收包装物租金、应收的各种罚款、应向职工收取的各种垫付款项等。

为了反映和监督其他应收款的发生和结算情况，企业应设置“其他应收款”账户。该账户属于资产类账户，借方登记发生的其他各种应收款项，贷方登记收回的其他各种应收款项，期末余额一般在借方，表示企业尚未收回的其他应收款项。企业除了进行其他应收款总分类核算外，还应进行其他应收款明细分类核算，按项目或债务人设置明细账。

企业发生其他应收款时，按应收金额，借记“其他应收款”科目，贷记有关科目；收回各种款项时，借记有关科目，贷记“其他应收款”科目。

企业应定期或至少在每年年度终了时，对其他应收款进行检查，预计其可能发生的坏账损失，并计提坏账准备。对不能收回的其他应收款，应查明原因，追究当事人的责任。确实无法收回的，按照企业的管理权限，经股东大会或董事会、经理（厂长）会议或类似机构批准，作为坏账损失，冲减已经提取的坏账准备。

【例3-9】A企业以现金预借某职工差旅费1 000元；10天后，该职工出差归来，报销差旅费600元，其余款项400元交回企业。

要求：根据上述经济业务编制会计分录。

【解】预借职工差旅费时：

借：其他应收款　　1 000

　贷：库存现金　　1 000

报销差旅费时：

借：管理费用　　600

　　库存现金　　400

　贷：其他应收款　　1 000

实行备用金制度的企业，可以单独设置“备用金”科目核算，也可以不设置“备用金”科目，对于领用的备用金应当定期向财会部门报销。财会部门根据报销数额用现金补足备用金定额时，借记“管理费用”等科目，贷记“库存现金”或“银行存款”科目，报销和拨补时都不再通过本科目核算。

【例3-10】A企业开出现金支票1 000元向管理部门支付备用金；管理部门向财会部门报销日常办公用品费用600元；管理部门不再需要备用金，将备用金退回财会部门。

要求：根据上述经济业务编制会计分录。

【解】支付备用金时：

借：其他应收款或备用金（单独设置“备用金”科目） 1 000

　贷：银行存款 1 000

管理部门报销时：

借：管理费用 600

　贷：库存现金 600

管理部门退回备用金时：

借：库存现金 1 000

　贷：其他应收款或备用金（单独设置“备用金”科目） 1 000

3.5 坏账损失

3.5.1 坏账损失的概念和确认

企业的应收款项可能由于种种原因而不能收回，这部分应收款项被称为坏账，即坏账是指企业无法收回或收回可能性极小的应收账款。由于发生坏账而产生的损失被称为坏账损失或坏账费用。

企业应当定期或至少在每年年度终了时对应收款项进行减值测试。根据企业的实际情况，应收款项分为单项金额重大的应收款项和单项金额非重大的应收款项两类。单项金额重大的应收款项，应当单独进行减值测试，如果有客观证据表明其发生了减值，应当确认减值损失，计提坏账准备。对单项金额非重大的应收款项，以及单独测试后未发生减值的单项金额重大的应收款项，应当采用组合方式进行减值测试，分析判断是否发生减值，将这些应收款项按类似信用风险特征划分为若干组合，再按这些应收款项组合在资产负债表日余额的一定比例，计算确定减值损失，计提坏账准备。

企业应采用函证法核对应收账款，对应收款项的可收回性进行评价，根据具体情况自行确定计提坏账准备的方法和比例等，如果历史上企业发生坏账损失的记录较少，且债务人的信用较好，企业可以在较低的水平上计提坏账准备。

企业对预计可能发生的坏账损失计提坏账准备。企业应当制定计提坏账准备的政策，注明计提坏账的范围、提取方法、账龄的划分和提取比例，按照规定上报有关各方备案。

3.5.2 不能全额计提坏账准备的情况

企业确定坏账准备的计提比例，应当按照以往的经验、债务单位的实际财务状况和现金流量等相关信息予以合理估计。除了有确凿证据表明该项应收款项不能收回或收回的可能性不大（如因债务单位已经撤销、破产、资不抵债、现金流量严重不足、发生严重自然灾害等导致停产而在短期内无法偿债及 3 年以上的应收款项）外，以下各种情况不能全额计提坏账准备：

（1）当年发生的应收款项；

（2）计划对应收款项进行重组；

（3）与关联方发生的应收款项；

（4）其他已逾期，但无确凿证据表明不能收回的应收款项。

如果企业不考虑自身的实际情况，故意设立秘密准备，则应作为重大会计差错处理。

如果有确切证据表明企业的预付账款不符合预付账款的性质，或者因供货单位破产、撤销等原因已经无望再收到所购的货物，应将原来计入预付账款的金额转入其他应收款，并按规定计提坏账准备。

应收票据发生坏账的风险比较小，所以一般不对应收票据计提坏账准备。但是，如果应收票据发生收不回来的情况，企业必须在有确凿证据表明不能收回票款的情况下，才能将应收票据账面余额转入应收账款，并且按照合理的方法对转入的应收账款计提坏账准备。否则，在一般的情况下不用对应收票据计提坏账准备。

前面讲过，企业与关联方发生的应收款项，不应全额计提坏账准备。但是，如果有确凿证据表明关联方（债务单位）已经撤销、破产、资不抵债、现金流量严重不足等，并不准备对应收款项进行重组或无其他收回方式的，则对预计无法收回的应收关联方的应收款项也可以全额计提坏账准备。

应当指出，企业已经确认为坏账的应收款项，并不意味着企业已经放弃了对这项应收款项的追索权，一旦重新收回，应及时入账。

3.5.3 坏账损失的核算方法

1. 直接转销法

直接转销法是指只有在实际发生坏账时，才确认坏账损失，同时冲销该笔应收款项的方法。

【例 3-11】B客户欠A公司6 000元，已经超过3年，屡次催款无效，断定无法收回，则A公司应将该客户的应收账款作为坏账损失处理。

要求：根据上述经济业务编制会计分录。

【解】确认坏账时：

借：信用减值损失　　6 000

　贷：应收账款　　　　6 000

如果已经冲销的应收账款以后又收回时，处理如下：

借：应收账款　　6 000

　贷：信用减值损失　　　　6 000

同时：

借：银行存款　　6 000

　贷：应收账款　　　　6 000

直接转销法的优点是账务处理简单，缺点是忽视了坏账损失与赊销业务的联系，在转销坏账损失的前期，对坏账不作任何处理，在实际发生坏账时才确认坏账损失，从而导致日常核算的应收账款价值虚增、损益虚列，不符合谨慎性要求，因此，我国企业会计准则不允许采用直接转销法核算坏账损失，而应采用备抵法核算坏账损失。

2. 备抵法

备抵法是按期估计坏账损失，列为坏账费用，形成坏账准备，在实际发生坏账时，冲销坏账准备的方法。备抵法主要包括应收款项余额百分比法、账龄分析法、赊销百分比法。

企业应设置“坏账准备”账户，用来核算坏账费用。该账户是应收款项的备抵调整账户。该账户贷方登记已提取的坏账准备，借方登记发生坏账时经批准作为坏账损失及冲销提取的坏账准备，期末调整后余额在贷方，表示企业已提取的坏账准备。

企业每期计提坏账准备的数额可按下列公式计算：

当期应提取的坏账准备=当期按应收款项计算的应提坏账准备金额-“坏账准备”科目的贷方余额

当期按应收款项计算的应提坏账准备金额大于“坏账准备”科目的贷方余额时，应按其差额提取坏账准备；如果当期按应收款项计算的应提坏账准备金额小于“坏账准备”科目的贷方余额，则应按其差额冲销已经计提的坏账准备；如果当期按应收款项计算的应提坏账准备金额为零，则应将“坏账准备”科目余额全部冲回。

企业提取坏账准备时，借记“信用减值损失”科目，贷记“坏账准备”科目；本期应提取的坏账准备大于其账面余额的，应按差额提取；本期应提取的坏账准备小于其账面余额的，应按差额冲回，借记“坏账准备”科目，贷记“信用减值损失”科目。

企业实际发生坏账时，借记“坏账准备”科目，贷记“应收账款”“其他应收款”科目；如果已经确认并转销的坏账以后又收回，则借记“应收账款”科目，贷记“坏账准备”科目，同时借记“银行存款”科目，贷记“应收账款”科目。

（1）应收款项余额百分比法，是根据会计期末应收款项的余额乘以估计坏账率计算当期应估计的坏账损失，据此提取坏账准备的方法。估计坏账率可以按照以往的数据资料来确定，也可以按照规定的百分比来确定。

【例 3-12】A 公司按备抵法核算坏账，从某年开始按应收款项余额百分比法计提坏账准备。当年年末应收账款余额为 800 000 元，坏账准备提取比例为 5‰，第 2 年发生了坏账 3 000 元，第 2 年年末应收账款余额为 1 000 000 元，第 3 年已经冲销的坏账 3 000 元又收回，第 3 年年末应收账款余额为 700 000 元。

要求：根据上述经济业务编制会计分录。

【解】第 1 年年末计提坏账准备时：

借：信用减值损失　　4 000

　贷：坏账准备　　4 000

第 2 年确认坏账时：

借：坏账准备　　3 000

　贷：应收账款　　3 000

第 2 年年末补提坏账准备时：

借：信用减值损失　　4 000

　贷：坏账准备　　4 000

第 3 年已经冲销的坏账又收回时：

借：应收账款　　3 000

　贷：坏账准备　　3 000

借：银行存款　　3 000

　贷：应收账款　　3 000

第 3 年年末应计提坏账准备为 3 500 元（700 000×5‰），但在期末计提坏账准备前，

“坏账准备”科目已经有贷方余额8 000元，即期初贷方余额5 000元加上收回的已经冲销坏账3 000元，超过了应提取的坏账准备数，所以，应冲回多提的坏账准备4 500元。

冲销多提坏账时：

借：坏账准备 4 500

贷：信用减值损失 4 500

（2）账龄分析法，是根据应收款项入账时间的长短来估计坏账损失的方法。账龄是指客户拖欠账款的时间。虽然应收款项能否收回以及能收回的数额有多少，不一定完全取决于时间的长短，但一般来讲，应收款项拖欠的时间越长，发生坏账的可能性就越大。

【例3-13】A企业某年应收账款账龄及估计坏账损失金额相关资料见表3-1。

表3-1 应收账款账龄分析表

应收账款账龄	应收账款金额（元）	估计损失率（%）	估计损失金额（元）
未到期	80 000	0.5	400
过期1个月	60 000	1.0	600
过期2个月	30 000	2.0	600
过期3个月	10 000	3.0	300
过期3个月以上	5 000	5.0	250
合　计	185 000		2 150

要求：根据上述经济业务编制会计分录。

【解】由表3-1可知，该企业当年估计的坏账损失为2 150元，企业需要根据前期“坏账准备”科目的账面余额，计算本期应入账的金额，由于本期计提的坏账受以前账面余额的影响，可能会出现补提或冲回多提的坏账准备的情况。

假设在估计坏账损失前，“坏账准备”科目有贷方余额，为100元，则本期应补提2 050元（2 150-100）。

借：信用减值损失 2 050

贷：坏账准备 2 050

假设在估计坏账损失前，“坏账准备”科目有贷方余额，为2 400元，则本期应冲回250元（2 150-2 400）。

借：坏账准备 250

贷：信用减值损失 250

企业在采用账龄分析法计提坏账准备时，收到债务人当期偿还的部分债务后，剩余的应收账款并不会改变原有账龄，应该随着时间的增加而增加。

（3）赊销百分比法，是根据当期赊销金额的一定百分比估计坏账损失的方法。估计的比率可以参照以往的数据资料，也可以根据经验，这个比率也应随着生产经营情况的变化而不断修正，因此，需要企业经常检查这个比率是否能够真正反映企业坏账损失的实际情况并进行调整。

【例3-14】A企业全年赊销金额为200 000元，根据经验估计坏账损失率为2%。

要求：根据上述经济业务编制会计分录。

【解】借：信用减值损失 4 000

贷：坏账准备 4 000

采用备抵法核算坏账，每期估计的坏账损失直接计入当期损益，既体现了谨慎性要求，又符合收入和费用配比的要求。在资产负债表上可以用应收账款净额表示可收回的应收账款，同时，在利润表上避免了因应收账款价值虚列而造成的利润虚增，避免了企业明盈实亏的情况，使报表使用者能够了解企业应收账款的可变现金额。我国会计准则规定企业应采用备抵法核算应收账款的坏账。

基本训练

◆ 复习思考题

1. 什么是现金折扣？什么是商业折扣？

2. 什么是应收票据？它是如何分类的？

3. 如何计算应收票据的贴现息？

4. 什么是坏账？如何认定坏账？

5. 全额计提坏账准备的条件有哪些？

6. 不能全额计提坏账准备的情况有哪些？

7. 坏账损失的直接转销法与备抵法有什么不同？

8. 什么是应收款项余额百分比法？

9. 什么是赊销百分比法及账龄分析法？

10. 其他应收款的核算内容有哪些？

◆ 计算分析题

1. 某企业销售商品（货款 40 000 元，增值税 5 200 元），在 2019 年 10 月 31 日收到一张面值为 45 200 元、期限为 5 个月、年利率为 6% 的商业承兑汇票。

要求：编制企业收到票据、2019 年年末计提票据利息和 2020 年收回到期款项的会计分录。

2. 某企业第 1 年应收账款年末余额为 100 000 元，坏账准备提取比例为 4%，第 2 年发生坏账损失 5 000 元，年末应收账款余额为 130 000 元，第 3 年发生坏账损失 2 000 元，上年已核销的应收账款有 1 600 元已收回，年末应收账款余额为 90 000 元。

要求：编制各年相应的会计分录。

3. 某企业于 2020 年 3 月 10 日销售商品一批，价税款合计 113 000 元，收到一张面值为 113 000 元、期限为 90 天的不带息商业承兑汇票。2020 年 4 月 15 日因急需资金，企业持该票据到银行贴现，贴现率为 8%，但票据到期时付款单位却无力支付。

要求：计算贴现金额并编制有关会计分录。

第4章　存　货

学习目标

◆ 重点掌握存货按实际成本核算和按计划成本核算的方法。

◆ 掌握存货可变现净值的确定方法、存货跌价准备的计提方法、存货清查的会计处理方法。

◆ 了解存货的概念及分类。

4.1　存货概述

4.1.1　存货的概念和特点

存货是指企业在日常生产经营过程中持有以备出售的产成品或商品，或者仍然处在生产过程中的在产品，或者在生产或提供劳务过程中将消耗的材料、物料等，包括原材料、周转材料、委托加工物资、在产品、半成品、产成品等。

存货属于企业的流动资产，在企业的资产总额中占有很大的比重。与其他资产相比，存货具有以下特点：

(1) 存货是有形资产。

(2) 存货具有较强的流动性。在企业，存货经常处于不断销售或耗用以及不断被重置中，具有较强的变现能力和明显的流动性。

(3) 存货具有时效性和发生损失的潜在性。在正常情况下，存货能够有规律地转换为货币资产或其他资产，但长期不能耗用和销售的存货就有可能变为积压物资或者被迫降价销售，从而造成损失。

4.1.2　存货的范围

确认一项货物是否属于企业的存货，标准是看企业对其是否具有法人财产权（或法定产权）。凡在盘存日法定产权属于企业的物品，无论其处于何种状态或存放在何处，都应确认为企业的存货；反之，凡是法定产权不属于企业的物品，即使存放在企业中，也不应确认为企业的存货。存货包括下列 3 类有形资产：

(1) 企业在产品生产或提供劳务过程中耗用而储存的各种物品，如制造企业为生产产品而储存的原材料、周转材料等。为建造固定资产等工程而储备的各种材料，不属于为生产产品而储备的材料，所以，不属于存货范围。

(2) 企业为最终出售而生产但目前尚处于生产加工过程中的各种物品，如制造企业的在产品和自制半成品等。

（3）企业在正常的经营过程中储存处于待销状态的各种物品，如制造企业的库存产成品、商品流通企业的库存商品等。特种储备以及按国家指令专项储备的资产不属于存货范围。

关于存货的确认范围有几种情况需要注意：

（1）关于在途物资的归属问题。对于销售方按销售合同、协议的规定已确认销售，而尚未发运给购货方的商品，应作为购货方的存货处理而不应再作为销售方的存货；对于购货方已收到商品，但尚未收到销货方结算凭证的商品，购货方应作为其存货处理；对于购货方已经确认为购进而尚未到达入库的在途物资，购货方应将其作为存货处理。

（2）关于代销商品的归属问题。代销商品是指一方委托另一方代其销售的商品。从商品所有权的转移来分析，代销商品在售出以前，所有权属于委托方，受托方只是代对方销售商品。因此，代销商品应作为委托方的存货处理。但为了促使受托方加强对代销商品的核算和管理，按要求受托方对受托代销商品视同自有存货进行核算，同时，与受托代销商品对应的代销商品款应作为一项负债来反映。

（3）关于购货约定的问题。对于约定未来购入的物资，由于企业并没有实际的购货行为发生，因此，不作为企业的存货处理。

4.1.3 存货的分类

1. 按经济用途划分

（1）原材料，是指经过加工能构成产品主要实体的各种原料、材料及不构成产品主要实体但有助于产品形成的各种辅助材料。原材料是企业存货的重要组成部分，其品种、规格较多，按其经济内容不同又可分为原料及主要材料、辅助材料、外购半成品（外购件）、修理用备件（备品备件）、包装材料、燃料等。

（2）在产品，是指仍处于生产过程中、尚未完工入库的生产物，包括正在加工中的在产品，以及虽然加工完成但尚未检验或虽已检验但尚未办理入库手续的产成品。

（3）半成品，是指经过一定生产过程并经检验合格交付半成品仓库保管，但尚未最终加工完成、仍需进一步加工的中间产品。半成品不包括从一个生产车间转给另一个生产车间继续加工的自制半成品以及不能单独计算成本的自制半成品。

（4）产成品，是指已经完成全部生产过程并验收入库，可以按照合同规定的条件送交订货单位，或者可以作为商品对外销售的产品。

（5）商品，是指商品流通企业外购或委托加工完成验收入库用于销售的各种商品。

（6）周转材料，是指能够多次使用但不符合固定资产确认条件的用品，主要包括包装物和低值易耗品。包装物是指为了包装本企业产品、商品而储备的各种包装容器，如桶、箱、坛、瓶、袋等。其主要作用是盛装、装潢产品或商品。下列各项不属于包装物核算的范围：各种包装材料，如纸、绳、铁丝、铁皮等一次性使用的包装材料，应作为原材料进行核算；用于储存和保管产品、材料而不对外出售、出租或出借的包装物，应按其价值的大小和使用年限的长短，分别作为固定资产和低值易耗品管理和核算；计划上单独列作企业产品的自制包装物，应作为产成品进行管理和核算。低值易耗品，是指单位价值较低、使用期限较短，或在使用过程中容易损坏，因而不能列入固定资产核算的各种用具用品，如工具、管理用具、劳动保护用品、玻璃器皿以及在经营过程中周转使用的包装容器等。

2. 按存放地点划分

（1）库存存货，是指已经运到企业，并验收入库的各种材料、商品以及已经验收入库的自制半成品和产成品等。

（2）在途存货，是指已经支付货款或已经签订购货合同，正在运输途中或已到达企业但尚未验收入库的各种存货。

（3）加工中存货，是指企业自行生产加工以及委托外单位加工中的各种存货。

（4）发出存货，是指已发运给购货方但货物所有权并未同时转移，因而仍应视作销货方所拥有的存货，如发出商品、委托代销商品等。

3. 按取得来源划分

按取得来源划分，存货分为：①外购的存货；②自制的存货；③委托加工的存货；④接受投资的存货；⑤接受捐赠的存货；⑥盘盈的存货；⑦债务人以非现金资产抵债形成的存货。

4.2 存货的计价

存货的计价是指取得存货、发出存货以及结存存货价值的计量，它是进行存货核算的关键。

4.2.1 取得存货的计价

企业取得的存货应当按照成本进行计量。存货的成本包括采购成本、加工成本和其他成本三部分。在会计实务中，由于存货的来源不同，其成本的构成和计价方式也各不相同。

1. 外购存货的计价

制造企业购入的存货，按买价加采购过程中发生的运输费、装卸费、保险费、包装费、仓储费等费用，运输途中的合理损耗，入库前的挑选整理费用，按规定应计入成本的税费以及其他有关费用，作为存货成本。

2. 自制存货的计价

自制的存货，按照制造过程中的各项实际支出，作为存货成本。

3. 委托加工存货的计价

制造企业委托外单位加工完成的存货，以实际耗用的原材料或者半成品、加工费、运输费、装卸费、保险费等费用以及按规定应计入成本的税费，作为存货成本。

4. 投资者投入存货的计价

投资者投入的存货，按照投资合同或协议约定的价值，作为存货成本，但合同或协议约定的价值不公允的除外。在投资合同或协议约定价值不公允的情况下，以该项存货的公允价值作为其入账价值。

5. 接受捐赠存货的计价

接受捐赠的存货，按照如下规定确定其成本：

（1）捐赠方提供了有关凭据（如发票、报关单、有关协议）的，以凭据上标明的金额加上应支付的相关费用，作为存货成本。

（2）捐赠方没有提供有关凭据的，按如下顺序确定其成本：同类或类似存货存在活跃市场的，按同类或类似存货的市场价格估计的金额，加上应支付的相关费用，作为存货成本；同类或类似存货不存在活跃市场的，以该存货的预计未来现金流量现值，作为存货成本。

6. 盘盈存货的计价

盘盈的存货，按照同类或类似存货的公允价值确定入账价值。

7. 债务人以非现金资产抵债形成存货的计价

债务人以非现金资产抵债形成的存货，按照取得存货的公允价值确定入账价值。

4.2.2 发出存货的计价

存货发出的计价方法是指对发出存货和每次发出后结存存货价值的计算确定方法。由于企业经营性质不同，经营规模不一，存货收发的频繁程度以及每次收发存货的数量等都有所不同，因而，发出存货计价方法的选用也可以有所不同。我国企业会计准则规定，发出存货的日常核算可以采用先进先出法、加权平均法、移动加权平均法或个别计价法等实际成本法，也可以采用计划成本法。商品流通企业还可以采用毛利率法和售价金额核算法。

1. 先进先出法

先进先出法是假定先收到的存货先发出，或先收到的存货先耗用，并按照这种假定的存货流转次序对发出存货和期末存货进行计价的方法。具体做法是：收入存货时，逐笔登记每一批存货的数量、单价和金额；发出存货时，按照先进先出的原则计价，逐笔登记存货的发出和结存金额。

【例 4-1】某企业 2020 年 4 月份甲材料的收发结存资料见表 4-1。

要求：采用先进先出法计算甲材料发出成本和结存成本。

表 4-1 甲材料收发结存情况表

业务	收入		发出数量（千克）	结存数量（千克）
	数量（千克）	单价（元/千克）		
4月1日结存				1 500（单价 10 元/千克）
4月4日发出			300	1 200
4月8日购入	1 000	10.5		2 200
4月10日发出			1 400	800
4月18日购入	1 200	11.2		2 000
4月25日发出			1 000	1 000

【解】采用先进先出法计算得出的甲材料发出成本和结存成本见表 4-2。

表 4-2　**材料明细账（先进先出法）**

品名：甲材料

2020年		凭证		摘要	收入			发出			结存		
月	日	字（略）	号（略）		数量（千克）	单价（元/千克）	金额（元）	数量（千克）	单价（元/千克）	金额（元）	数量（千克）	单价（元/千克）	金额（元）
4	1			期初余额							1 500	10	15 000
4	4			发出				300	10	3 000	1 200	10	12 000
4	8			购入	1 000	10.5	10 500				1 200 1 000	10 10.5	12 000 10 500
4	10			发出				1 200 200	10 10.5	12 000 2 100	800	10.5	8 400
4	18			购入	1 200	11.2	13 440				800 1 200	10.5 11.2	8 400 13 440
4	25			发出				800 200	10.5 11.2	8 400 2 240	1 000	11.2	11 200
4	30			本月合计	2 200		23 940	2 700		27 740	1 000	11.2	11 200

先进先出法便于日常计算发出存货及结存存货的成本，但在存货收发业务频繁、单价经常变动的情况下，这种发出存货的计价方法所需的工作量较大。另外，期末存货成本比较接近现行的市场价值，但若物价上涨，用早期较低的成本与现行收入相配比，可能导致高估企业当期利润。

2. 加权平均法

加权平均法也称全月一次加权平均法，是根据期初结存存货和本期收入存货的数量及成本，期末一次计算出存货的本月加权平均单位成本，从而计算出本期发出存货和期末结存存货成本的一种方法。采用这种方法，发出存货的单价是以本期收入数和期初结存数进行加权平均计算的。其计算公式如下：

$$存货平均单价=\frac{期初结存存货成本+本期入库存货成本}{期初结存存货数量+本期入库存货数量}$$

本期发出存货成本=本期发出存货数量×存货平均单价

期末结存存货成本=期末结存存货数量×存货平均单价

如果计算出的存货平均单价不是整数，而是需要四舍五入的，为优先保证存货结存成本的正确性，应采用倒挤成本法计算发出存货的成本。其计算公式为：

期末结存存货成本=期末结存存货数量×存货平均单价

本期发出存货成本=期初结存存货成本+本期入库存货成本-期末结存存货成本

【例 4-2】承例 4-1。

要求：采用加权平均法计算甲材料发出成本和结存成本。

【解】采用加权平均法计算得出的甲材料发出成本和结存成本见表 4-3。

甲材料平均单价$=\frac{15\ 000+23\ 940}{1\ 500+2\ 200}\approx 10.52$（元/千克）

月末结存甲材料成本=1 000×10.52=10 520（元）

本月发出甲材料成本=15 000+23 940−10 520=28 420（元）

表 4-3 **材料明细账（加权平均法）**

品名：甲材料

2020年		凭证		摘要	收入			发出			结存		
月	日	字（略）	号（略）		数量（千克）	单价（元/千克）	金额（元）	数量（千克）	单价（元/千克）	金额（元）	数量（千克）	单价（元/千克）	金额（元）
4	1			期初余额							1 500	10.00	15 000
4	4			发出				300			1 200		
4	8			购入	1 000	10.5	10 500				2 200		
4	10			发出				1 400			800		
4	18			购入	1 200	11.2	13 440				2 000		
4	25			发出				1 000			1 000		
4	30			本月合计	2 200		23 940	2 700	10.52	28 420*	1 000	10.52	10 520

注：*发出存货成本按照单价 10.52 元计算的结果应为 28 404 元。由于尾数的原因，将 16 元的差额放入发出材料的成本，因此，发出存货的成本为 28 420 元。

加权平均法的缺点是不利于存货的日常管理，因为只有在期末才能根据以上公式计算出存货的平均单价，并对发出存货进行计价，计算存货结存的成本，而在平时从存货明细账中看不出存货的结存价值。其优点是能够减少会计核算的工作量。

3. 移动加权平均法

移动加权平均法是指每次收到存货后，立即根据库存存货数量和总成本，计算出新的加权平均单位成本，并对发出存货进行计价的一种方法。移动加权平均法与加权平均法的计算原理基本相同，只是要求在每次收入存货时重新计算加权平均单位成本。其计算公式如下：

$$存货平均单价=\frac{以前结存存货成本+本批入库存货成本}{以前结存存货数量+本批入库存货数量}$$

【例 4-3】承【例 4-1】。

要求：采用移动加权平均法计算甲材料发出成本和结存成本。

【解】采用移动加权平均法计算得出的甲材料发出成本和结存成本见表 4-4。

4 月 4 日结存甲材料的成本=1 200×10=12 000（元）

4 月 4 日发出甲材料的成本=15 000−12 000=3 000（元）

4 月 8 日结存甲材料平均单价$=\frac{12\ 000+10\ 500}{1\ 200+1\ 000}\approx 10.23$（元/千克）

4 月 10 日结存甲材料的成本=800×10.23≈8 184（元）

4 月 10 日发出甲材料的成本=22 500−8 184=14 316（元）

4月18日结存甲材料平均单价=$\frac{8\ 184+13\ 440}{800+1\ 200}$≈10.81（元/千克）

4月25日结存甲材料的成本=1 000×10.81=10 810（元）

4月25日发出甲材料的成本=21 624−10 810=10 814（元）

月末结存甲材料成本=1 000×10.81=10 810（元）

本月发出甲材料成本=3 000+14 316+10 814=28 130（元）

表4-4　**材料明细账（移动加权平均法）**

品名：甲材料

2020年		凭证		摘要	收入			发出			结存		
月	日	字（略）	号（略）		数量（千克）	单价（元/千克）	金额（元）	数量（千克）	单价（元/千克）	金额（元）	数量（千克）	单价（元/千克）	金额（元）
4	1			期初余额							1 500	10.00	15 000
4	4			发出				300	10.00	3 000	1 200	10.00	12 000
4	8			购入	1 000	10.50	10 500				2 200	10.23*	22 500
4	10			发出				1 400	10.23	14 316	800	10.23	8 184
4	18			购入	1 200	11.20	13 440				2 000	10.81	21 624
4	25			发出				1 000	10.81	10 814	1 000	10.81	10 810
4	30			本月合计	2 200		23 940	2 700		28 130	1 000	10.81	10 810

注：*取约数。

移动加权平均法的优点是存货计价工作可以分散在月内进行。其缺点是，每购进一批存货，就要重新计算一次平均单价，每发出一次存货，都要以上次结存存货的平均单价作为本次发出存货的单价，存货的计价工作量较大。

4. 个别计价法

个别计价法是以每次（批）入库存货的实际单位成本作为计算该次（批）发出存货成本依据的一种方法，即发出某次（批）存货要根据该次（批）存货购入时的实际单位成本计算。其计算公式如下：

每次（批）存货发出成本=该次（批）存货发出数量×该次（批）存货的单位成本

个别计价法的优点是能正确地计算发出存货的实际成本，并随时掌握实际库存情况。但采用这种方法，要求确认发出存货和期末结存存货所对应的购进批别。为此，必须按购进批别设置存货明细账，对其进行详细记录。入库时，应挂上标签，分别存放，分别保管，以便发出时识别是哪批购入的。这种计价方法一般只适用于价值高、数量少的存货。

5. 计划成本法

计划成本法是指存货的收入、发出和结存均采用计划成本进行日常核算，同时将实际成本与计划成本的差额另行设置有关成本差异账户（如“材料成本差异”账户）反映，期末计算发出存货和结存存货应分担的成本差异，将发出存货和结存存货由计划成本调整为实际成本的方法。

企业发出存货应负担的成本差异，原则上应按月分摊，不应在季末或年末一次计算。存货成本差异率的计算公式如下：

$$存货成本差异率=\frac{月初结存存货成本差异+本月入库存货成本差异}{月初结存存货计划成本+本月入库存货计划成本}\times 100\%$$

月初结存存货成本差异和本月入库存货成本差异，都应按照差异的性质标明正负号。超支差异（实际成本大于计划成本）应是加数，为正号；节约差异（实际成本小于计划成本）应是减数，为负号。分母中的月初结存存货计划成本与本月入库存货计划成本之和，应按存货账户记录的数据填列。

根据存货成本差异率，就可以将发出存货和结存存货的计划成本调整为实际成本，其计算公式如下：

发出存货应负担的成本差异=发出存货的计划成本×存货成本差异率

发出存货的实际成本=发出存货的计划成本+发出存货应负担的成本差异

结存存货应负担的成本差异=结存存货的计划成本×存货成本差异率

结存存货的实际成本=结存存货的计划成本+结存存货应负担的成本差异

【例 4-4】某企业期初库存原材料的计划成本为 189 000 元，材料成本差异为-3 000 元（节约差）；本月购入原材料的计划成本为 213 000 元，材料成本差异为 19 000 元（超支差）。本月发出原材料计划成本为 335 000 元。

要求：计算材料成本差异率及发出材料和结存材料的实际成本。

【解】材料成本差异率=（-3 000+19 000）÷（189 000+213 000）×100%≈3.98%

发出材料应负担的成本差异=335 000×3.98%=13 333（元）

发出材料的实际成本=335 000+13 333=348 333（元）

结存材料应负担的成本差异=（189 000+213 000-335 000）×3.98%≈2 667（元）

结存材料的实际成本=（189 000+213 000-335 000）+2 667=69 667（元）

6. 毛利率法

毛利率法是根据本期实际销售净额乘以上期实际（或本期计划）毛利率匡算本期销售毛利，据以计算发出存货和期末结存存货成本的一种方法。其计算公式如下：

销售净额=商品销售收入-销售退回与折让

毛利率=销售毛利÷销售净额×100%

本期销售毛利=本期销售净额×本期毛利率

本期销售成本=本期销售净额-本期销售毛利

期末存货成本=期初存货成本+本期购货成本-本期销售成本

毛利率法是商品流通企业，尤其是商业批发企业常用的计算本期商品销售成本和期末库存商品成本的方法。商品流通企业由于经营商品的品种繁多，如果分品种计算商品销售成本，工作较为繁重，而且商品流通企业同类商品的毛利率大致相同，采用这种存货计价方法按商品大类计算商品销售成本也比较接近实际。

【例 4-5】某商场 2020 年 4 月初甲类商品库存 180 000 元，本月购进该类商品 120 000 元，本月销售收入 150 000 元，发生的销售退回与折让共计为 9 200 元，上季度甲类商品的毛利率为 20%。

要求：计算本月已售商品和月末结存商品的成本。

【解】本月销售净额=150 000-9 200=140 800（元）

本月销售毛利=140 800×20%=28 160（元）

本月销售成本=140 800−28 160=112 640（元）

月末结存商品成本=180 000+120 000−112 640=187 360（元）

这种计算方法，采用上季度毛利率，按商品大类计算、结转本期销售成本，能简化计算工作，但计算结果往往不够准确。为了弥补这种不足，企业可以在每季末的最后一个月，根据月末结存商品的数量，采用加权平均法等存货计价方法进行调整。这样，每个季度的前两个月的商品销售成本和月末结存商品成本是估计数，而整个季度的商品销售成本和季度末的结存商品成本是实际数。

7. 售价金额核算法

采用这一方法时，平时商品的购进、储存、销售均按售价记账，售价与进价的差额通过“商品进销差价”科目核算，期末计算进销差价率和本期已售商品应分摊的进销差价，并据以调整本期销售成本。有关计算公式如下：

$$进销差价率=\frac{期初库存商品的进销差价+本期已售商品的进销差价}{期初库存商品的售价+本期已售商品的售价}$$

本期已售商品应分摊的进销差价=本期商品销售收入×进销差价率

本期销售商品的实际成本=本期商品销售收入−本期已售商品应分摊的进销差价

$$\begin{array}{c}期末结存商品\\的实际成本\end{array}=\begin{array}{c}期初库存商品\\的进价成本\end{array}+\begin{array}{c}本期购进商品\\的进价成本\end{array}-\begin{array}{c}本期销售商品\\的实际成本\end{array}$$

【例 4-6】某商场 2020 年 5 月，期初库存商品的进价成本为 150 000 元，售价总额为 187 000 元；本月购进该商品的进价成本为 546 000 元，售价总额为 680 000 元；本月销售收入 732 000 元。

要求：计算月末该商品的结存成本和本月销售成本。

【解】进销差价率=（37 000+134 000）÷（187 000+680 000）×100%≈19.7%

已售商品应分摊的进销差价=732 000×19.7%=144 204（元）

本期销售商品的实际成本=732 000−144 204=587 796（元）

期末结存商品的实际成本=150 000+546 000−587 796=108 204（元）

售价金额核算法主要适用于商品零售企业，由于这类商业企业的商品都要标明零售价格，而且商品的品种、型号、款式繁多，难以采用其他方法计价。

4.3 原材料

存货的日常核算可以按实际成本核算，也可以按计划成本核算。具体采用哪一种方法，由企业根据具体情况自行决定。

4.3.1 原材料按实际成本核算

原材料按实际成本核算是指每种材料的日常收入、发出和结存都按实际成本计价入账。原材料按实际成本核算的特点是，从原材料的收发凭证到明细分类账和总分类账全部按实际成本计价。

1. 设置的账户

（1）“原材料”账户，用来核算企业库存原材料的实际成本。借方登记入库原材料的实际成本，贷方登记出库原材料的实际成本，期末借方余额反映企业库存原材料的实际成本。该账户应按原材料的保管地点、材料类别、品种和规格设置材料明细账。

（2）“在途物资”账户，用来核算企业购入尚未到达或尚未验收入库的各种材料的实际成本。借方登记已付款或已开出商业承兑汇票但尚未验收入库的材料的实际成本，贷方登记已验收入库的材料的实际成本，期末借方余额反映企业已付款或已开出商业承兑汇票但尚未验收入库的材料的实际成本。该账户应按材料品种设置明细账，进行明细分类核算。

2. 原材料收入的核算

（1）外购原材料的核算。

企业外购原材料时，由于受采购地点和采用的结算方式等因素的影响，经常会出现材料入库和付款时间不一致的情况，相应地，其账务处理方法也不一样。

①货款已经支付或已开出商业承兑汇票，材料同时验收入库。对于发票账单与材料同时到达的采购业务，企业应根据发票账单等结算凭证确定的材料成本，借记“原材料”科目，根据取得的增值税专用发票上注明的税额，借记“应交税费——应交增值税（进项税额）”科目，按照实际支付的款项或应付票据面值，贷记“银行存款”或“应付票据”等科目。

【例 4-7】大众公司购入原材料一批，取得的增值税专用发票上注明原材料价款为 100 000 元，增值税税额为 13 000 元，货款 113 000 元已通过银行转账支付，材料已验收入库。

要求：根据上述经济业务编制会计分录。

【解】大众公司应编制会计分录如下：

借：原材料	100 000	
应交税费——应交增值税（进项税额）	13 000	
贷：银行存款		113 000

②货款已经支付或已开出商业承兑汇票，材料尚未验收入库。在这种情况下，购货单位已经取得了材料的所有权，只是材料尚未验收入库。购货单位应根据发票账单等结算凭证，借记“在途物资”“应交税费——应交增值税（进项税额）”科目，贷记“银行存款”或“应付票据”等科目；待材料物资到达并验收入库后，再根据收料单，借记“原材料”科目，贷记“在途物资”科目。

【例 4-8】大众公司从外地购进甲材料一批，有关发票、账单已收到，增值税专用发票上注明材料价款 300 000 元，增值税税额 39 000 元，企业签发一张票面价值为 339 000 元、期限为 5 个月的商业承兑汇票结算材料款项，但材料尚未收到。

要求：根据上述经济业务编制会计分录。

【解】大众公司于收到发票、账单等结算凭证时，编制会计分录如下：

借：在途物资	300 000	
应交税费——应交增值税（进项税额）	39 000	
贷：应付票据		339 000

上述材料到达验收入库时，再编制会计分录如下：

借：原材料	300 000	

贷：在途物资　300 000

③材料已验收入库，货款尚未支付或尚未开出商业承兑汇票。料到款未付的情况有两种：

第一，由于企业暂时资金困难，经对方同意采用赊购方式，材料已运达企业并验收入库，同时获得了发票等有关账单。这种情况与款付料到的会计处理一样，只是因未付款而形成了负债。企业应在收到材料和发票账单时借记“原材料”“应交税费——应交增值税（进项税额）”科目，贷记“应付账款”科目。

第二，货物先于发票账单到达，企业先收到货且已经验收入库，由于发票账单等结算凭证未到，企业没有依据付款记账。在这种情况下，企业只需在备查账中记录，等收到发票账单等结算凭证后，再进行会计处理。如果到了月末，有关发票账单等结算凭证仍未到达，为了全面反映企业的资产及负债情况，应对收到的材料物资暂估价值入账，借记“原材料”科目，贷记“应付账款——暂估应付账款”科目，下月初，再编制相同的红字记账凭证予以冲回。待结算凭证到达，企业付款或开出商业承兑汇票后，再按材料验收入库和支付货款同时完成的情况进行会计处理。

【例 4-9】大众公司购入一批原材料，材料已运达企业并已验收入库，但发票账单等结算凭证月末仍未到达，该公司对该批材料估价 40 000 元入账。下月，发票账单等结算凭证到达企业，增值税专用发票上注明材料价款 42 000 元，增值税税额 5 460 元，企业签发一张票面价值为 47 460 元、期限为 3 个月的商业承兑汇票结算材料款项。

要求：根据上述经济业务编制会计分录。

【解】大众公司编制会计分录如下：

月末，对原材料暂估价值入账：

借：原材料　40 000

　贷：应付账款——暂估应付账款　40 000

下月初，编制红字记账凭证冲回：

借：原材料　[40 000]

　贷：应付账款——暂估应付账款　[40 000]

收到有关凭证并签发商业承兑汇票时：

借：原材料　42 000

　　应交税费——应交增值税（进项税额）　5 460

　贷：应付票据　47 460

④采用预付货款方式采购材料。企业在采购材料时，可按合同的规定预付一部分货款，待材料收到后再进行结算，多退少补。企业在预付材料价款时，按照实际预付金额，借记“预付账款”科目，贷记“银行存款”科目；预付货款购入的材料验收入库时，按照发票账单上注明的材料价款、增值税税额等，借记“原材料”“应交税费——应交增值税（进项税额）”科目，贷记“预付账款”科目；预付的货款不足，需补付货款时，按照补付的金额，借记“预付账款”科目，贷记“银行存款”科目；供货方退回多付的货款时，借记“银行存款”科目，贷记“预付账款”科目。

【例 4-10】5 月 9 日，大众公司向新华公司预付货款 50 000 元，采购一批原材料。6 月 15 日，新华公司交付大众公司所购材料，增值税专用发票上注明材料价款为 52 000

元，增值税税额为 6 760 元。6 月 20 日，大众公司将补付的货款通过银行转账支付。

要求：根据上述经济业务编制会计分录。

【解】大众公司编制会计分录如下：

预付货款时：

借：预付账款——新华公司　　50 000

　贷：银行存款　　50 000

材料验收入库时：

借：原材料　　52 000

　　应交税费——应交增值税（进项税额）　　6 760

　贷：预付账款——新华公司　　58 760

补付货款时：

借：预付账款——新华公司　　8 760

　贷：银行存款　　8 760

⑤外购材料发生短缺与损耗。企业在材料采购过程中，经常出现材料缺损现象。出现缺损的原因是多方面的，企业在收到货物时应按实际收到的货物数量入账，其缺损部分先通过“待处理财产损溢”科目核算，待查明原因后再分别情况进行处理：属于应由供应单位、运输机构、保险公司或其他过失人负责赔偿的损失，记入“其他应收款”等科目；属于自然灾害等原因造成的损失，应将扣除残料价值和过失人、保险公司赔偿后的净损失，记入“营业外支出——非常损失”科目；属于无法收回的其他损失，记入“管理费用”科目。

【例 4-11】大众公司从中天公司购入甲材料 1 000 吨，每吨单价 400 元，单位增值税 52 元，货款共计 452 000 元，已于 5 月 6 日通过银行转账支付。5 月 28 日甲材料运抵大众公司，验收入库 960 吨，短缺 40 吨，其中 2 吨属定额内合理损耗，其余 38 吨短缺原因不明，待查。

要求：根据上述经济业务编制会计分录。

【解】大众公司编制会计分录如下：

5 月 6 日支付货款时：

借：在途物资　　400 000

　　应交税费——应交增值税（进项税额）　　52 000

　贷：银行存款　　452 000

5 月 28 日甲材料验收入库时：

借：原材料　　384 800

　　待处理财产损溢——待处理流动资产损溢　　17 176

　贷：在途物资　　400 000

　　应交税费——应交增值税（进项税额转出）　　1 976

经查，短缺的 38 吨材料是运输部门的责任，运输部门已同意赔款但款项尚未收到。编制会计分录如下：

借：其他应收款——某运输部门　　17 176

　贷：待处理财产损溢——待处理流动资产损溢　　17 176

收到运输部门赔款时，编制会计分录如下：

借：银行存款　17 176

　贷：其他应收款——某运输部门　17 176

（2）自制材料入库的核算。

企业基本生产车间或辅助生产车间自制材料，应先通过“生产成本——基本生产成本（或辅助生产成本）”科目核算其发生的料、工、费支出。自制完成的材料验收入库时，按其实际生产成本借记“原材料”科目，贷记“生产成本——基本生产成本（或辅助生产成本）”科目。

【例 4-12】大众公司的基本生产车间制造完成一批原材料，实际生产成本为 58 000 元。

要求：根据上述经济业务编制会计分录。

【解】借：原材料　58 000

　贷：生产成本——基本生产成本　58 000

（3）委托加工材料入库的核算。

委托加工材料的成本，一般包括加工过程中实际耗用的原材料或半成品成本、加工费、往返运杂费以及按规定应计入成本的税费等。

①发出材料物资委托外单位加工时，按发出材料物资的实际成本，借记“委托加工物资”科目，贷记“原材料”“库存商品”等科目。

②支付加工费、运杂费等费用时，借记“委托加工物资”科目，贷记“银行存款”等科目。

③支付应由受托加工方代收代缴的增值税时，借记“应交税费——应交增值税（进项税额）”科目，贷记“银行存款”等科目。

④需要缴纳消费税的委托加工材料，由受托加工方代收代缴的消费税，应按照以下情况分别处理：第一，委托加工材料收回后直接用于销售，由受托加工方代收代缴的消费税计入委托加工材料成本，借记“委托加工物资”科目，贷记“银行存款”等科目。第二，委托加工材料收回后用于继续生产应税消费品，由受托加工方代收代缴的消费税按规定准予抵扣，借记“应交税费——应交消费税”科目，贷记“银行存款”等科目。

委托加工材料加工完成并已验收入库时，按“委托加工物资”科目计算的实际成本，借记“原材料”科目，贷记“委托加工物资”科目。

【例 4-13】大众公司委托华联实业公司加工一批乙材料（属于应税消费品），发出甲材料的实际成本为 30 000 元，支付加工费 8 000 元，支付增值税 1 040 元，支付消费税 3 000 元，加工的乙材料收回后用于继续生产应税消费品。

要求：根据上述经济业务编制会计分录。

【解】大众公司编制会计分录如下：

发出甲材料，委托华联实业公司加工乙材料时：

借：委托加工物资　30 000

　贷：原材料——甲材料　30 000

支付加工费和税费时：

借：委托加工物资　8 000

借：应交税费——应交增值税（进项税额） 1 040

——应交消费税 3 000

贷：银行存款 12 040

乙材料加工完成，收回后验收入库时：

借：原材料——乙材料 38 000

贷：委托加工物资 38 000

（4）投资者投入原材料的核算。

企业收到投资者投入的原材料，按确定的原材料的公允价值，借记“原材料”科目，按增值税专用发票上注明的增值税税额，借记“应交税费——应交增值税（进项税额）”科目，按确定的出资额，贷记“实收资本”或“股本”科目，按其差额，贷记“资本公积”科目。

【例 4-14】大众公司收到 A 企业的一批原材料，原材料的公允价值为 600 000 元，增值税专用发票上注明的增值税税额为 78 000 元，投资各方确认按该金额作为 A 企业的投入资本。

要求：根据上述经济业务编制会计分录。

【解】大众公司编制会计分录如下：

借：原材料 600 000

应交税费——应交增值税（进项税额） 78 000

贷：实收资本——A 企业 678 000

在材料收入业务繁多的企业，为简化核算工作，可以采用汇总核算形式，即平时不直接根据收料凭证编制记账凭证，而是将收料凭证按材料的类别进行分类整理，于月末汇总编制“收料凭证汇总表”，然后据以编制收料业务的记账凭证，登记总分类账。

3. 原材料发出的核算

企业材料的日常领发业务繁多，凭证数量较多。为了简化核算，平时一般不直接根据发料凭证填制记账凭证，而是陆续将发料凭证按材料的类别和用途进行分类整理，定期汇总编制“发料凭证汇总表”，然后据以编制发料业务的记账凭证，登记总分类账。

【例 4-15】大众公司的“发料凭证汇总表”中列明基本生产车间领用材料 20 000 千克，辅助生产车间领用材料 6 000 千克，车间管理部门一般耗用材料 2 000 千克，行政管理部门领用材料 1 000 千克，该材料的加权平均单位成本为 30 元/千克。

要求：根据上述经济业务编制会计分录。

【解】借：生产成本——基本生产成本 600 000

——辅助生产成本 180 000

制造费用 60 000

管理费用 30 000

贷：原材料 870 000

从以上内容可以看出，原材料按实际成本核算，从材料日常收发凭证到明细分类账和总分类账全部是按实际成本计价的。这对材料收发业务频繁的企业来说，核算工作是极为繁重的。而且在这种方法下，不能在账簿中反映采购的材料成本是节约还是超支，不便于对采购部门的工作业绩进行有效的考核。因此，这种核算方法一般只适用于材料收发业务较少的企业。材料收发业务频繁且具备材料计划成本资料的企业，则应按计划成本核算。

4.3.2 原材料按计划成本核算

1. 设置的账户

（1）“原材料”账户。该账户用来核算库存材料的计划成本。借方登记验收入库材料的计划成本，贷方登记发出材料的计划成本。期末余额在借方，反映结存材料的计划成本。

（2）“材料采购”账户。该账户用来核算企业购入材料的实际采购成本。借方登记外购材料的实际成本和结转节约差异，贷方登记验收入库材料的计划成本和结转超支差异。期末余额在借方，反映材料采购的实际成本。

（3）“材料成本差异”账户。该账户用来核算企业各种材料实际成本与计划成本的差异。借方登记入库材料实际成本大于计划成本的差异（超支差异），贷方登记入库材料实际成本小于计划成本的差异（节约差异）和分配发出材料应负担的材料成本差异（超支差异用蓝字，节约差异用红字）。期末余额在借方，反映库存材料的超支差异；若期末余额在贷方，则反映库存材料的节约差异。该账户应区分“原材料”“包装物”“低值易耗品”等明细科目，按照类别或品种进行明细核算，不能使用综合差异率。

2. 原材料收入的核算

（1）外购原材料的核算。

计划成本法下，企业购进存货时，按确定的实际采购成本，借记“材料采购”科目，按增值税专用发票上注明的增值税税额，借记“应交税费——应交增值税（进项税额）”科目，按已支付或应支付的金额，贷记“银行存款”“应付票据”“应付账款”等科目。已购进的原材料验收入库时，按计划成本，借记“原材料”科目，贷记“材料采购”科目。已购进并验收入库的原材料，按实际成本大于计划成本的超支差额，借记“材料成本差异”科目，贷记“材料采购”科目；按实际成本小于计划成本的节约差额，借记“材料采购”科目，贷记“材料成本差异”科目。月末，对已验收入库但尚未收到发票账单的原材料，按计划成本暂估入账，借记“原材料”科目，贷记“应付账款——暂估应付账款”科目，下月初再用红字作相同的会计分录予以冲回，以便实际收到发票账单并结算时，按正常的程序进行会计处理。

【例 4-16】大众公司 2020 年 4 月发生下列材料采购业务：

①4 月 2 日，购入一批原材料，取得的增值税专用发票上注明原材料价款为 200 000 元，增值税税额为 26 000 元。货款 226 000 元已通过银行转账支付，材料已验收入库。该批原材料的计划成本为 205 000 元。

②4 月 8 日，购入一批原材料，取得的增值税专用发票上注明原材料价款为 160 000 元，增值税税额为 20 800 元。货款 180 800 元已通过银行转账支付，材料尚在运输途中。

③4 月 10 日，购入一批原材料，材料已经运达企业并已验收入库，但发票等结算凭证尚未收到，货款尚未支付，暂不作会计处理。4 月 11 日，收到 4 月 8 日购进的原材料并已验收入库。该批原材料的计划成本为 150 000 元。

④4 月 18 日，收到 4 月 10 日已验收入库原材料的发票等结算凭证，增值税专用发票

上注明原材料价款为100 000元，增值税税额为13 000元。大众公司开出一张期限为2个月的商业汇票抵付货款。该批原材料的计划成本为90 000元。

⑤4月24日，赊购一批原材料，取得的增值税专用发票上注明原材料价款为150 000元，增值税税额为19 500元。材料尚在运输途中。

⑥4月28日，购入一批原材料，材料已经运达企业并已验收入库，但发票等结算凭证尚未收到，货款尚未支付。4月30日，该批材料的结算凭证仍未到达，企业按该批材料的计划成本120 000元估价入账。

要求：根据上述经济业务编制会计分录。

【解】大众公司应编制会计分录如下：

①借：材料采购	200 000	
应交税费——应交增值税（进项税额）	26 000	
贷：银行存款		226 000
借：原材料	205 000	
贷：材料采购		205 000
借：材料采购	5 000	
贷：材料成本差异		5 000
②借：材料采购	160 000	
应交税费——应交增值税（进项税额）	20 800	
贷：银行存款		180 800
③借：原材料	150 000	
贷：材料采购		150 000
借：材料成本差异	10 000	
贷：材料采购		10 000
④借：材料采购	100 000	
应交税费——应交增值税（进项税额）	13 000	
贷：应付票据		113 000
借：原材料	90 000	
贷：材料采购		90 000
借：材料成本差异	10 000	
贷：材料采购		10 000
⑤借：材料采购	150 000	
应交税费——应交增值税（进项税额）	19 500	
贷：应付账款		169 500
⑥借：原材料	120 000	
贷：应付账款——暂估应付账款		120 000

下月初，用红字将上述分录予以冲回。

借：原材料	120 000	
贷：应付账款——暂估应付账款		120 000

待收到发票等有关结算凭证时，再按正常程序记账。

(2) 其他方式取得原材料的核算。

企业通过自制、委托加工、投资转入等方式取得的原材料，不需要通过“材料采购”科目，而应直接按取得原材料的计划成本，借记“原材料”科目，按确定的实际成本，贷记“生产成本”“委托加工物资”“实收资本（或股本）”等科目，按实际成本与计划成本的差额，借记或贷记“材料成本差异”科目。

【例 4-17】大众公司的基本生产车间制造完成一批原材料，实际生产成本是 635 000 元，计划成本为 650 000 元。

要求：根据上述经济业务编制会计分录。

【解】借：原材料　　650 000

　　贷：生产成本——基本生产成本　　635 000

　　　　材料成本差异　　15 000

在会计实务中，为了简化日常核算工作，企业平时可不进行材料入库和结转材料成本差异的总分类核算，待到月终时，通过编制“收料凭证汇总表”，汇总后再进行总分类核算。“收料凭证汇总表”应以仓库转来的收料凭证为依据，区分不同材料类别和付款与否等情况进行汇总，并据以进行账务处理。

3. 原材料发出的核算

采用计划成本法进行材料日常核算的企业，日常领用、发出原材料均按计划成本记账，月份终了，按照发出各种材料的计划成本，计算应负担的成本差异，将发出材料的计划成本调整为实际成本。

【例 4-18】大众公司 2020 年 4 月份的“发料凭证汇总表”中列明，本月仓库发出材料 120 000 元。其中：基本生产车间生产产品领用 72 000 元；一般性耗用领用 11 000 元；辅助生产车间领用 32 000 元；行政管理部门领用 5 000 元。本月材料成本差异率为 2%。

要求：根据上述经济业务编制会计分录。

【解】按计划成本发出材料时：

借：生产成本——基本生产成本　　72 000

　　　　　　——辅助生产成本　　32 000

　　制造费用　　11 000

　　管理费用　　5 000

　贷：原材料　　120 000

结转材料成本差异时：

借：生产成本——基本生产成本　　1 440

　　　　　　——辅助生产成本　　640

　　制造费用　　220

　　管理费用　　100

　贷：材料成本差异　　2 400

在计划成本法下，同一种材料只有一个单位计划成本。因此，材料明细账平时可以只登记入库、发出和结存数量，而不必登记入库、发出和结存金额。需要了解某项原材料的入库、发出和结存金额时，以该项原材料的单位计划成本乘以相应的数量即可求得，从而避免了烦琐的发出原材料计价工作，简化了原材料的日常核算工作。另外，计划成本法还可以通过实际成本与计划成本的比较，得出实际成本脱离计划成本的差异，并通过对差异的分析，探求实际成本脱离计划成本的原因，据以考核采购部门的工作业绩，促使采购部门不断降低采购成本。

4.4 库存商品

4.4.1 制造企业库存商品的核算

制造企业的库存商品主要是指产成品。企业应设置“库存商品”账户，核算企业库存的各种产品的实际成本或计划成本。该账户借方登记验收入库产成品的成本，贷方登记发出产成品的成本，期末借方余额反映库存产成品的成本。

1. 产成品按实际成本核算

制造企业的产成品一般按实际成本进行核算。在这种情况下，产成品的收入、发出和销售，平时只计数量不计金额，月末计算入库产成品的实际成本；对发出和销售的产成品，可以采用先进先出法、加权平均法、移动加权平均法或个别计价法等方法确定其成本。

（1）产成品入库的核算。

产成品制造完工经检验合格后，应由生产车间按照交库数量，填写“产成品入库单”，交成品库点收数量并登记明细账。月末，根据产成品入库单和成本计算资料编写“产成品入库汇总表”，据以进行产成品入库的总分类核算。

【例 4-19】大众公司 2020 年 4 月末编制的产成品入库汇总表见表 4-5。

表 4-5

产成品入库汇总表

2020 年 4 月 30 日

金额单位：元

产品名称	计量单位	数量	单位成本（实际）	总成本	备注
A 产品	台	300	560	168 000	
B 产品	台	180	320	57 600	
C 产品	台	220	450	99 000	
合计		700		324 600	

要求：根据上述经济业务编制会计分录。

【解】借：库存商品——A 产品　　168 000

　　　　　　　　——B 产品　　57 600

　　　　　　　　——C 产品　　99 000

　　　贷：生产成本——基本生产成本　　324 600

（2）产成品发出的核算。

制造企业产成品的发出主要是销售。企业销售部门销售产品时，应填制“销售产品发货单”，交成品库办理产成品出库手续并据以登记明细账。月末，根据“销售产品发货单”编写“产成品发出汇总表”，据以进行产成品出库的总分类核算。

【例 4-20】大众公司 2020 年 4 月末编制的产成品发出汇总表见表 4-6。

表 4-6　　产成品发出汇总表

2020 年 4 月 30 日　　金额单位：元

产品名称	计量单位	销货发出			分期收款销货方式发出		
		数量	单位成本	总成本	数量	单位成本	总成本
A 产品	台	180	560	100 800	100	560	56 000
B 产品	台	100	320	32 000			
C 产品	台	80	450	36 000			
合　计		360		168 800			56 000

要求：根据上述经济业务编制会计分录。

【解】借：主营业务成本　168 800

　　　　发出商品　56 000

　　贷：库存商品——A 产品　156 800

　　　　　　　　——B 产品　32 000

　　　　　　　　——C 产品　36 000

2. 产成品按计划成本核算

产成品种类比较多的企业，也可以按计划成本进行日常核算。采用计划成本核算，“库存商品”账户的借方、贷方、余额均反映产成品的计划成本。另外，还要设置“产品成本差异”账户核算产成品实际成本与计划成本的差额。平时，对产成品的入库、发出均按计划成本进行核算，将入库产成品的成本差异额转入“产品成本差异”账户；月末，要将产品成本差异在发出与结存产成品之间进行分摊。

4.4.2　商品流通企业库存商品的核算

商品流通企业购入的商品，以进价和按规定应计入商品成本的税金作为实际成本，在“库存商品”科目中核算。

在会计实务中，根据“库存商品”科目记录的方法不同，可以把商品核算方法分为数量金额核算法和金额核算法两类。在数量金额核算法下，商品的增减变动及结存在会计账簿上同时以实物量和价值量进行核算。在金额核算法下，商品的增减变动及结存在会计账簿上主要以价值量进行核算，一般不进行实物量核算。前者既可以提供商品价值量的信息，又可以提供商品实物量的信息；后者一般只能提供商品价值量的信息。

在商品流通企业，衡量商品价值量的标准主要有两个：商品的成本和商品的售价。因此，商品的核算方法可以分为数量成本核算法、数量售价核算法、成本核算法和售价金额核算法。商品批发企业一般采用数量成本核算法，商品零售企业一般采用售价金额核算法。因此，本章只介绍常用的数量成本核算法和售价金额核算法。

1. 数量成本核算法

采用数量成本核算法核算库存商品的商品流通企业，对库存商品的收入、发出和结存都以成本记账。

企业购进商品时，根据收到的发票账单上所列明的商品成本，借记“在途物资”科目，根据增值税专用发票上注明的增值税税额，借记“应交税费——应交增值税（进项税额）”科目，根据发票账单应付金额，贷记“银行存款”“应付票据”“应付账款”等科目。商品验收入库时，按商品进价，借记“库存商品”科目，贷记“在途物资”科目。

企业销售发出商品时，可按先进先出法、加权平均法、移动加权平均法、个别计价法、毛利率法等方法计算已售商品的销售成本。企业结转销售发出商品的成本时，借记“主营业务成本”“发出商品”等科目，贷记“库存商品”科目。

【例 4-21】红星公司从中大公司购进甲商品 20 000 千克，每千克不含增值税进价 2 元，增值税税率 13%，企业已收到银行结算凭证和增值税专用发票，价款及税款用银行存款支付，甲商品已验收入库。

要求：根据上述经济业务编制会计分录。

【解】采购商品时：

借：在途物资　　40 000

　　应交税费——应交增值税（进项税额）　　5 200

　贷：银行存款　　45 200

商品验收入库时：

借：库存商品　　40 000

　贷：在途物资　　40 000

【例 4-22】红星公司销售甲商品 16 000 千克，每千克进价 2 元，每千克含税售价 3.12 元，款项已收到并存入开户银行。

要求：根据上述经济业务编制会计分录。

【解】销售商品时：

借：银行存款　　49 920

　贷：主营业务收入　　44 177

　　　应交税费——应交增值税（销项税额）　　5 743

结转销售成本时：

借：主营业务成本　　32 000

　贷：库存商品　　32 000

2. 售价金额核算法

采用售价金额核算法的商品流通企业在购进商品时，根据收到的发票账单上所列明的商品买价，借记“在途物资”科目，根据增值税专用发票上注明的增值税税额，借记“应交税费——应交增值税（进项税额）”科目，根据发票账单应付金额，贷记“银行存款”“应付票据”“应付账款”等科目。商品验收入库时，按商品售价，借记“库存商品”科目，按商品的进价，贷记“在途物资”科目，按商品售价与进价之间的差额，贷记“商品进销差价”科目。

企业平时销售商品时，一方面按商品售价反映销售收入的实现和销货款收回情况，借记“银行存款”“应收票据”“应收账款”等科目，贷记“主营业务收入”“应交税费——应交增值税（销项税额）”科目。另一方面按已销售商品的售价结转商品销售成本，借记“主营业务成本”科目，贷记“库存商品”科目。待月份终了时再按各种商品的售价成本，计算应负担的成本差异，将平时按售价结转的商品销售成本调整为进价成本，借记

“商品进销差价”科目，贷记“主营业务成本”科目。

【例 4-23】华兴零售商场库存商品采用售价金额核算法。2020 年 5 月“库存商品”账户期初余额 235 000 元，“商品进销差价”账户期初余额 36 000 元；本月购进商品的进价成本为 550 000 元，增值税进项税额为 71 500 元，售价金额为 795 000 元；本月销售商品收入为 680 000 元，增值税销项税额为 88 400 元。

要求：根据上述经济业务编制会计分录。

【解】购进商品支付货款时：

借：在途物资 550 000

　　应交税费——应交增值税（进项税额） 71 500

　贷：银行存款 621 500

商品验收入库时：

借：库存商品 795 000

　贷：在途物资 550 000

　　　商品进销差价 245 000

销售商品时：

借：银行存款 768 400

　贷：主营业务收入 680 000

　　　应交税费——应交增值税（销项税额） 88 400

同时，按售价结转商品销售成本：

借：主营业务成本 680 000

　贷：库存商品 680 000

月末，结转已售商品应分摊的进销差价时：

进销差价率=（36 000+245 000）÷（235 000+795 000）×100%=27.28%

已售商品应分摊的进销差价=680 000×27.28%=185 504（元）

借：商品进销差价 185 504

　贷：主营业务成本 185 504

本月商品销售成本=680 000−185 504=494 496（元）

4.5 周转材料

周转材料是指企业能够多次使用，但不符合固定资产定义，逐渐转移其价值但仍保持原有形态，不确认为固定资产的材料。企业的周转材料包括包装物和低值易耗品。

4.5.1 包装物

企业应设置“周转材料——包装物”账户核算包装物的收入、发出和结存情况。该账户属于资产类账户，借方登记包装物的增加，贷方登记包装物的减少，期末余额通常在借方，反映企业期末结存包装物的金额。

1. 生产领用包装物

企业生产部门领用的用于包装产品的包装物，构成了产品实体的一部分，因此应将包装物成本计入产品生产成本。领用包装物时，借记“生产成本”科目，贷记“周转材料——包装物”科目。

2. 出售包装物

随同商品出售的包装物，应分别以下两种情况进行会计处理：

（1）随同商品出售但不单独计价的包装物，应将包装物的成本计入销售费用。领用包装物时，借记“销售费用”科目，贷记“周转材料——包装物”科目。

（2）随同商品出售并单独计价的包装物，应视同材料销售，将出售包装物取得的收入作为其他业务收入，相应的包装物成本计入其他业务成本。结转出售包装物的成本时，借记“其他业务成本”科目，贷记“周转材料——包装物”科目。

【例 4-24】大众公司生产过程中用于包装产品领用的包装物计划成本为 8 000 元，领用随同产品出售但不单独计价的包装物计划成本为 6 000 元，领用随同产品出售并单独计价的包装物计划成本为 10 000 元。该月包装物的成本差异率为 3%。

要求：根据上述经济业务编制会计分录。

【解】大众公司编制会计分录如下：

借：生产成本——基本生产成本	8 000	
销售费用	6 000	
其他业务成本	10 000	
贷：周转材料——包装物		24 000
借：生产成本——基本生产成本	240	
销售费用	180	
其他业务成本	300	
贷：材料成本差异——包装物成本差异		720

3. 出租或出借包装物

出租包装物属于企业的一项附营业务，收取的包装物租金应计入其他业务收入，相应的包装物成本应计入其他业务成本；出借包装物通常是为了方便本企业商品的销售，因而其成本应作为一项销售费用，计入销售费用。出租或出借的包装物报废时，其残料价值应相应冲减其他业务成本或销售费用。

出租或出借包装物收取的押金，性质上属于暂收应付款项，应作为其他应付款入账。对逾期未退还包装物而没收的押金，应视为销售包装物取得的收入，计入其他业务收入，并计算相应的增值税销项税额。

企业出租或出借给购货单位使用的包装物，在使用过程中虽然其实物形态无明显变化，但其价值会逐渐损耗，因此应采用一定的方法计算出租或出借包装物的摊销价值，分期计入各期损益。出租或出借包装物的摊销方法有一次转销法和五五摊销法。

（1）一次转销法。

采用这种方法，在第一次领用新的出租或出借包装物时，就将其价值全部计入当月有关费用。领用出租包装物时借记“其他业务成本”科目，贷记“周转材料——包装物”科目；领用出借包装物时借记“销售费用”科目，贷记“周转材料——包装物”科目。

【例 4-25】大众公司领用了单位成本为 30 元的 100 个周转箱，出借给客户使用，每个周转箱收取押金 50 元。该客户到期归还周转箱 90 个，另 10 个逾期未归还。

要求：根据上述经济业务编制会计分录。

【解】领用包装物时：

借：销售费用 3 000

贷：周转材料——包装物 3 000

收取押金时：

借：银行存款 5 000

贷：其他应付款 5 000

客户到期归还包装物时：

借：其他应付款 4 987

贷：银行存款 4 500

其他业务收入 431

应交税费——应交增值税（销项税额） 56

一次转销法适合于出租或出借包装物业务不多、一次领用包装物金额不大的企业使用。

（2）五五摊销法。

五五摊销法是指包装物在领用时先摊销 50% 的账面价值，待报废时再摊销其余 50% 账面价值的一种摊销方法。采用这种摊销方法时，“周转材料——包装物”科目下设置“库存未用包装物”“库存已用包装物”“出租包装物”“出借包装物”“包装物摊销”5 个明细科目。

①领用包装物时，按包装物的成本，借记“周转材料——包装物（出租包装物）”或“周转材料——包装物（出借包装物）”科目，贷记“周转材料——包装物（库存未用包装物）”或“周转材料——包装物（库存已用包装物）”科目；同时，按领用包装物账面价值的 50%，借记“其他业务成本”或“销售费用”科目，贷记“周转材料——包装物（包装物摊销）”科目。

②出租或出借的包装物收回入库时，借记“周转材料——包装物（库存已用包装物）”科目，贷记“周转材料——包装物（出租包装物）”或“周转材料——包装物（出借包装物）”科目。

③包装物报废时，按包装物其余 50% 的账面价值，借记“其他业务成本”或“销售费用”科目，贷记“周转材料——包装物（包装物摊销）”科目，并按包装物的全部成本，借记“周转材料——包装物（包装物摊销）”科目，贷记“周转材料——包装物（出租包装物）”或“周转材料——包装物（出借包装物）”科目。

④报废包装物的残料价值，借记“原材料”等科目，贷记“其他业务成本”或“销售费用”科目。

【例 4-26】大众公司领用了 80 个全新包装桶，无偿提供给客户使用。包装桶单位成本 20 元，采用五五摊销法摊销。该包装桶报废时，残料作价 500 元入库。

要求：根据上述经济业务编制会计分录。

【解】领用包装物，摊销其价值的 50% 时：

借：周转材料——包装物（出借包装物） 1 600

贷：周转材料——包装物（库存未用包装物） 1 600

借：销售费用 800

贷：周转材料——包装物（包装物摊销） 800

包装物报废，摊销剩余 50% 的价值，并转销包装物时：

借：销售费用 800

贷：周转材料——包装物（包装物摊销） 800

借：周转材料——包装物（包装物摊销） 1 600

贷：周转材料——包装物（出借包装物） 1 600

报废包装物的残料作价入库时：

借：原材料 500

贷：销售费用 500

五五摊销法的会计处理虽然比较麻烦，但出租或出借包装物在报废之前，始终有 50% 的价值保留在账面上，从而有利于加强对出租或出借包装物的管理与核算，适合于出租或出借包装物频繁、数量多、金额大的企业使用。

4.5.2 低值易耗品

为了反映低值易耗品的增减变动情况，企业应设置“周转材料——低值易耗品”账户。该账户用来核算库存低值易耗品的成本，借方登记购进、盘盈或其他原因增加的低值易耗品，贷方登记领用、摊销、盘亏或其他原因减少的低值易耗品，期末借方余额反映期末结存低值易耗品的成本。该账户应按低值易耗品的类别、品种、规格进行数量和金额的明细核算。

对低值易耗品采用计划成本进行日常核算的企业，低值易耗品的收发等形成和分摊的成本差异，应通过“材料成本差异”账户核算。

企业通过购入、自制、委托外单位加工等方式取得的低值易耗品的核算，与原材料收入的核算方法相同。低值易耗品具有在生产经营过程中可以重复使用，且原有实物形态基本保持不变，因而可以使若干期受益的特点，在核算时应按其价值大小或耐用程度的不同，选择适当的方法，对领用低值易耗品的成本进行摊销，计入有关成本费用。低值易耗品报废时，其残料价值应冲减有关成本费用。

低值易耗品常用的摊销方法有一次转销法和五五摊销法两种。一次转销法的会计处理与出租或出借包装物类似。在采用五五摊销法时，“周转材料——低值易耗品”账户下应设置“在库低值易耗品”“在用低值易耗品”“低值易耗品摊销”3 个明细账户进行核算。

【例 4-27】大众公司基本生产车间领用专用工具一批，其计划成本 6 000 元，当月材料成本差异率为 2%，采用一次转销法摊销。

要求：根据上述经济业务编制会计分录。

【解】大众公司编制会计分录如下：

结转领用低值易耗品的计划成本时：

借：制造费用 6 000

贷：周转材料——低值易耗品 6 000

结转领用低值易耗品应分摊的成本差异时：

借：制造费用 120

贷：材料成本差异——低值易耗品成本差异 120

【例 4-28】大众公司基本生产车间领用低值易耗品 30 000 元，采用五五摊销法摊销。该批低值易耗品报废时，将残料出售，出售价款 1 000 元存入银行。

要求：根据上述经济业务编制会计分录。

【解】大众公司编制会计分录如下：

领用低值易耗品时：

借：周转材料——低值易耗品（在用低值易耗品） 30 000

  贷：周转材料——低值易耗品（在库低值易耗品） 30 000

借：制造费用 15 000

  贷：周转材料——低值易耗品（低值易耗品摊销） 15 000

低值易耗品报废时：

借：制造费用 15 000

  贷：周转材料——低值易耗品（低值易耗品摊销） 15 000

借：周转材料——低值易耗品（低值易耗品摊销） 30 000

  贷：周转材料——低值易耗品（在用低值易耗品） 30 000

取得报废残料收入时：

借：银行存款 1 000

  贷：制造费用 1 000

4.6 存货的期末计价与清查

4.6.1 存货的期末计价

为了在资产负债表中更合理地反映期末存货的价值，企业应当选择适当的计价方法对期末存货进行再计量。资产的期末计价方法有成本法、市价法和成本与市价孰低法。我国企业会计准则规定，存货的期末计价采用成本与可变现净值孰低法。

1. 成本与可变现净值孰低法的含义

成本与可变现净值孰低法是指按照存货的成本与可变现净值两者之中的较低者对期末存货进行计价的一种方法，即当成本低于可变现净值时，期末存货按成本计价；当可变现净值低于成本时，期末存货按可变现净值计价。

成本是指期末存货的实际成本，即采用先进先出法、加权平均法、移动加权平均法、个别计价法等存货计价法，对存货进行计价所确定的期末存货账面价值。如果存货采用计划成本法核算，则期末存货的实际成本是指通过差异调整而确定的存货成本。

可变现净值是指在日常活动中，存货的估计售价减去至完工时估计将要发生的成本、估计的销售费用以及相关税费后的金额。

采用成本与可变现净值孰低法对期末存货进行计价，当某项存货的可变现净值跌至成本以下时，表明该项存货为企业带来的未来经济利益将低于账面价值，企业应按可变现净值低于成本的金额确定存货减值损失，并将其从存货价值中扣除，否则，就会虚增当期利润和存货价值；当某项存货的可变现净值高于成本时，企业则不能按可变现净值高于成本的金额确认这种尚未实现的存货增值收益，否则，也会虚增当期利润和存货价值。因此，成本与可变现净值孰低法体现了谨慎性要求。

2. 存货可变现净值的确定

（1）在确定存货的可变现净值时，应以取得的可靠证据为基础。所谓“可靠证据”，是指对确定存货的可变现净值有直接影响的确凿证据，包括存货的市价、类似存货的市价、供货方提供的有关资料、销售方提供的有关资料、生产成本资料等。

（2）在确定存货的可变现净值时，应考虑持有存货的目的。当持有存货的目的是出售时，可变现净值以存货的估计售价减去估计的销售费用和相关税金后的金额确定；对于仍然处在生产过程中的在产品，以及将在生产过程或提供劳务过程中耗用的材料、物料等存货，可变现净值按照在正常生产经营过程中，以存货的估计售价减去至完工估计将要发生的成本、估计的销售费用以及相关税金后的金额确定。

3. 存货估计售价的确定

对于企业持有的各类存货，在确定其可变现净值时，关键的问题是确定估计售价。企业应当区别如下情况确定估计售价：

（1）为执行销售合同或劳务合同而持有的存货，通常应当以产成品或商品的合同价格作为其可变现净值的计量基础。

（2）如果企业持有存货的数量多于销售合同订购的数量，超出部分的存货可变现净值应当以产成品或商品的一般销售价格作为计量基础。

（3）没有销售合同或劳务合同约定的存货，其可变现净值应当以产成品或商品的一般销售价格或原材料的市场价格作为计量基础。

4. 成本与可变现净值孰低法的应用

（1）存货跌价准备的计提条件。

企业应当定期对存货进行全面检查，如果由于存货毁损、全部或部分陈旧过时或销售价格低于成本等原因，使存货可变现净值低于其成本，应按可变现净值低于成本的部分，计提存货跌价准备。企业在对存货进行定期检查时，如果存在下列情况之一，应当考虑计提存货跌价准备：

①市价持续下跌，并且在可预见的未来存货价格无回升的希望；

②企业使用该项原材料生产产品的成本大于产品的销售价格；

③企业因产品更新换代，原有库存原材料已不适应新产品的需要，而该原材料的市场价格又低于其账面成本；

④因企业所提供的商品或劳务过时或消费者偏好改变而使市场的需求发生变化，导致市场价格逐渐下跌；

⑤其他足以证明该项存货实质上已经发生减值的情形。

（2）存货跌价准备的计提方法。

采用成本与可变现净值孰低法对存货进行期末计价时，期末结存存货的价值有 3 种确定方法：

①单项比较法，是指将存货中每一项存货的成本和可变现净值进行比较，每项存货均取其较低者来确定期末结存存货的价值。

②分类比较法，是指将存货中每一类存货的成本和可变现净值进行比较，每类存货取

其较低者来确定期末结存存货的价值。

③总额比较法，也称综合比较法，是指将全部存货的总成本和可变现净值的总额进行比较，以较低者来确定期末结存存货的价值。

【例 4-29】大众公司有 A、B、C、D 4 种存货，按其性质的不同分为甲、乙两大类。

【解】各种存货的成本与可变现净值已经确定，现分别按 3 种方法确定期末结存存货的价值（见表 4-7）。

表 4-7 **期末存货成本与可变现净值比较表** 单位：元

项目	成本	可变现净值	单项比较法	分类比较法	总额比较法
甲类存货					
A	13 000	12 500	12 500		
B	36 000	36 400	36 000		
合计	49 000	48 900		48 900	
乙类存货					
C	24 000	22 200	22 200		
D	67 200	72 640	67 200		
合计	91 200	94 840		91 200	
总计	140 200	143 740	137 900	140 100	140 200

由表 4-7 可见，单项比较法确定的期末存货价值最低，其次是分类比较法，总额比较法确定的期末存货价值最高。其原因是单项比较法所确定的均为各项存货的最低价。

我国企业会计准则规定，存货跌价准备应按单个存货项目的成本与可变现净值孰低计量，对于数量繁多、单价较低的存货，可以按存货类别计量成本与可变现净值。

（3）成本与可变现净值孰低法的账务处理。

①成本低于可变现净值。如果期末存货的成本低于可变现净值，则不需要进行账务处理，资产负债表中的存货仍按期末账面价值列示。

②可变现净值低于成本。如果期末存货的可变现净值低于成本，则必须在当期确认存货跌价损失并进行相应账务处理。期末，首先计算成本减去可变现净值的差额作为应计提的减值准备数，然后与“存货跌价准备”科目的余额（已提数）比较，当应提数大于已提数时应予补提；反之，应冲销部分已提数。企业提取和补提存货跌价准备时，借记“资产减值损失——存货减值损失”科目，贷记“存货跌价准备”科目；如果已经计提存货跌价准备的存货的价值以后又恢复，应按恢复增加的数额，借记“存货跌价准备”科目，贷记“资产减值损失——存货减值损失”科目。应当注意的是，当已计提跌价准备存货的价值以后又恢复时，其冲减的跌价准备金额，应以“存货跌价准备”科目的余额冲减至零为限。

【例 4-30】大众公司在半年末和年末对存货按成本与可变现净值孰低计价，有关会计业务如下：①2019 年 6 月 30 日，大众公司首次计提存货跌价准备。A 产品的账面成本为 600 000 元，可变现净值为 550 000 元。②2019 年 12 月 31 日，A 产品全部尚未出售，可变现净值为 520 000 元。③2020 年 6 月 30 日，A 产品仍然全部尚未出售，可变现净值为 540 000 元。④假定 2020 年 6 月 30 日，A 产品可变现净值为 620 000 元。

要求：根据上述经济业务编制会计分录。

【解】①借：资产减值损失——存货减值损失 50 000
　　贷：存货跌价准备 50 000

②借：资产减值损失——存货减值损失 30 000
　　贷：存货跌价准备 30 000

③借：存货跌价准备 20 000
　　贷：资产减值损失——存货减值损失 20 000

④借：存货跌价准备 60 000
　　贷：资产减值损失——存货减值损失 60 000

5. 存货的转销

存货的转销是指将存货的账面价值全部转入当期损益。我国企业会计准则规定，当存货存在以下一种或若干种情况时，应将存货账面价值全部转入当期损益：①已霉烂变质的存货；②已过期且无转让价值的存货；③生产中已不再需要，并且已无使用价值和转让价值的存货；④其他足以证明已无使用价值和转让价值的存货。企业发生上述情况时，应按已计提的存货跌价准备借记“存货跌价准备”科目，按存货的账面余额，贷记“库存商品”“原材料”“包装物”“低值易耗品”等科目，将其差额借记“资产减值损失——存货减值损失”科目。

【例 4-31】大众公司的库存 A 产品已过保质期，不可能再销售。A 产品的账面成本为 50 000 元，已计提存货跌价准备 20 000 元。

要求：根据上述经济业务编制会计分录。

【解】借：资产减值损失——存货减值损失 30 000
　　　　存货跌价准备 20 000
　　贷：库存商品 50 000

4.6.2 存货的清查

1. 存货数量的盘存方法

存货计价是否正确，取决于存货数量的确定是否准确和存货计价方法的选择是否得当，而企业存货的数量要靠盘存来确定。常用的存货盘存方法主要有：

（1）实地盘存制，又称实地盘存法。采用这种方法，平时只根据会计凭证在账簿中登记财产物资的增加数，不登记减少数。到月末，对各项财产物资进行盘点，根据实地盘点所确定的实存数，倒挤出本月各项财产物资的减少数，即

本期存货减少数量=期初存货账面结存数量+本期存货增加数量−期末存货盘点数量

期末存货价值=期末存货盘点数量×存货单价

发出存货价值=本期存货减少数量×存货单价

采用实地盘存制的企业，平时只记录存货的增加数量、金额，不记录发出存货的数量、金额，这样做可以简化存货的核算工作。但这种盘存制度也存在缺点：不能从账面上随时反映存货的增加、减少和结存情况，只能通过定期实地盘点来计算、结转发出存货的成本；各项财产物资的减少没有严密的手续，不便于施行会计监督；同时，倒挤发出存货的成本，使发出存货成本中可能包含非正常耗用的成本。

（2）永续盘存制，也称永续盘存法、账面盘存制。采用这种方法，平时对各项财产物资的增加数和减少数，都要根据会计凭证连续记入有关账簿，并随时结出账面余额，即

期末存货账面结存数量=期初存货账面结存数量+本期存货增加数量-本期存货减少数量

发出存货价值=本期存货减少数量×存货单价

期末存货价值=期末存货账面结存数量×存货单价

采用永续盘存制的企业，可以在账簿中随时记录存货的收入、发出和结存情况，并从数量和金额两方面进行管理控制。账簿上的结存数量可以通过盘点加以核对。如果账簿上的结存数量与实际结存数量不符，还可以通过财产清查的方法及时查明原因。但这种盘存制度的缺点是对每种存货都要开设一个明细账，因此存货的明细分类核算工作量较大。采用这一方法时，为了核对存货账面记录，加强对存货的管理，企业应视具体情况对其存货进行不定期的盘点，但每年至少应盘点一次。

两种盘存制度相比较，尽管永续盘存制会计工作量较大，但能够加强对存货的管理，确保会计信息的真实性；同时，还能够随时通过账面记录提供有用的资料，从而保证会计信息的及时性。因此，在实际工作中，绝大部分存货都应采用永续盘存制。只有一些价值低、品种多、收发频繁的存货可以采用实地盘存制。

2. 存货清查的核算

企业应设置"待处理财产损溢"账户，核算在财产清查过程中查明的各种财产盘盈、盘亏和毁损的价值。该账户是一个起过渡作用的账户，其借方登记各种财产物资的盘亏、毁损以及经批准各种财产物资盘盈的转销；贷方登记各种财产物资的盘盈以及经批准各种财产物资盘亏、毁损的转销；月末借方余额反映尚未批准处理的盘亏和毁损数与盘盈数的差额；月末贷方余额反映尚未批准处理的盘盈数与盘亏或毁损数的差额。该账户下设"待处理流动资产损溢""待处理固定资产损溢"两个明细账户。存货的盘盈、盘亏和毁损，通过"待处理流动资产损溢"明细账户核算。

企业通过实地盘点清查的各种存货的损溢，应于期末前查明原因，并根据企业的管理权限，经股东大会或董事会，或经理（厂长）或类似机构批准后，在期末结账前处理完毕。在批准处理之前，企业应先将盘盈、盘亏和毁损的存货价值记入"待处理财产损溢"账户，并调整存货的账面价值，使存货账实相符；待批准之后，按不同的原因和处理结果转销"待处理财产损溢"账户。

（1）存货盘盈的核算。

存货盘盈是指存货的实存数量超过账面结存数量的差额。存货发生盘盈，主要是收发计量或核算上的误差等原因造成的，应及时办理存货入账手续，将存货的账面结存数调为实存数，借记"原材料""库存商品"等存货科目，贷记"待处理财产损溢——待处理流动资产损溢"科目。待查明原因，经有关部门批准后，再冲减管理费用。

【例 4-32】大众公司采用实际成本法对存货进行计价，期末对存货进行盘点时查出账外 A 材料一批，市场价格为 6 000 元。

要求：根据上述经济业务编制会计分录。

【解】材料盘盈时：

借：原材料——A 材料　　6 000

　贷：待处理财产损溢——待处理流动资产损溢　　6 000

报经批准处理时：

借：待处理财产损溢——待处理流动资产损溢　　6 000

　贷：管理费用　　6 000

（2）存货盘亏和毁损的核算。

存货盘亏和毁损是指存货的实存数量少于账面结存数量的差额。发生盘亏和毁损的存货，在报经批准前，应将其账面成本及时转销，借记“待处理财产损溢——待处理流动资产损溢”科目，贷记“原材料”“库存商品”等存货科目。因非常损失而造成的存货毁损，还应将不能抵扣的增值税进项税额一并转出，借记“待处理财产损溢——待处理流动资产损溢”科目；贷记“应交税费——应交增值税（进项税额转出）”科目。待查明原因，报经批准处理后，再根据造成盘亏和毁损的原因，分别以下情况进行会计处理：

①属于定额内自然损耗和收发计量或核算上的误差造成的短缺，直接计入管理费用；

②属于管理不善等原因造成的短缺或毁损，在减去过失人或者保险公司等赔款和残料价值之后，将净损失计入管理费用；

③属于自然灾害或意外事故造成的毁损，在减去保险公司等赔款和残料价值之后，将净损失计入营业外支出。

【例 4-33】大众公司采用实际成本法对存货进行计价。该公司因自然灾害造成一批材料毁损，经清查确认毁损材料的实际成本为 300 000 元，购进时支付了增值税 39 000 元。经与保险公司协商，保险公司同意赔付 200 000 元，其余损失由企业自己承担。

要求：根据上述经济业务编制会计分录。

【解】材料盘亏时：

借：待处理财产损溢——待处理流动资产损溢　　339 000

　贷：原材料　　300 000

　　　应交税费——应交增值税（进项税额转出）　　39 000

报经批准处理时：

借：其他应收款——××保险公司　　200 000

　　营业外支出——非常损失　　139 000

　贷：待处理财产损溢——待处理流动资产损溢　　339 000

如果企业存货是采用计划成本法或售价金额法进行日常核算的，盘亏和毁损的存货还应当同时结转成本差异。

如果盘盈、盘亏或毁损的存货在期末结账前尚未批准处理，在对外提供财务报告时，应先按上述方法进行账务处理，并在财务报表附注中作出说明。如果其后批准处理的金额与已处理的金额不一致，应按其差额调整当期财务报表相关项目的年初数。

基本训练

◆ 复习思考题

1. 什么是存货？存货的确认应具备哪些条件？

2. 外购存货的采购成本包括哪些具体内容？

3. 发出存货计价方法对企业财务状况和经营成果有何影响？

4. 领用原材料与领用包装物及低值易耗品的会计处理有何不同？

5. 什么是计划成本法？与其他存货核算方法相比，采用计划成本法有哪些主要优点？

6. 什么是存货的可变现净值？如何确定存货的可变现净值？

7. 如何对存货进行期末计价？

8. 什么是存货的盘盈和盘亏？如何进行会计处理？

◆ 计算分析题

1. 华联公司为增值税一般纳税人，增值税税率为13%，该公司采用实际成本法核算存货。某年6月下旬，公司购入一批原材料，增值税专用发票上注明材料价款200 000元，增值税税额26 000元。

要求：分别编制下列不同情况下，华联公司购入原材料的会计分录。

（1）原材料已验收入库，款项也已全部支付。

（2）款项先支付，原材料后运抵公司。6月22日，支付全部款项。6月28日，材料运抵公司并验收入库。

（3）6月22日，材料运抵公司并验收入库，但发票账单尚未到达。6月30日，发票账单仍未到达，对该批材料估价205 000元入账。7月1日，用红字冲回上月末估价入账的分录。7月8日，发票账单到达企业，支付全部货款。

2. 海峰公司为增值税一般纳税人，增值税税率为13%，原材料采用计划成本法核算。该公司某年6月初，结存原材料的计划成本为50 000元，材料成本节约差为3 000元。6月份，原材料的采购业务为：

（1）6月2日，购入一批原材料，增值税专用发票上注明的价款为100 000元，增值税税额为13 000元。货款已通过银行转账支付，材料也已验收入库。该批原材料的计划成本为105 000元。

（2）6月6日，购入一批原材料，增值税专用发票上注明的价款为160 000元，增值税税额为20 800元。货款已通过银行转账支付，材料尚在运输途中。

（3）6月15日，购入一批原材料，材料已经运达企业并已验收入库，但发票等结算凭证尚未收到，货款尚未支付。

（4）6月16日，收到6月6日购进的原材料并验收入库。该批原材料的计划成本为150 000元。

（5）6月20日，收到6月15日已入库原材料的发票等结算凭证，增值税专用发票上注明的价款为250 000元，增值税税额为32 500元，开出一张商业汇票抵付。该批原材料的计划成本为243 000元。

（6）6月25日，购入一批原材料，增值税专用发票上注明的价款为200 000元，增值税税额为26 000元。货款已通过银行转账支付，材料尚在运输途中。

（7）6月27日，购入一批原材料，材料已运达企业并已验收入库，但发票等结算凭证尚未收到，货款尚未支付。6月30日，该批材料的结算凭证仍未到达，企业按该批材料的计划成本80 000元估价入账。

本月领用原材料的计划成本为504 000元，其中：生产领用350 000元，车间一般耗用126 000元，管理部门耗用28 000元。

要求：对海峰公司购入和发出原材料的有关业务进行会计处理。

（1）各批次购入原材料；

（2）按计划成本领用原材料；

（3）计算本月材料成本差异率；

（4）分摊本月发出材料成本差异；

（5）计算月末结存原材料的实际成本。

3. 海峰公司从 2016 年开始，对存货按成本与可变现净值孰低法计量。

要求：编制海峰公司 2016—2020 年各年计提 A 产品跌价准备的会计分录。

（1）2016 年 12 月 31 日，A 产品账面成本为 160 000 元，可变现净值为 154 000 元。

（2）2017 年 12 月 31 日，A 产品账面成本为 150 000 元，可变现净值为 135 000 元。

（3）2018 年 12 月 31 日，A 产品账面成本为 100 000 元，可变现净值为 95 000 元。

（4）2019 年 12 月 31 日，A 产品账面成本为 110 000 元，可变现净值为 115 000 元。

（5）2020 年 12 月 31 日，A 产品账面成本为 170 000 元，可变现净值为 165 000 元。

4. 海峰公司在存货清查中，盘亏一批甲材料，账面成本为 50 000 元。经查属于意外事故造成的毁损，由保险公司赔偿 40 000 元，由过失人赔偿 2 000 元，款项尚未收取；残料作价 3 000 元入库。

要求：编制海峰公司发现盘亏时和查明原因报经批准后处理时的会计分录。

5. 某企业商品的收发结存情况如下：期初数量 10 个，单价 5 元；本期购入 15 个，单价 6 元；发出 20 个，售价 10 元；第二次又购入 25 个，单价 8 元，发出 15 个，售价 10 元。

要求：分别采用先进先出法、加权平均法和移动加权平均法计算期末存货结存成本和发出存货成本，并计算利润。

第5章　金融资产与长期股权投资

学习目标

◆ 重点掌握金融资产的含义、分类和会计处理。
◆ 了解长期股权投资中的投资企业与被投资企业的关系。
◆ 掌握长期股权投资的含义及分类和会计处理。

5.1　金融资产与长期股权投资概述

5.1.1　金融资产的概念和分类

金融资产是指企业持有的现金、其他方的权益工具以及符合下列条件之一的资产：

（1）从其他方收取现金或其他金融资产的合同权利；

（2）在潜在有利条件下，与其他方交换金融资产或金融负债的合同权利；

（3）将来须用或可用企业自身权益工具进行结算的非衍生工具合同，且企业根据该合同将收到可变数量的自身权益工具；

（4）将来须用或可用企业自身权益工具进行结算的衍生工具合同，但以固定数量的自身权益工具交换固定金额的现金或其他金融资产的衍生工具合同除外。

《企业会计准则第22号——金融工具确认和计量》将金融资产由原“四分类”改为“三分类”：

（1）以摊余成本计量的金融资产，是指同时符合下列条件的金融资产：

①企业管理该金融资产的业务模式是以收取合同现金流量为目标；

②该金融资产的合同条款规定，在特定日期产生的现金流量仅为对本金和以未偿付本金金额为基础的利息的支付。

以摊余成本计量的金融资产主要包括应收款项和债权投资。其中应收款项内容见第三章。

（2）以公允价值计量且其变动计入其他综合收益的金融资产，是指同时符合下列条件的金融资产：

①企业管理该金融资产的业务模式既以收取合同现金流量为目标又以出售该金融资产为目标；

②该金融资产的合同条款规定，在特定日期产生的现金流量仅为对本金和以未偿付本金金额为基础的利息的支付。

（3）以公允价值计量且其变动计入当期损益的金融资产，是指除了以摊余成本计量的金融资产及以公允价值计量且其变动计入其他综合收益的金融资产之外的金融资产。

5.1.2 长期股权投资的定义和分类

投资是指企业为通过分配来增加财富，或为谋求其他利益，而将资产让渡给其他单位所获得的另一项资产。

长期股权投资是指投资单位通过让渡资产拥有被投资单位的股权，投资企业成为被投资单位的股东，按所持股份比例享有权益并承担相应责任的投资。长期股权投资主要是指投资方对被投资单位实施控制、重大影响的权益性投资，以及对其合营企业的权益性投资。

按照《企业会计准则第 2 号——长期股权投资》的规定，长期股权投资分为三类：

（1）投资方能够对被投资单位实施控制的权益性投资，即对子公司投资。

（2）投资方与其他合营方一同对被投资单位实施共同控制且对被投资单位净资产享有权利的权益性投资，即对合营企业投资。

（3）投资方对被投资单位具有重大影响的权益性投资，即对联营企业投资。

5.2 以摊余成本计量的金融资产

5.2.1 以摊余成本计量的金融资产概述

以摊余成本计量的金融资产具备以下条件：

（1）企业管理该金融资产的业务模式是以收取合同现金流量为目标；

（2）该金融资产的合同条款规定，在特定日期产生的现金流量仅为对本金和以未偿付本金金额为基础的利息的支付。

下文以债权投资为例进行讲解。

债权投资是指到期日固定、回收金额固定或可确定，且企业有明确意图和能力持有至到期的非衍生金融资产，如国债、企业债券和金融债券等。根据债券发行的情况，债权投资又可以分为分次付息、一次还本，一次还本付息和分次还本付息几种情况。由于股票没有固定到期日，因此，债权投资一般不包括股票。

5.2.2 债权投资的会计处理

债权投资的会计处理包括取得时的会计处理、持有期间的会计处理、会计期末的会计处理以及处置时的会计处理等。

1. 设置的账户

（1）“债权投资”账户。该账户是资产类账户，借方记录债权投资的增加，贷方记录债权投资的减少，根据其具体核算内容，可以分别设置“成本”“利息调整”“应计利息”等明细账户进行核算。如果债权投资是一次还本付息债券，在资产负债表日，企业应该借记“债权投资——应计利息”科目，贷记“投资收益”科目。债券到期后，企业收回本金和利息时，借记“银行存款”科目，贷记“债权投资——成本”“债权投资——应计利息”科目。

（2）“应收利息”账户。该账户是资产类账户，一般来说，如果债权投资是分次付息、一次还本的债券，债券付息期或者资产负债表日，投资企业应借记“应收利息”科目，贷记“投资收益”科目，待投资企业实际收到发行企业支付的利息时，借记“银行存款”等科目，贷记“应收利息”科目。

2. 债权投资的取得

企业取得债权投资时，可能是折价或溢价购入的，也可能是按照面值购入的。折价购入是指投资企业以低于债券面值的货币资金购入债券，这通常是因为债券的票面利率小于发行时的市场利率，以后投资者会按照债券面值和较小的票面利率收到利息，折价部分可以看作是发行企业事先给予投资者的补偿。溢价购入是指投资企业以高于债券面值的货币资金购入债券，这是由于债券票面利率大于发行时的市场利率，以后债券发行企业会按照债券面值和较大的票面利率支付利息，溢价部分可以看作是投资者事先给予发行企业的补偿。面值购入是指债券的票面利率刚好等于发行时的市场利率，投资者按照债券面值购入债券。企业取得债权投资，如果购买日在发行日后，或者在两个付息期之间，实际支付的价款中包括了自发行日至购买日的利息或者自上次付息日至购买日的利息，应视情况分别处理，对于一次付息还本的债券，应计入投资成本，借记“债权投资——应计利息”科目，对于分次付息、一次还本的债券，借记“应收利息”科目，贷记有关科目。

（1）按照面值购入。

投资企业按面值购入债券，并且准备持有至到期，购买时应该按照购入债券的面值借记“债权投资——成本”科目，贷记“银行存款”“其他货币资金——存出投资款”等科目。

【例 5-1】W 公司 2020 年 1 月 2 日用银行存款购入 A 公司当年 1 月 1 日发行的 3 年期债券 400 张，每张面值 500 元，票面利率为 6%，市场利率为 6%。不考虑相关的交易费用。

要求：根据上述经济业务编制会计分录。

【解】W 公司编制会计分录如下：

借：债权投资——A 公司（成本）（500×400）	200 000	
贷：银行存款		200 000

（2）溢价购入。

投资企业溢价购入债券，并且准备持有至到期，购买时应该按照购入债券的面值借记“债权投资——成本”科目，按照实际支付的价款和债券面值之间的差额，借记“债权投资——利息调整”科目。如果支付的价款中包括已到付息期但尚未领取的债券利息，应作为应收项目入账，借记“应收利息”科目，按全部支付的价款贷记“银行存款”科目。

【例 5-2】P 公司于 2020 年 1 月 1 日用银行存款购入 Q 公司当日发行的 5 年期债券 1 000 张，每张面值 100 元，购买价格 106 元，票面利率 5%，每年年末付息一次。不考虑交易费用。

要求：根据上述经济业务编制会计分录。

【解】P 公司编制会计分录如下：

借：债权投资——Q 公司（成本）（100×1 000）	100 000	
——Q 公司（利息调整）（（106-100）×1 000）	6 000	

贷：银行存款　　106 000

（3）折价购入。

投资企业折价购入债券，并准备持有至到期，购买时应该按照购入债券的面值借记“债权投资——成本”科目，按照实际支付的价款和债券面值之间的差额，贷记“债权投资——利息调整”科目，按照实际支付的价款贷记“银行存款”科目。

【例 5-3】N 公司于 2020 年 1 月 1 日用银行存款购入 M 公司于当日发行的 4 年期债券 1 000 张，面值 200 元，购买价格 199 元，票面利率 4%，每年年末计息一次，到期还本付息。不考虑相关交易费用。

要求：根据上述经济业务编制会计分录。

【解】N 公司编制会计分录如下：

借：债权投资——M 公司（成本）（200×1 000）　　200 000

　贷：债权投资——M 公司（利息调整）（（200-199）×1 000）　　1 000

　　银行存款　　199 000

3. 债权投资在持有期间摊销溢折价并确认投资收益

债权投资在持有期间应该按照实际利率法摊销债权投资溢折价并确认投资收益。

企业会计准则规定，债权投资应当采用实际利率法，按照摊余成本计量。实际利率法，是指按照金融资产的实际利率计算其摊余成本及各期利息收入的方法。实际利率，是指将金融资产在预期存续期间或适用的更短期间内的未来现金流量，折现为该金融资产当前账面价值所使用的利率。金融资产的摊余成本，是指该金融资产的初始确认金额经下列调整后的结果：①扣除已偿还的本金；②加上或减去采用实际利率法将该初始确认金额与到期日金额之间的差额进行摊销形成的累计摊销额；③扣除已发生的减值损失。

企业的债权投资在持有期间，在债券付息期或者资产负债表日，需要确认应该收取的债券利息，按照债券面值和票面利率计算应收利息，借记“应收利息”或“债权投资——应计利息”科目，按照摊余价值和实际利率计算确认投资收益，贷记“投资收益”科目，按其差额借记或贷记“债权投资——利息调整”科目。

【例 5-4】2016 年 1 月 1 日，C 公司购入 A 公司于当日发行的 5 年期债券 1 000 张，每年付息一次，到期一次还本。债券票面利率 5%，实际利率为 4%，面额 100 元，公允价值 104 000 元，相关交易费用 450 元，C 公司准备将该批债券持有至到期。

要求：根据上述经济业务编制会计分录。

【解】C 公司编制会计分录如下：

借：债权投资——A 公司债券（成本）　　100 000

　　　　——A 公司债券（利息调整）　　4 450

　贷：银行存款　　104 450

以后按期摊销债权投资溢价并确认投资收益，计算结果见表 5-1。

2016 年 12 月 31 日：

借：应收利息——A 公司　　5 000

　贷：债权投资——A 公司债券（利息调整）　　822

　　投资收益　　4 178

表5-1　**债权投资（每年付息一次，到期一次还本）溢价摊销表**　单位：元

计息期	应收利息	投资收益	利息调整	未摊销利息调整	期末摊余成本
	(1)=面值×票面利率（5%）	(2)=期初(5)×实际利率（4%）	(3)=(1)-(2)	(4)=期初(4)-(3)	(5)=面值+(4)
购买时				4 450	104 450
2016-12-31	5 000	4 178	822	3 628	103 628
2017-12-31	5 000	4 145	855	2 773	102 773
2018-12-31	5 000	4 111	889	1 884	101 884
2019-12-31	5 000	4 075	925	959	100 959
2020-12-31	5 000	4 041*	959	0	100 000
合计	25 000	20 550	4 450	—	—

注：*存在计算尾差。

借：银行存款　5 000
　贷：应收利息——A公司　5 000

2017年12月31日：

借：应收利息——A公司　5 000
　贷：债权投资——A公司债券（利息调整）　855
　　投资收益　4 145

借：银行存款　5 000
　贷：应收利息——A公司　5 000

2018年12月31日：

借：应收利息——A公司　5 000
　贷：债权投资——A公司债券（利息调整）　889
　　投资收益　4 111

借：银行存款　5 000
　贷：应收利息——A公司　5 000

2019年12月31日：

借：应收利息——A公司　5 000
　贷：债权投资——A公司债券（利息调整）　925
　　投资收益　4 075

借：银行存款　5 000
　贷：应收利息——A公司　5 000

2020年12月31日：

借：应收利息——A公司　5 000
　贷：债权投资——A公司债券（利息调整）　959
　　投资收益　4 041

借：银行存款　　5 000

　贷：应收利息——A 公司　　5 000

【例 5-5】承例 5-4，假如 C 公司购买的 A 公司债券系到期还本付息的债券，C 公司购买的作为债权投资的 A 公司债券的实际利率为 3.66%。

要求：根据上述经济业务编制会计分录。

【解】据此，按期摊销债权投资溢价并确认投资收益，计算结果见表 5-2。

表 5-2 **债权投资（到期还本付息）溢价摊销表** 单位：元

计息期	应计利息	投资收益	利息调整	未摊销利息调整	期末摊余成本
	（1）面值×票面利率（5%）	（2）=期初（5）×实际利率（3.66%）	（3）=（1）-（2）	（4）=期初（4）-（3）	（5）=期初账面价值+（1）-（3）
购买时				4 450.00	104 450.00
2016-12-31	5 000	3 822.87	1 177.13	3 272.87	108 272.87
2017-12-31	5 000	3 962.79	1 037.21	2 235.66	112 235.66
2018-12-31	5 000	4 107.83	892.17	1 343.49	116 343.49
2019-12-31	5 000	4 258.17	741.83	601.66	120 601.66
2020-12-31	5 000	4 398.34*	601.66	0	125 000.00

注：*存在计算尾差。

C 公司编制会计分录如下：

2016 年 12 月 31 日：

借：债权投资——A 公司债券（应计利息）　　5 000

　贷：债权投资——A 公司债券（利息调整）　　1 177.13

　　投资收益　　3 822.87

2017 年 12 月 31 日：

借：债权投资——A 公司债券（应计利息）　　5 000

　贷：债权投资——A 公司债券（利息调整）　　1 037.21

　　投资收益　　3 962.79

2018 年 12 月 31 日：

借：债权投资——A 公司债券（应计利息）　　5 000

　贷：债权投资——A 公司债券（利息调整）　　892.17

　　投资收益　　4 107.83

2019 年 12 月 31 日：

借：债权投资——A 公司债券（应计利息）　　5 000

　贷：债权投资——A 公司债券（利息调整）　　741.83

　　投资收益　　4 258.17

2020 年 12 月 31 日：

借：债权投资——A 公司债券（应计利息）　5 000
　贷：债权投资——A 公司债券（利息调整）　601.66
　　投资收益　4 398.34
借：银行存款　125 000
　贷：债权投资——A 公司债券（成本）　100 000
　　——A 公司债券（应计利息）　25 000

【例 5-6】2016 年 1 月 1 日，C 公司购入 A 公司于当日发行的分次付息，一次还本的债券 1 000 张，债券票面利率 5%，实际利率为 6%，面额 100 元，5 年期，每年付息一次，公允价值 95 000 元，相关交易费用 790 元，C 公司准备将该批债券持有至到期。

要求：根据上述经济业务编制会计分录。

【解】C 公司编制会计分录如下：

借：债权投资——A 公司债券（成本）　100 000
　贷：债权投资——A 公司债券（利息调整）　4 210
　　银行存款　95 790

以后按期摊销债权投资折价并确认投资收益，计算结果见表 5-3。

表 5-3　**债权投资（分次付息，一次还本）折价摊销表**　单位：元

计息期	应收利息	投资收益	利息调整	未摊销利息调整	期末摊余成本
	(1) =面值×票面利率（5%）	(2) =期初（5）×实际利率（6%）	(3) = (2) - (1)	(4) = 期初（4）-（3）	(5) = 面值-（4）
购买时				4 210	95 790
2016-12-31	5 000	5 747	747	3 463	96 537
2017-12-31	5 000	5 792	792	2 671	97 329
2018-12-31	5 000	5 840	840	1 831	98 169
2019-12-31	5 000	5 890	890	941	99 059
2020-12-31	5 000	5 941*	941	0	100 000
合计	25 000	29 210	4 210	—	—

注：*存在计算尾差。

2016 年 12 月 31 日：

借：应收利息——A 公司　5 000
　　债权投资——A 公司债券（利息调整）　747
　贷：投资收益　5 747
借：银行存款　5 000
　贷：应收利息——A 公司　5 000

2017 年 12 月 31 日：

借：应收利息——A 公司　5 000
　　债权投资——A 公司债券（利息调整）　792

贷：投资收益 5 792

借：银行存款 5 000

贷：应收利息——A 公司 5 000

2018 年 12 月 31 日：

借：应收利息——A 公司 5 000

债权投资——A 公司债券（利息调整） 840

贷：投资收益 5 840

借：银行存款 5 000

贷：应收利息——A 公司 5 000

2019 年 12 月 31 日：

借：应收利息——A 公司 5 000

债权投资——A 公司债券（利息调整） 890

贷：投资收益 5 890

借：银行存款 5 000

贷：应收利息——A 公司 5 000

2020 年 12 月 31 日：

借：应收利息——A 公司 5 000

债权投资——A 公司债券（利息调整） 941

贷：投资收益 5 941

借：银行存款 5 000

贷：应收利息——A 公司 5 000

【例 5-7】承例 5-6，假如 C 公司购买的 A 公司债券系到期还本付息的债券，且利息以单利计算。C 公司购买的作为债权投资的 A 公司债券的实际利率为 5.47%。

要求：根据上述经济业务编制会计分录。

【解】据此，按期摊销债权投资折价并确认投资收益，计算结果见表 5-4。

表 5-4 **债权投资（到期还本付息）折价摊销表** 单位：元

计息期	应计利息	投资收益	利息调整	未摊销利息调整	期末摊余成本
	（1）面值×票面利率（5%）	（2）=期初（5）×实际利率（5.47%）	（3）=（2）-（1）	（4）=期初（4）-（3）	（5）=期初账面价值+（1）+（3）
购买时				4 210	95 790
2016-12-31	5 000	5 239.71	239.71	3 970.29	101 029.71
2017-12-31	5 000	5 526.33	526.33	3 443.96	106 556.04
2018-12-31	5 000	5 828.62	828.62	2 615.34	112 384.66
2019-12-31	5 000	6 147.44	1 147.44	1 467.90	118 532.10
2020-12-31	5 000	6 467.90*	1 467.90	0	125 000

注：*存在计算尾差。

C公司编制会计分录如下：

2016年12月31日：

借：债权投资——A公司债券（应计利息）　5 000

——A公司债券（利息调整）　239.71

贷：投资收益　5 239.71

2017年12月31日：

借：债权投资——A公司债券（应计利息）　5 000

——A公司债券（利息调整）　526.33

贷：投资收益　5 526.33

2018年12月31日：

借：债权投资——A公司债券（应计利息）　5 000

——A公司债券（利息调整）　828.62

贷：投资收益　5 828.62

2019年12月31日：

借：债权投资——A公司债券（应计利息）　5 000

——A公司债券（利息调整）　1 147.44

贷：投资收益　6 147.44

2020年12月31日：

借：债权投资——A公司债券（应计利息）　5 000

——A公司债券（利息调整）　1 467.90

贷：投资收益　6 467.90

借：银行存款　125 000

贷：债权投资——A公司债券（成本）　100 000

——A公司债券（应计利息）　25 000

4. 债权投资的到期兑现

企业持有的债权投资到期后，发行企业会清偿债务，对于购买时是溢价和折价购入的债券，溢价和折价在购买时分别记入了"债权投资——利息调整"账户的借方和贷方，在债券的存续期间，不断调整摊销到各个月份，作为投资收益的调整项目，此时没有余额。所以投资企业按照债券类型分别进行会计处理，如果是分次付息、一次还本的债券，企业会收到债券面值和最后一期利息，投资企业应该借记"银行存款""其他货币资金——存出投资款"科目，贷记"应收利息""债权投资——成本"科目；如果是一次还本付息债券，投资企业应该借记"银行存款""其他货币资金——存出投资款"科目，贷记"债权投资——成本""债权投资——应计利息"科目。

【例5-8】承例5-4，2021年1月1日，A公司偿还于2016年1月1日发行的5年期、每年付息一次、到期还本的债券。C公司持有的按照债权投资进行核算的1 000张债券，溢价已经全部摊销。

要求：根据上述经济业务编制会计分录。

【解】C公司编制会计分录如下：

借：银行存款　100 000

贷：债权投资——A公司债券（成本）　100 000

如果上述债券系一次还本付息的债券，在债券偿还日，C公司编制会计分录如下：

借：银行存款　125 000

贷：债权投资——A公司债券（成本）　100 000

——A公司债券（应计利息）　25 000

【例5-9】承例5-6，2021年1月1日，A公司偿还于2016年1月1日发行的5年期、每年付息一次、到期还本的债券。C公司持有的以债权投资进行核算的1 000张债券，折价已经全部摊销。

要求：根据上述经济业务编制会计分录。

【解】C公司编制会计分录如下：

借：银行存款　100 000

贷：债权投资——A公司债券（成本）　100 000

如果上述债券系一次还本付息的债券，在债券偿还日，C公司编制会计分录如下：

借：银行存款　125 000

贷：债权投资——A公司债券（成本）　100 000

——A公司债券（应计利息）　25 000

5. 债权投资的减值

通常地，债权投资期末应以其摊余成本计量，企业应当在资产负债表日对债权投资的账面价值进行检查，有客观证据表明该债权投资发生减值的，应当确认减值损失，计提减值准备。

表明债权投资发生减值的客观证据，是指债权投资初始确认后实际发生的、对该债权投资的预计未来现金流量有影响，且企业能够对该影响进行可靠计量的事项。债权投资发生减值的客观证据，包括下列各项：

（1）发行人或债务人发生严重财务困难；

（2）债务人违反合同条款，如偿付利息或本金发生违约或逾期等；

（3）债权人出于经济或法律等方面因素的考虑，对发生财务困难的债务人作出让步；

（4）债务人很可能倒闭或进行其他债务重组。

债权投资发生减值时，应当将该债权投资的账面价值减计至预计未来现金流量现值，减少的金额确认为信用减值损失，计入当期损益，借记“信用减值损失”科目，贷记“债权投资减值准备”科目。

债权投资确认减值损失后，如有客观证据表明该债权投资价值已经恢复，且客观上与确认该损失后发生的事项有关，原确认的减值损失应当予以转回，计入当期损益。但是，转回后的账面价值不应当超过假定不计提减值准备情况下该金融资产在转回日的摊余成本。

【例5-10】2016年12月31日，C公司持有作为债权投资核算的A公司债券的预计未来现金流量的现值为90 000元，该债权投资的账面价值为100 000元。

要求：根据上述经济业务编制会计分录。

【解】C公司编制会计分录如下：

借：信用减值损失　10 000

贷：债权投资减值准备　10 000

【例 5-11】承例 5-10，2017 年 12 月 31 日，C 公司持有的作为债权投资核算的 A 公司债券的预计未来现金流量的现值为 110 000 元。

要求：根据上述经济业务编制会计分录。

【解】C 公司编制会计分录如下：

借：债权投资减值准备　10 000

　贷：信用减值损失　10 000

5.3　以公允价值计量且其变动计入其他综合收益的金融资产

5.3.1　以公允价值计量且其变动计入其他综合收益的金融资产概述

按照《企业会计准则第 22 号——金融工具确认和计量》的规定，金融资产同时符合下列条件的，应当分类为以公允价值计量且其变动计入其他综合收益的金融资产：

（1）企业管理该金融资产的业务模式既以收取合同现金流量为目标又以出售该金融资产为目标；

（2）该金融资产的合同条款规定，在特定日期产生的现金流量仅为对本金和以未偿付本金金额为基础的利息的支付。

企业购买的没有划分为以公允价值计量且其变动计入当期损益的金融资产或债权投资等金融资产的，或者在活跃市场上有报价的股票、债券和基金等，可归类为以公允价值计量且其变动计入其他综合收益的金融资产。

相对于交易性金融资产来说，此类金融资产的持有意图不明确。

企业持有上市公司限售股权且对上市公司不具有控制、共同控制或重大影响的，应当按照金融工具确认和计量准则的规定，将该限售股权划分为以公允价值计量且其变动计入其他综合收益的金融资产，除非满足该准则规定的可划分为以公允价值计量且其变动计入当期损益的金融资产的条件。以公允价值计量且其变动计入其他综合收益的金融资产包括其他债权投资和其他权益工具投资。

5.3.2　以公允价值计量且其变动计入其他综合收益的金融资产的会计处理

以公允价值计量且其变动计入其他综合收益的金融资产的会计处理包括取得时的会计处理、持有期间收到股利或利息的会计处理、期末计价以及处置时的会计处理。

为了核算以公允价值计量且其变动计入其他综合收益的金融资产，企业应该设置“其他债权投资”“其他权益工具投资”账户。这两个账户都是资产类账户，借方记录此类金融资产的增加，贷方记录此类金融资产的减少。可以按照此类金融资产的具体核算内容，分别设置“成本”“利息调整”“应计利息”“公允价值变动”等账户进行明细核算。

1. 以公允价值计量且其变动计入其他综合收益的金融资产的取得

企业取得的此类金融资产是股票，按照其公允价值和相关交易费用之和，借记“其他权益工具投资——成本”科目，按照已宣告但尚未发放的现金股利，借记“应收股利”科目，贷记“银行存款”等科目。

【例 5-12】2020 年 4 月 3 日，P 公司从二级证券市场上购买了一批 Q 公司发行在外的普通股股票，该批股票的公允价值为 300 000 元，相关手续费为 3 000 元，Q 公司已经宣告发放现金股利，P 公司应分得股利 10 000 元，款项 313 000 元已经通过银行转账支付。

要求：根据上述经济业务编制会计分录。

【解】P 公司编制会计分录如下：

借：其他权益工具投资——Q 公司普通股股票（成本） 303 000

应收股利 10 000

贷：银行存款 313 000

如果企业取得的此类金融资产是债券，作为其他债权投资，应该按照债券的面值，借记“其他债权投资——成本”科目，如果支付的价款中包含已到付息期但尚未领取的债券利息，应该借记“应收利息”科目，贷记“银行存款”科目，按照其差额借记或贷记“其他债权投资——利息调整”科目。

【例 5-13】2020 年 7 月 8 日，W 公司从二级证券市场上购买了 S 公司于 2020 年 1 月 1 日发行的分次付息，一次还本的 4 年期企业债券 1 500 张，债券面值 1 000 元，票面利率 8%，每半年付息一次，上半年利息尚未支付，相关交易费用 15 000 元，共支付银行存款 1 800 000 元。

要求：根据上述经济业务编制会计分录。

【解】借：其他债权投资——S 公司债券（成本） 1 500 000

——S 公司债券（利息调整） 240 000

应收利息 60 000

贷：银行存款 1 800 000

2. 以公允价值计量且其变动计入其他综合收益的金融资产在持有期间收到股利和利息

该类金融资产在持有期间，如果企业持有的该类金融资产是股票，被投资单位宣告发放现金股利的，应该按照股票发行单位已经宣告发放的现金股利，借记“应收股利”科目，贷记“投资收益”科目。如果企业持有的该类金融资产是债券，应该按照该债券付息日计算的利息，借记“应收利息”科目，贷记“投资收益”科目。

【例 5-14】承例 5-12，P 公司持有股票一年后，Q 公司宣告发放现金股利，P 公司应享有现金股利 15 000 元。

要求：根据上述经济业务编制会计分录。

【解】P 公司编制会计分录如下：

借：应收股利——Q 公司 15 000

贷：投资收益 15 000

企业持有的该类金融资产为债券的，在资产负债表日，按照面额和本金计算应收未收的利息，借记“其他债权投资——应计利息”科目，同时，按照债券的摊余成本和实际利率计算利息收入，贷记“投资收益”科目，按其差额，借记或贷记“其他债权投资——利息调整”科目。

【例 5-15】假如 W 公司持有的 S 公司债券为一次还本付息债券，每年计息一次，作为以公允价值计量且其变动计入其他综合收益的金融资产进行核算，2020 年 12 月 31 日，

W 公司确认应收票面利息为 120 000 元，按照实际利率法摊销溢价 22 234 元，确认投资收益 97 766 元。

要求：根据上述经济业务编制会计分录。

【解】W 公司编制会计分录如下：

借：其他债权投资——S 公司债券（应计利息） 120 000

　贷：其他债权投资——S 公司债券（利息调整） 22 234

　　投资收益 97 766

如果以公允价值计量且其变动计入其他综合收益的金融资产是一次还本、分次付息的债券，在资产负债表日，按照面额和本金计算应收未收的利息，借记“应收利息”科目，同时，按照债券的摊余成本和实际利率计算利息收入，贷记“投资收益”科目，按其差额，借记或贷记“其他债权投资——利息调整”科目。

3. 以公允价值计量且其变动计入其他综合收益的金融资产的期末计价

以公允价值计量且其变动计入其他综合收益的金融资产的期末计价是指，会计期末在资产负债表上的价值体现，为了正确地反映企业的财务状况等信息，企业会计准则要求在期末对该类金融资产以公允价值计价，公允价值变动计入其他综合收益。对公允价值高于账面价值的差额，借记“其他债权投资（或其他权益工具投资）——公允价值变动”科目，贷记“其他综合收益”科目。如果公允价值低于其账面价值，则编制相反的会计分录。

【例 5-16】2020 年 12 月 31 日，W 公司持有的 S 公司债券的公允价值高于账面价值 10 000 元。

要求：根据上述经济业务编制会计分录。

【解】W 公司编制会计分录如下：

借：其他债权投资——S 公司债券（公允价值变动） 10 000

　贷：其他综合收益——其他债权投资公允价值变动 10 000

4. 以公允价值计量且其变动计入其他综合收益的金融资产的减值

此类金融资产发生减值时，如果企业持有的金融资产是股票，属于其他权益工具投资，以公允价值计量且其变动计入其他综合收益，不提减值损失。如果企业持有的金融资产是债券，属于其他债权投资，要按摊余成本进行计量，按摊余成本计量时就需要在期末进行减值测试，发生减值要计提信用减值损失，如果发生减值的金融资产价值回升，应编制相反的会计分录。

【例 5-17】2019 年 1 月 1 日，A 公司按照面值从债券市场上购买 W 公司发行的债券 2 000 张，每张面值 1 000 元，票面利率 5%，A 公司将该批债券划分为以公允价值计量且其变动计入其他综合收益的金融资产。2020 年，W 公司发生了严重财务困难，2020 年 12 月 31 日，该债券的公允价值下降为每张 900 元。A 公司预计该债券价值会持续下跌。但 W 公司仍可以支付债券的当年利息。2021 年，W 公司采取了一系列重大措施，使财务状况好转，该债券的公允价值为每张 970 元。

要求：根据上述经济业务编制会计分录。

【解】A 公司编制会计分录如下：

2019 年 1 月 1 日，A 公司购入债券：

借：其他债权投资——W 公司债券（成本） 2 000 000

　贷：银行存款 2 000 000

2020 年 12 月 31 日，确认利息收入和减值损失：

借：应收利息——W 公司 100 000

　贷：投资收益 100 000

借：信用减值损失 200 000

　贷：其他综合收益——信用减值准备（W 公司债券） 200 000

2021 年 12 月 31 日，确认利息收入，转回减值损失：

借：应收利息——W 公司 100 000

　贷：投资收益 100 000

借：其他综合收益——信用减值准备（W 公司债券） 140 000

　贷：信用减值损失 140 000

5. 以公允价值计量且其变动计入其他综合收益的金融资产的处置

企业不准备继续持有该类金融资产，处置时，按照实际收到的价款，借记“银行存款”等科目，贷记“其他债权投资——成本”“其他债权投资——利息调整”“其他债权投资——应计利息”等科目；借记或贷记“其他综合收益”科目，按其差额贷记或借记“投资收益”科目（其他权益工具投资记入“其他综合收益”科目）。

【例 5-18】2020 年 3 月 5 日，W 公司将持有的 S 公司债券全部出售，收到价款 2 000 000 元。W 公司原购买 S 公司债券的面值为 1 500 000 元，处置时尚有未摊销的债券溢价 180 000 元，债券在持有期间的公允价值变动为增加了 10 000 元，变动金额记入了“其他综合收益”科目贷方。

要求：根据上述经济业务编制会计分录。

【解】借：银行存款 2 000 000

　　贷：其他债权投资——S 公司债券（成本） 1 500 000

　　　　　　　　　——S 公司债券（利息调整） 180 000

　　　　　　　　　——S 公司债券（公允价值变动） 10 000

　　　　投资收益 310 000

同时，结转公允价值变动额：

借：其他综合收益 10 000

　贷：投资收益 10 000

5.4 以公允价值计量且其变动计入当期损益的金融资产

5.4.1 以公允价值计量且其变动计入当期损益的金融资产概述及分类

企业一般为了存放闲置资金并希望获得价差收益而取得和持有股票、债券、基金和权证等金融工具，在初始确认时应作为以公允价值计量且其变动计入当期损益的金融资产进行核算。

以公允价值计量且其变动计入当期损益的金融资产是指除以摊余成本计量的金融资产

及以公允价值计量且其变动计入其他综合收益的金融资产之外的金融资产。其具体可分为交易性金融资产和直接指定为此类的金融资产。下文以交易性金融资产为例进行讲解。

交易性金融资产主要是指企业为了近期内出售而持有的金融资产，如企业以赚取差价为目的从二级市场购入的股票、债券、基金等。

交易性金融资产应该具备两个特征：①有明确的市场价格，并且能够在公开的证券市场上出售；②具有流动性和获利性。交易性金融资产属于流动资产，在资产负债表中的流动资产项下列示。一般持有期间不超过 1 年，即使超过 1 年，也按照流动资产处理，这主要取决于最初投资的持有目的。

5.4.2　交易性金融资产的会计处理

交易性金融资产的会计处理包括取得时的会计处理、持有期间投资收益的确认、期末计价以及出售时的会计处理。

1. 设置的账户

(1)“交易性金融资产”账户，属于资产类账户，借方记录企业增加的交易性金融资产的价值，如企业取得交易性金融资产，以及资产负债表日交易性金融资产公允价值高于账面价值的差额，贷方记录减少的交易性金融资产的价值，如企业处置交易性金融资产或者资产负债表日公允价值低于账面价值的差额。该账户应分别设置“成本”“公允价值变动”等明细账户进行核算。

(2)“公允价值变动损益”账户，属于损益类账户，借方记录资产负债表日企业持有的交易性金融资产公允价值低于账面价值的差额，贷方记录资产负债表日企业持有的交易性金融资产公允价值高于账面价值的差额。会计期末，应将该账户余额转入“本年利润”账户，结转后没有余额。

(3)“投资收益”账户，属于损益类账户，借方记录企业出售交易性金融资产等发生的投资损失，贷方记录企业出售交易性金融资产等实现的投资收益。会计期末，应将该账户余额转入“本年利润”账户，结转后没有余额。

2. 交易性金融资产的取得

交易性金融资产取得的会计处理涉及金融资产的确认问题，金融资产的确认是指将符合金融资产定义和金融资产确认条件的项目记入账户和列入资产负债表的过程。企业在初始确认金融资产时，应当按照公允价值计量。交易性金融资产初始确认时的公允价值通常指交易价格。对于以公允价值计量且其变动计入当期损益的金融资产，相关交易费用应当直接计入当期损益。交易费用，是指可直接归属于购买、发行或处置金融工具新增的外部费用。新增的外部费用，是指企业不购买、不发行或不处置金融工具就不会发生的费用，包括支付给代理机构、咨询公司、券商等的手续费和佣金及其他必要支出，不包括溢价、折价、融资费用、内部管理成本及其他与交易不直接相关的费用。

企业取得交易性金融资产的方式有很多，但最主要的是从公开的证券市场上购得。企业购得交易性金融资产时，所让渡的货币资金中可能包括以下几部分：①购买价格；②相关交易费用；③发行企业已宣告但尚未发放的现金股利。

企业会计准则分别对不同部分的会计处理作了规定：其中，购买价格计入成本，借记“交易性金融资产——成本”科目；相关交易费用应当直接计入当期损益，借记“投资收益”科目；对已宣告但尚未发放的现金股利应当记入“应收股利”科目；对交易中涉及的增值税按照交易费的6%计算，借记“应交税费——应交增值税（进项税额）”科目；按实际支付的价款贷记“银行存款”或者“其他货币资金——存出投资款”科目。

【例5-19】2020年7月20日，A公司从证券市场上购得C公司发行的普通股2 000 000股，每股面值1元，购买时的公允价值为12.5元，共支付价款25 035 900元，其中包括相关交易费用15 000元及C公司已宣告但尚未发放的现金股利20 000元，款项以存入证券公司的投资款支付。

要求：根据上述经济业务编制会计分录。

【解】A公司编制会计分录如下：

借：交易性金融资产——C公司普通股股票（成本） 25 000 000
　　应收股利——C公司 20 000
　　投资收益 15 000
　　应交税费——应交增值税（进项税额） 900
　贷：其他货币资金——存出投资款 25 035 900

7月30日，企业收到上述股利：

借：银行存款 20 000
　　贷：应收股利——C公司 20 000

3. 交易性金融资产持有期间投资收益的确认

交易性金融资产在持有期间，被投资单位宣告发放现金股利，投资单位应该按照自己享有的份额，确认为应收股利，借记“应收股利”科目，贷记“投资收益”科目，待实际收到股利时，借记“银行存款”或“其他货币资金——存出投资款”科目，贷记“应收股利”科目。交易性金融资产是分次付息、一次还本债券的，在债券付息期或者在投资单位资产负债表日，投资单位应该按照票面利率和票面金额确认为应收利息，借记“应收利息”科目，贷记“投资收益”科目；待实际收到利息时，借记“银行存款”或“其他货币资金——存出投资款”科目，贷记“应收利息”科目。

【例5-20】承例5-19，2021年4月1日，C公司宣告发放现金股利，每股派现0.2元，A公司应该分得现金股利400 000元。

要求：根据上述经济业务编制会计分录。

【解】A公司编制会计分录如下：

借：应收股利——C公司 400 000
　贷：投资收益 400 000

实际收到现金股利时：

借：其他货币资金——存出投资款 400 000
　贷：应收股利——C公司 400 000

4. 交易性金融资产的期末计价

企业会计准则规定，以公允价值计量且其变动计入当期损益的金融资产，应当按照公允价值计量，且不扣除将来处置该金融资产时可能发生的交易费用。

企业取得交易性金融资产时，是按照公允价值入账的，而公允价值是随时变动的，在资产负债表日，为了使交易性金融资产能够反映预计给企业带来的经济利益以及交易性金融资产预计获得价差的能力等会计信息，应该将交易性金融资产的公允价值与原账面价值进行对比，一方面调整交易性金融资产的账面价值，一方面确认公允价值变动损益。如果交易性金融资产公允价值大于其账面价值，借记“交易性金融资产——公允价值变动”科目，贷记“公允价值变动损益”科目；如果交易性金融资产公允价值小于其账面价值，借记“公允价值变动损益”科目，贷记“交易性金融资产——公允价值变动”科目。

【例 5-21】承例 5-19，2020 年 12 月 31 日，A 公司原购买的 C 公司普通股股票公允价值为 14 元。A 公司应该确认相应的收益，计算结果见表 5-5。

表 5-5　**交易性金融资产账面余额与公允价值表**　单位：元

交易性金融资产	调整前账面余额	期末公允价值	公允价值变动损益	调整后账面余额
C公司普通股股票	25 000 000	28 000 000	3 000 000	28 000 000

要求：根据上述经济业务编制会计分录。

【解】A 公司编制会计分录如下：

借：交易性金融资产——C 公司普通股股票（公允价值变动）　3 000 000
　贷：公允价值变动损益　3 000 000

5. 交易性金融资产的出售

企业不准备继续持有交易性金融资产，可以按照公允价值出售。交易性金融资产出售的会计处理涉及金融资产终止确认的问题。金融资产终止确认，是指将金融资产从企业的账户和资产负债表内予以转销。金融工具确认和计量准则规定，收取金融资产现金流量的合同权利终止，或金融资产已经转移，且符合《企业会计准则第 23 号——金融资产转移》规定的金融资产终止确认条件的，应当终止确认该金融资产。金融资产终止确认的条件为：①企业已将金融资产所有权上几乎所有的风险和报酬转移给转入方；②企业既没有转移也没有保留金融资产所有权上几乎所有的风险和报酬，但放弃了对该金融资产控制。

企业出售交易性金融资产时，其损益已经实现，对于实现的损益分别情况处理：

（1）出售交易性金融资产的出售收入和原账面价值的差额应记入“投资收益”科目。具体进行账务处理时，借记“银行存款”或“其他货币资金——存出投资款”科目，贷记“交易性金融资产——成本”科目，按其差额借记或贷记“投资收益”科目。

（2）原来已经作为公允价值变动损益入账的金额，也应该记入“投资收益”科目。具体进行账务处理时，借记或贷记“公允价值变动损益”科目，贷记或借记“投资收益”科目。这样做的目的是集中反映该交易性金融资产出售所实现的损益。

【例 5-22】承例 5-19 和例 5-21，2021 年 2 月 3 日，A 公司不准备继续持有 C 公司的普通股股票，以公允价值对外销售，销售所得价款为 32 000 000 元。

要求：根据上述经济业务编制会计分录。

【解】A 公司编制会计分录如下：

借：其他货币资金——存出投资款　32 000 000
　贷：交易性金融资产——C 公司普通股股票（成本）　25 000 000
　　　　　　　　　——C 公司普通股股票（公允价值变动）　3 000 000
　　投资收益　4 000 000
借：公允价值变动损益　3 000 000

贷：投资收益 3 000 000

5.5 长期股权投资

5.5.1 长期股权投资概述

1. 长期股权投资的含义、分类和特征

长期股权投资主要是指投资方对被投资单位实施控制、重大影响的权益性投资，以及对其合营企业的权益性投资，包括对子公司的投资、对合营企业的投资和对联营企业的投资三类。

长期股权投资具有权益性、投资大、期限长、风险大以及能为企业带来较大利益等特征。长期股权投资的主要目的是获取其他企业的权益或净资产。对被投资单位的股权投资通常是长期持有的，企业通过股权投资达到控制被投资单位或对被投资单位施加重大影响，或与被投资单位建立密切关系，以分散经营风险等目的。

2. 投资单位与被投资单位的关系

长期股权投资按其对被投资单位的影响，投资单位与被投资单位的关系可分为：

（1）控制，是指有权决定一家企业的财务和经营政策，并能据以从该企业的经营活动中获取利益。投资单位能够对被投资单位实施控制的，被投资单位为其子公司，投资单位应将子公司纳入合并财务报表范围。

（2）共同控制，是指按照合同的约定对某项经济活动所共有的控制，仅在与该项经济活动相关的重要财务和经营决策需要分享控制权的投资方一致同意时存在。投资单位与其他方对被投资单位实施共同控制的，被投资单位称为合营企业。合营企业的合营各方均受到合营合同的限制和约束。共同控制实质上是通过合同约定建立起来的、合营各方对合营企业共有的控制。

（3）重大影响，是指对一家企业的财务和经营政策有参与决策的权利，但并不能够控制或者与其他方一起共同控制这些政策的制定。投资单位能够对被投资单位施加重大影响的，被投资单位称为联营企业。

投资单位持有的对被投资单位不具有控制、共同控制或重大影响，并且在活跃市场中没有报价、公允价值不能可靠计量的权益性投资，按照以公允价值计量且其变动计入其他综合收益的金融资产进行核算。

3. 长期股权投资核算应设置的账户

企业应设置“长期股权投资”账户，核算其投资成本。该账户借方登记长期股权投资的取得、追加投资等内容，贷方登记长期股权投资的收回、转让等，期末借方余额，反映企业持有的长期股权投资的价值。

5.5.2 长期股权投资的取得

企业的长期股权投资可以通过以下两种方式获得：企业合并方式取得的长期股权投资和非企业合并取得的长期股权投资。

1. 非企业合并取得的长期股权投资

非企业合并取得的长期股权投资主要指对合营企业的投资和对联营企业的投资。

非企业合并取得的长期股权投资初始投资成本的确定应遵循以下规定：

（1）以支付货币资金方式取得的长期股权投资，应当按照实际支付的购买价款作为初始投资成本，包括购买过程中支付的印花税、手续费等必要支出，借记“长期股权投资——投资成本”科目，贷记“银行存款”等科目。但所支付价款中包含的被投资单位已宣告但尚未发放的现金股利或利润应作为应收项目核算，不构成取得长期股权投资的成本。

【例5-23】2020年3月6日，A公司在公开市场上买入B公司30%的股份，实际支付价款5 000万元。另外，在购买过程中支付手续费等相关费用125万元。

要求：根据上述经济业务编制会计分录。

【解】A公司编制会计分录如下：

借：长期股权投资——投资成本 51 250 000

　贷：银行存款 51 250 000

（2）以发行权益性证券方式取得的长期股权投资，按照发行权益性证券的公允价值作为初始投资成本，借记“长期股权投资——投资成本”科目，按照发行权益性证券的面值，贷记“股本”科目，按权益性证券的公允价值与其面值之间的差额，贷记“资本公积——股本溢价”科目。

为发行权益性证券支付给有关证券承销机构等的手续费、佣金等与权益性证券发行直接相关的费用，不构成取得长期股权投资的成本。该部分费用应从权益性证券的溢价发行收入中扣除，权益性证券的溢价收入不足冲减的，应冲减盈余公积和未分配利润。

【例5-24】A公司于2020年3月通过增发1 000万股普通股股份（每股面值1元）取得B公司20%的股权，使其对B公司生产经营有重大影响。该1 000万股股票的公允价值为6 000万元。为增发该部分股票，A公司向证券承销机构等支付100万元的佣金和手续费。

要求：根据上述经济业务编制会计分录。

【解】A公司编制会计分录如下：

取得长期股权投资：

借：长期股权投资——投资成本 60 000 000

　贷：股本 10 000 000

　　　资本公积——股本溢价 50 000 000

支付的佣金和手续费：

借：资本公积——股本溢价 1 000 000

　贷：银行存款 1 000 000

（3）投资者投入的长期股权投资，是指投资者以其持有的对第三方的投资作为出资投入企业，接受投资的企业原则上应当按照投资各方在投资合同或协议中约定的价值作为取得投资的初始投资成本，但有明确证据表明合同或协议中约定的价值不公允的除外。

因此，投资者投入的长期股权投资，应当按照投资合同或协议约定的价值作为初始投资成本，借记“长期股权投资——投资成本”科目，贷记“实收资本”“股本”等科目，按照支付的相关税费，贷记“银行存款”科目；借贷方之间的差额记入“资本公积”科目。

【例5-25】C公司以其持有的对B公司的长期股权投资作为出资投入A公司。投资各方在投资合同中约定，作为出资的该项长期股权投资作价700万元。该作价是按照B公司股票的市价经考虑相关调整因素后确定的。A公司注册资本为2 000万元，C公司的出资占A公司注册资本的30%。

要求：根据上述经济业务编制会计分录。

【解】C公司编制会计分录如下：

借：长期股权投资——投资成本　　7 000 000

　贷：实收资本　　6 000 000

　　　资本公积——资本溢价　　1 000 000

2.企业合并取得的长期股权投资

企业合并取得的长期股权投资主要指对子公司的投资。

企业合并取得的长期股权投资，可分为同一控制下企业合并与非同一控制下企业合并取得的长期股权投资，应分别就取得的不同方式确定其初始投资成本。

（1）同一控制下企业合并取得的长期股权投资。

同一控制下企业合并是指参与合并的企业在合并前后均受同一方或相同的多方最终控制，且该控制并非暂时性的。

对于同一控制下的企业合并，在合并日取得对其他参与合并企业控制权的一方为合并方，参与合并的其他企业为被合并方。合并日是指合并方实际取得对被合并方控制权的日期。

①以支付现金、转让非现金资产或承担债务方式作为合并对价。合并方以支付现金、转让非现金资产或承担债务方式作为合并对价的，应当在合并日按照取得被合并方所有者权益在最终控制方合并报表中的账面价值的份额作为长期股权投资的初始投资成本。长期股权投资的初始投资成本与支付的现金、转让的非现金资产及所承担债务账面价值之间的差额，应当调整资本公积（资本溢价或股本溢价）；资本公积的余额不足冲减的，调整留存收益。

企业在合并日，按照取得被合并方所有者权益在最终控制方合并报表中的账面价值的份额，借记“长期股权投资——投资成本”科目，根据支付的合并对价的账面价值，贷记“银行存款”“固定资产清理”等科目，根据长期股权投资的初始投资成本与作为对价的账面价值之间的差额，借记或贷记“资本公积——资本溢价（或股本溢价）”科目。若“资本公积”科目贷方余额不足，依次借记“盈余公积”“利润分配——未分配利润”等科目。

【例5-26】A公司和B公司同为C公司的子公司，A公司于2020年5月10日与B公司达成合并协议，以银行存款400万元和一项固定资产（原价为700万元，已计提折旧200万元），取得B公司60%的股份。2020年5月10日，B公司的所有者权益为1 200万元。假设A公司所有者权益中资本公积（资本溢价）余额为250万元。

要求：根据上述经济业务编制会计分录。

【解】A公司编制会计分录如下：

反映固定资产的净值：

借：固定资产清理　　5 000 000

　　累计折旧　　2 000 000

　贷：固定资产　　7 000 000

反映取得股权投资：

借：长期股权投资——投资成本（12 000 000×60%）　　7 200 000

借：资本公积——资本溢价　1 800 000

　贷：固定资产清理　5 000 000

　　银行存款　4 000 000

②以发行权益性证券作为合并对价。合并方以发行权益性证券作为合并对价的，应当在合并日按照取得被合并方所有者权益在最终控制方合并报表中的账面价值的份额作为长期股权投资的初始投资成本，借记“长期股权投资——投资成本”科目，按照发行股份的面值总额作为股本，贷记“股本”科目，长期股权投资初始投资成本与所发行股份面值总额之间的差额，应当调整资本公积；资本公积不足冲减的，调整留存收益。

与发行权益性证券直接相关的手续费、佣金等费用，要冲减权益性证券的溢价收入，借记“资本公积”科目，贷记“银行存款”等科目。

【例 5-27】A 公司和 B 公司同为 C 公司的子公司，2020 年 5 月 6 日 A 公司发行权益性证券取得 B 公司 60% 的股份。发行的权益性证券为普通股股票 1 000 万股，每股面值为 1.4 元。B 公司在 2020 年 5 月 6 日的所有者权益为 2 000 万元；A 公司在 2020 年 5 月 6 日的资本公积（股本溢价）为 150 万元，盈余公积为 200 万元，未分配利润为 200 万元。

要求：根据上述经济业务编制会计分录。

【解】A 公司编制会计分录如下：

A 公司取得 B 公司所有者权益账面价值=2 000×60%=1 200（万元）

借：长期股权投资——投资成本　12 000 000

　　资本公积——股本溢价　1 500 000

　　盈余公积　500 000

　贷：股本　14 000 000

（2）非同一控制下企业合并取得的长期股权投资。

非同一控制下的企业合并是指参与合并的各方在合并前后不属于同一方或相同的多方最终控制下的企业合并。合并各方自愿进行的交易行为，以公允价值作为计量基础。非同一控制下的企业合并，在购买日取得对其他参与合并企业控制权的一方为购买方，参与合并的其他企业为被购买方。

根据《企业会计准则第 22 号——金融工具确认和计量》第十九条，企业在非同一控制下的企业合并中确认的或有对价构成金融资产的，该金融资产应当分类为以公允价值计量且其变动计入当期损益的金融资产，不得指定为以公允价值计量且其变动计入其他综合收益的金融资产。

非同一控制下的企业合并，购买方应当按照确定的企业合并成本作为长期股权投资的初始投资成本。企业合并成本包括购买方付出的资产、发生或承担的负债、发行的权益性证券的公允价值。为进行企业合并发生的各项直接相关费用，应于发生时计入当期损益。具体情况如下：

①购买方在购买日以支付货币资金的方式取得被购买方的股权，应以支付的货币资金作为初始投资成本，借记“长期股权投资——投资成本”科目，贷记“银行存款”科目。

②购买方在购买日以付出非货币性资产的方式取得被购买方的股权，付出非货币性资产应按照资产处理的方式进行处理，按照资产的公允价值作为初始投资成本，借记“长期

股权投资——投资成本”科目，按照资产的价值，贷记“主营业务收入”“其他业务收入”“固定资产清理”“应交税费——应交增值税”等科目；同时，结转付出资产的成本，将公允价值与其账面价值的差额计入当期损益。

③购买方以承担负债的方式取得被购买方的股权，应按照负债的公允价值作为初始投资成本，借记“长期股权投资——投资成本”科目，贷记有关负债科目。

④购买方为进行企业合并发生的各项直接相关费用也应当计入当期损益。发生时，借记“管理费用”科目，贷记“银行存款”等科目。

⑤无论是同一控制下企业合并取得的长期股权投资，还是非同一控制下企业合并取得的长期股权投资，实际支付的对价中包含的已宣告但尚未发放的现金股利或利润，都应作为应收项目处理，不计入长期股权投资成本。

【例 5-28】A 公司和 B 公司均系独立的公司，2020 年 2 月 1 日双方达成合并协议，A 公司以货币资金 1 000 万元，取得 B 公司 70% 的股权，实现企业合并，在合并过程中，A 公司还发生 5 万元的合并直接费用，合并日 B 公司的净资产为 1 400 万元。

要求：根据上述经济业务编制会计分录。

【解】A 公司编制会计分录如下：

借：长期股权投资——投资成本	10 000 000	
管理费用	50 000	
贷：银行存款		10 050 000

【例 5-29】承例 5-28，假定 A 公司以一套生产线对 B 公司投资，生产线公允价值为 2 000 万元。该生产线的原值为 2 300 万元，已计提折旧 400 万元。假定投资过程不涉及相关税费。

要求：根据上述经济业务编制会计分录。

【解】A 公司编制会计分录如下：

将固定资产转入清理：

借：固定资产清理	19 000 000	
累计折旧	4 000 000	
贷：固定资产		23 000 000

反映股权投资：

借：长期股权投资——投资成本	20 000 000	
贷：固定资产清理		19 000 000
营业外收入		1 000 000

【例 5-30】承例 5-28，假定 A 公司以 1 600 万元的库存商品对 B 公司进行投资，该批商品的公允价值为 1 900 万元，适用的增值税税率为 13%，假定投资过程不涉及其他税费。

要求：根据上述经济业务编制会计分录。

【解】A 公司编制会计分录如下：

借：长期股权投资——投资成本	21 470 000	
贷：主营业务收入		19 000 000
应交税费——应交增值税（销项税额）		2 470 000

借：主营业务成本 16 000 000

　贷：库存商品 16 000 000

【例 5-31】2020 年 3 月 20 日，A 公司和 B 公司不存在关联方关系，A 公司以银行存款 1 000 万元购买 B 公司发行在外的普通股股票 60%，实现企业合并，购买日，B 公司宣告发放现金股利 200 万元，定于 5 月 20 日支付。

要求：根据上述经济业务编制会计分录。

【解】A 公司编制会计分录如下：

借：长期股权投资——投资成本 8 800 000

　　应收股利（2 000 000×60%） 1 200 000

　贷：银行存款 10 000 000

5.5.3 长期股权投资的成本法

1. 成本法的适用范围

成本法是指在长期股权投资的核算中按投资成本计价的方法。按照长期股权投资准则核算的权益性投资中，对子公司实施控制的长期股权投资应当采用成本法核算。

由于投资单位能够对被投资单位实施控制，被投资单位为投资单位的子公司，投资单位应将子公司纳入合并财务报表的范围。因此投资单位对子公司的长期股权投资采用成本法核算，在编制合并财务报表时要按照权益法进行调整。

2. 成本法的核算

长期股权投资成本法的核算主要包括：

（1）初始投资或追加投资时。

在成本法下，初始投资或追加投资时，按照初始投资或追加投资时的初始投资成本或追加投资后的初始投资成本作为长期股权投资的账面价值。采用成本法核算的长期股权投资应当按照初始投资成本计价，借记“长期股权投资”科目，贷记“银行存款”等科目。追加或收回投资应当调整长期股权投资的成本。如果实际支付的价款中包含已宣告但尚未发放的现金股利，作为应收股利处理，借记“长期股权投资”“应收股利”科目，贷记“银行存款”等科目。

【例 5-32】2020 年 3 月 1 日，企业用银行存款 601 800 元取得非关联方——乙公司 60% 股权，并能够对乙公司实施控制。

要求：根据上述经济业务编制会计分录。

【解】借：长期股权投资——投资成本 601 800

　　　贷：银行存款 601 800

（2）被投资单位宣告分派现金股利或利润时。

成本法下，投资企业应在被投资单位宣告分派现金股利或利润时，按应分得的现金股利或利润确认投资收益，借记“应收股利”等科目，贷记“投资收益”科目；实际收到现金股利时，借记“银行存款”科目，贷记“应收股利”科目。

采用成本法核算的长期股权投资，除取得投资时实际支付的价款或对价中包含的已宣告但尚未发放的现金股利或利润外，投资企业应当按照享有被投资单位宣告发放的现金股利或利润确认投资收益，不再划分是否属于投资前和投资后被投资单位实现的净利润。

【例 5-33】承例 5-32，乙公司于 2020 年 5 月 3 日宣告分派 2019 年度的现金股利 30 000 元，按 60% 计算应收股利为 18 000 元。

要求：根据上述经济业务编制会计分录。

【解】乙公司宣告分派现金股利时：

借：应收股利 18 000

　贷：投资收益 18 000

在长期股权投资持有期间，无论被投资单位经营状况如何，净资产是否增减，投资企业一般不对该长期股权投资的账面价值进行调整。

5.5.4 长期股权投资的权益法

1. 权益法的含义和适用范围

权益法是指投资最初以投资成本计价，以后根据投资企业享有被投资企业所有者权益份额的变动，对长期股权投资的账面价值进行调整的方法。权益法的适用范围是：投资企业对被投资企业具有共同控制或重大影响的长期股权投资，即对合营企业投资及对联营企业投资，应当采用权益法核算。

2. 权益法的核算

采用权益法核算，在进行初始投资或追加投资时，长期股权投资按照初始投资成本或追加投资的投资成本，增加其账面价值；投资后，随着被投资企业所有者权益的变动而相应增加或减少其账面价值。长期股权投资核算采用权益法时，应在“长期股权投资”账户下设置“投资成本”“损益调整”“其他权益变动”等明细账户进行核算。

（1）初始投资成本的调整。

当投资企业取得对联营企业或合营企业的投资以后，对于取得投资时初始投资成本与应享有被投资单位可辨认净资产公允价值份额之间的差额，应区别情况处理：

①初始投资成本大于取得投资时应享有被投资单位可辨认净资产公允价值份额的，该部分差额是投资企业在取得投资过程中通过作价体现出的与所取得股权份额相对应的商誉，这种情况下不要求对长期股权投资的成本进行调整。

②初始投资成本小于取得投资时应享有被投资单位可辨认净资产公允价值份额的，两者之间的差额体现为双方在交易作价过程中转让方的让步，该部分经济利益流入应作为收益处理，计入取得投资当期的营业外收入，同时调整增加长期股权投资的账面价值。

【例 5-34】2020 年 3 月 6 日，A 公司向 B 公司投资货币资金 1 400 万元，占 B 公司 30% 的表决权股份，对 B 公司生产经营决策具有重大影响，采用权益法进行核算。2020 年 3 月 6 日，B 公司可辨认净资产的公允价值为 4 000 万元，不考虑其他因素，假定被投资单位各项可辨认资产、负债的公允价值与其账面价值相同。

要求：根据上述经济业务编制会计分录。

【解】A 公司编制会计分录如下：

借：长期股权投资——投资成本 14 000 000

　贷：银行存款 14 000 000

若在该例中，B 公司当日的可辨认净资产公允价值为 5 000 万元，其他条件不变，则编制会计分录如下：

借：长期股权投资——投资成本　15 000 000

　贷：银行存款　14 000 000

　　营业外收入　1 000 000

（2）投资损益的确认。

在权益法下，当被投资单位当年实现净利润或发生净亏损时，投资企业应按持股比例调整长期股权投资的账面价值。若被投资单位当期实现净利润，投资企业按投资比例计算应分享的份额，借记“长期股权投资——损益调整”科目，贷记“投资收益”科目。若被投资单位当期发生净亏损，投资企业按投资比例计算应分担的份额，借记“投资收益”科目，贷记“长期股权投资——损益调整”科目。

【例 5-35】承例 5-34，2020 年年末 B 公司全年实现净利润 100 万元，A 公司按 30% 的持股比例计算确认投资收益。

要求：根据上述经济业务编制会计分录。

【解】A 公司编制会计分录如下：

借：长期股权投资——损益调整　300 000

　贷：投资收益　300 000

【例 5-36】承例 5-34，假如 2020 年年末 B 公司全年发生净亏损 400 000 元，A 公司按 30% 的持股比例计算确认投资损失。

要求：根据上述经济业务编制会计分录。

【解】A 公司编制会计分录如下：

借：投资收益　120 000

　贷：长期股权投资——损益调整　120 000

在确认应享有或应分担被投资单位的净利润或净亏损时，在被投资单位账面净利润的基础上，应考虑以下因素的影响进行适当调整：

一是被投资单位采用的会计政策及会计期间与投资单位不一致的，应按投资单位的会计政策及会计期间对被投资单位的财务报表进行调整；

二是取得投资时有关资产、负债的公允价值与其账面价值不同的，在计算归属于投资单位应享有的净利润或应分担的净亏损时，一般应考虑对被投资单位固定资产计提的折旧额、无形资产摊销额以及资产减值准备金额等进行调整，并按调整后的净损益和持股比例计算确认投资损益。

需要注意的是，在对被投资单位的净利润进行调整时，根据重要性原则，不具有重要性的项目可不予调整。如投资单位无法合理确定取得投资时被投资单位各项可辨认资产等的公允价值，或投资时被投资单位可辨认资产的公允价值与其账面价值相比两者之间的差额不大，以及由于其他原因导致无法取得被投资单位的有关资料对被投资单位的净损益进行调整的，投资单位可以被投资单位的账面净损益为基础，计算确认投资损益，同时应在附注中说明这一事实及其原因。

【例 5-37】2019 年 1 月 10 日，A 公司向 B 公司投资货币资金 200 万元，占 B 公司有表决权资本的 30%；2019 年 1 月 10 日 B 公司可辨认净资产的公允价值为 360 万元，其中固定资产账面价值为 150 万元，公允价值为 100 万元，尚可使用年限为 5 年，预计净残值为零，采用直线法计提折旧，其他资产与负债的公允价值与账面价值相同；2019 年 B 公司全年实现净利润 120 万元；2020 年 B 公司全年发生净亏损 60 万元。

要求：根据上述经济业务编制会计分录。

【解】A 公司编制会计分录如下：

2019 年 1 月 10 日投资时：

借：长期股权投资——投资成本　　2 000 000

　贷：银行存款　　2 000 000

A 公司的投资成本为 200 万元，大于投资时应享有 B 公司可辨认净资产公允价值的份额 108 万元（360×30%），其差额不调整投资成本。

2019 年年末 B 公司实现净利润 120 万元，A 公司按持股比例计算应享有的份额，确认投资收益：

固定资产按账面价值计算的年折旧额=150÷5=30（万元）

固定资产按公允价值计算的年折旧额=100÷5=20（万元）

固定资产按公允价值比按账面价值每年少提折旧=30−20=10（万元）

调整后的净利润=120+10=130（万元）

A 公司按持股比例计算应享有的份额=130×30%=39（万元）

借：长期股权投资——损益调整　　390 000

　贷：投资收益　　390 000

2020 年年末 B 公司全年发生亏损 60 万元，A 公司按持股比例计算应分担的份额，确认投资损失：

调整后的净亏损=60−10=50（万元）

A 公司按持股比例计算应分担的份额=50×30%=15（万元）

借：投资收益　　150 000

　贷：长期股权投资——损益调整　　150 000

投资企业确认被投资单位发生的净亏损，应当以长期股权投资的账面价值以及其他实质上构成对被投资单位净投资的长期权益减记至零为限，投资企业负有承担额外损失义务的除外。其他实质上构成对被投资单位净投资的长期权益，通常是指长期性的应收项目，如企业对被投资单位的长期债权，该债权没有明确的清收计划且在可预见的未来期间不准备收回的，实质上构成对被投资单位的净投资。

当企业存在其他实质上构成对被投资单位净投资的长期权益项目的情况下，在确认应分担被投资单位发生的亏损时，应当按照以下顺序进行处理：①冲减长期股权投资的账面价值；②如果长期股权投资的账面价值不足以冲减，应当以其他实质上构成对被投资单位净投资的长期权益账面价值为限继续确认投资损失，冲减长期权益的账面价值；③在进行上述处理后，按照投资合同或协议的约定企业仍承担额外义务的，应按预计承担的义务确认当期投资损失。

被投资单位以后期间实现盈利的，扣除未确认的亏损分担额后，恢复长期股权投资的账面价值，同时确认投资收益。

【例 5-38】A 公司持有 B 公司 40% 的股权，2019 年 12 月 31 日的账面价值为 1 000 万元，包括投资成本以及因 B 公司以前期间实现净利润而确认的投资收益。假定 A 公司在取得投资时 B 公司各项可辨认资产、负债的公允价值与其账面价值相等，双方所采用的会计政策及会计期间也相同。

要求：根据上述经济业务编制会计分录。

【解】①2020 年 B 公司发生亏损 1 500 万元，则 A 公司按其持股比例确认应分担的损失为 600 万元，编制会计分录如下：

借：投资收益 6 000 000

贷：长期股权投资——损益调整 6 000 000

A 公司确认投资损失 600 万元后，长期股权投资的账面价值变为 400 万元。

②如果 B 公司当年度的亏损额为 3 000 万元，则 A 公司按其持股比例确认应分担的损失为 1 200 万元，但长期股权投资的账面价值仅为 1 000 万元，编制会计分录如下：

借：投资收益 10 000 000

贷：长期股权投资——损益调整 10 000 000

超额损失 200 万元在账外进行备查登记。

③如果 B 公司当年度的亏损额为 3 000 万元，则 A 公司按其持股比例确认应分担的损失为 1 200 万元，在确认了 1 000 万元的投资损失后，A 公司账上仍有应收 B 公司的长期应收款 200 万元，属于实质上构成对 B 公司净投资的长期权益。编制会计分录如下：

借：投资收益 12 000 000

贷：长期股权投资——损益调整 10 000 000

长期应收款 2 000 000

(3) 取得现金股利或利润。

采用权益法核算的长期股权投资，被投资单位宣告分派现金股利或利润时，投资企业按照持股比例计算应享有的部分，减少长期股权投资的账面价值，即借记“应收股利”科目，贷记“长期股权投资——损益调整”科目；收到现金股利时，借记“银行存款”科目，贷记“应收股利”科目。

【例 5-39】承例 5-35，B 公司在 2021 年 5 月 1 日宣告分派现金股利 800 000 元。

要求：根据上述经济业务编制会计分录。

【解】A 公司按 30% 的持股比例计算冲减长期股权投资的账面价值，编制会计分录如下：

借：应收股利 240 000

贷：长期股权投资——损益调整 240 000

(4) 被投资单位除净损益、其他综合收益以及利润分配以外所有者权益的其他变动。

采用权益法核算的长期股权投资，对于被投资单位除净损益以外所有者权益的其他变动，投资企业应按照持股比例与被投资单位除净损益以外所有者权益的其他变动中归属于本企业的部分，相应调整长期股权投资的账面价值，同时增加或减少资本公积，借记或贷记“长期股权投资——其他权益变动”科目，贷记或借记“资本公积——其他资本公积”科目。

【例 5-40】承例 5-35，假定 B 公司 2021 年 9 月 1 日因新投资者加入，新增加资本公积 600 000 元，A 公司按 30% 的持股比例计算其他权益变动。

要求：根据上述经济业务编制会计分录。

【解】A 公司编制会计分录如下：

借：长期股权投资——其他权益变动　　180 000

　贷：资本公积——其他资本公积　　180 000

另外，被投资单位分派的股票股利，投资企业不作账务处理，但应于除权日注明所增加的股数，以反映股份的变化情况。

5.5.5 长期股权投资核算方法的转换

1. 成本法转为权益法

因处置投资导致对被投资单位的影响能力下降，由控制转为具有重大影响，或是与其他投资方一起实施共同控制的情况下，在投资企业的个别财务报表中，首先按处置或收回投资的比例结转应终止确认的长期股权投资成本。在此基础上，应当比较剩余的长期股权投资成本与按照剩余持股比例计算原投资时应享有被投资单位可辨认净资产公允价值的份额，属于投资作价中体现的商誉部分，不调整长期股权投资的账面价值；属于投资成本小于应享有被投资单位可辨认净资产公允价值份额的，在调整长期股权投资成本的同时，应调整留存收益。对于原取得投资至转变为权益法核算之间被投资单位实现的净损益中应享有的份额，一方面应调整长期股权投资的账面价值，同时对于原取得投资至处置投资当期期初被投资单位实现的净损益（扣除已发放及已宣告发放的现金股利及利润）中应享有的份额，调整留存收益，对于处置投资当期期初至处置投资之日被投资单位实现的净损益中享有的份额，调整当期损益；其他原因导致被投资单位所有者权益变动中应享有的份额，在调整长期股权投资账面价值的同时，应当记入“资本公积——其他资本公积”科目。

2. 公允价值计量或权益法转为成本法

投资企业原持有的对被投资单位不具有控制、共同控制或重大影响的按照金融工具确认和计量准则进行会计处理的权益性投资，或者原持有对联营企业、合营企业的长期股权投资，因追加投资等原因，能够对被投资单位实施控制的，应按本章前面所述通过企业合并形成的长期股权投资有关内容进行会计处理。

3. 公允价值计量转为权益法

投资企业对原持有的被投资单位的股权不具有控制、共同控制或重大影响，按照金融工具确认和计量准则进行会计处理的，因追加投资等原因导致持股比例增加，使其能够对被投资单位实施共同控制或重大影响而转按权益法核算的，应在转换日，按照原股权的公允价值加上为取得新增投资而应支付对价的公允价值，作为改按权益法核算的初始投资成本；原股权投资于转换日的公允价值与账面价值之间的差额，以及原计入其他综合收益的累计公允价值变动转入改按权益法核算的当期损益。在此基础上，比较初始投资成本与获得被投资单位共同控制或重大影响时应享有被投资单位可辨认净资产公允价值份额之间的差额，前者大于后者的，不调整长期股权投资的账面价值；前者小于后者的，按差额调整长期股权投资的账面价值，并计入当期营业外收入。

4. 权益法转为公允价值计量

投资企业原持有的被投资单位的股权对其具有共同控制或重大影响，因部分处置等原因导致持股比例下降，不能再对被投资单位实施共同控制或重大影响的，应于失去共同控制或重大影响时，改按金融工具确认和计量准则的规定对剩余股权进行会计处理，即对剩余股权在改按公允价值计量时，公允价值与其原账面价值之间的差额计入当期损益。同时，原采用权益法核算的相关其他综合收益应当在终止采用权益法核算时，采用与被投资单位直接处置相关资产或负债相同的基础进行会计处理；因被投资单位除净损益、其他综合收益和利润分配以外的其他所有者权益变动而确认的所有者权益，应当在终止采用权益法时全部转入当期损益。

5. 成本法转为公允价值计量

投资企业原持有被投资单位的股份达到控制，其后因部分处置等原因导致持股比例下降，不能再对被投资单位实施控制的，应将剩余股权改按金融工具确认和计量准则的要求进行会计处理，并于丧失控制权日将剩余股权按公允价值重新计量，公允价值与其账面价值的差额计入当期损益。

5.5.6 长期股权投资的减值

企业的长期股权投资如果出现减值迹象，应对其可收回金额进行估计。可收回金额应当根据长期股权投资的公允价值减去处置费用后的净额与长期股权投资预计未来现金流量的现值两者之间较高者确定。

如果长期股权投资可收回金额的计量结果表明其可收回金额低于账面价值，则说明长期股权投资已经发生减值损失，应当将其账面价值减记至可收回金额，借记“资产减值损失”科目，贷记“长期股权投资减值准备”科目。

企业对长期股权投资减值损失一经确认，在以后会计期间不得转回。

【例 5-41】企业在年度终了时，对长期股权投资进行减值测试，发现被投资单位B公司的财务状况严重恶化，企业对B公司长期股权投资的账面价值为300 000元，估计该项投资的可收回金额只有210 000元。

要求：根据上述经济业务编制会计分录。

【解】借：资产减值损失　　90 000

　　贷：长期股权投资减值准备　　90 000

5.5.7 长期股权投资的处置

企业处置持有的长期股权投资时，应相应结转长期股权投资的账面价值。出售所得价款与处置长期股权投资账面价值之间的差额，应确认为当期损益。投资企业应根据实际收到的价款，借记“银行存款”等科目，根据处置长期股权投资的账面价值，贷记“长期股权投资”等科目，两者之间的差额，借记或贷记“投资收益”科目。

采用权益法核算的长期股权投资，原计入资本公积的金额，在处置时亦应进行结转，自资本公积转入当期损益，借记或贷记“资本公积”科目，贷记或借记“投资收益”科目。

【例 5-42】A公司原持有B公司40%的股权，2020年12月，A公司决定出售其持有的B公司股权的50%，出售时A公司账面上对B公司长期股权投资的构成为：投资成本1 000万元，损益调整300万元，其他权益变动110万元。出售取得价款710万元。

要求：根据上述经济业务编制会计分录。

【解】A公司编制会计分录如下：

确认处置损益：

借：银行存款　　7 100 000

　贷：长期股权投资——投资成本　　5 000 000

　　　　　　　　——损益调整　　1 500 000

　　　　　　　　——其他权益变动　　550 000

　　　投资收益　　50 000

借：资本公积——其他资本公积　　550 000

　贷：投资收益　　550 000

基本训练

◆ 复习思考题

1. 什么是交易性金融资产？

2. 如何对交易性金融资产进行账务处理？

3. 什么是债权投资？

4. 如何对债权投资进行账务处理？

5. 什么是以公允价值计量且其变动计入其他综合收益的金融资产？

6. 如何对以公允价值计量且其变动计入其他综合收益的金融资产进行账务处理？

7. 投资企业与被投资企业关系的类型有几种？

8. 如何确认初始投资成本？

9. 对长期股权投资进行核算时，成本法和权益法的适用范围各是什么？

10. 如何对长期股权投资分别采用成本法和权益法进行核算？

11. 成本法与权益法如何进行转换？

12. 如何进行长期股权投资的期末计价及会计处理？

13. 处置长期股权投资时，如何确认其投资收益？

◆ 计算分析题

1.2020 年 7 月 1 日，B 公司购买 A 公司于当年 1 月 1 日发行的普通股股票 100 000 股，面值 1 元，该股票的公允价值为每股 8.90 元，相关交易费用 5 000 元，B 公司将该批股票作为交易性金融资产进行核算。

要求：编制 B 公司购买股票时的会计分录。

2.A 公司购买 B 公司于当日发行的 4 年期的分次付息、一次还本的债券 1 000 张，作为债权投资核算，债券面额为每张 500 元，票面利率 5%，如果发行时市场利率为 4%，溢价购入，共付款 518 149 元，不考虑相关交易费用。

要求：编制 A 公司于购买债券时的会计分录和债券持有期间以及处置债券时的会计分录。

如果实际利率为 6%，折价购入，付款 482 675 元，其他条件不变，编制 A 公司于购买债券时的会计分录和债券持有期间以及处置债券时的会计分录。

3.F 公司年初购入 B 公司股票，具体经济业务如下：

(1) F 公司年初以 1 020 万元（含支付的相关费用 1 万元）购入 B 公司股票 400 万股，每股面值 1 元，占 B 公司实际发行在外股数的 30%，F 公司采用权益法核算此项投资。

（2）购买日B公司可辨认净资产公允价值为3 000万元。取得投资时B公司的固定资产公允价值为300万元，账面价值为200万元。固定资产的预计使用年限为10年，净残值为0，按照直线法计提折旧。购买日B公司的无形资产公允价值为100万元，账面价值为50万元，预计使用年限为5年，净残值为0，按照直线法摊销。

（3）当年B公司实现净利润200万元。

（4）第二年B公司发生亏损4 000万元，本年B公司增加资本公积80万元。

（5）第三年B公司实现净利润510万元。

要求：完成F公司有关投资业务的会计分录（假定不考虑所得税和其他事项）。

第6章 固定资产

学习目标

◆ 重点掌握固定资产折旧的计算、固定资产期末计价的会计处理。

◆ 掌握固定资产处置的会计处理方法、固定资产增加的核算方法、固定资产的计价基础和价值构成、固定资产折旧的范围、固定资产后续支出的核算方法。

◆ 了解固定资产的概念、特征及分类。

6.1 固定资产概述

6.1.1 固定资产的概念和特征

固定资产是指使用寿命超过1个会计年度，为生产商品、提供劳务、出租或经营管理而持有的有形资产。固定资产具有以下特征：

1. 固定资产使用寿命超过1个会计年度

固定资产的使用寿命是指企业使用固定资产的预计期间，或者该固定资产所能生产产品或提供劳务的数量。一般情况下，固定资产的使用寿命是指使用固定资产的预计期间，如自用房屋建筑物的使用寿命按使用年限表示。对于某些机器设备或运输设备等固定资产，其使用寿命往往以该固定资产所能生产产品或提供劳务的数量来表示，如发电设备按其预计发电量估计使用寿命，汽车或飞机等按其预计行驶里程估计使用寿命等。固定资产使用寿命超过1个会计年度，意味着固定资产属于长期资产，随着使用和磨损，通过计提折旧的方式逐渐减少账面价值。

2. 固定资产是为生产商品、提供劳务、出租或经营管理而持有的

企业持有固定资产的目的是生产商品、提供劳务、出租或经营管理，这意味着，企业持有的固定资产是企业的劳动工具或手段，而不是直接用于出售的产品。其中“出租”的固定资产，是指用以出租的机器设备类固定资产。

3. 固定资产为有形资产

固定资产具有实物特征，这一特征将固定资产与无形资产区别开来。有些无形资产可能同时符合固定资产的其他特征，如无形资产是为生产商品、提供劳务而持有的，使用寿命超过1个会计年度的长期资产，但是，由于其没有实物形态，因而不属于固定资产。对于工业企业所持有的工具、用具、备品备件、维修设备等资产，施工企业所持有的模板、挡板、架料等周转材料，以及地质勘探企业所持有的管材等资产，企业应当根据实际情况分别进行核算。

6.1.2 固定资产的确认条件

固定资产同时满足下列条件的，才能予以确认：

1. 与该固定资产有关的经济利益很可能流入企业

企业在确认固定资产时，需要判断与该项固定资产有关的经济利益是否很可能流入企业，在会计实务中，主要通过判断与该固定资产所有权相关的风险和报酬是否转移到企业来确定。其中，与固定资产所有权相关的风险，是指由于经营情况发生变化造成的相关收益的变动，以及由于资产闲置、技术陈旧等原因造成的损失；与固定资产所有权相关的报酬，是指在固定资产使用寿命内直接使用该资产获得的收入，以及处置该资产实现的利得等。

一般情况下，取得固定资产所有权是判断与固定资产所有权有关的风险和报酬转移到企业的一个重要标志。只要固定资产的所有权已属于企业，无论企业是否收到或拥有该固定资产，均可作为企业的固定资产；反之，如果没有取得所有权，即使存放在企业里，也不能作为企业的固定资产。但是，所有权是否转移，不是判断与固定资产所有权相关的风险和报酬是否转移到企业的唯一标志。在有些情况下，某项固定资产的所有权虽然不属于企业，但是，企业能够控制与该项固定资产有关的经济利益流入企业，这就意味着与该固定资产所有权相关的风险和报酬实质上已转移给该企业，在这种情况下，企业应将该项固定资产予以确认，如融资租入的固定资产。

2. 该固定资产的成本能够可靠地计量

要确认固定资产，企业取得该固定资产所发生的支出就必须能够可靠地计量。企业在确定固定资产成本时，有时需要根据所获得的最新资料进行合理的估计。如果企业能够合理地估计出固定资产的成本，则视同固定资产的成本能够可靠地计量，如对于已达到预定可使用状态的固定资产，在未办理竣工决算前，企业需要根据工程预算、工程造价或者工程实际发生的成本等资料，按暂估价值确定固定资产的成本，待办理完竣工决算手续后再作调整。

6.1.3 固定资产的分类

固定资产的种类繁多，为了便于对固定资产的核算，加强对固定资产的管理，需要对固定资产进行科学、合理的分类。一般可按如下方法对固定资产进行分类：

1. 按经济用途进行分类

按经济用途进行分类，固定资产可分为生产经营用固定资产和非生产经营用固定资产。生产经营用固定资产是指直接参加或直接服务于生产经营过程的各种固定资产，如生产经营用的房屋、建筑物、机器设备、运输工具等。非生产经营用固定资产是指不直接服务于生产经营过程中的各种固定资产，如用于公共福利设施、文化娱乐、职工住宅等方面的房屋、设备和其他固定资产等。这种分类方法可以归类反映和监督企业经营用固定资产和非经营用固定资产之间，以及经营用各类固定资产之间的组成和变化情况，借以考核和分析企业固定资产的利用情况，从而促进企业固定资产的合理配置。

2. 按使用情况进行分类

按使用情况进行分类，固定资产可分为使用中固定资产、未使用固定资产和不需用固定资产。使用中固定资产是指正在使用中的各种固定资产，以及由于季节性停用或大修理停用的固定资产，内部轮换使用的固定资产也属于使用中固定资产。未使用固定资产是指已购建完成但尚未交付使用的新增固定资产以及进行改建、扩建等暂时脱离生产经营过程的固定资产。不需用固定资产是指本企业多余或不适用、准备处置的固定资产。这种分类方法有利于反映企业固定资产的使用情况及比例关系，便于分析固定资产的利用效率，挖掘固定资产的使用潜力，促使企业合理地利用固定资产。

3. 按所有权进行分类

按所有权进行分类，固定资产可分为自有固定资产和租入固定资产。自有固定资产是指企业拥有的可供企业自由支配使用的固定资产。租入固定资产是指企业采用租赁的方式从其他单位租入的固定资产。

企业对租入固定资产依照租赁合同拥有使用权，同时负有支付租金的义务，但资产的所有权属于出租单位。

4. 按经济用途和使用情况进行综合分类

按经济用途和使用情况进行综合分类，固定资产可分为生产经营用固定资产、非生产经营用固定资产、租出固定资产（指出租的机器设备类固定资产）、不需用固定资产、未使用固定资产、土地（指过去已经估价单独入账的土地，因征地而支付的补偿费，应计入与土地有关的房屋、建筑物的价值内，不单独作为土地估价入账的，作为企业取得的土地使用权，不能作为固定资产管理）、融资租入固定资产（指企业对以融资租赁方式租入的固定资产，在租赁期内应视同自有固定资产管理）。

企业的经营性质不同，经营规模各异，对固定资产的分类不可能完全一致。企业应当根据固定资产的定义，结合本企业的具体情况，制定适合于本企业的固定资产目录、分类方法、每类或每项固定资产的折旧年限和折旧方法，为进行固定资产的实物管理和价值核算提供依据。

6.1.4 固定资产的计价

固定资产的计价基础也称为计价标准，即原始价值、重置价值和折余价值。

（1）原始价值，也称原价或原值，即固定资产的历史成本或原始购置成本，具体讲是指企业购建某项固定资产达到预定可使用状态前所发生的一切合理、必要的支出。按这种计价方法确定固定资产的价值，均是实际发生并有支付凭据的支出，具有客观性和可验证性。

（2）重置价值，也称现时重置成本，是指在当前市场条件下购置相同的全新固定资产所需要的全部支出。固定资产计价以重置成本或重置价值为基础，不仅可以反映固定资产的实际经济价值，而且可以促进固定资产实物的及时更新。

（3）折余价值，也称固定资产净值，是指固定资产原始价值或重置价值减去已提折旧后的余额。它可以反映企业实际占用固定资产的价值和固定资产的新旧程度。这种方法是固定资产盘盈、盘亏、报废、毁损等溢余或损失的依据。

6.2 固定资产的增加

固定资产的增加是指企业购建某项固定资产达到预定可使用状态前所发生的一切合

理、必要的支出。这些支出包括直接发生的价款、运杂费、包装费和安装成本等，也包括间接发生的成本，如应承担的借款利息、外币借款折算差额以及应分摊的其他间接费用。在确定特定行业的特定固定资产的成本时，还应考虑预计弃置费用因素，如核电站核废料的处置等。

6.2.1　外购固定资产

企业外购固定资产的成本，包括购买价款、相关税费、使固定资产达到预定可使用状态前所发生的可归属于该项资产的运输费、装卸费、安装费和专业人员服务费等。其中，相关税费不包括按照现行增值税制度的规定，可以从销项税额中抵扣的增值税进项税额。

在实际工作中，企业可能以一笔款项购入多项没有单独标价的资产。如果这些资产均符合固定资产的定义，并满足固定资产的确认条件，则应将各项资产单独确认为固定资产，并按各项固定资产公允价值的比例对总成本进行分配，分别确定各项固定资产的成本。如果以一笔款项购入的多项资产中还包括固定资产以外的其他资产，也应按类似的方法予以处理。

企业外购固定资产分为购入需要安装的固定资产和购入不需要安装的固定资产两种。

1. 购入需要安装的固定资产

企业购入需要安装的固定资产，由于从固定资产运抵企业，到交付使用，还需要经历安装和调试过程，仍将发生安装调试成本，因此，企业购入固定资产支付的买价、运杂费及发生的安装费等，先通过“在建工程”科目核算，待安装完毕达到预定可使用状态时，再由“在建工程”科目转入“固定资产”科目。

企业购入需安装的机器设备等动产时，按实际支付的买价，借记“在建工程”科目，按支付的增值税，借记“应交税费——应交增值税（进项税额）”科目，贷记“银行存款”科目；发生运杂费、安装调试费等时，借记“在建工程”科目，取得外部单位提供的增值税专用发票、海关完税证明或公路发票等增值税扣税凭证，并经税务机关认证可以抵扣时，按增值税专用发票等凭证上注明的进项税额，借记“应交税费——应交增值税（进项税额）”科目，贷记“银行存款”等科目；安装完毕达到预定可使用状态时，按其实际成本，借记“固定资产”科目，贷记“在建工程”科目。

【例 6-1】企业购入一台需要安装的设备，增值税专用发票上注明设备买价为 80 000 元，增值税税额为 10 400 元，支付运杂费 2 180 元，取得的增值税专用发票上注明的运费为 2 000 元，增值税税额为 180 元，款项均以银行存款支付。

要求：根据上述经济业务编制会计分录。

【解】借：在建工程（80 000+2 000）　　82 000
　　　　　应交税费——应交增值税（进项税额）（10 400+180）　　10 580
　　　贷：银行存款　　92 580

安装完成交付使用：

借：固定资产　　82 000
　贷：在建工程　　82 000

2. 购入不需要安装的固定资产

购入不需要安装的机器设备等动产时，按实际支付的买价，借记“固定资产”科目，按支付的增值税，借记“应交税费——应交增值税（进项税额）”科目，贷记“银行存款”科目；发生的运杂费等，取得外部单位提供的增值税专用发票、海关完税证明或公路发票等增值税扣税凭证，并经税务机关认证可以抵扣的，按增值税专用发票等凭证上注明的进项税额，借记“应交税费——应交增值税（进项税额）”科目，贷记“银行存款”等科目。

【例 6-2】企业购入一台不需要安装的设备，增值税专用发票上注明设备买价为 80 000 元，增值税税额为 10 400 元，支付运杂费 2 180 元，取得的增值税专用发票上注明的运费为 2 000 元，增值税税额为 180 元，款项均以银行存款支付。

要求：根据上述经济业务编制会计分录。

【解】借：固定资产（80 000+2 000） 82 000

应交税费——应交增值税（进项税额）（10 400+180） 10 580

贷：银行存款 92 580

如果一般纳税人购买的是在建工程或固定资产等不动产，按实际支付的买价，借记“固定资产”科目，其进项税额按照现行增值税制度的规定作为当期可抵扣的进项税额，借记“应交税费——应交增值税（进项税额）”科目；按实际支付的价税合计，贷记“银行存款”科目。

【例 6-3】2021 年 1 月 1 日，企业购入一幢大楼作为生产车间并交付使用，取得发票并经税务机关认证，增值税专用发票上注明大楼的价款为 8 000 000 元，增值税税额为 720 000 元，款项以银行存款支付。

要求：根据上述经济业务编制会计分录。

【解】2021 年 1 月 1 日，企业购入固定资产时：

借：固定资产 8 000 000

应交税费——应交增值税（进项税额） 720 000

贷：银行存款 8 720 000

3. 外购固定资产的特殊考虑

以一笔款项购入多项没有单独标价的固定资产，应当按照各项固定资产的公允价值比例对总成本进行分配，分别确定各项固定资产的成本。

【例 6-4】2020 年 6 月 1 日，甲公司为降低采购成本，购进了 3 套具有不同生产能力的 A、B、C 设备。该批设备价款共计 700 000 元，另支付装卸费等 10 000 元，全部以银行存款支付。假定 A、B、C 设备均满足固定资产的定义及确认条件，公允价值分别为 100 000 元、300 000 元、400 000 元。

要求：根据上述经济业务编制会计分录。

【解】计入固定资产成本的金额=700 000 + 10 000=710 000（元）

A 设备应分配的固定资产成本比例=100 000÷（100 000+300 000+400 000）×100%=12.5%

B 设备应分配的固定资产成本比例=300 000÷（100 000+300 000+400 000）×100%=37.5%

C 设备应分配的固定资产成本比例=400 000÷（100 000+300 000+400 000）×100%=50%

A 设备的入账价值=710 000×12.5%=88 750（元）

B 设备的入账价值=710 000×37.5%=266 250（元）

C 设备的入账价值=710 000×50% = 355 000（元）

借：固定资产——A 设备　88 750

——B 设备　266 250

——C 设备　355 000

贷：银行存款　710 000

另外，企业购买固定资产的价款超过正常信用条件延期支付，实质上具有融资性质的，固定资产的成本应当以购买价款的现值为基础进行确定。购入固定资产时，按购买价款的现值，借记“固定资产”或“在建工程”科目；按应支付的金额，贷记“长期应付款”科目；按两者之间的差额，借记“未确认融资费用”科目。未确认融资费用应当在信用期间内采用实际利率法进行摊销，摊销金额除满足借款费用资本化条件应当计入固定资产成本外，均应在信用期间内确认为财务费用，计入当期损益。

6.2.2　自行建造固定资产

自行建造的固定资产，按建造该项资产达到预定可使用状态前所发生的必要支出，作为入账价值。

自行建造的固定资产应先通过“在建工程”科目核算，工程达到预定可使用状态时，再从“在建工程”科目转入“固定资产”科目。企业为建造固定资产而购买的各种材料物资，按发生的实际成本记入“工程物资”科目。

企业自行建造的固定资产，主要有自营和出包两种方式。

1. 自营方式建造固定资产

自营工程是指企业利用自身的生产能力自行组织材料物资采购、自行组织施工人员的建筑工程和安装工程。企业通过自营方式建造固定资产，其入账价值应当按照建造该项固定资产达到预定可使用状态前所发生的必要支出确定，包括直接材料、直接人工、直接机械施工费等。

工程项目较多且工程支出较大的企业，应当按照工程项目的性质分别核算各工程项目的成本。

自营工程使用的材料物资，一般应单独进行核算。

企业购入工程所需材料物资时，按照已经认证的增值税专用发票上注明的价款，借记“工程物资”科目，其进项税额按照现行增值税制度的规定作为当期可抵扣的进项税额，借记“应交税费——应交增值税（进项税额）”科目；按实际支付的价税合计，贷记“银行存款”科目。

自营工程领用材料物资时，应根据实际成本，借记“在建工程”科目，贷记“工程物资”科目。

自营工程领用本企业原材料时，应按原材料的实际成本，借记“在建工程”科目，贷记“原材料”科目，原材料按计划成本核算的，还应结转分摊材料成本差异。

自营工程负担的职工工资及其他费用，应借记“在建工程”科目，贷记“应付职工薪酬”“银行存款”等科目。

自营工程达到预定可使用状态时，按实际发生的全部支出，借记“固定资产”科目，贷记“在建工程”科目。

【例 6-5】A 企业自建一项固定资产，购入工程用材料一批，货款为 200 000 元，增值税税额为 18 000 元，自营工程全部领用；工程领用本企业生产用的原材料一批，实际成本为 10 000 元，相关进项税额 1 300 元，分配工程人员的工资 30 000 元，支付其他费用 6 000 元（款项均用银行存款支付）；工程完工达到预定可使用状态。

要求：根据上述经济业务编制会计分录。

【解】购入工程物资时：

借：工程物资　　200 000
　　应交税费——应交增值税（进项税额）　　18 000
　贷：银行存款　　218 000

工程领用工程物资时：

借：在建工程　　200 000
　贷：工程物资　　200 000

工程领用本企业生产用的原材料：

借：在建工程　　10 000
　贷：原材料　　10 000

分配工资及支付其他费用：

借：在建工程　　36 000
　贷：应付职工薪酬　　30 000
　　　银行存款　　6 000

工程完工交付使用：

借：固定资产　　246 000
　贷：在建工程　　246 000

2. 出包方式建造固定资产

出包工程是指企业通过招标等方式将工程项目发包给建造商，由建造商组织施工的建筑工程和安装工程。企业通过出包方式建造固定资产的，其入账价值应当按照建造该项固定资产达到预定可使用状态前所发生的必要支出确定，包括建筑工程支出、安装工程支出、在安装设备支出及需分摊计入的待摊支出。在出包方式下，固定资产建造工程支出由承包单位核算，出包企业只需按出包合同的规定向承包单位支付工程价款，并按支付的全部工程价款作为固定资产成本入账。

企业按合同的约定向建造商预付工程价款时，借记“预付账款”科目，贷记“银行存款”等科目；结算工程款并补付剩余工程款时，按照已经认证的增值税专用发票上注明的价款，借记“在建工程”科目，按照已经认证的增值税专用发票上注明的进项税额，借记“应交税费——应交增值税（进项税额）”科目，贷记“预付账款”“银行存款”等科目；工程达到预定可使用状态时，按实际发生的全部支出，借记“固定资产”科目，贷记“在建工程”科目。

【例 6-6】B 企业将一幢厂房的建造工程出包给金龙公司承建，按合同的规定，企业向金龙公司预付工程价款 550 000 元；其余工程款于工程完工时补付，完工时取得金龙公司开具的增值税专用发票，注明工程款 800 000 元，税率 9%，增值税税额 72 000 元，共计 872 000 元；共补付工程价款 322 000 元，工程完工经验收后交付使用。

要求：根据上述经济业务编制会计分录。

【解】B 企业编制会计分录如下：

预付工程价款时：

借：预付账款　550 000

　贷：银行存款　550 000

办理工程结算及补付工程价款时：

借：在建工程　800 000

　　应交税费——应交增值税（进项税额）　72 000

　贷：预付账款　550 000

　　　银行存款　322 000

工程完工交付使用：

借：固定资产　800 000

　贷：在建工程　800 000

6.2.3　投资者投入固定资产

企业对投资者投入的固定资产，应当按照投资合同或协议约定的价值确定固定资产的入账价值，借记“固定资产”科目，贷记“实收资本”等科目。

【例 6-7】B 企业收到 A 公司投入的一项固定资产。该固定资产在 A 公司的账面原值为 80 000 元，已计提折旧 10 000 元。经双方协商同意，以该资产的净值作价投资。

要求：根据上述经济业务编制会计分录。

【解】B 企业编制会计分录如下：

借：固定资产　70 000

　贷：实收资本　70 000

6.2.4　租入固定资产

根据最新修订的《企业会计准则第 21 号——租赁》，对于承租人而言，不再区分融资性租赁和经营性租赁，都要通过统一设置的“使用权资产”科目进行会计核算。使用权资产核算的是承租人取得并持有的使用权资产的原价。使用权资产是指承租人可在租赁期内使用租赁资产的权利。新准则下，使用权资产虽然纳入资产负债表内，但是使用权资产并不等同于租赁资产本身。例如，承租人通过经营租赁方式租赁一辆汽车，使用权资产不是指这辆车本身，而是指承租人在租赁期内使用这辆车的权利。

1. 租入固定资产的会计处理

企业取得租入固定资产时，应根据租入固定资产的入账价值，借记“使用权资产”科目；根据可以抵扣的增值税税额，借记“应交税费——应交增值税（进项税额）”科目；根据租入固定资产的租赁付款额，贷记“租赁负债”科目；根据支付的初始直接费用以及运杂费、安装费等，贷记“银行存款”等科目；根据上述金额的差额，借记“未确认融资费用”科目。

采用分期付款方式购入的固定资产形成的长期应付款，其核算方法除了使用的科目不同以外，其他与租赁负债的核算方法基本相同。

【例 6-8】2017 年 12 月 1 日，甲公司与乙租赁公司签订了一份融资租赁合同。租赁合同规定：租赁期开始日为2017年12月31日；租赁期为3年，每年年末支付租金1 000 000元，并支付增值税90 000元。为了简化核算，租赁期届满时甲公司对固定资产的担保余值忽略不计。该固定资产于2017年12月31日运抵甲公司，当日投入使用；甲公司采用年限平均法于每年年末计提使用权资产累计折旧，并确认融资费用。假定该固定资产租赁期开始日的公允价值为3 000 000元，租赁内含利率为6%。2020年12月31日，甲公司将该固定资产归还乙租赁公司。

要求：根据上述经济业务编制会计分录。

【解】甲公司计算及编制会计分录如下：

2017年12月31日，租入固定资产：

最低租赁付款额现值=1 000 000×（P/A，3，6%）= 2 673 010（元）＜该固定资产租赁期开始日的公允价值（3 000 000元）

融资租入固定资产的入账价值= 2 673 010元

借：使用权资产 2 673 010

　　未确认融资费用（3 000 000−2 673 010） 326 990

　贷：租赁负债 3 000 000

未确认融资费用的分摊结果见表6-1。

表6-1 **未确认融资费用分摊表** 单位：元

日　期	租金	确认的融资费用	应付本金减少额	应付本金余额
	（1）	（2）=期初（4）×6%	（3）=（1）－（2）	（4）=期初（4）－（3）
2017-12-31				2 673 010.00
2018-12-31	1 000 000	160 380.60	839 619.40	1 833 390.60
2019-12-31	1 000 000	110 003.44	889 996.56	943 394.04
2020-12-31	1 000 000	56 605.95*	943 394.04	0
合计	3 000 000	326 990.00	2 673 010.00	

注：*尾数调整。

各年应计提折旧=2 673 010÷3=891 003.33（元）

2018年12月31日，支付租金、分摊未确认融资费用并计提折旧：

借：租赁负债 1 000 000

　　应交税费——应交增值税（进项税额） 90 000

　贷：银行存款 1 090 000

借：财务费用 160 380.60

　贷：未确认融资费用 160 380.60

借：制造费用 891 003.33

　贷：使用权资产累计折旧 891 003.33

2019年12月31日：

借：租赁负债 1 000 000

　　应交税费——应交增值税（进项税额） 90 000

　贷：银行存款 1 090 000

借：财务费用 110 003.44

贷：未确认融资费用　110 003.44

借：制造费用　891 003.33

贷：使用权资产累计折旧　891 003.33

2020 年 12 月 31 日：

借：租赁负债　1 000 000

应交税费——应交增值税（进项税额）　90 000

贷：银行存款　1 090 000

借：财务费用　56 605.95

贷：未确认融资费用　56 605.95

借：制造费用　891 003.34

贷：使用权资产累计折旧　891 003.34

2. 租赁期届满确定租赁资产所有权

如果租入固定资产的租赁期满，承租企业将租入的使用权资产转为固定资产，根据其原始价值，借记“固定资产”科目，贷记“使用权资产”科目；同时将使用权资产累计折旧转为固定资产累计折旧，借记“使用权资产累计折旧”科目，贷记“累计折旧”科目。

【例 6-9】承例 6-8，甲公司取得该资产所有权，甲公司应结转固定资产类别。

要求：根据上述经济业务编制会计分录。

【解】甲公司编制会计分录如下：

借：固定资产　2 673 010

贷：使用权资产　2 673 010

同时结转使用权资产累计折旧：

借：使用权资产累计折旧　2 673 010

贷：累计折旧　2 673 010

6.2.5　接受抵债取得固定资产

企业通过债务重组取得固定资产，应当按照受让的固定资产的公允价值加上应支付的相关税费，借记“固定资产”科目，按重组债权已计提的减值准备，借记“坏账准备”科目，按重组债权的账面余额，贷记“应收账款”等科目，按应支付的相关税费，贷记“银行存款”“应交税费”等科目，按借贷双方之间的差额，借记“营业外支出”科目或贷记“营业外收入”科目。

【例 6-10】A 公司以一台机器设备抵偿所欠 B 公司货款 448 000 元，经协商达成协议。该机器设备原价为 425 000 元，公允价值为 365 000 元。B 公司对该项应收账款未提取坏账准备。

要求：根据上述经济业务编制会计分录。

【解】B 公司编制会计分录如下：

借：固定资产　365 000

营业外支出　83 000

贷：应收账款　448 000

6.2.6 存在弃置费用的固定资产

对于特殊行业的特定固定资产，确定其初始入账成本时还应考虑弃置费用。弃置费用通常是指根据国家法律和行政法规、国际公约等的规定，企业承担的环境保护和生态恢复等义务所确定的支出，如核电站核设施等的弃置和恢复环境所需的费用支出。对于这些特殊行业的特定固定资产，企业应当按照弃置费用的现值计入相关固定资产的成本。石油天然气开采企业应当按照油气资产的弃置费用现值计入相关油气资产的成本。在固定资产或油气资产的使用寿命内，按照预计负债的摊余成本和实际利率计算确定的利息费用，应当在发生时计入财务费用。

一般企业的固定资产发生的报废清理费用，不属于弃置费用，应当在发生时作为固定资产处置费用处理。

固定资产的入账价值中，还应包括企业为取得固定资产而缴纳的契税、耕地占用税、车辆购置税等相关税费。企业购置计算机硬件所附带的、未单独计价的软件，应与所购置的计算机硬件一并作为固定资产管理。如涉及借款，还应考虑相关的借款费用资本化金额、外币借款折算差额等因素。

6.3 固定资产折旧

6.3.1 固定资产折旧的含义

固定资产折旧是指企业的固定资产由于磨损和损耗而逐渐转移的价值。这部分转移的价值以折旧费的形式计入成本费用，并从企业营业收入中得到补偿。

固定资产的服务潜力之所以会随着使用而逐渐消逝，是因为固定资产在使用过程中会发生各种损耗。固定资产的损耗分为有形损耗和无形损耗两种。有形损耗是指固定资产在使用过程中由于使用和自然力的影响在使用价值和价值上的损耗；无形损耗是指由于技术进步而引起的固定资产价值上的损耗。这种损耗的特点是固定资产在物质形态上应具有一定的服务潜力。

固定资产折旧的过程，实际上是一个持续的成本分配过程，即企业采用合理而系统的分配方法将固定资产的取得成本逐渐分配于各受益期，与各受益期的收入相配比。这里所说的合理是指在选择折旧方法时，要符合资产的消耗情况；系统是指分配于各期的折旧数额应具有一定的规律性，而不是主观臆断。

6.3.2 固定资产折旧的范围

除下列情况外，企业应对所有固定资产计提折旧：①已提足折旧仍继续使用的固定资产；②按规定单独估价作为固定资产入账的土地。其中，提足折旧是指已经提足该项固定资产的应计折旧额。

已达到预定可使用状态但尚未办理竣工决算的固定资产，应当按照估计价值确定其成本，并计提折旧；待办理竣工决算后，再按照实际成本调整原来的暂估价值，但不需要调整原已计提的折旧额。

处于更新改造过程停止使用的固定资产，应将其账面价值转入在建工程，不再计提折旧。更新改造项目达到预定可使用状态转为固定资产后，再按照重新确定的折旧方法和该项固定资产尚可使用寿命计提折旧。

因进行大修理而停用的固定资产，应当照提折旧，计提的折旧额应计入相关资产成本或当期损益。

企业一般按月提取折旧。当月增加的固定资产，当月不提折旧，从下月起计提折旧；当月减少的固定资产，当月照提折旧，从下月起不提折旧。固定资产提足折旧后，不论能否继续使用，均不再提取折旧；提前报废的固定资产，也不再补提折旧。

6.3.3　影响固定资产折旧的因素

1. 原始价值

原始价值又称折旧基数，是指固定资产取得时的实际成本。

2. 预计净残值

预计净残值是指假定固定资产预计使用寿命已满并处于使用寿命终了时的预期状态，企业预计从该项资产处置中获得的扣除预计处置费用后的金额。固定资产原始价值减去预计净残值后的数额为固定资产的应提折旧总额。已计提减值准备的固定资产，还应当扣除已计提的固定资产减值准备累计金额。

3. 预计使用寿命

预计使用寿命是指固定资产预计经济使用年限，通常短于固定资产的物理使用年限。在预计时应同时考虑有形损耗和无形损耗。在科技进步迅猛的现代社会，技术密集型企业应更多地考虑无形损耗。企业应当根据固定资产的性质和使用情况，合理确定固定资产的使用寿命和预计净残值。固定资产的使用寿命、预计净残值一经确定，不得随意变更。企业在确定固定资产的使用寿命时，主要应当考虑下列因素：一是预计生产能力或实物产量；二是预计有形损耗或无形损耗；三是法律或者类似规定对资产使用的限制。

4. 折旧方法

企业应根据经营规模和经营特点等选择固定资产的折旧方法，以合理地分摊固定资产的应提折旧总额。

企业应当根据固定资产有关的经济利益的预期消耗方式，合理地确定固定资产的预计使用寿命和预计净残值，并根据科技发展、环境及其他因素，选择合理的固定资产折旧方法，按照管理权限，经股东大会或董事会，或经理（厂长）会议或类似机构批准，作为计提折旧的依据。同时，按照法律、行政法规的规定报送有关各方备案，并备置于企业所在地，以供投资者等有关各方查阅。企业已经确定并对外报送，或备置于企业所在地的有关固定资产预计使用寿命、预计净残值和折旧方法等，一经确定不得随意变更。

6.3.4　固定资产折旧的计算方法

1. 直线法

直线法是指按照预计使用寿命平均计算折旧的方法。直线法又称年限平均法，是将固定资产的应计折旧额按预计使用寿命均衡地分摊到各期的方法。有关计算公式如下：

$$年折旧率=\frac{1-预计净残值率}{预计使用寿命(年限)}\times 100\%$$

$$预计净残值率=\frac{预计净残值}{固定资产原值}\times 100\%$$

月折旧率=年折旧率÷12

月折旧额=固定资产原值×月折旧率

固定资产的折旧率可分为个别折旧率、分类折旧率和综合折旧率。个别折旧率是按单项固定资产计算的折旧率；分类折旧率是按各类固定资产分别计算的折旧率；综合折旧率是按全部固定资产计算的折旧率。采用分类折旧率和综合折旧率计算固定资产折旧的优点是计算方法简单，但准确性不如采用个别折旧率的方法。

【例 6-11】企业固定资产原值为 500 000 元，预计净残值率为 4%，预计使用年限 20 年，企业采用年限平均法计算固定资产的折旧。

【解】$年折旧率=\frac{1-4\%}{20}\times 100\%=4.8\%$

月折旧率=4.8%÷12=0.4%

月折旧额=500 000×0.4%=2 000（元）

2. 工作量法

工作量法是将固定资产的应计折旧额按预计完成工作总量均衡地分摊到各期的方法。有关计算公式如下：

$$单位工作量折旧额=\frac{固定资产原值\times(1-预计净残值率)}{预计总工作量}=\frac{固定资产原值-预计净残值}{预计总工作量}$$

某项固定资产月折旧额=该项固定资产当月工作量×单位工作量折旧额

工作量法一般适用于价值较高的大型机器设备及运输设备等固定资产折旧的计算。这些固定资产的各月工作量一般不均衡，采用此种方法计提折旧会使各月成本费用负担比较合理。

【例 6-12】A 企业现有运输汽车一辆，原值为 400 000 元，预计净残值为 16 000 元，预计行驶总里程为 960 000 千米。某月该汽车行驶 7 000 千米。该汽车采用工作量法计提折旧。

【解】$单位工作量折旧额=\frac{400\,000-16\,000}{960\,000}=0.4$（元/千米）

该月固定资产折旧额=7 000×0.4=2 800（元）

3. 加速折旧法

加速折旧法也称递减折旧法，是指在固定资产使用早期多提折旧，在使用后期少提折旧的一种方法。这种方法的理论依据是：固定资产在使用初期发生的故障少，需要的修理费用少，提供的服务多，为企业创造的效益高，理应多提折旧；在固定资产的使用后期，随着实物磨损程度的加剧，需要的修理费用越来越多，单位时间提供的服务量逐年减少，理应少提折旧。这样，固定资产在各年承担的总费用比较接近，利润比较平稳，也弥补了年限平均法的不足。

为了简化折旧计算工作，采用加速折旧法计算的月折旧额一般是按年折旧额除以 12 计算的。企业较常用的加速折旧法有双倍余额递减法和年数总和法。

（1）双倍余额递减法，是根据每期期初固定资产账面净值和双倍的直线法折旧率计算固定资产折旧的一种方法。这种方法是在不考虑固定资产预计净残值的情况下计算的。其计算公式如下：

$$年折旧率=\frac{2}{预计使用年限}\times 100\%$$

年折旧额=年初固定资产账面净值×年折旧率

月折旧额=年折旧额÷12

由于采用双倍余额递减法在确定固定资产折旧率时，不考虑固定资产的净残值因素，因此在连续计算各年折旧额时，如果发现使用双倍余额递减法计算的折旧额小于采用直线法计算的折旧额时，就应该改用直线法计提折旧。为了操作方便，采用双倍余额递减法计提折旧的固定资产，应当在固定资产折旧年限到期前2年内，将固定资产账面净值扣除预计净残值后的余额平均摊销。

【例6-13】某企业一项固定资产的原值为200 000元，预计使用年限为5年，预计净残值为3 200元，采用双倍余额递减法计算的各年折旧额结果见表6-2。

表6-2 **折旧计算表（双倍余额递减法）** 金额单位：元

年份	年折旧率（%）	年折旧额	累计折旧额	账面净值
购置时				200 000
第1年	40	80 000	80 000	120 000
第2年	40	48 000	128 000	72 000
第3年	40	28 800	156 800	43 200
第4年	—	20 000	176 800	23 200
第5年	—	20 000	196 800	3 200
合计	—	196 800	—	—

企业因更新改造等原因而调整固定资产价值的，应当根据调整后的价值，预计尚可使用年限和预计净残值，按选用的折旧方法计提折旧。

融资租入的固定资产，应当采用与自有应计折旧资产一致的折旧政策。能够合理确定租赁期届满时将会取得租赁资产所有权的，应当在租赁资产尚可使用年限内计提折旧；无法合理确定租赁期届满时能够取得租赁资产所有权的，应当在租赁期与租赁资产尚可使用年限两者中较短的期间内计提折旧。

（2）年数总和法，也称年限合计法，是指按固定资产应计提折旧总额乘以一个逐年递减的年折旧率计算各年折旧额的一种方法。这种递减的年折旧率是将固定资产尚可使用的年数作为分子，尚可使用年限的逐年数字总和作为分母的一个分数。其计算公式如下：

$$年折旧率=\frac{尚可使用年限}{预计使用年限的年数总和}\times 100\%$$

或 $$年折旧率=\frac{预计使用年限-已使用年限}{预计使用年限\times(预计使用年限+1)\div 2}\times 100\%$$

年折旧额=（固定资产原值-预计净残值）×年折旧率

月折旧额=年折旧额÷12

【例6-14】A企业一项固定资产的原值为200 000元，预计使用年限为5年，预计净残值为2 000元。采用年数总和法计算的各年折旧额结果见表6-3。

表 6-3 折旧计算表（年数总和法） 金额单位：元

年份	尚可使用年限	应计提折旧总额	年折旧率	年折旧额	累计折旧额
第 1 年	5	198 000	5/15	66 000	66 000
第 2 年	4	198 000	4/15	52 800	118 800
第 3 年	3	198 000	3/15	39 600	158 400
第 4 年	2	198 000	2/15	26 400	184 800
第 5 年	1	198 000	1/15	13 200	198 000
合计	—	—	—	198 000	—

6.3.5 固定资产使用寿命、预计净残值和折旧方法的复核

在固定资产使用过程中，其所处的经济环境、技术环境以及其他环境有可能对固定资产使用寿命和预计净残值产生较大影响。如固定资产使用强度比正常情况高很多，大大缩短了固定资产的实际使用寿命；针对该项固定资产出现了新的替代品导致固定资产的实际使用寿命缩短，使得预计净残值减少等。为真实反映固定资产为企业提供经济利益的期间及每期实际的资产消耗，企业至少应当于每年年度终了，对固定资产使用寿命和预计净残值进行复核。如果固定资产使用寿命与原先估计数有差异，应当调整固定资产使用寿命；如果固定资产预计净残值与原先估计数有差异，应当调整预计净残值。

固定资产使用过程中所处经济环境、技术环境以及其他环境的变化也可能致使与固定资产有关的经济利益的预期实现方式发生重大改变。如果固定资产给企业带来经济利益的方式发生重大变化，企业也应相应改变固定资产的折旧方法。如某企业一直采用年限平均法对某固定资产计提折旧，但在年度复核时发现与该固定资产相关的技术发生了很大变化，年限平均法已很难反映该项固定资产给企业带来经济利益的方式，因此，决定将年限平均法变更为加速折旧法。

6.3.6 折旧方法的选择与比较

企业采用直线法即年限平均法和工作量法计提折旧，将固定资产的转移价值平均摊配于其使用的各个会计期间或完成的工作量中。这一方法的优点是计算简单，容易理解。但是，随着固定资产使用时间的推移，其磨损程度逐渐增加，使用后期的维修费支出将会高于使用前期的维修费支出，即使各个会计期间或单位工作量负担的折旧费相同，各个会计期间或单位工作量负担的固定资产使用成本（折旧费与维修费之和）也会不同。这种方法没有考虑固定资产使用过程中相关支出摊配于各个会计期间或完成的工作量的均衡性。

企业采用加速折旧法计提折旧，克服了直线法的不足。因为这种方法前期计提的折旧费较多而维修费较少，后期计提的折旧费较少而维修费较多，从而保持了各个会计期间负担的固定资产使用成本的均衡性。此外，这种方法前期计提的折旧费较多，能够使固定资产投资在前期较多地收回，在税法允许将各种方法计提的折旧费作为税前费用扣除的前提下，还能够减少前期的所得税税额，符合谨慎性要求。但是，在固定资产各期工作量不均衡的情况下，这种方法可能会导致单位工作量负担的固定资产使用成本不够均衡。另外，

由于此种方法不适合采用分类折旧方式，在固定资产数量较多的情况下，计提折旧的工作量较大。

6.3.7　固定资产折旧的核算

企业应按月根据固定资产计提折旧的范围和采用的折旧计算方法，编制固定资产折旧计算表。当月固定资产应计提的折旧额，可根据上月固定资产计提的折旧额，加上上月增加的固定资产应计提折旧额，减去上月减少的固定资产应计提折旧额计算。企业计提的固定资产折旧，应根据固定资产的用途，计入有关成本费用，分别借记“制造费用”“管理费用”“销售费用”“其他业务成本”等科目，贷记“累计折旧”科目。

【例 6-15】A 企业某年 10 月份编制的固定资产折旧计算表见表 6-4。

表 6-4　**固定资产折旧计算表**　单位：元

使用单位	上月计提的折旧额	上月增加固定资产应计提折旧额	上月减少固定资产应计提折旧额	本月应计提的折旧额
基本生产车间	60 000	5 000	3 000	62 000
企业管理部门	10 000	3 000		13 000
经营租出	11 000		1 000	10 000
合　计	81 000	8 000	4 000	85 000

要求：根据上述经济业务编制会计分录。

【解】根据上述固定资产折旧计算表，A 企业编制会计分录如下：

借：制造费用　62 000
　　管理费用　13 000
　　其他业务成本　10 000
　贷：累计折旧　85 000

6.4　固定资产后续支出

6.4.1　固定资产后续支出的含义

为了适应新技术发展的需要，或者为维护、提高固定资产的使用效能，在固定资产投入使用以后还会发生一些必要的支出，如对固定资产进行维护、改建、扩建或者改良等的支出，这些支出也称为固定资产的后续支出。企业在发生这些支出时，需要确定这些支出应该进行资本化还是费用化。为此，需要对支出的性质进行分析。如果这项支出增强了固定资产获取未来经济利益的能力，提高了固定资产的效能，如延长了固定资产的使用寿命、使产品质量实质性提高或使产品成本实质性降低，即使可能流入企业的经济利益超过了原先的估计，也应将该后续支出计入固定资产的账面价值；否则应将这些后续支出予以费用化，计入发生当期的损益。

6.4.2 固定资产后续支出的核算

1. 资本化的后续支出

企业固定资产发生的可资本化的后续支出，应通过“在建工程”科目核算。发生后续支出时应将该固定资产的原价、已计提的累计折旧和减值准备转销，将固定资产的账面价值转入在建工程，借记“在建工程”“累计折旧”“固定资产减值准备”科目，贷记“固定资产”科目，此时停止计提折旧。固定资产发生的更新改造等工程完工并达到预定可使用状态时，再从在建工程转为固定资产，借记“固定资产”科目，贷记“在建工程”科目，并按重新确定的使用寿命、预计净残值和折旧方法计提折旧。

【例 6-16】A 企业对一幢楼房进行改建。该固定资产的原值为 200 000 元，预计使用 10 年，采用年限平均法计提折旧，已提折旧 120 000 元，发生改良新增支出，取得的增值税专用发票上注明的价款为 8 000 元，税率 9%，增值税税额为 720 元，共计 8 720 元，用银行存款支付。固定资产改建完毕立即投入使用。改建后该固定资产尚可使用 5 年，预计净残值为 2 000 元。

要求：根据上述经济业务编制会计分录。

【解】A 企业编制会计分录如下：

固定资产转入改建工程：

借：在建工程　　80 000

　　累计折旧　　120 000

　贷：固定资产　　200 000

发生改建新增支出：

借：在建工程　　8 000

　　应交税费——应交增值税（进项税额）　　720

　贷：银行存款　　8 720

改建工程完工交付使用：

借：固定资产　　88 000

　贷：在建工程　　88 000

改建后每年应计提的折旧额：

借：制造费用（（88 000-2 000）÷5）　　17 200

　贷：累计折旧　　17 200

企业发生的一些固定资产后续支出可能涉及替换原固定资产的某组成部分，当发生的后续支出符合固定资产确认条件时，应将其计入固定资产成本，同时将被替换部分的账面价值扣除。这样可以避免将替换部分的成本和被替换部分的成本同时计入固定资产成本，导致固定资产成本虚高。

2. 费用化的后续支出

企业固定资产投入使用之后，由于固定资产磨损、各组成部分耐用程度不同，可能导致固定资产的局部损坏，为了维护固定资产的正常运转和使用，充分发挥其使用效能，企业将对固定资产进行必要的维护。固定资产的日常修理费用、大修理费用等支出只是确保固定资产的正常工作状况，通常不符合固定资产的确认条件，在发生时应直接记入“管理费用”“销售费用”科目。

【例 6-17】2020 年 5 月 10 日，A 公司对办公楼进行修理，修理过程中领用原材料一批，价值为 100 000 元，以银行存款支付其他维修费用 10 000 元。

要求：根据上述经济业务编制会计分录。

【解】A 公司编制会计分录如下：

借：管理费用　　110 000

　贷：原材料　　100 000

　　银行存款　　10 000

在会计实务中，对于固定资产发生的下列各项后续支出，通常的处理方法是：

（1）固定资产修理费用，应当直接计入当期费用。

（2）固定资产改良支出，应当计入固定资产账面价值。

（3）如果不能区分是固定资产修理还是固定资产改良，或固定资产修理和固定资产改良结合在一起，则企业应当判断。如果该后续支出满足了固定资产的确认条件，后续支出应当计入固定资产账面价值；否则，后续支出应当确认为当期费用。

（4）固定资产装修费用，如果满足固定资产的确认条件，应当计入固定资产账面价值，并在“固定资产”科目下设置“固定资产装修”明细科目进行核算，在两次装修间隔期间与固定资产尚可使用年限两者中较短的期间内，采用合理的方法单独摊销装修费用。如果在下次装修时，与该项固定资产相关的“固定资产装修”明细科目仍有账面价值，应将该账面价值一次全部计入当期营业外支出。

6.5 固定资产的减值

6.5.1 固定资产减值的确认标准

企业在会计期末应对固定资产的价值进行检查，以合理地确定固定资产的期末价值。由于固定资产技术陈旧、损坏、长期闲置等原因导致的其可收回金额低于账面价值的金额，称为固定资产减值。已发生减值的固定资产，应按照其可收回金额低于账面价值的差额，计提固定资产减值准备。

在每年年末，企业应对固定资产的账面价值进行检查。如果出现下列情况之一，表明该固定资产已出现减值迹象，应对固定资产的可收回金额进行评估，以确定固定资产是否发生减值。

（1）固定资产的市价当期大幅度下跌，其跌幅明显高于因时间的推移或者正常使用而预计的下跌，并且预计在近期内不可能恢复。

（2）企业经营所处的经济、技术或者法律等环境以及固定资产所处的市场在当期或者将在近期发生重大变化，从而对企业产生不利影响。

（3）市场利率或者其他市场投资报酬率在当期已经提高，进而影响企业计算固定资产预计未来现金流量现值的折现率，导致固定资产可收回金额大幅度降低。

（4）有证据表明固定资产已经陈旧过时，将大大影响固定资产的生产能力。

（5）固定资产已经或者将被闲置、终止使用或者计划提前处置。

(6) 企业内部报告的证据表明固定资产的经济绩效已经低于或者将低于预期，如固定资产所创造的净现金流量远远低于预计金额等。

(7) 其他表明固定资产可能已经发生减值的迹象。

在实际工作中，出现上述迹象的，企业应在考虑各方面因素的基础上，作出职业判断。

6.5.2 固定资产可收回金额的计量

固定资产可收回金额应当根据固定资产的公允价值减去处置费用后的净额与固定资产预计未来现金流量的现值两者之间较高者确定。

固定资产的公允价值，应当根据公平交易中的销售协议价格确定。不存在销售协议但存在该类资产活跃市场的，应当根据该资产的市场价格减去处置费用后的金额确定。固定资产的市场价格通常应当根据资产的买方出价确定。在不存在销售协议和固定资产活跃市场的情况下，企业应当以可获取的最佳信息为基础，估计固定资产的公允价值。企业按照上述规定仍然无法可靠估计固定资产的公允价值减去处置费用后的净额的，应当以该固定资产预计未来现金流量的现值作为其可收回金额。

6.5.3 固定资产减值损失的核算

当企业固定资产可收回金额低于其账面价值时，应当将固定资产的账面价值减记至可收回金额，借记“资产减值损失”科目，贷记“固定资产减值准备”科目。固定资产减值损失确认后，减值固定资产的折旧费应当在未来期间作相应调整，以使该固定资产在剩余使用寿命内，系统地分摊调整后的固定资产账面价值。固定资产减值损失一经确认，在以后会计期间不得转回。

【例 6-18】A 企业 2020 年 1 月 1 日购入一台设备，原值为 110 000 元，预计净残值为 5 000 元，预计使用 10 年，采用年限平均法计提折旧。2021 年 12 月 31 日，该设备发生减值，现时的销售净价为 70 000 元。预计未来现金流量的现值为 65 000 元。

要求：根据上述经济业务编制会计分录。

【解】计算该设备 2020 年 1 月至 2021 年 12 月的累计折旧：

年折旧额=（110 000−5 000）÷10=10 500（元）

月折旧额=10 500÷12=875（元）

累计折旧额=11×875+10 500=20 125（元）

该设备 2021 年 12 月 31 日的净值=110 000−20 125=89 875（元）

应计提减值准备=89 875−70 000=19 875（元）

因此，A 企业应编制会计分录如下：

借：资产减值损失 19 875

　贷：固定资产减值准备 19 875

由于在建工程属于准固定资产，因此固定资产的期末计价也包括在建工程的计价，企业也应当定期或者至少于每年年度终了时，对其在建工程进行全面检查。如果有证据表明在建工程已经发生减值，应当计提减值准备。存在下列一项或若干项情况的，应当计提在建工程减值准备：①长期停建并且预计在未来 3 年内不会重新开工的在建工程；②所建项目无论在性能上还是在技术上已经落后，并且给企业带来的经济利益具有很大的不确定性；③其他足以证明在建工程已经发生减值的情形。

企业发生在建工程减值时，借记“资产减值损失”科目，贷记“在建工程减值准备”科目。

6.6　固定资产的处置

6.6.1　固定资产处置的内容

固定资产处置是指由于各种原因导致企业固定资产退出生产经营过程所作的处理活动。固定资产处置包括固定资产的出售、转让、报废或毁损、对外投资、非货币性资产交换、债务重组、捐赠等。

固定资产满足下列条件之一的，应当予以终止确认：

（1）该固定资产处于处置状态。处于处置状态的固定资产不再用于生产商品、提供劳务、出租或经营管理。

（2）该固定资产预期通过使用或处置不能产生经济利益。

6.6.2　固定资产处置的核算

为了反映固定资产的处置情况，企业应设置“固定资产清理”账户。该账户借方登记由于出售、报废和毁损等原因转入的固定资产账面价值、处置过程中发生的清理费用及应缴纳的增值税等；贷方登记固定资产的转让收入、残料收入及向保险公司或有关责任者收取的赔款等。该账户贷方发生额大于借方发生额的差额，为清理过程中发生的净收益，从该账户的借方转出；反之，则为清理过程中发生的净损失，从该账户的贷方转出。经过上述结转后，该账户应无余额。

1. 出售、报废及毁损的固定资产

企业出售闲置多余的固定资产，可以减少管理成本，也可以减少资源浪费。对报废和毁损的固定资产要及时进行会计处理。企业因出售、报废及毁损等原因减少固定资产时，会计处理一般可分为以下几步：

（1）将固定资产转入清理。企业将出售、报废及毁损的固定资产转入清理时，应按清理固定资产的账面价值，借记“固定资产清理”科目；按已提的折旧，借记“累计折旧”科目；按已计提的减值准备，借记“固定资产减值准备”科目；按固定资产的原值，贷记“固定资产”科目。

（2）登记发生的清理费用。企业在固定资产清理过程中发生的清理费用，应借记“固定资产清理”科目，贷记“银行存款”“应付职工薪酬”等科目。

（3）计算缴纳的增值税。企业出售固定资产，按税法的规定应缴纳增值税的，应借记“固定资产清理”科目，贷记“应交税费——应交增值税（销项税额）”科目。

（4）出售收入和残料收入的处理。企业收到出售固定资产的价款、报废固定资产的变价收入及残料入库等时，应借记“银行存款”“原材料”等科目，贷记“固定资产清理”科目。

（5）应收赔款的处理。企业计算或收到保险赔款或过失人赔偿时，应借记“银行存款”“其他应收款”等科目，贷记“固定资产清理”科目。

（6）清理净损益的处理。固定资产清理完成后的清理净损益分别以下三种情况进行账务处理：第一，固定资产正常出售转让时，借记“固定资产清理”科目，贷记“资产处置收益”科目；第二，属于生产经营期间正常的处置损失，借记“营业外支出——处置非流动资产损失”科目，贷记“固定资产清理”科目；第三，属于生产经营期间由于自然灾害等非正常原因造成的损失，借记“营业外支出——非常损失”科目，贷记“固定资产清理”科目。

【例 6-19】A 企业将不需用的一栋仓库出售。该仓库的原始价值为 190 000 元，已经提取折旧 55 000 元，出售价格为 180 000 元，增值税税率 9%，发生清理费用 1 000 元，以银行存款支付。

要求：根据上述经济业务编制会计分录。

【解】A 企业编制会计分录如下：

注销固定资产原值和累计折旧：

借：固定资产清理	135 000	
累计折旧	55 000	
贷：固定资产		190 000

支付清理费用：

借：固定资产清理	1 000	
贷：银行存款		1 000

收到出售价款存入银行：

借：银行存款	196 200	
贷：固定资产清理		180 000
应交税费——应交增值税（销项税额）		16 200

结转清理净收益：

借：固定资产清理	44 000	
贷：资产处置收益		44 000

【例 6-20】A 企业一台设备报废，该设备原始价值 75 000 元，已提折旧 70 000 元，已提减值准备 3 000 元，发生清理费用 800 元，残料入库 1 000 元，残料变价收入 1 500 元，发生的费用和收入均通过银行结算。

要求：根据上述经济业务编制会计分录。

【解】注销报废设备的原值、累计折旧和减值准备：

借：固定资产清理	2 000	
累计折旧	70 000	
固定资产减值准备	3 000	
贷：固定资产		75 000

支付清理费用：

借：固定资产清理	800	
贷：银行存款		800

残料入库：

借：原材料 1 000

　贷：固定资产清理 1 000

残料变价收入：

借：银行存款 1 500

　贷：固定资产清理 1 500

结转报废固定资产净损失：

借：营业外支出——处置非流动资产损失 300

　贷：固定资产清理 300

【例 6-21】A 企业一栋仓库发生火灾被烧毁。该仓库原值 480 000 元，已提折旧 260 000 元。保险公司经过调查，同意赔偿 150 000 元，尚未收到赔款。发生清理费用 3 500 元，以银行存款支付。变卖残料收到现金 700 元。

要求：根据上述经济业务编制会计分录。

【解】注销固定资产的原值和累计折旧：

借：固定资产清理 220 000

　　累计折旧 260 000

　贷：固定资产 480 000

登记应收保险公司赔款：

借：其他应收款 150 000

　贷：固定资产清理 150 000

支付发生清理费用：

借：固定资产清理 3 500

　贷：银行存款 3 500

残料变价收入：

借：库存现金 700

　贷：固定资产清理 700

结转毁损固定资产净损失：

借：营业外支出——非常损失 72 800

　贷：固定资产清理 72 800

2. 捐赠转出的固定资产

企业对外捐赠转出的固定资产，应按固定资产的账面净值，借记“固定资产清理”科目，按固定资产已计提的折旧，借记“累计折旧”科目，按固定资产的账面原值，贷记“固定资产”科目；按固定资产已计提的减值准备，借记“固定资产减值准备”科目，贷记“固定资产清理”科目；按捐赠转出的固定资产应支付的相关税费，借记“固定资产清理”科目，贷记“银行存款”等科目；按“固定资产清理”科目余额，借记“营业外支出——捐赠支出”科目，贷记“固定资产清理”科目。

【例 6-22】A 企业将一台运输工具捐赠给东风工厂。该运输工具账面原值 95 000 元，已提折旧 30 000 元，已提减值准备 16 000 元。

要求：根据上述经济业务编制会计分录。

【解】注销运输工具账面原值和累计折旧：

借：固定资产清理 65 000

累计折旧 30 000

贷：固定资产 95 000

注销已计提的减值准备：

借：固定资产减值准备 16 000

贷：固定资产清理 16 000

结转捐赠固定资产净损失：

借：营业外支出——捐赠支出 49 000

贷：固定资产清理 49 000

3. 对外投资的固定资产

企业对外投资转出的固定资产，应按转出固定资产的账面价值，借记“固定资产清理”科目，按该项固定资产已计提的折旧，借记“累计折旧”科目，按该项固定资产已计提的减值准备，借记“固定资产减值准备”科目，按投出固定资产的账面原值，贷记“固定资产”科目；按投出固定资产应支付的相关税费，借记“固定资产清理”科目，贷记“银行存款”“应交税费”等科目；按长期股权投资、债权投资等的初始成本，借记“长期股权投资”“债权投资”等科目，贷记“固定资产清理”科目，以及“资本公积”等科目。

【例 6-23】A 企业将一台设备对非关联方 B 企业进行投资，取得 B 企业 70% 股权实现企业合并，合并日 B 企业净资产公允价值 300 000 元。该设备的账面原值为 120 000 元，已提折旧 20 000 元，公允价值 120 000 元。

要求：根据上述经济业务编制会计分录。

【解】转入固定资产清理净值：

借：固定资产清理 100 000

累计折旧 20 000

贷：固定资产 120 000

反映长期股权投资：

借：长期股权投资 120 000

贷：固定资产清理 100 000

营业外收入 20 000

4. 抵债的固定资产

企业以固定资产进行债务重组，应当按照重组债务的账面余额，借记“应付账款”“应付票据”等科目；按固定资产的公允价值，贷记“固定资产清理”科目，按应支付的相关税费，贷记“银行存款”“应交税费”等科目，按借贷双方之间的差额，借记“营业外支出”科目或贷记“营业外收入”科目；同时，按固定资产的公允价值借记“固定资产清理”科目，按已计提的固定资产折旧、减值准备，借记“累计折旧”“固定资产减值准备”科目，按固定资产的账面原价，贷记“固定资产”科目。按“固定资产清理”借贷方差额，借记“营业外支出”科目或贷记“营业外收入”科目。

【例 6-24】A 公司以一套机器设备抵偿所欠 B 公司货款 700 000 元。该设备账面价值为790 000元，已提折旧8 500元，已提减值准备4 000元，公允价值为800 000元，假定不考虑相关税费。

要求：根据上述经济业务编制会计分录。

【解】注销负债：

借：应付账款 700 000

营业外支出 100 000

贷：固定资产清理 800 000

注销固定资产账面价值：

借：固定资产清理 777 500

累计折旧 8 500

固定资产减值准备 4 000

贷：固定资产 790 000

反映固定资产清理收入：

借：固定资产清理 22 500

贷：营业外收入 22 500

5. 非货币性资产交换换出的固定资产

在非货币性资产交换中，如果交换具有商业实质，且换入、换出资产的公允价值能够可靠计量，换入资产入账成本的确定应当以换出资产的公允价值为基础，除非有确凿证据表明换入资产的公允价值更加可靠；企业以非货币性资产交换方式换出固定资产，在不涉及补价的情况下，应按换出固定资产的公允价值加上应支付的相关税费作为换入资产的入账价值。其计算公式如下：

换入资产入账价值=换出资产公允价值+应支付的相关税费

【例6-25】A企业用一台设备换入一辆运输卡车，换出设备的原值为120 000元，已提折旧20 000元，已提减值准备3 000元，换入卡车的公允价值为99 000元。

要求：根据上述经济业务编制会计分录。

【解】注销设备的原值及累计折旧：

借：固定资产清理 97 000

累计折旧 20 000

固定资产减值准备 3 000

贷：固定资产——设备 120 000

进行交易时：

借：固定资产——运输卡车 99 000

贷：固定资产清理 97 000

营业外收入 2 000

6.6.3 持有待售的非流动资产

对于企业专为出售而新取得的非流动资产，如果在取得日满足“预计出售在一年内完成”的规定条件，且短期（通常为3个月）内很可能满足划分为持有类别的其他条件，企业应当在取得日将其划分为持有待售类别。这些“其他条件”包括：根据类似交易中出售此类资产的惯例，在当前状况下可立即出售；企业已经就一项出售计划作出决议且获得确定的购买承诺。有关规定要求企业相关权力机构或者监管部门批准后方可出售的，应当已经获得批准。

企业在资产负债表日重新计量持有待售的非流动资产时，如果其账面价值高于公允价值减去出售费用后的净额，应当将账面价值减记至公允价值减去出售费用后的净额，减记的金额确认为资产减值损失，计入当期损益，同时计提持有待售资产减值准备。

如果后续资产负债表日持有待售的非流动资产公允价值减去出售费用后的净额增加，以前减记金额应当予以恢复，并在划分为持有待售类别后非流动资产确认的资产减值损失金额内转回，转回金额计入当期损益，划分为持有待售类别前确认的资产减值损失不得转回。

持有待售的非流动资产不应计提折旧或摊销。

持有待售的非流动资产包括固定资产、无形资产和长期股权投资等。

例如：企业决定处置某设备，签订一项不可撤销的转让协议，按账面净值应做如下分录：

借：持有待售资产

　贷：固定资产

6.7 固定资产的清查

6.7.1 固定资产清查的意义

固定资产的清查一般在年末进行，清查时按固定资产类别成立清查小组，分别清查房屋、建筑物、机器设备、运输工具等固定资产。在固定资产使用过程中，由于客观原因或人为原因，会出现固定资产账实不符的情况，为了保护企业固定资产的安全完整和保证固定资产核算的真实性，应定期或不定期地对固定资产进行清查。清查的基本方法是实地盘点，目的是达到账实相符，防止固定资产流失或被侵占。对盘盈、盘亏的固定资产，应当查明原因，写出书面报告，并根据企业的管理权限，经批准后，在期末结账前处理完毕。

6.7.2 固定资产盘盈

企业在财产清查中盘盈的固定资产，按同类或类似固定资产的市场价格减去按该项资产的新旧程度估计的价值损耗后的余额，作为固定资产的入账价值，并通过“以前年度损益调整”账户核算，作为前期差错处理。

企业在固定资产清查过程中发现盘盈的固定资产，经查明确属企业所有的，应按规定的入账价值，借记“固定资产”科目，贷记“以前年度损益调整”科目。

【例 6-26】A 企业在固定资产清查中，盘盈一台机器设备。该机器设备的同类资产的市场价值为 50 000 元，估计折旧 15 000 元。报经批准后，将盘盈固定资产的净值转为以前年度损益调整。

要求：根据上述经济业务编制会计分录。

【解】A 企业编制会计分录如下：

盘盈时：

借：固定资产　　35 000

　贷：以前年度损益调整　　35 000

6.7.3　固定资产盘亏

企业在固定资产清查过程中发现盘亏的固定资产，应按盘亏固定资产的账面价值，借记“待处理财产损溢”科目，按已计提的折旧，借记“累计折旧”科目，按已计提的减值准备，借记“固定资产减值准备”科目，按固定资产的原值，贷记“固定资产”科目；待有关部门审批之后，借记“营业外支出”科目，贷记“待处理财产损溢”科目。

【例 6-27】A 企业盘亏一台设备，账面原值为 150 000 元，已提折旧 78 000 元，已提减值准备 19 000 元。经审批后，将盘亏固定资产的净额转为营业外支出。

要求：根据上述经济业务编制会计分录。

【解】A 企业编制会计分录如下：

盘亏固定资产时：

借：待处理财产损溢——待处理固定资产损溢　　53 000

　　累计折旧　　78 000

　　固定资产减值准备　　19 000

　贷：固定资产　　150 000

审批后转销：

借：营业外支出——固定资产盘亏　　53 000

　贷：待处理财产损溢——待处理固定资产损溢　　53 000

基本训练

◆ 复习思考题

1. 固定资产有哪些特征?

2. 固定资产是如何分类的?

3. 固定资产增加的渠道有哪些？怎样进行会计处理?

4. 固定资产折旧的范围包括哪些?

5. 影响固定资产折旧的因素有哪些?

6. 固定资产的折旧方法有哪些？如何选择折旧方法?

7. 固定资产的后续支出如何进行会计处理?

◆ 计算分析题

1. 企业年初购入一台设备，价值 160 000 元，预计净残值为 13 000 元，清理费用 3 000 元，预计使用年限为 5 年。

要求：采用直线法和年数总和法计算该设备各年的折旧额。

2. 企业一项固定资产原值为 500 000 元，预计净残值为 5 000 元，预计使用年限为 5 年。

要求：采用双倍余额递减法计算该固定资产各年的折旧率和折旧额。

3. 企业当年12月购入一车间仓房，价款100 000元，采用年限平均法按10年的期限摊销，第3年12月该固定资产的可变现价值为75 000元，第4年6月30日，企业出售该仓房，价款90 000元，增值税税率为9%。

要求：根据资料计算该仓房各年折旧以及各年年末价值并编制会计分录。

第7章 无形资产、商誉及其他非流动资产

学习目标

◆ 重点掌握无形资产的购入、摊销、出租、出售、减值的账务处理。

◆ 掌握无形资产的含义、特征和内容。

◆ 了解无形资产的分类，商誉的含义，其他长期资产的内容。

7.1 无形资产

7.1.1 无形资产概述

1. 无形资产的概念和特征

无形资产指企业拥有或控制的、没有实物形态的可辨认的非货币性资产。

一般来讲，无形资产应具有以下特征：

(1) 不具有实物形态。这一特征是无形资产最基本的特征，主要用以区别于固定资产等有实物形态的资产。无形资产所体现的是一种权利或获得超额利润的能力，它没有实物形态，但却有价值，能使企业获得高于同行业一般水平的盈利能力，但无形资产又不能单独存在并发挥作用，必须依托于一定的物质实体，如土地使用权依托于土地实体。无形资产的这种依托性，导致其价值受经营环境的影响较大。

(2) 属于非货币性长期资产。无形资产属于非货币性资产，且能够在多个会计期间为企业带来经济利益。无形资产的使用年限在一年以上，其价值将在各个受益期间逐渐摊销。

(3) 由企业拥有或控制并能为其带来未来经济利益的资源。无形资产能在多个生产经营期内使用，使企业长期受益，因而，无形资产属于长期资产，企业为取得无形资产所发生的支出属于资本性支出。这一特征主要有别于应收账款等没有实物形态的流动资产，由于有效期不同，各种无形资产提供的经济利益的期限也不一样。

(4) 具有可辨认性。资产满足下列条件之一的，符合无形资产定义中的可辨认性标准：

第一，能够从企业中分离或者划分出来，并能单独或者与相关合同、资产或负债一起用于出售、转移、授予许可、租赁或者交换。

第二，源自合同性权利或其他法定权利，无论这些权利是否可以从企业或其他权利和义务中转移或者分离。

2. 无形资产的分类

(1) 按经济内容划分，无形资产可分为：

①专利权，是指国家专利机关依法授予发明创造专利申请人对其发明创造在法定期限

内所享有的专有权利。专利权的主体是依据我国专利法的规定被授予专利权的个人或单位，专利权的客体是受专利法保护的专利范围。专利权包括发明专利权、使用新型专利权和外观设计权等，专利权受法律保护。

②非专利技术，也称专有技术，是指发明者未申请专利或不够条件申请专利而未公开的先进技术、资料、技能、知识等，通常指不为外界所知、在生产经营活动中已经采用的不享有法律保护的各种技术和经验，包括工业专有技术、商业贸易专有技术、管理专有技术等。非专利技术可以通过蓝图、技术配方、技术记录、操作方法的说明等具体资料表现出来，也可以通过持有非专利技术的卖方派出技术人员进行指导，或者接受非专利技术买方人员进行技术实习等方式来实现。非专利技术具有经济性、机密性和动态性等特点。由于非专利技术未经公开也未申请专利权，所以不受法律保护，但事实上具有专利权的效用。

③商标权，是指专门在某类商品或产品上使用特定的名称或图案的权利。商标，是指企业用来辨认特定商品或劳务的标记。根据我国商标法的规定，商标经商标管理机关核准后，成为注册商标，商标注册人享有商标权，受法律保护。商标权包括独占使用权和禁止使用权两方面。独占使用权是指商标权享有人在商标的注册范围内独家使用其商标的权利；禁止使用权是指商标权享有人排除和禁止他人对商标独占使用权进行侵犯的权利。

④著作权，也称版权，是指著作的作者或文艺作品的作者以及出版商对其创作的科学、文学和艺术作品依法享有的某些特殊权利。著作权包括精神权利和经济权利。精神权利是指作者署名、发表作品、确认作者身份、保护作品的完整性、修改已经发表的作品等权利；经济权利是指以出版、表演、广播、展览、录制唱片、摄制影片等方式使用作品以及因授权他人使用作品而获得经济利益的权利。著作权受法律保护，未经著作权所有者许可或转让，他人不得占用和行使。

⑤特许经营权，也称特许权、专营权，是指企业在某一地区经营或销售某种特定商品的权利或者是一家企业接受另一家企业使用其商标、商号、技术秘密等的权利。经营或销售某种商品的权利一般是由政府机构授予的、准许企业使用或在一定地区享有经营某种业务的特权，如水、电、邮电通信、铁路、烟草等专营权或专卖权；一家企业接受另一家企业使用其商标、商号、技术秘密等的权利是指企业之间依照签订的合同，有限期或无限期地使用另一家的商标、商号、技术秘密等的权利，如连锁超市、连锁分店使用总店的名称等。

⑥土地使用权，是指国家准许某企业在一定期间内对国有土地享有开发、利用、经营的权利。根据我国土地管理法的规定，我国土地实行公有制，任何单位和个人不得侵占、买卖或者以其他形式非法转让国有土地，土地归国家所有，任何单位或个人只能拥有土地的使用权，而没有土地所有权。土地使用权可以通过行政划拨、购买、投资者投入等方式取得。

（2）按经济寿命期限划分，无形资产可分为：

①期限确定的无形资产，是指在有关法律中规定有最长有效期限的无形资产，如专利权、商标权、特许经营权、著作权、土地使用权等。这些无形资产，仅在法律规定的有效期限内受法律保护。有效期满时，如果企业未继续办理有关手续，这些无形资产将不再受法律保护。

②期限不确定的无形资产，是指有关法律中没有规定其有效期限、不受法律保护的无

形资产，其经济寿命难以预先准确估计，如非专利技术。这些无形资产发挥作用的有效期限长短取决于技术进步的快慢以及技术保密工作的好坏等因素。当新的可替代技术成果出现时，旧的非专利技术自然贬值；当技术不再是秘密时，也就毫无价值可言了。

（3）按存在形态划分，无形资产可分为：

①技术型无形资产，是指含有技术内容的无形资产，主要指专利、工业版权和专有技术。

②非技术型无形资产，是相对于技术型无形资产而言的，它包括商标权、著作权、租赁权和特许权等，是法律认可的、权利型的、非实物型的资产。

7.1.2　无形资产的确认与计量

1. 无形资产的确认

无形资产由于没有实物形态，只是一种虚拟资产，因而无形资产的确认要比有形资产困难。按照无形资产准则的规定，无形资产只有在同时满足以下两个条件时才能确认：

（1）该资产产生的未来经济利益很可能流入企业。实务中，要确定无形资产创造的经济利益是否很可能流入企业，需要实施职业判断。在实施这种判断时，需要考虑相关的因素。比如，企业是否有足够的人力资源、高素质的管理队伍、相关的硬件设备、相关的原材料等来配合无形资产为企业创造经济利益。当然，最为重要的是应关注外界因素的影响，比如是否存在相关的新技术、新产品冲击与无形资产相关的技术或占据其生产产品的市场等。总之，在实施判断时，企业的管理部门应对无形资产在预计使用年限内存在的各种因素作出最稳健的估计。

（2）该资产的成本能够可靠地计量。这是资产确认的一个基本条件，对于无形资产来说，这个条件显得十分重要。企业自创商誉符合无形资产的定义，但形成自创商誉过程中发生的支出难以计量，因而不能作为企业的无形资产予以确认。又比如，一些高新科技企业的科技人才，假定其与企业签订了服务合同，且合同规定其在一定期限内不能为其他企业提供服务。在这种情况下，虽然这些科技人才的知识在规定的期限内预期能够为企业创造经济利益，但由于这些技术人才的知识难以辨认，加之为形成这些知识所发生的支出难以计量，从而不能作为企业的无形资产加以确认。

2. 无形资产的计量

无形资产的计量是指确定无形资产的入账价值。按其取得方式不同，无形资产准则对此分别作了不同的规定。

（1）购入的无形资产，应以实际支付的价款作为入账价值，包括购买价款、相关税费以及直接归属于使该项资产达到预定用途所发生的如律师费、咨询费、公证费、鉴定费、注册登记费等其他支出。如果企业购入的无形资产的价款超过正常信用条件延期支付，实质上具有融资性质的，无形资产的成本应以购买价款的现值为基础确定。实际支付的价款与购买价款的现值之间的差额，除按照会计准则规定应予资本化的以外，应当在信用期间内计入当期损益。

（2）投资者投入的无形资产，应以投资合同或者协议约定的价值作为入账价值，但合同或者协议约定的价值不公允的除外。

（3）企业自行研究开发的无形资产，在取得后发生的支出也应当按照规定，予以费用化。开发阶段发生的支出，同时满足前列条件的，应当确认为无形资产。无法区分研究阶段支出和开发阶段支出的，应当将其所发生的研发支出全部费用化。

（4）通过非货币性资产交换换入的无形资产，其入账价值应按《企业会计准则第7号——非货币性资产交换》的规定确定。

（5）通过债务重组取得的无形资产，其入账价值应按《企业会计准则第12号——债务重组》的规定确定。

7.1.3 无形资产的核算

1. 无形资产的取得

（1）购入的无形资产。

企业购入的无形资产，应按实际支付的价款，借记“无形资产”“应交税费——应交增值税（进项税额）”科目，贷记“银行存款”等科目。

【例7-1】A企业购入一项专利权，取得的增值税发票上注明价款60 000元，税率6%，增值税3 600元，款项以银行存款支付。

要求：根据上述经济业务编制会计分录。

【解】借：无形资产——专利权　60 000

　　应交税费——应交增值税（进项税额）　3 600

　贷：银行存款　63 600

（2）接受投资的无形资产。

企业接受无形资产投资时，应以投资合同或者协议约定的价值作为入账价值，借记“无形资产”科目，贷记“实收资本”或“股本”等科目，如果无形资产的价值大于投资方在企业注册资本中所占的份额，应按照其差额，贷记“资本公积”科目。

【例7-2】A股份有限公司接受股东以土地使用权作价投资，经评估，土地价值为1 200 000元，折合为公司股份，价值1 000 000元。

要求：根据上述经济业务编制会计分录。

【解】借：无形资产——土地使用权　1 200 000

　贷：股本　1 000 000

　　资本公积　200 000

（3）自行研究、开发的无形资产。

企业自行研究、开发项目的支出，应当区分研究阶段支出与开发阶段支出。

研究是指为获取并理解新的科学或技术知识而进行的独创性的有计划调查。研究阶段的特点在于其属于探索性的过程，是为了进一步的开发活动进行资料及相关方面的准备。从已经进行的研究活动看，将来是否能够转入开发、开发后是否会形成无形资产等具有较大的不确定性。为此，企业研究阶段发生的支出，应予以费用化。

开发是指在进行商业性生产或使用前，将研究成果或其他知识应用于某项计划或设计，以生产出新的或具有实质性改进的材料、装置、产品等。开发阶段相对于研究阶段而言，应当是完成了研究阶段的工作，在很大程度上形成一项新产品或新技术的基本条件已经具备。企业自行研究开发项目在开发阶段发生的支出，同时满足下列条件的，应当确认为无形资产：①完成该无形资产以使其能够使用或出售在技术上具有可行性；②具有完成该无形资产并使用或出售的意图；③无形资产产生经济利益的方式，包括能够证明运用该无形资产生产的产品存在市场或无形资产自身存在市场，无形资产将在内部使用的，应当证明其有用性；④有足够的技术、财务资源和其他资源支持，以完成该无形资产的开发，并有能力使用或出售该无形资产；⑤归属于该无形资产开发阶段的支出能够可靠地计量。企业自创商誉以及内部产生的品牌、报刊名等不确认为无形资产。

企业研究阶段发生的支出全部费用化，应借记“研发支出——费用化支出”科目，贷记有关科目，期末借记“管理费用”科目，贷记“研发支出——费用化支出”科目。企业开发阶段发生的支出满足资本化条件的，应借记“研发支出——资本化支出”科目；企业开发阶段发生的支出不能满足资本化条件的，应借记“研发支出——费用化支出”科目，贷记有关科目。期末应根据发生的全部研发支出，借记“管理费用”“无形资产”科目，贷记“研发支出——费用化支出”和“研发支出——资本化支出”科目。

【例 7-3】A 企业为研制一项专利技术，研究阶段耗用材料费 30 000 元，支付研究人员工资 40 000 元；开发阶段耗用材料费 50 000 元，支付研究人员工资 70 000 元，支付租金、借款费用等 10 000 元。该项专利技术研制成功后，申请专利时支付注册费、聘请律师费等 35 000 元，全部以银行存款支付。其中，开发阶段满足资本化条件的支出为 125 000 元，不满足资本化条件的 40 000 元。

要求：根据上述经济业务编制会计分录。

【解】研究阶段：

借：研发支出——费用化支出	70 000	
贷：原材料		30 000
应付职工薪酬		40 000
借：管理费用	70 000	
贷：研发支出——费用化支出		70 000

开发阶段：

借：研发支出——资本化支出	125 000	
——费用化支出	40 000	
贷：原材料		50 000
应付职工薪酬		70 000
银行存款		45 000

该专利技术研究成功，达到预定用途：

借：无形资产——专利技术	125 000	
管理费用	40 000	
贷：研发支出——资本化支出		125 000
——费用化支出		40 000

2. 无形资产的摊销

企业应当于取得无形资产时分析判断其使用寿命。如果无形资产的使用寿命是有限的，则应估计该使用寿命的年限或者构成使用寿命的产量等类似计量单位的数量；无法预见无形资产为企业带来经济利益期限的，应当视为使用寿命不确定的无形资产。

使用寿命有限的无形资产，其应摊销金额应当在其使用寿命内系统合理地摊销。

如果预计使用寿命超过了相关合同规定的受益年限或法律规定的有效年限，无形资产的摊销期限，一般按下列原则确定：

（1）合同规定了受益年限，而法律未规定有效年限，摊销年限以合同规定的受益期限为上限；

（2）合同未规定受益年限，而法律规定了有效年限，摊销年限以法定有效年限为上限；

（3）合同规定了受益年限，法律也规定了有效年限，摊销年限以受益年限与法定有效年限中较短者为上限。

使用寿命不确定的无形资产不应摊销。

无形资产的应摊销金额为其成本扣除预计净残值后的金额。已计提减值准备的无形资产，还应扣除已计提的无形资产减值准备累计金额。使用寿命有限的无形资产，其净残值应当视为零，但下列情况除外：

（1）有第三方承诺在无形资产使用寿命结束时购买该无形资产；

（2）可以根据活跃市场得到预计净残值信息，并且该市场在无形资产使用寿命结束时很可能存在。

企业至少应当于每年年度终了，对使用寿命有限的无形资产的使用寿命及摊销方法进行复核。无形资产的使用寿命及摊销方法与以前估计不同的，应当改变摊销期限和摊销方法。

企业应当在每个会计期间对使用寿命不确定的无形资产的使用寿命进行复核。如果有证据表明无形资产的使用寿命是有限的，应当估计其使用寿命。

无形资产的摊销方法，应当反映与该项无形资产有关的经济利益的预期实现方式，可以采用平均年限法、工作量法、双倍余额递减法和年数总和法等。无法可靠确定预期实现方式的，应当采用平均年限法摊销。

为了反映无形资产的原始价值和累计摊销额，应设置“累计摊销”科目。摊销无形资产价值时，应借记“管理费用”科目，贷记“累计摊销”科目。

【例 7-4】A 企业本月摊销无形资产 10 000 元，其中，专利权应用于产品生产 6 000 元，土地使用权由管理部门使用 4 000 元。

要求：根据上述经济业务编制会计分录。

【解】借：制造费用——专利权　　6 000
　　　　管理费用——土地使用权　　4 000
　　　贷：累计摊销　　10 000

3. 无形资产的出售与出租

企业拥有的无形资产依法可以出售和出租，出售是转让无形资产的所有权，出租是转让无形资产的使用权。

（1）无形资产的出售。

无形资产的出售是指将无形资产的所有权让渡给他人。企业出售无形资产时，应按出售无形资产所得价款，借记“银行存款”等科目；按应缴纳的增值税，贷记“应交税费——应交增值税（销项税额）”科目；按无形资产的累计摊销额，借记“累计摊销”科目；按无形资产的原始价值，贷记“无形资产”科目（如果计提了减值准备，还应借记

“无形资产减值准备”科目）；应将出售所得的价款扣除相关税费和该项无形资产账面价值后的差额，贷记或借记“资产处置损益”科目。

【例7-5】A企业出售一项专利权，出售时开具的增值税专用发票上注明价款500 000元，税率6%，增值税税额30 000元，款项存入银行，出售时该专利权账面余额600 000元，已提减值准备220 000元。

要求：根据上述经济业务编制会计分录。

【解】借：银行存款　530 000
　　　　　无形资产减值准备　220 000
　　　贷：无形资产　600 000
　　　　　应交税费——应交增值税（销项税额）　30 000
　　　　　资产处置损益　120 000

（2）无形资产的出租。

无形资产的出租是指将无形资产的使用权让渡给他人，企业仍保留对无形资产的所有权。企业出租无形资产取得的收入，应作为其他业务收入处理。取得收入时，应借记“银行存款”等科目，贷记“其他业务收入”“应交税费——应交增值税（销项税额）”科目。

企业在出租无形资产的过程中，还可能支付律师费、咨询费等费用。这些费用，也应由取得的收入来补偿。支付费用时，应借记“其他业务成本”科目，贷记“银行存款”等科目。

企业出租无形资产以后，无形资产价值的摊销一般有以下几种方法：

①全部计入其他业务成本，由取得的收入来补偿。如果企业在出租无形资产以后，自己不再使用该项无形资产，其摊销价值应全部计入其他业务成本。摊销时，应借记“其他业务成本”科目，贷记“累计摊销”科目。

②一部分计入其他业务成本，由取得的收入来补偿；另一部分计入管理费用。如果企业在出租无形资产以后，自己仍在使用该项无形资产，则按照配比原则，对其摊销价值应按照一定标准进行分配，一部分计入其他业务成本，由出租收入来补偿，另一部分计入管理费用。摊销时，应借记“其他业务成本”“管理费用”科目，贷记“累计摊销”科目。

③全部计入管理费用。如果企业出租无形资产取得的收入所占比例不大，按照重要性原则，也可以将无形资产的摊销价值全部计入管理费用。

【例7-6】A企业出租一项专利权，开具的增值税专用发票上注明：价款为60 000元，增值税税率为6%，增值税为3 600元，发生摊销费2 000元、咨询费用3 000元、工资费用4 000元，款项通过银行存款收付。

要求：根据上述经济业务编制会计分录。

【解】出租取得租金收入时：

借：银行存款　63 600
　贷：其他业务收入　60 000
　　　应交税费——应交增值税（销项税额）　3 600

发生支出时：

借：其他业务成本 9 000

  贷：累计摊销 2 000

    应付职工薪酬 4 000

    银行存款 3 000

4. 无形资产的期末计价

企业应定期对无形资产的账面价值进行检查，至少于每年年末检查一次。如果出现减值迹象，应对无形资产的可收回金额进行估计。可收回金额应当根据无形资产的公允价值减去处置费用后的净额与无形资产预计未来现金流量的现值两者之间较高者确定。

无形资产可收回金额的计量结果表明，资产的可收回金额低于其账面价值的，应当将资产的账面价值减记至可收回金额，借记“资产减值损失”科目，贷记“无形资产减值准备”科目。

无形资产减值损失确认后，无形资产的摊销费用应当在未来期间作相应调整，以使该无形资产在剩余使用寿命内，系统地分摊调整后的无形资产账面价值。

无形资产减值损失一经确认，在以后会计期间不得转回。

【例 7-7】A 公司外购一项无形资产，实际成本为 120 000 元，当年年末摊销 20 000 元，该项无形资产受相关经济因素影响发生减值，估计其可收回价值为 70 000 元。

要求：根据上述经济业务编制会计分录。

【解】借：资产减值损失——计提无形资产减值准备 30 000

  贷：无形资产减值准备 30 000

5. 无形资产的报废

无形资产报废是指无形资产由于已被其他新技术所代替或不再受法律保护等，预期不能为企业带来经济利益而进行的处置。无形资产报废时，应按照累计摊销额，借记“累计摊销”科目；按照计提的减值准备，借记“无形资产减值准备”科目；按照原始价值，贷记“无形资产”科目；按照其差额，借记“营业外支出”科目。

7.2 商　誉

7.2.1 商誉的定义

商誉是由于企业所处的地理位置优越，或由于信誉卓著、经营管理得当、服务质量高、生产技术先进、历史悠久、生产经营效率高、经验丰富等而形成的无形价值。这种无形价值具体体现为一家企业的获利能力超过同行业的获利水平。

商誉是指企业合并成本大于合并中取得的被购买方可辨认净资产公允价值份额的差额。其中，可辨认净资产公允价值是指合并中取得的被购买方可辨认资产公允价值减去负债及或有负债公允价值后的余额。由于商誉无法与企业相分离，不具有可辨认性，因此企业会计准则将其从无形资产中分离出来而独立确认为一项资产并进行合理的计量，在资产负债表非流动资产项目下以净额列示。

7.2.2　商誉的入账价值

商誉的入账价值的计算公式为：

商誉的入账价值=实际买价-（被购买企业可辨认资产公允价值-负债公允价值-或有负债公允价值）

企业如果以货币资金购买商誉，其购买成本为实际支付价款，如果以非货币性资金购买，通常采用以固定资产或无形资产置换的方式，应根据购入的各种可辨认资产的公允价值，借记各资产科目；根据应承担的各项债务的公允价值，贷记各负债科目；根据实际支付的价款，贷记"银行存款"等科目；根据实际支付的价款大于净资产公允价值份额的差额，借记"商誉"科目。

【例 7-8】甲公司以定向增发公司股票的方式，购买取得 A 公司 70% 的股权。取得 A 公司长期股权投资的金额为 30 000 万元。购买日 A 公司的股东权益总额为 40 000 万元，其中，股本 24 000 万元、资本公积 12 000 万元、盈余公积 1 200 万元、未分配利润为 2 800 万元。

要求：编制将长期股权投资与在 A 公司所有者权益中拥有的股份进行抵销的分录。

【解】合并商誉=30 000-40 000×70%=2 000（万元）

少数股东权益=40 000×30%=12 000（万元）

借：股本	240 000 000	
资本公积	120 000 000	
盈余公积	12 000 000	
未分配利润	28 000 000	
商誉	20 000 000	
贷：长期股权投资		300 000 000
少数股东权益		120 000 000

7.2.3　商誉的减值

企业应至少于每年年末对商誉进行减值测试。进行减值测试时，对于因企业合并形成的商誉的账面价值，应当自购买日起按照合理的方法分摊至相关的资产组；难以分摊至相关的资产组的，应当将其分摊至相关的资产组组合。

在将商誉的账面价值分摊至相关的资产组或者资产组组合时，应当按照各资产组或者资产组组合的公允价值占相关资产组或者资产组组合公允价值总额的比例进行分摊。公允价值难以可靠计量的，按照各资产组或者资产组组合的账面价值占相关资产组或者资产组组合账面价值总额的比例进行分摊。

在对包含商誉的相关资产组或者资产组组合进行减值测试时，如与商誉相关的资产组或者资产组组合存在减值迹象，应当对包含商誉的资产组或者资产组组合进行减值测试，比较这些相关资产组或者资产组组合（包括所分摊的商誉）的账面价值与其可收回金额，如相关资产组或者资产组组合（包括所分摊的商誉）的可收回金额低于其账面价值，应当确认商誉减值损失，但确认的各资产组或者资产组组合商誉减值损失不应超过其分摊的商誉金额，超过部分属于该资产组或资产组组合的减值损失。企业应根据确认的减值损失，借记"资产减值损失"科目，贷记"商誉减值准备"或相关资产减值准备科目。

【例 7-9】A 企业 2020 年 12 月 31 日进行的商誉减值测试及资产减值测试见表 7-1（假定该企业资产组的公允价值难以可靠计量）。

表 7-1 **商誉减值测试及资产减值测试表**

2020 年 12 月 31 日

单位：元

资产组	可辨认资产组账面价值	资产组可收回金额	商誉减值	资产减值	资产减值损失（总）
资产组 A	600 000	450 000	50 000	100 000	150 000
资产组 B	700 000	650 000	30 000	20 000	50 000
资产组 C	800 000	770 000	28 000	2 000	30 000
合计	2 100 000	1 870 000	108 000	122 000	230 000

要求：根据上述经济业务编制会计分录。

【解】从表 7-1 中可见，该企业 2020 年 12 月 31 日资产发生减值 230 000 元，其中，商誉减值损失 108 000 元，其他资产发生减值 122 000 元。

借：资产减值损失 230 000
　贷：商誉减值准备 108 000
　　固定资产减值准备 122 000

7.3 其他非流动资产

7.3.1 其他非流动资产的内容

其他非流动资产是指除了流动资产、长期股权投资、固定资产、无形资产以外的其他资产，主要包括长期性质的待摊费用和其他非流动资产。长期性质的待摊费用主要指长期待摊费用；其他非流动资产主要指国家批准储备的特种物资、银行冻结存款以及临时设施和涉及正在进行的诉讼的财产等。其他非流动资产可以根据资产的性质及特点单独设置相关科目核算。

长期待摊费用也称递延资产或递延费用，是指企业已经支出，但摊销期限在 1 年以上（不含 1 年）的各项费用，包括固定资产大修理支出、租入固定资产的改良支出以及摊销期限在 1 年以上的其他待摊费用。应当由本期负担的借款利息、租金等，不得作为长期待摊费用处理。长期待摊费用应当单独核算，在费用项目的受益期限内平均摊销。

企业除购置和建造固定资产以外，所发生的筹建期间的费用，应当先在长期待摊费用中归集，待企业开始生产经营时一次性计入生产经营当期的损益。若长期待摊费用不能使以后会计期间受益，则应当将尚未摊销的该项目的摊余价值全部计入当期损益。

7.3.2 其他非流动资产的核算

1. 租入固定资产的改良支出

租入固定资产的改良支出是指企业对采用经营租赁方式租入的固定资产，为了增加其效用或延长其使用寿命而进行改装、翻修、改造等所发生的支出。

由租入固定资产改良工程所形成的固定资产，在租期届满时，应连同租入固定资产一起归还出租人，承租企业实际上只能取得在租赁期内使用被改良固定资产从而获利的权利。所以，对租入固定资产进行改良所发生的支出，不能作为固定资产核算，只能作为一项长期待摊费用摊销，企业应按照租赁期限和租赁资产尚可使用年限孰短的原则确定租入固定资产改良支出的摊销期限，将改良支出分期平均计入制造费用、管理费用、销售费用等相关费用中。

2. 固定资产大修理支出

固定资产大修理支出是指企业采用“待摊”方法进行固定资产大修理核算时，摊销期超过1年的大修理支出。固定资产大修理支出应通过长期待摊费用进行归集，实际发生的大修理支出应在大修理间隔期内平均摊销，分期计入制造费用、管理费用、销售费用等相关费用中。

3. 股票发行费

股票发行费是指股份有限公司委托其他单位发行股票支付的手续费或佣金等与发行股票直接有关的费用，包括股票承销费、注册会计师费、评估费、公关及广告费、印刷费以及其他直接费用。股票发行费一般先以发行股票冻结期间的利息费用收入补偿，然后以发行的股票溢价收入补偿。对不足以补偿的部分，或者无发行溢价的，若数额较小，可直接计入支付当期费用；若数额较大，则可作为长期待摊费用，在不超过2年的期限内平均摊销，计入管理费用。

4. 开办费

开办费是指企业在筹建期间内实际发生的、除应计入有关财产物资价值以外的各项支出，包括筹建期间人员的工资、办公费、培训费、差旅费、律师费、印刷费、注册登记费以及不计入固定资产价值的借款费用等。开办费应先通过“长期待摊费用”科目归集，待生产经营开始后，一次性计入开始生产经营当期的损益，即当月的管理费用。

【例7-10】A公司对一台机器设备进行大修理，用银行存款支付修理费，取得的增值税专用发票上注明：价款为120 000元，增值税税率为13%，增值税为15 600元，摊销期为4年，已经修理完工。

要求：根据上述经济业务编制会计分录。

【解】支付大修理费用时：

借：长期待摊费用	120 000	
应交税费——应交增值税（销项税额）	15 600	
贷：银行存款		135 600

按月摊销大修理费用时：

借：制造费用	2 500	
贷：长期待摊费用（120 000÷4÷12）		2 500

基本训练

◆ 复习思考题

1. 什么是无形资产？无形资产的特征有哪些？

2. 无形资产分类有哪些方式？

3. 各种无形资产的成本如何确定？无形资产的摊销与固定资产的折旧在会计处理上有什么不同？

4. 无形资产的确认应满足哪些条件？

5. 无形资产摊销年限有哪些规定？

6. 无形资产计提减值准备的条件有哪些？

7. 商誉的会计处理有哪些规定？

8. 其他非流动资产包括哪些内容？

◆ **计算分析题**

根据以下资料编制会计分录：

（1）企业按法律程序购入专利权一项，取得的增值税专用发票注明价款为 85 000 元，税率为 6%，公证费 1 700 元，律师费 1 000 元，合约规定专利权的有效期为 10 年，款项以银行存款支付。

（2）接受投资者投入一项专有技术，评估确认的价值为 250 000 元，投资协议规定专有技术有效期为 8 年。

（3）企业将购入的上述专利权 2 年后出售，开具的增值税专用发票注明价款为 50 000 元，税率为 6%，款项收到存入银行。

（4）企业出租一项无形资产，取得价款 50 000 元，增值税税率为 6%，款项存入银行。

（5）年末企业接受投资的专有技术发生减值，市价为 190 000 元。

（6）企业在筹建期间以银行存款支付办公用品费 30 000 元，印刷费 5 000 元，注册登记费 2 000 元。

（7）企业开始营业，当月一次摊销上述费用。

第8章　投资性房地产

学习目标

◆ 重点掌握投资性房地产成本模式计量和公允价值模式计量的内容及核算。
◆ 掌握投资性房地产的确认、初始计量、后续计量、转换及处置的内容及核算。
◆ 了解投资性房地产的定义、特征及范围。

8.1　投资性房地产概述

8.1.1　投资性房地产的概念

投资性房地产是指为赚取租金或资本增值，或两者兼有而持有的房地产，包括已出租的土地使用权、持有并准备增值后转让的土地使用权和已出租的建筑物。

按照企业会计准则的规定，只有已经出租的建筑物、土地使用权和已经准备转让的土地使用权才能确认为投资性房地产；而尚未出租的建筑物、土地使用权和尚未准备转让的土地使用权不得确认为投资性房地产，仍应分别确认为固定资产和无形资产。

需要说明的是，已经出租的房屋，日后由于客户退租而暂时闲置，如果用途不变仍准备出租，按照重要性会计信息质量要求，则可以继续确认为投资性房地产，而不需要重分类为固定资产。

8.1.2　投资性房地产的特征

投资性房地产具有以下几个特征：

1. 投资性房地产是一种经营性活动

投资性房地产的主要形式是出租建筑物、出租土地使用权。这实质上属于一种让渡资产使用权行为。房地产租金就是让渡资产使用权取得的收入，是企业为完成其经营目标所从事的经营性活动以及与之相关的其他活动形成的经济利益总流入。

2. 投资性房地产在用途、状态、目的等方面区别于作为生产经营场所的房地产和用于销售的房地产

企业特有的房地产除用作自身管理、生产经营活动场所和对外销售之外，出现了将房地产用于赚取租金或增值收益的活动，甚至成为企业的主营业务。这就需要将投资性房地产单独作为一项资产核算和反映，与自用的厂房、办公楼等房地产和作为存货（已完工商品房）的房地产加以区别，从而更加清晰地反映企业所持有房地产的构成情况和盈利能力。

8.1.3 投资性房地产的范围

1. 属于投资性房地产的项目

投资性房地产主要包括已出租的土地使用权、持有并准备增值后转让的土地使用权和已出租的建筑物。

（1）已出租的土地使用权。

已出租的土地使用权是指企业通过出让或转让方式取得并以经营租赁方式出租的土地使用权。企业计划用于出租但尚未出租的土地使用权，不属于此类。以经营租赁方式租入土地使用权再转租给其他单位的，不能确认为投资性房地产。

【例 8-1】2020 年 5 月 10 日，绿地公司与海兴公司签订了一项租赁合同，约定自 2020 年 6 月 1 日起，绿地公司以年租金 8 000 000 元租赁使用海兴公司拥有的一块 400 000 平方米的场地，租赁期为 8 年。2020 年 7 月 1 日，绿地公司又将这块场地转租给宏华公司，以赚取租金差价，租赁期为 5 年。以上交易假设不违反国家有关规定。

要求：试判断该土地是否属于投资性房地产。

【解】本例中，对于绿地公司而言，没有所有权只有使用权，因此将使用权转租，不属于投资性房地产。对于海兴公司而言，自租赁期开始日（2020 年 6 月 1 日）起，这项土地使用权属于投资性房地产。

（2）持有并准备增值后转让的土地使用权。

持有并准备增值后转让的土地使用权，是指企业通过出让或转让方式取得并准备增值后转让的土地使用权。但是，按照国家有关规定认定的闲置土地，不属于持有并准备增值后转让的土地使用权，也不属于投资性房地产。

（3）已出租的建筑物。

已出租的建筑物，是指企业拥有产权并以经营租赁方式出租的房屋等建筑物，包括自行建造或开发活动完成后用于出租的建筑物。

企业在判断和确认已出租的建筑物时，应当把握以下几个要点：

第一，用于出租的建筑物是指企业拥有产权的建筑物。

第二，已出租的建筑物是企业已经与其他方签订了租赁协议，约定以租赁方式出租的建筑物。一般自租赁协议规定的租赁期开始日起，租出的建筑物才属于已出租的建筑物。对企业持有已备出租的空置建筑物，如董事会或类似机构作出书面决议，明确表明将其用于出租且持有意图短期内不再发生变化的，即使尚未签订租赁协议，也应视为投资性房地产。

企业将建筑物出租，按租赁协议向承租人提供的相关辅助服务在整个协议中不重大的，应当将该建筑物确认为投资性房地产。

2. 不属于投资性房地产的项目

下列房地产不属于投资性房地产：

（1）自用房地产，是指为生产商品、提供劳务或者经营管理而持有的房地产，如企业生产经营用的厂房和办公楼属于固定资产，企业生产经营用的土地使用权属于无形资产。

（2）作为存货的房地产，通常指房地产开发企业在正常经营过程中销售的或为销售而正在开发的商品房和土地。

8.2　投资性房地产的确认与初始计量

投资性房地产同时满足下列条件的，才能予以确认：

（1）与该投资性房地产有关的经济利益很可能流入企业；

（2）该投资性房地产的成本能够可靠地计量。

企业取得的投资性房地产，不论是外购还是自行建造或开发，均应按照取得成本进行初始计量，其初始成本的计量方法与企业取得房屋及建筑物、土地使用权确认为固定资产、无形资产的初始计量方法完全相同，这里不再赘述。企业取得投资性房地产时，应根据其入账价值，借记“投资性房地产”科目；根据可以抵扣的增值税税额，借记“应交税费——应交增值税（进项税额）”科目；根据支付的全部价款，贷记“银行存款”等科目。其取得成本的确认与计量方法与取得固定资产或无形资产的方法相同。

需要说明的是，目前已全面实行营业税改征增值税，涉及增值税核算的内容，本章仅讲述基本核算方法，具体核算方法详见第 9 章 9.4 部分“应交税费”。

1. 外购投资性房地产的初始计量

外购的土地使用权和建筑物，按照取得时的实际成本进行初始计量。取得时的实际成本包括购买价款、相关税费和可直接归属于该资产的其他支出。

【例 8-2】2020 年 6 月，绿地公司计划购入写字楼用于对外出租。6 月 5 日，绿地公司正式购入写字楼，支付价款共计 15 000 000 元，增值税税率 9%。绿地公司已于当天将写字楼出租给海兴公司。

要求：根据上述经济业务编制会计分录。

【解】绿地公司的账务处理如下：

借：投资性房地产——写字楼	15 000 000	
应交税费——应交增值税（进项税额）	1 350 000	
贷：银行存款		16 350 000

2. 自行建造投资性房地产的初始计量

自行建造投资性房地产的成本由建造该项资产达到预定可使用状态前发生的必要支出构成，包括土地开发费、建筑成本、安装成本、应予以资本化的借款费用、支付的其他费用和分摊的间接费用等。建造过程中发生的非正常性损失，直接计入当期损益，不计入建造成本。

3. 非投资性房地产转换为投资性房地产的初始计量

非投资性房地产转换为投资性房地产，实质上是因房地产用途发生改变而对房地产进行的重新分类。如果投资性房地产采用成本模式计量，则按照该项房地产在转换日的账面价值入账；如果投资性房地产采用公允价值模式计量，则按该项房地产在转换日的公允价值入账。

【例 8-3】海兴公司为增值税一般纳税人，2020 年 3 月，海兴公司从二级市场购入一土地使用权，该土地使用权的成本为 6 000 000 元；海兴公司在该块土地上开始自行建造 3 栋房屋，1 栋计划用于对外出租，其余 2 两栋作为厂房。2020 年 7 月 5 日，海兴公司购入工程用的各种物资 7 000 000 元，支付增值税 910 000 元，物资全都用于房屋建设。支付工程人员工资 1 000 000 元，为工程发生借款费用 1 000 000 元。2020 年 8 月，海兴公司预计工程将要完工，与某公司签订租赁合同，该工程完工达到预定可使用状态时起租。2020 年 9 月，工程完工达到预定可使用状态。

要求：根据上述经济业务编制会计分录。

【解】海兴公司的账务处理如下：

（1）购入土地的使用权：

借：无形资产——土地使用权　　6 000 000

　贷：银行存款　　6 000 000

（2）购入工程用的各种物资：

借：工程物资　　7 000 000

　　应交税费——应交增值税（进项税额）　　910 000

　贷：银行存款　　7 910 000

（3）领用工程物资：

借：在建工程　　7 000 000

　贷：工程物资　　7 000 000

（4）支付工程人员的工资：

借：在建工程　　1 000 000

　贷：应付职工薪酬　　1 000 000

（5）支付工程借款费用：

借：在建工程　　1 000 000

　贷：长期借款　　1 000 000

（6）工程完工（达到预定可使用状态）时：

工程造价总额=7 000 000+1 000 000+1 000 000=9 000 000（元）

投资性房地产工程造价=9 000 000÷3=3 000 000（元）

借：投资性房地产——房屋　　3 000 000

　　　　　　　　——土地使用权　　2 000 000

　贷：在建工程　　3 000 000

　　　无形资产——土地使用权　　2 000 000

8.3 投资性房地产的出租收入

投资性房地产对外出租取得的出租收入，属于让渡资产使用权的收入，应确认为营业收入。企业取得出租收入时，应根据收取的全部价款，借记“银行存款”等科目；根据确认的收入金额，贷记“其他业务收入”科目；根据收取的增值税，贷记“应交税费——应交增值税（销项税额）”科目。

【例 8-4】绿地公司 2020 年 12 月 31 日购入房屋，以银行存款支付全部买价 4 000 000 元，增值税 360 000 元，合计 4 360 000 元；已经与海兴公司签订租赁合同，将购入的房屋确认为投资性房地产。合同规定，自 2021 年 1 月 1 日起租，租期为 8 年，年租金为 2 000 000 元，每年 1 月 1 日收取。2021 年 1 月 1 日，绿地公司收到海兴公司交来的房屋租金 2 000 000 元，增值税 180 000 元，合计 2 180 000 元，存入银行。

要求：根据上述经济业务编制会计分录。

【解】绿地公司每年收取租金的会计分录如下：

借：银行存款　　2 180 000

　贷：其他业务收入　　2 000 000

　　　应交税费——应交增值税（销项税额）　　180 000

8.4　投资性房地产的后续计量

投资性房地产的后续计量有成本计量模式和公允价值计量模式，由于我国目前交易市场还不够完善，房地产交易的公允价值的及时获取还有一定困难。因此，投资性房地产通常采用成本模式计量，而且同一企业只能采用一种计量模式对所有的投资性房地产进行后续计量，计量模式一经确定不得随意变更。

采用成本模式计量的投资性房地产可以转换为公允价值计量模式，但是不能由公允价值计量模式转换为成本计量模式。

8.4.1　投资性房地产采用成本模式进行后续计量

投资性房地产采用成本模式进行后续计量，与固定资产（房屋及建筑物）或无形资产（土地使用权）的后续计量方法相同，应计提折旧或摊销。为了反映投资性房地产的累计折旧和累计摊销，应设置“投资性房地产累计折旧（摊销）”科目。

投资性房地产计提的折旧和摊销，应由出租收入来补偿。企业计提折旧或摊销时，应借记“其他业务成本”科目，贷记“投资性房地产累计折旧（摊销）”科目。如果投资性房地产存在减值迹象，应当进行减值测试，计提相应的减值准备，借记“资产减值损失”科目，贷记“投资性房地产减值准备”科目。已经计提减值准备的投资性房地产，其减值损失在以后的会计期间不得转回。

【例 8-5】绿地公司 2020 年 12 月 31 日将办公楼出租给海兴公司使用，已确认为投资性房地产，采用成本模式进行后续计量，该办公楼成本为 48 000 000 元，采用年限平均法计提折旧，预计使用年限为 20 年，预计净残值为 0。

要求：根据上述经济业务编制会计分录。

【解】2020 年 12 月 31 日，绿地公司计提房屋折旧并编制会计分录如下（为了简化举例，汇总编制会计分录）：

年折旧额=48 000 000÷20=2 400 000（元）

借：其他业务成本　　2 400 000

　贷：投资性房地产累计折旧（摊销）　　2 400 000

以后年度以此类推。

8.4.2　投资性房地产采用公允价值模式进行后续计量

投资性房地产采用公允价值模式进行后续计量，应当同时满足以下条件：

（1）投资性房地产所在地有活跃的房地产交易市场，投资性房地产可以在房地产交易市场中直接交易。

（2）企业能够从房地产交易市场上取得同类或类似房地产的市场价格及其他相关信息，从而对投资性房地产的公允价值作出科学合理的估计。

采用公允价值模式计量的投资性房地产，不计提折旧或摊销。资产负债表日，应以投资性房地产的公允价值为基础，对其账面价值进行调整，差额计入当期损益，借记或贷记“投资性房地产——公允价值变动”科目，贷记或借记“公允价值变动损益”科目。

【例 8-6】2020 年 1 月 1 日，绿地公司与海兴公司签订租赁协议，约定将绿地公司的办公楼租赁给海兴公司使用，租赁期为 5 年，于当年 6 月 1 日起租，写字楼的成本为 80 000 000 元，2020 年 12 月 31 日该写字楼的公允价值为 85 000 000 元，假设绿地公司对投资性房地产采用公允价值模式计量。

要求：根据上述经济业务编制会计分录。

【解】绿地公司的账务处理如下：

2020 年 12 月 31 日，按照公允价值为基础调整写字楼的账面价值，公允价值与账面价值之间的差额计入当期损益：

借：投资性房地产——公允价值变动　　5 000 000

　贷：公允价值变动损益　　5 000 000

8.5 投资性房地产的转换

8.5.1 其他资产转换为投资性房地产

由于市场环境、经营策略变化，企业将自用房屋及建筑物以及土地使用权改用于出租，或将存货（房地产企业准备出售的房屋）改用于出租，应将上述资产转换为投资性房地产。

1. 投资性房地产采用成本模式计量

在成本模式下，企业应将其他资产转换前的账面价值作为转换后投资性房地产的入账价值，其中，原始价值、累计折旧、累计摊销应分别进行结转，借记“投资性房地产”“累计折旧”“累计摊销”科目，贷记“固定资产”“无形资产”“开发产品”“投资性房地产累计折旧（摊销）”等科目。如果其他资产发生减值，计提的减值准备也应一并结转，借记“固定资产减值准备”“无形资产减值准备”“存货跌价准备”科目，贷记“投资性房地产减值准备”科目。

（1）自用房地产转换为投资性房地产

【例 8-7】2020 年 12 月 31 日，绿地公司将自用的房屋改为出租。该房屋的原始价值为 40 000 000 元，累计折旧为 10 000 000 元，计提的减值准备为 2 000 000 元，账面价值为 28 000 000 元。假设绿地公司对投资性房地产采用成本模式计量。

要求：根据上述经济业务编制会计分录。

【解】转换日绿地公司编制会计分录如下：

借：投资性房地产　　40 000 000

　　累计折旧　　10 000 000

　　固定资产减值准备　　2 000 000

贷：固定资产　40 000 000

　　投资性房地产累计折旧（摊销）　10 000 000

　　投资性房地产减值准备　2 000 000

（2）作为存货的房地产转换为投资性房地产

【例 8-8】2020 年 12 月 31 日，海兴公司将准备出售的商品房（存货）改用于出租。该商品房的成本为 50 000 000 元，未计提存货跌价准备。假设海兴公司对投资性房地产采用成本模式计量。

要求：根据上述经济业务编制会计分录。

【解】转换日海兴公司编制会计分录如下：

借：投资性房地产　50 000 000

　贷：开发产品　50 000 000

2. 投资性房地产采用公允价值模式计量

在公允价值计量模式下，企业将其他资产转换为投资性房地产时，应将转换日的公允价值作为投资性房地产的入账价值。投资性房地产转换日的公允价值小于其他资产原账面价值的，其差额计入当期损益，借记“投资性房地产——成本”“累计折旧”“累计摊销”“公允价值变动损益”等科目，贷记“固定资产”“无形资产”“开发产品”等科目；转换日的公允价值大于其他资产原账面价值的，其差额计入其他综合收益，借记“投资性房地产——成本”“累计折旧”“累计摊销”等科目，贷记“固定资产”“无形资产”“库存商品”“其他综合收益”等科目。

（1）自用房地产转换为投资性房地产

【例 8-9】2020 年 12 月 31 日，绿地公司将自用的房屋改为出租。该房屋的账面价值为 35 000 000 元，累计折旧为 1 000 000 元，计提减值准备 1 000 000 元，公允价值为 31 000 000 元。假设绿地公司对投资性房地产采用公允价值模式计量。

要求：根据上述经济业务编制会计分录。

【解】转换日绿地公司编制会计分录如下：

公允价值变动=31 000 000−33 000 000=−2 000 000（元）

借：投资性房地产——成本　31 000 000

　　累计折旧　1 000 000

　　固定资产减值准备　1 000 000

　　公允价值变动损益　2 000 000

　贷：固定资产　35 000 000

（2）作为存货的房地产转换为投资性房地产

【例 8-10】2020 年 12 月 31 日，海兴公司将准备出售的商品房（存货）改用于出租。该房屋的账面价值为 15 000 000 元，公允价值为 20 000 000 元。假设海兴公司对投资性房地产采用公允价值模式计量。

要求：根据上述经济业务编制会计分录。

【解】转换日海兴公司编制会计分录如下：

公允价值变动=20 000 000−15 000 000=5 000 000（元）

借：投资性房地产——成本　20 000 000

贷：开发产品　15 000 000

其他综合收益　5 000 000

8.5.2 投资性房地产转换为其他资产

企业的投资性房地产如果由出租转为自用，应将投资性房地产转换为其他资产。

1. 投资性房地产采用成本模式计量

在成本模式下，投资性房地产转换为自用房地产时，应当按该项投资性房地产在转换日的账面余额、累计折旧、减值准备等，分别转入“固定资产”“累计折旧”“固定资产减值准备”等科目，贷记“投资性房地产”科目，按已计提的折旧等，借记“投资性房地产累计折旧”等科目，贷记“累计折旧”等科目，原已计提减值准备的，借记“投资性房地产减值准备”科目，贷记“固定资产减值准备”等科目。

投资性房地产转换为存货时，应当按照该项房地产在转换日的账面价值，借记“开发产品”科目，按照已计提的折旧或摊销，借记“投资性房地产累计折旧（摊销）”科目，原已计提减值准备的，借记“投资性房地产减值准备”科目，按其账面余额，贷记“投资性房地产”科目。

【例 8-11】2020 年 6 月 1 日，绿地公司将出租的房屋收回，开始用于本企业自用。该办公楼在转换前采用成本模式计量，其账面净值为 40 000 000 元，其中原价 60 000 000 元，累计已提折旧 20 000 000 元。

要求：根据上述经济业务编制会计分录。

【解】转换日绿地公司的账务处理如下：

借：固定资产　60 000 000

投资性房地产累计折旧　20 000 000

贷：投资性房地产　60 000 000

累计折旧　20 000 000

2. 投资性房地产采用公允价值模式计量

在公允价值模式下，企业在转换日首先应将投资性房地产的账面价值调整为公允价值，然后将转换日的公允价值作为转换后其他资产的入账价值。转换日，企业应根据转换后其他资产的入账价值，借记“固定资产”等科目，贷记“投资性房地产——成本”科目，借记或贷记“投资性房地产——公允价值变动”科目。

【例 8-12】2020 年 6 月 1 日，绿地公司因租赁期满，将出租的厂房收回用于本企业生产经营，2020 年 12 月 1 日该厂房正式开始自用，当日的公允价值为 50 000 000 元，该项房地产在转换前采用公允价值模式计量，原账面价值为 46 000 000 元，其中成本 44 000 000 元，公允价值变动 2 000 000 元。

要求：根据上述经济业务编制会计分录。

【解】转换日绿地公司编制会计分录如下：

借：固定资产　50 000 000

贷：投资性房地产——成本　44 000 000

——公允价值变动　2 000 000

公允价值变动损益　4 000 000

8.6 投资性房地产的处置

投资性房地产的处置是指投资性房地产的出售或报废。企业在出售投资性房地产或投资性房地产永久退出使用且预计不能从其处置中取得经济利益时，应当终止确认该项投资性房地产。按照企业会计准则的规定，出售投资性房地产的收入确认为营业收入。

企业出售、报废的投资性房地产，应将处置收入扣除其账面价值后的金额计入当期损益。

8.6.1 采用成本模式计量的投资性房地产处置

采用成本模式计量的投资性房地产处置时，应根据实际收到的全部价款借记“银行存款”等科目；根据确认的收入，贷记“其他业务收入”科目；根据收取的增值税，贷记“应交税费——应交增值税（销项税额）”科目。结转投资性房地产成本时，应根据投资性房地产的账面价值，借记“其他业务成本”科目；根据累计折旧或累计摊销，借记“投资性房地产累计折旧（摊销）”科目；根据已计提的减值准备，借记“投资性房地产减值准备”科目；根据投资性房地产的成本，贷记“投资性房地产”科目。

【例 8-13】绿地公司将其出租的厂房确认为投资性房地产，采用成本模式计量，租赁期满后绿地将该栋厂房出售，合同价款为 500 000 000 元，税率为 9%，款项已收到，出售时该栋厂房的成本为 450 000 000 元，已计提折旧 40 000 000 元，已计提减值准备 2 000 000 元。

要求：根据上述经济业务编制会计分录。

【解】绿地公司编制会计分录如下：

（1）取得出售收入。

借：银行存款	545 000 000	
贷：其他业务收入		500 000 000
应交税费——应交增值税（销项税额）		45 000 000

（2）结转营业成本。

借：其他业务成本	408 000 000	
投资性房地产累计折旧	40 000 000	
投资性房地产减值准备	2 000 000	
贷：投资性房地产		450 000 000

8.6.2 采用公允价值模式计量的投资性房地产处置

采用公允价值模式计量的投资性房地产处置时，应根据实际收到的全部价款，借记“银行存款”等科目；根据确认的收入，贷记“其他业务收入”科目；根据收取的增值税，贷记“应交税费——应交增值税（销项税额）”科目。结转投资性房地产成本时，应根据投资性房地产的账面价值，借记“其他业务成本”科目；根据投资性房地产的初始成本，贷记“投资性房地产——成本”科目；根据公允价值变动，借记或贷记“投资性房地产——公允价值变动”科目。同时，还要按出售投资性房地产公允价值变动额，借记或贷记“公允价值变动损益”科目，贷记或借记“其他业务成本”科目。如果其他资产转换为投资性房地产时有计入其他综合收益的金额，也应一并结转，借记“其他综合收益”科目，贷记“其他业务成本”科目。

【例 8-14】海兴公司将厂房出租给绿地公司使用，租赁期满后收回，将其出售，该栋厂房是采用公允价值模式计量的投资性房地产，厂房的成本为 225 000 000 元，公允价值变动为 5 000 000 元，以 275 000 000 元的价格出售，税率为 9%，款项已收到。

要求：根据上述经济业务编制会计分录。

【解】海兴公司的账务处理如下：

（1）2020 年 1 月 1 日，收到出售价款。

借：银行存款	299 750 000	
贷：其他业务收入		275 000 000
应交税费——应交增值税（销项税额）		24 750 000

（2）结转营业成本。

借：其他业务成本	230 000 000	
贷：投资性房地产——成本		225 000 000
——公允价值变动		5 000 000

（3）结转累计确认的公允价值变动。

借：公允价值变动损益	5 000 000	
贷：其他业务成本		5 000 000

基本训练

◆ 复习思考题

1. 如何界定投资性房地产？规范的投资性房地产范围是什么？

2. 投资性房地产的后续计量模式有哪些？

3. 公允价值模式下非投资性房地产转换为投资性房地产，转换日的公允价值与账面价值不同如何计量？

4. 以成本模式计量的投资性房地产可以转变为以公允价值模式计量的投资性房地产吗？

5. 采用成本模式计量的投资性房地产产生的减值准备是否可以转回？投资性房地产的处置计量模式有哪些？

◆ 计算分析题

1. 荣星公司于 2021 年 12 月 31 日将一建筑物对外出租并采用成本模式计量，租期为 2 年，每年 12 月 31 日收取租金 150 万元，出租时，该建筑物的账面原价为 2 800 万元，已提折旧 500 万元，已提减值准备 300 万元，尚可使用年限为 20 年，采用年限平均法计提折旧，无残值。2022 年 12 月 31 日未发生减值。2023 年 12 月 31 日发生减值 90 万元。2023 年 12 月 31 日租赁期满，将投资性房地产转为自用房地产并于当日投入使用。假定不考虑相关税费。

要求：分别编制每年相应的会计分录。

2. 欣欣公司于2021年1月1日将一栋商品房对外出租并采用公允价值模式计量，租期为3年，每年12月31日收取租金100万元，出租当日，该商品房的成本为2 400万元，公允价值为2 200万元，2022年12月31日，该商品房的公允价值为2 150万元。2023年12月31日，公允价值为2 350万元。

要求：分别编制以上业务的相应会计分录。

3. 甲房地产公司2021年8月1日与乙公司签订租赁协议，将其开发的一栋商品房出租给乙公司，当日该商品房的账面价值为4 100万元，该企业采用公允价值模式计量，转换日公允价值为4 500万元，2021年12月31日，公允价值为4 300万元。

要求：分别编制以上业务的相应会计分录。

4. 甲公司对投资性房地产采用成本模式计量，发生下列经济业务：

（1）2020年12月，购入办公楼一栋自用，买价20 000万元，增值税1 800万元，价税款以银行存款支付，相关手续已办理完毕。

（2）2021年12月，计提该办公楼全年折旧额。该办公楼采用直线法按10年计提折旧，预计净残值率为5%。

（3）2022年12月，甲公司将该办公楼经营租赁给A公司，相关手续办理完毕。

（4）2023年1月，通过银行收到出租办公楼当月租金收入10 000元及增值税税款900元。

（5）2023年12月，计提该出租办公楼全年折旧额。

（6）2024年12月，甲公司将该办公楼以50 000万元的价格转让给A公司，另收取增值税4 500万元，全部款项通过银行收讫，相关手续办理完毕。

要求：编制相应会计分录。

5.2022年3月31日，甲公司与乙公司的租赁合同到期，甲公司决定将该厂房收回进行改扩建，并与丙公司约定自改扩建完成时将该厂房出租给丙公司，当日该厂房账面余额为25 000 000元，其中成本19 000 000元，累计公允价值变动6 000 000元，2022年11月30日该厂房改扩建工程完工，共发生支出2 000 000元，均已支付，即日出租给丙公司。假定甲公司对投资性房地产采用公允价值计量模式。

要求：分别编制以上业务的相应会计分录。

第9章 流动负债

学习目标

- ◆ 重点掌握应付职工薪酬、应交增值税、应交消费税的内容及核算。
- ◆ 掌握应付票据、应付账款、短期借款、其他应交税费及其他流动负债的核算。
- ◆ 了解流动负债的内容、分类、计价及或有负债的概念。

9.1 流动负债概述

9.1.1 流动负债的概念和特征

流动负债是指在1年或者超过1年的一个营业周期内应偿还的债务，包括短期借款、应付账款、应付票据、应付职工薪酬、应交税费、预收款项、其他应付款和1年内到期的非流动资产借款等。

流动负债的特点是：①偿还期限短；②到期要用企业资产或提供劳务或举借新的债务偿还；③企业举借流动负债的目的一般是满足生产经营资金周转的需要。

9.1.2 流动负债的分类

1. 按偿付金额是否确定划分

（1）金额可确定的流动负债，是指有确定的偿付日期和确切的偿付金额的流动负债，如短期借款、应付账款、预收款项、应付票据、应付职工薪酬、应交税费和其他应付款等。

（2）金额需予以估计的流动负债，是指没有确切的偿付日期和偿付金额的流动负债，企业可以根据以往的经验以及有关的资料，预先估计入账，如销售商品应付的保修费及损失费等。

2. 按偿付手段不同划分

（1）货币性流动负债，是指需要用货币资产来偿还的负债，如短期借款、应付账款、应付票据、应交税费、应付职工薪酬和其他应付款等。

（2）非货币性流动负债，是指企业需用商品或提供劳务来抵偿，如预收款项等不需用货币性资产偿还的债务。

3. 按形成方式不同划分

（1）融资活动形成的流动负债，是指企业从银行或其他金融机构筹集资金而形成的，如短期借款和预提的短期借款利息等。

（2）营业活动形成的流动负债，是企业在正常的生产经营活动中所形成的，如应付账款、应付票据、应付职工薪酬、应交税费和预收款项等。

(3) 收益分配活动形成的流动负债，是指企业在对实现的净收益进行分配过程中形成的。

9.1.3 流动负债的计价

从理论上讲，负债的计价应以未来要偿付债务的现金流量的现值作为基础。但是，流动负债的偿还期限通常不超过1年，其到期值同现值之间的差额不大，按照重要性原则可以忽略不计。为了简化会计处理，在会计实务中对流动负债通常是以未来应付的金额计价入账的。

9.2 应付票据与应付账款

9.2.1 应付票据

1. 应付票据的内容

应付票据是指企业采用商业汇票结算方式购买商品、材料物资等而应付的票据款。它是一种延期付款的证明，应付票据到期时，企业应无条件地支付票款。在我国，商业汇票的付款期限最长不超过6个月。

商业汇票按承兑人的不同，可分为商业承兑汇票和银行承兑汇票；按票面是否注明利率，可分为带息票据和不带息票据。由于应付票据的期限比较短，因而不管票据是否带息，发生时均按面值计价入账。

2. 应付票据的核算

为了对应付票据进行核算，企业应设置“应付票据”账户。该账户贷方登记企业签发、承兑商业汇票的面值；借方登记企业到期支付或结转票款数额；余额在贷方，表示企业尚未到期的票款数额。为了加强对应付票据的管理，具体反映应付票据的承兑和支付情况，企业应设置“应付票据备查簿”，详细登记每一应付票据的种类、号数、签发日期、到期日期、票面金额、交易合同号和收款单位名称等详细资料。

(1) 带息应付票据。

带息应付票据到期的价值为票据面值与应计利息之和。面值即为发票上的价格，利息为债务人延期付款所付出的代价。

企业开出、承兑商业汇票购货或抵付应付账款时，借记“材料采购”“原材料”“库存商品”“应交税费”“应付账款”等科目，贷记“应付票据”科目。若是银行承兑汇票，企业须按票面金额的一定比例向银行支付承兑手续费，借记“财务费用”科目，贷记“银行存款”科目。

票据到期支付票款和利息时，借记“应付票据”“财务费用”科目，贷记“银行存款”科目；如果是跨年度的票据，在年末时，要计提到本年末的票据利息，借记“财务费用”科目，贷记“应付利息”科目。这种情况下的票据到期时，按应付票据的面值和利息，借记“应付票据”“应付利息”科目，按尚未计提的票据利息，借记“财务费用”科目，按票据的到期价值，贷记“银行存款”科目。

票据到期无力支付票款，如果是商业承兑汇票，企业按应付票据的账面价值，借记

“应付票据”科目，按尚未计提的票据利息，借记“财务费用”科目，按票据面值加利息，贷记“应付账款”科目；如果是银行承兑汇票，企业按应付票据的账面价值，借记“应付票据”科目，按尚未计提的票据利息，借记“财务费用”科目，按票据的到期价值，贷记“短期借款”科目。

【例 9-1】甲企业 2 月 1 日购入 A 商品一批，货款为 50 000 元，增值税税额为 6 500 元，共计 56 500 元。A 商品已经验收入库，企业出具一张期限为 4 个月的带息商业汇票，票面年利率为 6%，6 月 1 日用银行存款支付票款。

要求：根据上述经济业务编制会计分录。

【解】2 月 1 日出具应付票据时：

借：库存商品 50 000

　　应交税费——应交增值税（进项税额） 6 500

　贷：应付票据 56 500

6 月 1 日支付票款时：

借：应付票据 56 500

　　财务费用（56 500×6%÷12×4） 1 130

　贷：银行存款 57 630

如果在本例中到期日企业无力支付票款，应编制的会计分录如下：

借：应付票据 56 500

　　财务费用 1 130

　贷：应付账款 57 630

如果是银行承兑汇票，到期日企业无力支付票款，应编制的会计分录如下：

借：应付票据 56 500

　　财务费用 1 130

　贷：短期借款 57 630

【例 9-2】F 企业 11 月 1 日购入原材料一批，买价为 40 000 元，增值税税额为 5 200 元，共计 45 200 元，原材料已经验收入库，采用商业汇票结算方式。该企业出具带息商业汇票一张，票面年利率为 8%，付款期限为 5 个月，下一年 4 月 1 日用银行存款支付票款。

要求：根据上述经济业务编制会计分录。

【解】11 月 1 日出具应付票据时：

借：原材料 40 000

　　应交税费——应交增值税（进项税额） 5 200

　贷：应付票据 45 200

12 月 31 日计提利息费用时：

借：财务费用 603

　贷：应付利息（45 200×8%÷12×2） 603

下一年 4 月 1 日支付票款时：

借：应付票据 45 200

　　应付利息 603

　　财务费用（45 200×8%÷12×3） 904

贷：银行存款　46 707

（2）不带息应付票据。

不带息应付票据到期的价值为票面价值。按照重要性原则，应付票据应按业务发生时的金额即到期价值入账。

企业开出、承兑不带息的商业汇票购货或抵付应付账款时，借记“材料采购”“原材料”“库存商品”“应交税费”“应付账款”等科目，贷记“应付票据”科目。若是银行承兑汇票，企业须按票面金额的一定比例向银行支付承兑手续费，借记“财务费用”科目，贷记“银行存款”科目。票据到期支付票款时，借记“应付票据”科目，贷记“银行存款”科目。

【例9-3】如果例9-2中的票据是不带息的商业汇票。

要求：请编制会计分录。

【解】11月1日出具应付票据时：

借：原材料　40 000

　　应交税费——应交增值税（进项税额）　5 200

　贷：应付票据　45 200

下一年4月1日支付票款时：

借：应付票据　45 200

　贷：银行存款　45 200

9.2.2　应付账款

1. 应付账款的内容

应付账款是指企业因购买材料、商品和接受劳务等而应付给供应单位的款项。它是由于购进商品等经济业务的发生时间与付款时间有一段间隔而产生的。

应付账款的入账时间应为结算凭证取得的时间。应付账款入账时间的确认，应以所购买物资的所有权转移或接受劳务已发生为标志。但是，由于应付账款的付款期限不长，往往在月内能够付款，所以在实际工作中，应区别情况处理：在货物和结算凭证同时到达的情况下，应付账款一般待货物验收入库后，才按发票账单所列金额登记入账。在货物验收入库、结算凭证未到的情况下，应付账款可暂不入账，月份内等待，待收到结算凭证后，再根据情况进行会计处理；到月份终了仍未收到发票账单的，月末应暂估入账，下月初用红字冲回，待以后收到结算凭证时，再按正常程序进行会计处理。

应付账款应按发票上记载的应付金额入账。在存在购货折扣的情况下，应区别情况处理：对于商业折扣，购货方应根据发票价格，也就是扣除商业折扣后的金额入账；对于现金折扣，企业应先按发票上记载的应付金额入账，也就是不扣除现金折扣的金额入账，待实际发生现金折扣时，将现金折扣的金额计入当期财务费用，此种方法称为总价法。净价法是按发票价格扣除现金折扣后的净额入账，实际付款时，如果存在超过规定的享受现金折扣的付款期限而支付的超过账面价值的部分，则作为财务费用处理。我国规定，应付账款采用总价法核算。

2. 应付账款的核算

对于应付账款的核算，企业应设置“应付账款”账户，该账户贷方登记企业购买材料、商品或接受劳务等所形成的应付未付的款项，借方登记偿还的应付账款或开出商业汇票抵付的应付账款或冲销的无法支付的应付账款，余额一般在贷方，表示期末尚未支付的应付账款。该账户应按照供应单位设置明细账。

企业购入材料、商品等验收入库，但货款尚未支付，应根据有关凭证，借记“材料采购”“原材料”“库存商品”等科目，按专用发票上注明的增值税税额，借记“应交税费——应交增值税（进项税额）”科目，贷记“应付账款”科目。

企业接受供应单位提供的劳务而发生的应付未付款项，根据供应单位的发票账单，借记“生产成本”“管理费用”等科目，贷记“应付账款”科目。

企业开出、承兑商业汇票抵付应付账款的，借记“应付账款”科目，贷记“应付票据”科目。

【例 9-4】A 企业从红星工厂购入甲材料一批，货款 50 000 元，增值税税额 6 500 元，材料已经验收入库，款项尚未支付。付款条件是“2/10，N/30”。

要求：根据上述经济业务编制会计分录。

【解】A 企业编制会计分录如下：

材料验收入库时：

借：原材料	50 000	
应交税费——应交增值税（进项税额）	6 500	
贷：应付账款		56 500

如果企业在 10 天内付款：

借：应付账款	56 500	
贷：财务费用		1 130
银行存款		55 370

如果企业超期付款：

借：应付账款	56 500	
贷：银行存款		56 500

9.3 应付职工薪酬

9.3.1 应付职工薪酬的范围

应付职工薪酬是指企业为获得职工提供的服务或终止劳动合同关系而给予的各种形式的报酬。企业提供给职工配偶、子女、受赡养人、已故员工遗属及其他受益人等的福利，也属于职工薪酬。

职工薪酬中所指职工是广义的职工概念，其具体范围包括：

（1）与企业订立劳动合同的所有人员，含全职、兼职和临时职工；

（2）虽未与企业订立劳动合同，但由企业正式任命的人员，如股份有限公司的董事和监事；

（3）在企业的计划和控制下，未与企业订立劳动合同或未由其正式任命，但向企业所提供服务与职工所提供服务类似的人员，也属于职工的范畴，包括通过企业与劳务中介公司签订用工合同而向企业提供服务的人员。

职工薪酬主要包括短期薪酬、离职后福利、辞退福利和其他长期职工福利。

短期薪酬是指企业预期在职工提供相关服务的年度报告期结束后12个月内将全部予以支付的职工薪酬，因解除与职工的劳动关系给予的补偿除外。因解除与职工的劳动关系给予的补偿属于辞退福利的范畴。短期薪酬主要包括：职工工资、奖金、津贴和补贴，职工福利费，医疗保险费、工伤保险费和生育保险费等社会保险费，住房公积金，工会经费和职工教育经费，短期带薪缺勤，短期利润分享计划，非货币性福利及其他短期薪酬。

离职后福利是指企业为获得职工提供的服务而在职工退休或与企业解除劳动关系后，提供的各种形式的报酬和福利，属于短期薪酬和辞退福利的除外。离职后福利计划，是指企业与职工就离职后福利达成的协议，或者企业为向职工提供离职后福利制定的规章或办法等。离职后福利计划按照企业承担的风险和义务情况，可以分为设定提存计划和设定受益计划。其中，设定提存计划，是指企业向独立的基金缴存固定费用后，不再承担进一步支付义务的离职后福利计划，主要包括：基本养老保险和失业保险。设定受益计划，是指除设定提存计划以外的离职后福利计划，如统筹外补充退休金。

辞退福利是指企业在职工劳动合同到期之前解除与职工的劳动合同关系，或者为鼓励职工自愿接受裁减而给予职工的补偿。辞退福利主要包括：在职工劳动合同尚未到期前，不论职工本人是否愿意，企业决定解除与职工的劳动关系而给予的补偿；在职工劳动合同尚未到期前，为鼓励职工自愿接受裁减而给予的补偿，职工有权利选择继续在职或接受补偿离职。

其他长期职工福利是指除短期薪酬、离职后福利、辞退福利之外的所有职工薪酬，主要包括：长期带薪缺勤、长期残疾福利、长期利润分享计划等。

9.3.2 应付职工薪酬的核算

为了核算企业应付给职工的各项薪酬，企业一般应设置“应付职工薪酬”账户。该账户属于负债类账户，借方表示支付或减少的职工薪酬，贷方表示企业计提的职工薪酬，期末余额一般在贷方，表示尚未支付的职工薪酬。该账户可以根据应付职工薪酬的内容分别设置明细账。

1. 工资

工资是指按照国家统计局的规定构成工资总额的计时工资、计件工资、支付给职工的超额劳动报酬和增收节支的劳动报酬、为了补偿职工特殊或额外的劳动消耗和因其他特殊原因支付给职工的津贴，以及为了保证职工工资水平不受物价影响支付给职工的物价补贴等。

(1) 工资总额的组成内容。

①计时工资，是按计时工资标准和工作时间支付给职工的劳动报酬，包括计时工资、结构工资制下的基础工资和职务（岗位）工资、新参加工作职工的见习工资。

②计件工资，是按计件工资标准和职工完成的工作量支付给职工的劳动报酬。计件工资按其支付对象不同可分为个人计件工资和集体计件工资。

③津贴和补贴。津贴是为了补偿职工特殊或额外的劳动消耗和其他特殊原因支付给职工的劳动报酬，如高空或井下作业津贴、保健津贴、技术性津贴和工龄津贴等。补贴是为

了保证职工的工资水平不受物价变动的影响支付给职工的劳动报酬，如副食价格补贴和粮价补贴等。

④奖金，是指按照职工的超额劳动工作量和增收节支业绩支付给职工的劳动报酬，如生产奖、节约奖、劳动竞赛奖和其他经营性综合奖等。

⑤加班加点工资，是指按照规定的标准和职工加班加点的时间支付给职工的劳动报酬，如节假日加班工资等。

⑥特殊情况下支付的工资，是指按照国家法律、法规和政策规定支付给职工的非工作时间的劳动报酬，如婚假、产假、探亲假、病假、定期休假和外出学习期间的工资等。

需要注意的是：有些随同工资一起支付给职工的款项不属于劳动报酬，不能计入工资总额，如市内交通费、劳动保护用品费、洗理费和独生子女补贴费等。

（2）工资的核算。

工资的核算分为工资结算和工资分配。

①工资结算包括工资的计算和发放。企业发放工资的时间一般在每月的上旬，此时无法统计职工当月出勤时间或产量，一般按上月的出勤和产量记录计算发放当月的工资。有时企业还为某些部门代扣一些款项，如水、电费等。应付工资减去代扣款项，即为实发工资。为了便于进行工资结算的核算，企业应编制“工资结算汇总表”（见表 9-1），以掌握整个企业工资的结算和支出情况，并据以进行工资的总分类核算。

表 9-1 **工资结算汇总表**

2020 年 9 月 单位：元

项目	应付工资							代扣款项		实发金额
	计时工资	计件工资	奖金	各种津贴	加班工资	其他工资	合计	代扣水电费	个人所得税	
生产工人	90 000	2 000	8 000	5 000	4 000	1 000	110 000	3 000	3 400	103 600
车间管理人员	7 000		2 000	1 000			10 000	800	600	8 600
厂部管理人员	11 000		4 000	2 800			17 800	300	450	17 050
销售机构人员	3 000		2 000	500			5 500	100	0	5 400
在建工程人员	5 000		2 000	700			7 700	300	0	7 400
合计	116 000	2 000	18 000	10 000	4 000	1 000	151 000	4 500	4 450	142 050

【例 9-5】根据表 9-1 编制会计分录。

【解】按实发金额提取现金：

借：库存现金 142 050

  贷：银行存款 142 050

实际发放工资：

借：应付职工薪酬——工资 142 050

  贷：库存现金 142 050

如果直接通过银行存款发放工资，该企业应编制如下分录：

借：应付职工薪酬——工资 142 050

  贷：银行存款 142 050

结转代扣款项：

借：应付职工薪酬——工资　4 500

　贷：其他应付款　4 500

结转代扣个人所得税：

借：应付职工薪酬——工资　4 450

　贷：应交税费　4 450

企业应在“应付职工薪酬”账户下设置“工资”明细账户，核算企业应付工资的内容。

企业发放工资，应根据“工资结算汇总表”中的实发金额，按规定的手续从银行提取现金，借记“库存现金”科目，贷记“银行存款”科目；实际支付时，借记“应付职工薪酬”科目，贷记“库存现金”科目；结转代扣款项时，借记“应付职工薪酬”科目，贷记“其他应付款”等科目；结转代扣个人所得税时，借记“应付职工薪酬”科目，贷记“应交税费”科目。

②工资分配的核算是指将企业发放的工资，在月末按照用途进行分配，记入有关科目。对于车间生产工人的工资应借记“生产成本”科目，车间管理人员的工资应借记“制造费用”科目，销售部门人员的工资应借记“销售费用”科目，行政管理人员的工资应借记“管理费用”科目，在建工程人员的工资应借记“在建工程”科目；对于应付职工的工资额应贷记“应付职工薪酬”科目。

为了便于进行对工资分配的总分类核算，企业应编制“工资分配汇总表”（见表 9-2）。

表 9-2　**工资分配汇总表**

2020 年 9 月　单位：元

应借科目	生产人员	车间管理人员	厂部管理人员	销售机构人员	在建工程人员	合计
生产成本	110 000					110 000
制造费用		10 000				10 000
管理费用			17 800			17 800
销售费用				5 500		5 500
在建工程					7 700	7 700
合　计	110 000	10 000	17 800	5 500	7 700	151 000

【例 9-6】企业根据表 9-2 编制会计分录。

【解】借：生产成本　110 000

　　　　制造费用　10 000

　　　　管理费用　17 800

　　　　销售费用　5 500

　　　　在建工程　7 700

　　　贷：应付职工薪酬——工资　151 000

2. 职工福利费

（1）职工福利费的内容。职工福利费主要是指企业内设医务室、职工浴室、理发室、托儿所等集体福利机构人员的工资，医务经费，职工因公负伤赴外地就医路费，职工生活困难补助，未实行医疗统筹企业职工医疗费用，以及按规定发生的其他职工福利支出。

(2) 职工福利费的核算。为了反映职工福利的支出与分配情况，应在“应付职工薪酬”账户下设置“职工福利”明细账户。

企业发生职工福利支出时，应借记“应付职工薪酬——职工福利”科目，贷记“银行存款”等科目。

月末，企业应按照用途对发生的职工福利费进行分配。在各月实际发生的职工福利费相差不多的情况下，可以根据实际发生的金额进行分配；如果各月发生的职工福利费相差较大，则应根据估计的金额进行分配。

企业分配职工福利费时，应借记“生产成本”“制造费用”“销售费用”“管理费用”“在建工程”“研发支出”等科目，贷记“应付职工薪酬——职工福利”科目。

【例 9-7】长江公司 10 月份用现金支付职工生活困难补助 2 000 元，其中生产工人 1 500 元，车间管理人员 500 元。

要求：请据此编制会计分录。

【解】支付时：

借：应付职工薪酬——职工福利　　2 000

　贷：库存现金　　2 000

分配时：

借：生产成本　　1 500

　　制造费用　　500

　贷：应付职工薪酬——职工福利　　2 000

3. 社会保险费和住房公积金

社会保险费是指医疗保险费、工伤保险费和生育保险费，是按国家规定由企业和职工共同负担的费用。住房公积金是按照国家规定由企业和职工共同负担的用于解决职工住房问题的费用。

为了反映应付社会保险费和住房公积金的提取和缴纳情况，企业应在“应付职工薪酬”账户下设置“社会保险费”“住房公积金”明细账户。

由职工个人负担的社会保险费和住房公积金，应根据职工工资的一定比例计算，并在职工工资中扣除，借记“应付职工薪酬——工资”科目，贷记“其他应付款”科目。

由企业负担的社会保险费和住房公积金，应在职工为其提供服务的会计期间，根据职工工资的一定比例计算，并按照规定的用途进行分配，借记“生产成本”“制造费用”“管理费用”“销售费用”“在建工程”“研发支出”等科目，贷记“应付职工薪酬——社会保险费或住房公积金”科目。

企业缴纳社会保险费和住房公积金时，由职工负担的部分，借记“其他应付款”科目；由企业负担的部分，借记“应付职工薪酬——社会保险费”“应付职工薪酬——住房公积金”科目；根据应缴纳的全部金额，贷记“银行存款”科目。

【例 9-8】根据规定，A 公司按照职工工资总额 900 000 元（其中生产工人 600 000 元，车间管理人员 150 000 元，厂部管理人员 100 000 元，销售部门人员 50 000 元）的 24% 计提住房公积金（12% 由企业承担，12% 由个人承担），并缴纳给住房公积金管理机构。

要求：请据此编制会计分录。

【解】提取住房公积金时（由个人承担的）：

借：应付职工薪酬——工资　108 000

　贷：其他应付款　108 000

提取住房公积金时（由企业承担的）：

借：生产成本　72 000

　　制造费用　18 000

　　管理费用　12 000

　　销售费用　6 000

　贷：应付职工薪酬——住房公积金　108 000

缴纳住房公积金时：

借：其他应付款　108 000

　　应付职工薪酬——住房公积金　108 000

　贷：银行存款　216 000

4. 工会经费和职工教育经费

工会经费是按照国家规定由企业负担的用于工会活动方面的经费。职工教育经费是按国家规定由企业负担的用于职工教育方面的经费。

为了反映工会经费和职工教育经费的提取和使用情况，企业应在“应付职工薪酬”账户下设置“工会经费”“职工教育经费”明细账户。

计提工会经费和职工教育经费时，应根据职工工资的一定比例计算，再根据受益对象计入相关资产的成本或当期费用，借记“生产成本”“制造费用”“管理费用”“销售费用”“在建工程”“研发支出”等科目，贷记“应付职工薪酬——工会经费或职工教育经费”科目。

企业使用工会经费和职工教育经费时，应借记“应付职工薪酬——工会经费或职工教育经费”科目，贷记“银行存款”科目。

【例 9-9】A 企业按照职工工资总额 900 000 元（其中生产工人 600 000 元，车间管理人员 150 000 元，厂部管理人员 100 000 元，销售部门人员 50 000 元）的 2% 和 1.5% 计提工会经费和职工教育经费，并划拨给相关部门。

要求：根据上述经济业务编制会计分录。

【解】提取工会经费和职工教育经费时：

借：生产成本（12 000+9 000）　21 000

　　制造费用（3 000+2 250）　5 250

　　管理费用（2 000+1 500）　3 500

　　销售费用（1 000+750）　1 750

　贷：应付职工薪酬——工会经费　18 000

　　　　　　　　　——职工教育经费　13 500

划拨时：

借：应付职工薪酬——工会经费　18 000

　　　　　　　　——职工教育经费　13 500

　贷：银行存款　31 500

5. 应付非货币性职工薪酬

企业向职工提供的非货币性职工薪酬，应当区分情况处理：

(1) 以自产产品或外购商品发放给职工作为福利，应当按照该产品的公允价值和相关税费，计入应付职工薪酬金额，并确认为主营业务收入，其销售成本的结转和相关税费的处理，与正常商品销售相同。

需注意的是，在以自产产品或外购商品发放给职工作为福利的情况下，企业在进行账务处理时，应当先通过“应付职工薪酬”科目归集当期应计入成本费用的非货币性薪酬金额，以确定完整准确的企业人工成本金额。

为了反映非货币性职工薪酬的支付与分配情况，企业应在“应付职工薪酬”账户下设置“非货币性福利”明细账户。

【例 9-10】A 企业为一家生产电冰箱的企业，共有职工 2 000 名，2020 年 2 月，公司以其生产的成本为 1 100 元的电冰箱作为福利发放给公司每名职工。该电冰箱的售价为每台 1 500 元，A 企业适用的增值税税率为 13%。假定 2 000 名职工中 1 800 名为直接参加生产的职工，200 名为总部管理人员。

要求：根据上述经济业务编制会计分录。

【解】电冰箱的售价总额=1 500×1 800+1 500×200=3 000 000（元）

电冰箱的增值税销项税额=3 000 000×13%=390 000（元）

公司决定发放非货币性福利时：

借：生产成本（2 700 000+351 000）　　3 051 000

　　管理费用（300 000+39 000）　　339 000

　贷：应付职工薪酬——非货币性福利　　3 390 000

借：应付职工薪酬——非货币性福利　　3 390 000

　贷：主营业务收入　　3 000 000

　　　应交税费——应交增值税（销项税额）　　390 000

实际发放电冰箱时：

借：主营业务成本　　2 200 000

　贷：库存商品　　2 200 000

(2) 将房屋、车辆等资产无偿提供给职工使用，应当根据受益对象，将住房每期应计提的折旧计入相关资产成本或当期费用，同时确认应付职工薪酬。租赁住房等资产供职工无偿使用的，应当根据受益对象，将每期应付的租金计入相关资产成本或当期费用，并确认应付职工薪酬。难以认定受益对象的，直接计入当期费用，并确认应付职工薪酬。

【例 9-11】A 企业为厂部各部门经理（共 15 人）提供汽车免费使用，假定每辆汽车每月计提折旧 1 000 元，同时为副总裁以上高级管理人员（共 5 人）每人租赁一套住房，每套住房月租金为 6 000 元。

要求：根据上述经济业务编制会计分录。

【解】借：管理费用　　45 000

　　　贷：应付职工薪酬——非货币性福利　　45 000

借：应付职工薪酬——非货币性福利　　45 000

　贷：累计折旧　　15 000

　　　其他应付款　　30 000

(3) 向职工提供企业支付了补贴的商品或服务，如以低于成本的价格向职工出售住房、以低于企业支付的价格向职工提供医疗保健服务。以提供包含补贴的住房为例，企业在出售住房等资产时，应当将出售价款与成本的差额（相当于企业补贴的金额）区分情况处理：

①如果出售住房的合同或协议中规定了职工在购得住房后至少应当提供服务的年限，企业应当将该项差额作为长期待摊费用处理，并在合同或协议规定的服务年限内平均摊销，根据受益对象分别计入相关资产成本或当期损益。

②如果出售住房的合同或协议中未规定职工在购得住房后必须服务的年限，企业应当将该项差额直接计入出售住房当期损益，因为在这种情况下，该项差额相当于对职工过去提供服务成本的一种补偿，不以职工的未来服务为前提，因此，应当立即确认为当期损益。

6. 辞退福利

辞退福利一般包括两方面的内容：一是在职工劳动合同到期前，不论职工本人是否愿意，企业决定解除与职工的劳动关系而给予的补偿；二是在职工劳动合同尚未到期前，为鼓励职工自愿接受裁减而给予的补偿，职工有权选择继续在职或接受补偿离职。

辞退福利通常采取解除劳动关系时一次性支付补偿的方式，也有通过提高退休后养老金或其他离职后福利标准的方式，或者将职工薪酬的工资部分支付到辞退后未来某一期末。

为了反映解除劳动关系补偿的提取和支付情况，企业应在“应付职工薪酬”账户下设置“辞退福利”明细账户。

对于职工没有选择权的辞退计划，应当根据计划条款规定拟解除劳动关系的职工数量、每一职位的辞退补偿等计提应付职工薪酬；对于自愿接受裁减的建议，由于接受裁减的职工数量不确定，企业应当预计将会接受裁减建议的职工数量，根据预计的职工数量和每一职位的辞退补偿等，确认应付职工薪酬（辞退福利）。由于被辞退职工不能再给企业带来任何经济利益，辞退福利应当计入当期费用。

企业应当根据已确定的解除劳动关系计划或自愿裁减建议计提辞退福利，计提辞退福利时，借记“管理费用”科目，贷记“应付职工薪酬——辞退福利”科目。企业实际支付辞退福利时，应借记“应付职工薪酬——辞退福利”科目，贷记“银行存款”等科目。

【例 9-12】A 企业经决定，每月按照应付工资的 20% 计提职工辞退福利，本月发生应付工资 1 000 000 元。假定本月辞退两名职工，按照劳动合同的规定应支付 40 000 元的辞退费用。

要求：根据上述经济业务编制会计分录。

【解】计提辞退福利：

借：管理费用　　200 000

　贷：应付职工薪酬——辞退福利　　200 000

支付辞退福利：

借：应付职工薪酬——辞退福利　　40 000

　贷：银行存款　　40 000

7. 离职后福利

职工正常退休时获得的养老金等离职后福利，是职工与企业签订的劳动合同到期或者职工达到了国家规定的退休年龄时，获得的离职后生活补偿金额。企业给予补偿的事项是职工在职时提供的服务而不是退休本身，因此，企业应当在职工提供服务的会计期间对离职后福利进行确认和计量。

离职后福利一般包括退休福利（养老金和一次性的退休支付）及其他离职后福利（离职后人寿保险和离职后医疗保障）。离职后福利计划按照企业承担的风险和义务情况，可以分为设定提存计划和设定受益计划。

其中，设定提存计划，是指企业向独立的基金缴存固定费用后，不再承担进一步支付义务的离职后福利计划，如基本养老保险和失业保险。设定受益计划，是指除设定提存计划以外的离职后福利计划，如向所有在职员工提供统筹外补充退休金。

对于设定提存计划，企业应当根据资产负债表日为换取职工在会计期间提供的服务而应向单独主体缴存的提存金，确认为职工薪酬负债，并计入当期损益或相关资产成本。

企业应当根据已确定的设定提存计划，按照职工工资的一定比例计算，再根据受益对象计入相关资产的成本或当期费用，借记“生产成本”“制造费用”“管理费用”“销售费用”“在建工程”“研发支出”等科目，贷记“应付职工薪酬——设定提存计划”科目。

【例 9-13】A 企业按照职工工资总额 900 000 元（其中生产工人 600 000 元，车间管理人员 150 000 元，厂部管理人员 100 000 元，销售部门人员 50 000 元）的 12% 计提基本养老保险费，缴存当地社会保险经办机构。

要求：根据上述经济业务编制会计分录。

【解】借：生产成本	72 000	
制造费用	18 000	
管理费用	12 000	
销售费用	6 000	
贷：应付职工薪酬——设定提存计划		108 000

9.4 应交税费

9.4.1 应交税费概述

应交税费是指企业在生产经营过程中产生的应该向国家缴纳的各种税费。它是企业对国家的一项负债，具有政策性、强制性、无偿性等特点。企业因营业活动而形成的应交税费，主要包括增值税、消费税、资源税、城市维护建设税、所得税和教育费附加等。

企业缴纳税金的义务，一般随其经营活动的进行而产生，会计上应按权责发生制将应缴的税金记入有关账户。但是，企业实际向税务机关缴纳税金都是定期集中进行的。一般的做法是：企业每月应缴的税金于下月初上缴。一定时期内企业应缴未缴的各项税金，形成企业的一项负债。印花税和耕地占用税等不需要预计应缴金额，在纳税义务产生的同时直接缴款即可。企业应根据税法的有关要求，正确计算应交税费，及时足额上缴，不得偷税、漏税，不得无故不缴、拖延缴纳。对于延迟缴纳税金的，税务机关将按照有关规定加收滞纳金。

为了核算应交税费的形成及缴纳情况，企业应设置“应交税费”账户。该账户贷方登记应缴纳的各种税费，借方登记实际缴纳的税费；期末贷方余额表示企业尚未缴纳的税费，期末借方余额表示多缴的税费。该账户按应交税费的种类设置明细账。

9.4.2　应交增值税

1. 增值税的定义

增值税是以商品（含应税劳务、应税行为）在流转过程中实现的增值额作为计税依据而征收的一种流转税。按照我国现行增值税制度的规定，在我国境内销售货物、加工修理修配劳务、服务、无形资产和不动产，以及进口货物的企业、单位和个人为增值税的纳税义务人。其中，“服务”包括交通运输服务、建筑服务、邮政服务、电信服务、金融服务、现代服务、生活服务。

2. 增值税纳税人的分类

根据经营规模大小及会计核算水平的健全程度，增值税纳税人分为一般纳税人和小规模纳税人。计算增值税的方法分为一般计税方法和简易计税方法。一般纳税人是指年应税销售额超过财政部、国家税务总局规定标准的增值税纳税人。小规模纳税人是指年应税销售额未超过规定标准，并且会计核算不健全，不能够提供准确税务资料的增值税纳税人。

3. 增值税的一般计税方法

增值税的一般计税方法是先按当期销售额和适用的税率计算出销项税额，然后以该销项税额对当期购进项目支付的税款（进项税额）进行抵扣，从而间接计算出当期的应纳税额。

4. 应纳税额的计算公式

应纳税额=当期销项税额-当期进项税额

公式中的“当期销项税额”是指纳税人当期销售货物、提供应税劳务、发生应税行为时按照销售额和增值税税率计算并收取的增值税税额。其中，销售额是指纳税人销售货物、提供应税劳务、发生应税行为时向购买方收取的全部价款和价外费用，但是不包括收取的销项税额。如果包括销项税额，必须将其换算成不含税销售额，其换算公式为：

$$不含税销售额=\frac{含税销售额}{1+增值税税率}$$

当期销项税额的计算公式：

当期销项税额=当期销售额×增值税税率

公式中的“当期进项税额”是指纳税人购进货物、加工修理修配劳务、服务、无形资产或者不动产，支付或者负担的增值税税额。下列进项税额准予从销项税额中抵扣：从销售方取得的增值税专用发票（含税控机动车销售统一发票，下同）上注明的增值税税额；海关进口增值税专用缴款书上注明的增值税税额；购进农产品，除取得增值税专用发票或者海关进口增值税专用缴款书外，按照农产品收购发票或者销售发票上注明的农产品买价和9%的扣除率计算的进项税额；从境外单位或者个人购进服务、无形资产或者不动产，自税务机关或者扣缴义务人取得的解缴税款的完税凭证上注明的增值税税额；一般纳税人支付的道路、桥、闸通行费，凭取得的通行费发票上注明的收费金额和规定的方法计算的可抵扣的增值税进项税额。

当期销项税额小于当期进项税额，不足抵扣时，其不足部分可以结转至下期继续抵扣。

5. 增值税税率

增值税一般纳税人计算增值税大多采用一般计税方法；小规模纳税人一般采用简易计税

方法；一般纳税人销售服务、无形资产或者不动产，符合规定的，可以采用简易计税方法。

（1）一般纳税人采用的税率分为13%、9%、6%和零税率4档。一般纳税人销售或者进口货物、加工修理修配劳务、提供有形动产租赁服务，税率为13%；一般纳税人销售或者进口粮食、食用植物油、自来水、暖气、冷气、热水、煤气、石油液化气、天然气、沼气、居民用煤炭制品、图书、报纸、杂志、饲料、化肥、农药、农机、农膜以及国务院及其有关部门规定的其他货物，提供交通运输、邮政、基础电信、建筑、不动产租赁服务，销售不动产，转让土地使用权，税率为9%；一般纳税人销售增值电信服务、金融服务、现代服务（租赁服务除外）、生活服务、无形资产（不含土地使用权），税率为6%。

一般纳税人出口货物，税率为零；但是，国务院另有规定的除外。境内单位和个人发生的跨境应税行为税率为零，具体范围由财政部和国家税务总局另行规定。

（2）小规模纳税人增值税征收率为3%。增值税的简易计税方法是按照销售额与征收率的乘积计算应纳税额，不得抵扣进项税额。

应纳税额的计算公式为：

应纳税额=销售额×征收率

公式中的“销售额”不包括其应纳税额，如果纳税人采用销售额和应纳税额合并定价方法，应按照公式“销售额=含税销售额÷（1+征收率）”还原为不含税销售额计算。

6. 增值税的核算

（1）一般纳税人增值税业务设置的会计科目。

增值税一般纳税人应当在“应交税费”科目下设置以下二级科目：“应交增值税”“未交增值税”“预交增值税”“待认证进项税额”“待转销项税额”“简易计税”“转让金融商品应交增值税”“代扣代交增值税”等明细科目。

第一，“应交增值税”二级科目内还应当设置以下三级科目：“进项税额”“已交税金”“出口抵减内销产品应纳税额”“销项税额抵减”“减免税款”“转出未交增值税”“销项税额”“进项税额转出”“出口退税”“转出多交增值税”。该二级账户期末结转后无余额。

“进项税额”专栏，记录一般纳税人购进货物、加工修理修配劳务、服务、无形资产或不动产而支付或负担的、准予从当期销项税额中抵扣的增值税税额。

“销项税额抵减”专栏，记录一般纳税人按照现行增值税制度的规定因扣减销售额而减少的销项税额。

“已交税金”专栏，记录一般纳税人当月已缴纳的应缴增值税税额。

“转出未交增值税”“转出多交增值税”专栏，分别记录一般纳税人月度终了转出当月应缴未缴或多缴的增值税税额。

“减免税款”专栏，记录一般纳税人按现行增值税制度的规定准予减免的增值税税额。对于当期直接减免的增值税，企业应当根据《增值税会计处理规定》（财会〔2016〕22号）的相关规定进行会计处理，借记“应交税金——应交增值税（减免税款）”科目，贷记“其他收益”科目。

“出口抵减内销产品应纳税额”专栏，记录实行“免、抵、退”税办法的一般纳税人按规定计算的出口货物的进项税额抵减内销产品的应纳税额。

“销项税额”专栏，记录一般纳税人销售货物、加工修理修配劳务、服务、无形资产或不动产应收取的增值税税额。

“出口退税”专栏，记录一般纳税人出口货物、加工修理修配劳务、服务、无形资产按规定退回的增值税税额。

“进项税额转出”专栏，记录一般纳税人购进货物、加工修理修配劳务、服务、无形资产或不动产等发生非正常损失以及其他原因而不应从销项税额中抵扣、按规定转出的进项税额。

第二，“未交增值税”明细科目，借方登记转入的当期多交增值税和实际缴纳的增值税，贷方登记转入的当期应缴未缴的增值税；期末借方余额为累计多缴增值税，贷方余额为累计未缴增值税。

第三，“预交增值税”明细科目，核算一般纳税人转让不动产、提供不动产经营租赁服务、提供建筑服务、采用预收款方式销售自行开发的房地产项目等，以及其他按现行增值税制度的规定应预缴的增值税税额。

第四，“待认证进项税额”明细科目，核算一般纳税人由于未经税务机关认证而不得从当期销项税额中抵扣的进项税额。其包括：一般纳税人已取得增值税扣税凭证、按照现行增值税制度的规定准予从销项税额中抵扣，但尚未经税务机关认证的进项税额；一般纳税人已申请稽核但尚未取得稽核相符结果的海关缴款书进项税额。

第五，“待转销项税额”明细科目，核算一般纳税人销售货物、加工修理修配劳务、服务、无形资产或不动产，已确认相关收入（或利得）但尚未发生增值税纳税义务而需于以后期间确认为销项税额的增值税税额。

第六，“简易计税”明细科目，核算一般纳税人采用简易计税方法发生的增值税计提、扣减、预缴、缴纳等业务。

第七，“转让金融商品应交增值税”明细科目，核算增值税纳税人转让金融商品发生的增值税税额。

第八，“代扣代交增值税”明细科目，核算纳税人购进在境内未设经营机构的境外单位或个人在境内的应税行为代扣代缴的增值税。

（2）一般纳税人增值税业务核算。

①应交增值税。

第一，正常购进业务。按专用发票上注明的增值税税额，借记“应交税费——应交增值税（进项税额）”科目，按专用发票上记载的应当计入成本的金额，借记“材料采购”“原材料”等科目，按应付或实际支付的金额，贷记“应付账款”“银行存款”等科目。

【例 9-14】A 企业购入原材料一批，增值税专用发票上注明货款 70 000 元，增值税税额 9 100 元，运输发票注明：价款 1 000 元，税款 90 元，原材料已验收入库，款项均用银行存款支付。

要求：根据上述经济业务编制会计分录。

【解】借：原材料　　71 000

　　　　应交税费——应交增值税（进项税额）　　9 190

　　贷：银行存款　　80 190

第二，购入农产品。由于销货方无须缴纳增值税，购入方应按购进农产品的买价和规定扣除率计算的进项税额，借记“应交税费——应交增值税（进项税额）”科目，按买价减去按规定计算的进项税额后的差额，借记“材料采购”“原材料”“库存商品”等科目，按应付或实际支付的金额，贷记“应付账款”“银行存款”等科目。

【例 9-15】A 企业购进农产品一批，实际支付的价款为 100 000 元，以银行存款支付，农产品作为原材料已验收入库。

要求：根据上述经济业务编制会计分录。

【解】允许抵扣的进项税额=100 000×9%=9 000（元）

借：原材料 91 000

应交税费——应交增值税（进项税额） 9 000

贷：银行存款 100 000

第三，购进货物改变用途以及购进货物发生非正常损失。其购进时已支付的进项税额应当转出。企业转出进项税额时，借记“应付职工薪酬”“营业外支出”“待处理财产损溢”等科目，贷记“应交税费——应交增值税（进项税额转出）”“原材料”“库存商品”等科目。

【例 9-16】A 企业对外捐赠价值 50 000 元的生产用原材料，其应负担的进项税额为 6 500 元。

要求：根据上述经济业务编制会计分录。

【解】借：营业外支出 56 500

贷：原材料 50 000

应交税费——应交增值税（进项税额转出） 6 500

第四，销售货物或提供应税劳务。企业销售货物或提供应税劳务，应按实现的销售收入和按规定收取的增值税税额，借记“银行存款”“应收账款”“应收票据”等科目，按专用发票上注明的增值税税额，贷记“应交税费——应交增值税（销项税额）”科目，按实际的营业收入，贷记“主营业务收入”“其他业务收入”等科目。

【例 9-17】A 企业销售产品一批。增值税专用发票注明货款 200 000 元，增值税税额 26 000 元，专用发票等结算凭证已交给购货方，产品已经发出，款项尚未收到。

要求：根据上述经济业务编制会计分录。

【解】借：应收账款 226 000

贷：主营业务收入 200 000

应交税费——应交增值税（销项税额） 26 000

第五，出口退税。为核算纳税人出口货物应收取的出口退税款，企业设置“应收出口退税款”科目，该科目的借方反映销售出口货物按规定向税务机关申报应退回的增值税、消费税等，贷方反映实际收到的出口货物应退回的增值税、消费税等。期末借方余额，反映尚未收到的应退税额。

未实行“免、抵、退”税办法的一般纳税人出口货物按规定退税的，按规定计算的应收出口退税额，借记“应收出口退税款”科目，贷记“应交税费——应交增值税（出口退税）”科目，收到出口退税时，借记“银行存款”科目，贷记“应收出口退税款”科目；退税额低于购进时取得的增值税专用发票上的增值税税额的差额，借记“主营业务成本”科目，贷记“应交税费——应交增值税（进项税额转出）”科目。

实行“免、抵、退”税办法的一般纳税人出口货物，在货物出口销售后结转产品销售成本时，按规定计算的退税额低于购进时取得的增值税专用发票上的增值税税额的差额，借记“主营业务成本”科目，贷记“应交税费——应交增值税（进项税额转出）”科目；按规定计算的当期出口货物的进项税额抵减内销产品的应纳税额，借记“应交税费——应交增值税（出口抵减内销产品应纳税额）”科目，贷记“应交税费——应交增值税（出口退税）”科目。在规定期限内，若内销产品的应纳税额不足以抵减出口货物的进项税额，不足部分按有关税法的规定给予退税的，应在实际收到退税款时，借记“银行存款”科目，贷记“应交税费——应交增值税（出口退税）”科目。

【例 9-18】A 公司购入一批商品，取得的增值税专用发票上注明：价款为 1 000 000 元，税款为 130 000 元，用银行存款支付。假定该批商品全部出口，收到货款 2 000 000 元。按照规定进项税额的 50% 从税务机关退税，30% 抵减内销商品应纳增值税，20% 不予抵扣。

要求：根据上述经济业务编制会计分录。

【解】税务机关退税，A 公司收到退税款时：

借：银行存款 65 000

　贷：应交税费——应交增值税（出口退税） 65 000

出口抵减内销商品应纳增值税时：

借：应交税费——应交增值税（出口抵减内销产品应纳税额） 39 000

　贷：应交税费——应交增值税（出口退税） 39 000

不予抵扣：

借：主营业务成本 26 000

　贷：应交税费——应交增值税（进项税额转出） 26 000

如果企业经过税务机关批准减免税款，可以全额抵减当期销项税额，记入“营业外收入”科目。

第六，缴纳增值税。企业“应交税费——应交增值税”账户的贷方余额，表示企业本月应缴纳的增值税。上交本月应缴的增值税时，借记“应交税费——应交增值税（已交税金）”科目，贷记“银行存款”科目。

【例 9-19】A 企业本月“应交税费——应交增值税”账户贷方发生额为 38 250 元，借方发生额为 23 770 元，本月应缴的增值税税额为 14 480 元，用银行存款缴纳 10 480 元。

要求：根据上述经济业务编制会计分录。

【解】借：应交税费——应交增值税（已交税金） 10 480

　　　贷：银行存款 10 480

②未交增值税。

月末结转应交未交或多交增值税。月份终了时，企业应将本月应缴未缴或多缴增值税从“应交税费——应交增值税”明细账户转出，转入“应交税费——未交增值税”明细账户。转出应缴未缴增值税时，借记“应交税费——应交增值税（转出未交增值税）”科目，贷记“应交税费——未交增值税”科目；转出多缴增值税时，借记“应交税费——未交增值税”科目，贷记“应交税费——应交增值税（转出多交增值税）”科目。

【例 9-20】A 企业本月应缴增值税税额为 14 480 元，已缴 10 480 元，本月应缴未缴增值税税额为 4 000 元，月末转入“未交增值税”明细账户。

要求：根据上述经济业务编制会计分录。

【解】借：应交税费——应交增值税（转出未交增值税） 4 000

贷：应交税费——未交增值税 4 000

③预交增值税。

预交增值税是指企业转让不动产、提供不动产经营租赁服务、提供建筑服务、采用预收款方式销售自行开发的房地产项目等，以及其他按现行增值税制度的规定应预缴的增值税税额。企业预缴增值税时，借记“应交税费——预交增值税”科目，贷记“银行存款”科目，月份终了时，企业应将“预交增值税”从“应交税费——预交增值税”明细账户转出，转入“应交税费——未交增值税”明细账户。

【例 9-21】8 月 31 日，房地产企业预收 9 月至 12 月销售房屋款 10 000 元，按照规定预缴增值税 1 300 元。

要求：根据上述经济业务编制会计分录。

【解】预收销售房屋款时：

借：银行存款 10 000

贷：预收账款 10 000

预缴增值税时：

借：应交税费——预交增值税 1 300

贷：银行存款 1 300

月终结转时：

借：应交税费——未交增值税 1 300

贷：应交税费——预交增值税 1 300

④购进不动产或不动产在建工程项目进项税额。

购进不动产或不动产在建工程项目等，企业取得增值税专用发票并经税务机关认证时，其进项税额按照现行增值税制度的规定一次性从销项税额中抵扣。

【例 9-22】企业购入一幢大楼作为生产车间并交付使用，取得发票并经税务机关认证，增值税专用发票上注明大楼的价款为 8 000 000 元，增值税税额为 720 000 元，款项以银行存款支付。

要求：根据上述经济业务编制会计分录。

【解】当年企业购入固定资产时：

借：固定资产 8 000 000

应交税费——应交增值税（进项税额） 720 000

贷：银行存款 8 720 000

⑤待认证进项税额。

企业的发票未经税务机关认证，不得从当期销项税额中抵扣其进项税额。按照未经税务机关认证的进项税额，借记“应交税费——待认证进项税额”科目，贷记“银行存款”科目；经税务机关认证后，企业应将“待认证进项税额”从“应交税费——待认证进项税额”明细账户转出，转入“应交税费——应交增值税（进项税额）”明细账户。

【例 9-23】A 企业购入原材料一批，增值税专用发票上注明货款 70 000 元，增值税税额 9 100 元，用银行存款支付，尚未经过税务机关认证。

要求：根据上述经济业务编制会计分录。

【解】借：原材料　70 000

应交税费——待认证进项税额　9 100

贷：银行存款　79 100

认证后会计处理：

借：应交税费——应交增值税（进项税额）　9 100

贷：应交税费——待认证进项税额　9 100

⑥待转销项税额。

企业销售货物、加工修理修配劳务、服务、无形资产或不动产，如果已确认相关收入（或利得），但尚未发生增值税纳税义务而形成待转销项税额，需要在以后期间确认为销项税额。

【例 9-24】2019 年 6 月 1 日，A 企业为 B 企业建设一栋仓库，2020 年 12 月 31 日交工。合同约定，A 企业于 2020 年 6 月末收到 50% 价款 100 000 元，增值税税款 9 000 元。

要求：根据上述经济业务编制会计分录。

【解】2019 年 12 月 31 日，A 企业需要根据完工进度确认收入：

借：应收账款　109 000

贷：主营业务收入　100 000

应交税费——待转销项税额　9 000

2020 年 6 月 30 日，A 企业收到价款并确认销项税额：

借：银行存款　109 000

贷：应收账款　109 000

确认销项税额：

借：应交税费——待转销项税额　9 000

贷：应交税费——应交增值税（销项税额）　9 000

⑦代扣代交增值税。

按照增值税制度的规定，境外单位或个人在境内的应税行为，在境内没有经营机构的，以购买方为增值税扣缴义务人，代扣代缴增值税。

【例 9-25】A 企业为一般纳税人，2020 年 1 月从某外国企业购入一项服务，价税合计 10 600 元。

要求：根据上述经济业务编制会计分录。

【解】履行代扣代缴义务：

借：生产成本　10 600

贷：应交税费——代扣代交增值税　600

银行存款　10 000

缴纳代扣代交增值税：

借：应交税费——代扣代交增值税　600

贷：银行存款　600

⑧简易计税。

企业提供教育辅助服务等业务，采用简易计税方法计算缴纳增值税，不得抵扣进项税额。

【例 9-26】公司经税务机关批准采用简易计税方法计算缴纳增值税。本月收取业务培训费 41 200 元，补缴上月未缴简易计税增值税 5 000 元。

要求：根据上述经济业务编制会计分录。

【解】应交增值税=41 200×3%÷（1+3%）=1 200（元）

确认收入=41 200−1 200=40 000（元）

借：银行存款 41 200

贷：其他业务收入 40 000

应交税费——简易计税 1 200

补缴上月未缴简易计税增值税：

借：应交税费——简易计税 5 000

贷：银行存款 5 000

⑨转让金融商品应交增值税。

金融商品转让按规定以盈亏相抵后的余额作为销售额进行账务处理。金融商品实际转让月末，如产生转让收益，则按应纳税额借记“投资收益”等科目，贷记“应交税费——转让金融商品应交增值税”科目；如产生转让损失，则可结转下月抵扣税额，借记“应交税费——转让金融商品应交增值税”科目，贷记“投资收益”等科目。缴纳增值税时，应借记“应交税费——转让金融商品应交增值税”科目，贷记“银行存款”科目。年末，本科目如有借方余额，则借记“投资收益”等科目，贷记“应交税费——转让金融商品应交增值税”科目。

【例 9-27】10 月 30 日 A 房地产公司在公开市场购入恒大地产股票 100 000 股，每股成本价 10 元，12 月 31 日全部销售，售价每股 12 元，假设不考虑其他因素。

要求：根据上述经济业务编制会计分录。

【解】转让金融商品应交增值税=（12−10）×100 000×6%÷（1+6%）=11 321（元）

借：银行存款 1 200 000

贷：交易性金融资产 1 000 000

投资收益 188 679

应交税费——转让金融商品应交增值税 11 321

（3）小规模纳税人增值税业务核算。

①小规模纳税人的划分标准。税法对此的规定是：年应征增值税销售额在 500 万元（含）以下的企业为小规模纳税人；年应征增值税销售额在 500 万元以上的企业为一般纳税人。

②应交增值税税额的计算。

应交增值税税额=不含税销售额×征收率

$$不含税销售额=\frac{含税销售额}{1+征收率}$$

一般情况下，小规模纳税人采用销售额和应交增值税税额合并定价的方法，销售货物或提供应税劳务后应进行价税分离。

③应交增值税的核算。小规模纳税人应交增值税的核算，通过“应交税费——应交增值税”明细账户，不需设置其他专栏，采用简化的方法核算，即购进货物或接受应税劳务

支付的增值税税额，无论是否能够取得增值税专用发票，都不能作为进项税额抵扣，而应计入购进货物或接受应税劳务的成本；在销售货物时，不能出具增值税专用发票，只能开具普通发票。

小规模纳税人在销售货物或提供应税劳务时，应按全部价款借记“银行存款”“应收账款”等科目，按不含税的销售额贷记“主营业务收入”等科目，按应征税额贷记“应交税费——应交增值税”科目。

【例 9-28】小规模纳税企业购进原材料一批，增值税专用发票上注明货款 20 000 元，增值税 2 600 元，原材料已验收入库，款项用银行存款支付；本月销售 A 产品一批，全部价款为 53 000 元，款项收到存入银行。

要求：根据上述经济业务编制会计分录。

【解】购进货物：

借：原材料	22 600	
贷：银行存款		22 600

销售货物：

借：银行存款	53 000	
贷：主营业务收入（53 000÷（1+3%））		51 456
应交税费——应交增值税（51 456×3%）		1 544

9.4.3　应交消费税

1. 消费税概述

消费税是对在我国境内从事生产、委托加工和进口应税消费品的单位和个人所征收的一种税。消费税的计算，实行从价定率、从量定额和复合计税的方法。其计算公式为：

从价定率法：应纳税额=销售额×适用税率

从量定额法：应纳税额=销售数量×单位税额

复合计税法：应纳税额=销售额×适用税率+销售数量×单位税额

2. 应交消费税的核算

为了核算和监督消费税的计算和缴纳情况，企业应设置“应交税费——应交消费税”明细账户。该账户贷方登记企业应缴纳的消费税税额，借方登记已缴的消费税税额；期末贷方余额反映尚未缴纳的消费税税额，期末借方余额反映多缴的消费税税额。

（1）销售应税消费品。

企业销售应税消费品应缴消费税时，借记“税金及附加”科目，贷记“应交税费——应交消费税”科目。

【例 9-29】A 企业销售应税消费品一批，增值税专用发票注明货款为 90 000 元，增值税税额为 11 700 元，款项收到已存入银行。该产品的消费税税率为 10%。

要求：根据上述经济业务编制会计分录。

【解】销售产品时：

借：银行存款	101 700	
贷：主营业务收入		90 000
应交税费——应交增值税（销项税额）		11 700

结转应交消费税时：

借：税金及附加 9 000

贷：应交税费——应交消费税 9 000

（2）视同销售的应税消费品。

企业将自产的应税消费品用于本企业的生产经营、在建工程、集体福利、个人消费，或用于对外投资、分配给股东或无偿捐赠给他人，均应视同销售，计算缴纳消费税。按规定计算应缴纳的消费税，借记“在建工程”“应付职工薪酬”“长期股权投资”“营业外支出”等科目，贷记“应交税费——应交消费税”科目。

【例 9-30】A 企业将自产的应税消费品作为集体福利发放，该批消费品的成本为 400 000 元，消费税税率为 10%，增值税税率为 13%。

要求：根据上述经济业务编制会计分录。

【解】借：应付职工薪酬 492 000

贷：库存商品 400 000

应交税费——应交增值税（销项税额） 52 000

——应交消费税 40 000

（3）委托加工的应税消费品。

按税法的规定，企业委托外单位加工应税消费品，应由受托方代收代缴消费税（除受托加工或翻新改制金银首饰按规定由受托方缴纳消费税外）。企业收回委托加工的应税消费品，如果是直接用于销售，则缴纳的消费税应计入委托加工物资的成本，借记“委托加工物资”等科目，贷记“银行存款”“应付账款”等科目；如果用于连续生产应税消费品，按税法的规定，缴纳的消费税可以抵扣，借记“应交税费——应交消费税”科目，贷记“银行存款”“应付账款”等科目。

【例 9-31】A 企业委托长江加工厂加工应税消费品，发出原材料成本为 80 000 元，用银行存款支付不含税的加工费 10 000 元，增值税税额为 1 300 元，取得了增值税专用发票，支付消费税税额 4 220 元。

要求：根据上述经济业务编制会计分录。

【解】（1）如果收回后的应税消费品直接出售：

发出原材料时：

借：委托加工物资 80 000

贷：原材料 80 000

支付加工费、增值税和消费税时：

借：委托加工物资 14 220

应交税费——应交增值税（进项税额） 1 300

贷：银行存款 15 520

收回应税消费品时：

借：库存商品 94 220

贷：委托加工物资 94 220

（2）如果收回后的应税消费品继续加工：

发出原材料时：

借：委托加工物资　80 000

　贷：原材料　80 000

支付加工费、增值税和消费税时：

借：委托加工物资　10 000

　　应交税费——应交增值税（进项税额）　1 300

　　　　　——应交消费税　4 220

　贷：银行存款　15 520

收回应税消费品时：

借：库存商品　90 000

　贷：委托加工物资　90 000

9.4.4　应交所得税

1. 所得税概述

所得税是根据纳税人应纳税所得额的一定比例征收的一种税，包括企业所得税和个人所得税。

企业所得税是对我国企业和其他组织的生产经营的应纳税所得额的一定比例征收的一种税。按照税法的相关规定企业所得税实行比例税率。

个人所得税是对个人（即自然人）取得的各项应税所得征收的一种所得税。按照税法的相关规定企业为职工代扣代缴的个人所得税，实行七级累进税率。

2. 所得税的核算

（1）企业所得税。

企业核算应缴所得税时，要核定企业应纳税所得额。企业应纳税所得额是在企业税前会计利润的基础上调整确定的，其计算公式为：

应交所得税税额=应纳税所得额×所得税税率

应纳税所得额=会计利润总额±税收调整项目金额

为了核算和监督企业所得税的计算和缴纳情况，企业应设置“应交税费——应交企业所得税”明细账户。该账户的贷方登记企业计算的应缴所得税，借方登记已缴纳的所得税，期末贷方余额反映企业尚未缴纳的所得税。

“应交税费——应交企业所得税”以税法计算的应纳所得税税额作为入账金额。企业按照计算的应缴所得税金额，借记“所得税费用”科目，贷记“应交税费——应交企业所得税”科目。上缴所得税时，借记“应交税费——应交企业所得税”科目，贷记“银行存款”科目。会计上对所得税的核算方法是资产负债表债务法。

（2）个人所得税。

企业为职工代扣代缴个人所得税通过“应交税费——应交个人所得税”科目核算。

企业按规定计算代扣代缴职工的个人所得税时，应借记“应付职工薪酬”科目，贷记“应交税费——应交个人所得税”科目；实际缴纳时，借记“应交税费——应交个人所得税”科目，贷记“银行存款”科目。

9.4.5 其他应缴税费

1. 其他应缴税费的内容

除了上述增值税、消费税和所得税之外，纳税人还应当按照国家规定计算缴纳其他税费。其主要包括城市维护建设税、教育费附加、资源税、房产税、城镇土地使用税、车船税、印花税等相关税费。

（1）城市维护建设税，是国家为了加强城市的维护建设，扩大和稳定城市维护建设资金的来源而征收的一种税。它按照企业缴纳的增值税和消费税的合计金额和规定的税率计算。

（2）教育费附加，是一种附加费，是对缴纳增值税、消费税的单位和个人征收的一种附加费，作用是发展地方性教育事业，扩大地方教育经费的资金来源。

（3）资源税，是对在我国境内开采矿产品或者生产盐的单位和个人征收的一种税。它按照应税产品的课税数量和规定的单位税额计算。

（4）房产税，是国家对在城市、县城、建制镇和工矿区征收的由房屋产权所有人缴纳的一种税。

（5）城镇土地使用税，是国家为了合理利用城镇土地，调节土地级差收入，提高土地使用效益，加强土地管理而增收的一种税。它以纳税人实际占用的土地面积为计税依据，按规定税额计算征收。

（6）车船税，是指对在中国境内车船管理部门登记的车辆、船舶依法征收的一种税。

（7）印花税，是对经济活动和经济交往中书立、领受具有法律效力的凭证的行为所征收的一种税。其因采用在应税凭证上粘贴印花税票作为完税的标志而得名。

2. 其他应缴税费的核算

为了核算和监督上述税费的应缴和实缴情况，企业应设置“应交税费”相应明细账户。

上述税费的核算方法基本相同，在此仅以城市维护建设税为例说明上述税费核算方法。

“应交税费——应交城市维护建设税”明细账户贷方登记应缴纳的城市维护建设税，借方登记已缴纳的城市维护建设税，期末贷方余额反映尚未缴纳的城市维护建设税，期末借方余额反映多缴的城市维护建设税税额。

企业按规定计算的应缴城市维护建设税，借记“税金及附加”“其他业务成本”等科目，贷记“应交税费——应交城市维护建设税”科目；实际上缴时，借记“应交税费——应交城市维护建设税”科目，贷记“银行存款”科目。

【例 9-32】A 企业按照规定计算本月应缴城市维护建设税 10 000 元、资源税 11 000 元、教育费附加 12 000 元、房产税 13 000 元、城镇土地使用税 14 000 元、车船税 6 000 元、印花税 4 000 元（忽略实际税率）。

要求：根据上述经济业务编制会计分录。

【解】计算应缴城市维护建设税等时：

借：税金及附加 66 000

贷：应交税费——应交城市维护建设税		10 000
——应交资源税		11 000
——应交教育费附加		12 000
——应交房产税		13 000
——应交城镇土地使用税		14 000
——应交车船税		6 000

上缴城市维护建设税等时：

借：应交税费——应交城市维护建设税	10 000	
——应交资源税	11 000	
——应交教育费附加	12 000	
——应交房产税	13 000	
——应交城镇土地使用税	14 000	
——应交车船税	6 000	
贷：银行存款		66 000

印花税直接用银行存款缴纳：

借：税金及附加	4 000	
贷：银行存款		4 000

此外，土地增值税和车辆购置税的核算方法与上述税种核算方法有所不同。

土地增值税是指对在我国境内转让国有土地使用权、地上建筑物及其附着物并取得收入的单位和个人征收的一种税。

企业计算转让的国有土地使用权连同地上建筑物及其附着物应缴的土地增值税，借记“固定资产清理”“在建工程”等科目，贷记“应交税费——应交土地增值税”科目；缴纳土地增值税时，借记“应交税费——应交土地增值税”科目，贷记“银行存款”科目。

车辆购置税是以在中国境内购置规定的车辆为课税对象、在特定的环节向车辆购置者征收的一种税。在我国境内购置规定车辆的单位和个人都应缴纳车辆购置税。企业计算并缴纳应缴车辆购置税时，借记“固定资产”科目，贷记“应交税费——应交车辆购置税”“银行存款”科目。

9.5 其他流动负债

9.5.1 短期借款

短期借款是指企业向银行或其他金融机构借入的期限在1年（含1年）以内的各种借款。短期借款一般是企业为了维持正常的所需资金或为偿付某项短期债务而借入的。企业取得短期借款，应按规定的用途使用，并按期偿还本金和利息。

短期借款的利息一般是按季支付的。为了正确反映各月借款利息的实际情况，按照权责发生制原则，企业要按月计提利息。如果数额不大，也可于实际支付月份一次性计入当期损益。

为了核算和监督短期借款业务，企业应设置“短期借款”账户。该账户贷方登记借入的各种短期借款金额，借方登记已归还的短期借款的金额，期末贷方余额反映尚未归还的借款金额。短期借款的核算主要涉及三个方面：一是取得短期借款的处理；二是短期借款利息的处理；三是归还短期借款的处理。

企业取得短期借款时，借记“银行存款”科目，贷记“短期借款”科目；预提借款的利息时，借记“财务费用”科目，贷记“应付利息”科目；归还短期借款的本息时，借记“短期借款”“应付利息”等科目，贷记“银行存款”科目。

【例 9-33】A 企业于 4 月 1 日向银行借款 40 000 元，期限为 6 个月，年利率 6%。该借款到期后如数归还，利息按月预提，按季支付。

要求：根据上述经济业务编制会计分录。

【解】4 月 1 日取得借款时：

借：银行存款　　40 000

　贷：短期借款　　40 000

4 月末预提当月应计利息费用时：

借：财务费用　　200

　贷：应付利息（40 000×6%÷12）　　200

5 月末预提当月利息的处理同上。

6 月末支付本季度应付利息时：

借：财务费用　　200

　　应付利息　　400

　贷：银行存款　　600

7、8 月末预提利息与第一笔预提利息的分录相同。

9 月末归还借款的本金和利息时：

借：短期借款　　40 000

　　财务费用　　200

　　应付利息　　400

　贷：银行存款　　40 600

9.5.2 应付股利

应付股利是指企业经过董事会或股东大会或类似机构决定分配给投资者的现金股利或利润。企业实现的利润，除了依法缴纳所得税外，还须对投资者投入的资金给予一定的回报。作为投资者，也有权分享企业的税后利润。企业能否向投资者分配现金股利或利润，不取决于当年盈利还是亏损，而是取决于企业当年是否有可供投资者分配的利润。在此基础上，企业再决定向投资者分配多少现金股利或利润。企业决定向投资者分配现金股利或利润时，在会计上就形成企业的一项负债，应设置“应付股利”账户，贷方登记应付股利的增加，借方登记应付股利的减少，期末余额在贷方，表示应付未付股利的实有数额。

企业按照董事会提请股东大会批准的利润分配方案计算应分配给股东的现金股利或利润时，借记“利润分配——应付股利”科目，贷记“应付股利”科目；向投资者支付现金股利或利润时，借记“应付股利”科目，贷记“银行存款”等科目。

【例 9-34】A 公司决定向投资者分派现金股利 350 000 元。

要求：根据上述经济业务编制会计分录。

【解】决定分派股利时：

借：利润分派——应付股利 350 000

　贷：应付股利 350 000

实际发放时：

借：应付股利 350 000

　贷：银行存款 350 000

9.5.3 应付利息

应付利息是指企业按照规定从成本费用中预先提取但尚未支付的费用，如短期借款利息、带息应付票据的利息、分期付息债券利息等。

企业在日常经营活动中发生的某些费用不一定当时就要支付，但按照权责发生制原则的要求，会计上将这些属于当期负担的、但尚未支付的费用预先提取，计入当期成本费用。为了反映应付利息的提取和支付情况，企业应设置“应付利息”账户，贷方登记预提的本期利息费用，借方登记支付款项的数额，期末余额一般在贷方，反映已预提但尚未支付的各项利息费用。

【例 9-35】企业借入 2 年期到期还本每年付息的长期借款 900 000 元，合同约定年利率为 6%，假定该利息不符合资本化条件。

要求：根据上述经济业务编制会计分录。

【解】每年计提利息时：

借：财务费用（900 000×6%） 54 000

　贷：应付利息 54 000

每年实际支付利息时：

借：应付利息 54 000

　贷：银行存款 54 000

9.5.4 预收账款

预收账款是指企业在与客户签订合同之前预收的购货订金或部分货款。这笔款项构成企业的一项负债，以后要用商品、提供劳务等偿付。

企业应设置“预收账款”账户。该账户贷方登记预收货款的金额和购货单位补付货款的金额，借方登记企业向购货方发货后冲销的预收货款金额和退回购货方多付货款的金额，期末余额一般在贷方，表示已预收货款但尚未向购货方发货的金额。企业预收货款不多的，可以不设置“预收账款”账户。对于发生的预收货款业务，可通过“应收账款”账户核算。

预收账款账户使用举例：会员制俱乐部向客户收取会员费用，以制作会员卡或服饰，且收取的会员费不需要返还时，借记“银行存款”科目，贷记“预收账款”科目；或者某公司在与客户订立合同前预收部分款项，借记“银行存款”科目，贷记“预收账款”科目。

《企业会计准则第 14 号——收入》修订后强调签订合同的重要地位，合同签订后，企业已收取或应收取客户支付的对价而产生转让商品的义务，应采用“合同负债”科目对业务进行核算。

企业向购货单位预收货款时，应借记“银行存款”科目，贷记“预收账款”科目；销售实现时，按实现的收入和应交的增值税销项税额，借记“预收账款”科目，按实现的营业收入，贷记“主营业务收入”科目，按增值税专用发票上注明的增值税税额，贷记“应交税费——应交增值税（销项税额）”科目；收到购货单位补付的款项，借记“银行存款”科目，贷记“预收账款”科目；向购货单位退回多付的款项时，借记“预收账款”科目，贷记“银行存款”科目。

【例 9-36】A 企业按合同的规定，在 5 月 31 日预收东方公司货款 60 000 元，存入银行。7 月 31 日企业向东方公司发货一批，货款为 90 000 元，增值税税额为 11 700 元。8 月 6 日东方公司补付其余款项。

要求：根据上述经济业务编制会计分录。

【解】A 企业编制会计分录如下：

5 月 31 日收到东方公司预付的货款时：

借：银行存款	60 000	
贷：合同负债		60 000

7 月 31 日向东方公司发货时：

借：合同负债	101 700	
贷：主营业务收入		90 000
应交税费——应交增值税（销项税额）		11 700

8 月 6 日收到东方公司补付的款项时：

借：银行存款	41 700	
贷：合同负债		41 700

9.5.5 其他应付款

其他应付款是指除了应付票据、应付账款、应付职工薪酬等以外的其他应付、暂收款项，主要包括应付经营租入固定资产和包装物的租金；存入保证金（如收到出租、出借包装物押金等）；职工未按期领取的工资；应付暂收所属单位、个人的款项；其他应付、暂收款项。

企业应设置“其他应付款”科目，贷方登记发生的各种应付、暂收款项，借方登记偿还或转销的各种应付、暂收款项，期末贷方余额反映应付未付的其他应付款项。企业发生各种应付、暂收的款项时，借记“银行存款”“管理费用”等科目，贷记“其他应付款”科目；支付或退回有关款项时，借记“其他应付款”科目，贷记“银行存款”等科目。

9.6 或有负债

1. 或有负债的概念

或有负债是指过去的交易或事项形成的潜在义务，其存在需通过未来不确定事项的发生或不发生予以证实；或过去的交易或事项形成的现时义务，履行该义务不是很可能导致经济利益流出企业或该义务的金额不能可靠地计量。

企业常见的或有负债有已贴现的商业汇票、未决诉讼、未决仲裁、为其他单位提供债务担保、由于污染可能要求支付的罚金、对售后商品提供担保等。

2. 或有负债的披露

由于或有负债对企业的财务状况和经营成果会产生直接或间接的影响，因此或有负债必须在会计报表的附注中予以披露，以使报表使用者能够准确地了解企业的会计信息，从而作出正确决策。企业应在会计报表附注中披露的或有负债内容包括：

（1）或有负债的种类及形成原因；

（2）经济利益流出不确定性的说明；

（3）或有负债预计产生的财务影响及获得补偿的可能性，无法预计的应当说明原因。

需要注意的问题是，在涉及未决诉讼、未决仲裁的情况下，如按要求披露全部或部分信息预期会对企业造成重大不利影响，则企业无须披露这些信息，但应披露该未决诉讼、未决仲裁的性质，以及没有披露这些信息的原因。

基本训练

◆ 复习思考题

1. 流动负债如何进行分类？

2. 应付票据和应付账款如何进行核算？

3. 应付职工薪酬的核算范围包括哪些？如何进行核算？

4. 应交税费包括哪些内容？如何进行核算？

5. 短期借款如何进行核算？

6. 预收账款如何进行核算？

◆ 计算分析题

1. A企业为小规模纳税人，增值税征收率为3%。

要求：根据下列经济业务编制会计分录。

（1）本月购进原材料一批，取得了增值税专用发票，注明货款100 000元，增值税税额13 000元，用银行存款支付运杂费800元。材料已经验收入库，款项尚未支付。

（2）企业本月销售产品一批，开出一张普通发票，注明售价360 000元，款项尚未收到。

（3）用银行存款上缴本月增值税。

2. B企业为增值税一般纳税人，增值税税率为13%，采用实际成本法进行材料的日常核算。

要求：根据1月发生的如下经济业务编制会计分录。

（1）企业1月10日购买材料一批，货款200 000元，增值税税额为26 000元，共计226 000元。材料已验收入库，企业出具一张期限为5个月的带息商业汇票，票面利率为6%，应在6月10日用银行存款支付票款。到期日企业无力支付票款。

（2）企业1月份分配生产工人工资100 000元，车间管理人员工资30 000元，厂部管理人员工资40 000元，专设销售机构人员工资30 000元。

（3）1月16日，企业购进农产品一批作为原材料使用，价值20 000元，材料已验收入库。

（4）1月21日，企业对外捐赠甲产品一批，账面成本40 000元，售价70 000元。

（5）1月26日，假如该企业为出口企业，购进原材料的进项税额予以退税5 000元，允许抵减内销产品销项税额6 000元。

（6）1月28日，企业计算应缴城市维护建设税5 000元，应缴教育费附加4 000元。

（7）企业用银行存款上缴当月增值税150 000元。

（8）企业将自产的应税消费品对外捐赠，该批消费品的成本为10 000元，消费税税率为10%，增值税税率为13%。

（9）月末，将本月多缴的增值税转入未缴增值税明细科目10 600元。

第10章　非流动负债

学习目标

◆ 重点掌握应付债券的发行、债券溢折价的摊销及收回应付债券的核算，长期借款的核算。

◆ 掌握债券发行价格的确定、可转换债券的核算、长期应付款的内容及核算。

◆ 了解非流动负债的概念、特征及分类。

10.1　非流动负债概述

10.1.1　非流动负债的概念及特征

非流动负债又称长期负债，是指偿还期在1年以上或者超过1年的1个营业周期的债务。非流动负债是企业重要的资金来源之一。

非流动负债与流动负债相比具有如下特征：

（1）偿还期限较长，非流动负债的偿还期限都在1年以上；

（2）举借的金额比较大；

（3）举借非流动负债的目的一般是购置大型设备或房地产、增建或扩建厂房等，而举借流动负债的目的主要是满足生产周转的需要。

10.1.2　非流动负债的分类

1. 根据非流动负债筹措方式的不同划分

（1）长期借款，是指企业向银行或其他金融机构借入的偿还期在1年以上或者超过1年的一个营业周期的各种借款。

（2）应付债券，是指企业发行的偿还期在1年以上或者超过1年的一个营业周期的债券。

（3）长期应付款，是指企业除应付债券和长期借款以外的其他各种非流动负债。

除此以外，企业发生的非流动负债还有专项应付款等。

2. 根据非流动负债偿还的方式不同划分

（1）定期偿还的非流动负债，是指到期一次偿还本息的非流动负债。

（2）分期偿还的非流动负债，是指在到期日之前分期偿还的非流动负债。

10.2 应付债券

10.2.1 应付债券的内容及分类

1. 应付债券的内容

债券是企业为筹集资金而发行的一种书面凭证。它通过凭证上记载的内容，表明发行债券的企业允诺在未来某一特定日还本付息。企业发行的期限1年以上或者超过1年的一个营业周期的债券，构成了一项非流动负债。应付债券上面一般都载明以下内容：债券面值、票面利率、付息日和到期日、偿还的方式等内容。

企业发行债券须经过董事会及股东会核准。如果是向社会公开发行债券，则须经有关债券管理机构核准。

2. 应付债券的分类

（1）按偿还本金的方式，应付债券可分为一次还本债券和分期还本债券。前者是指本金在到期日一次偿还的债券；后者是指本金可以分期偿还的债券。

（2）按有无担保品，应付债券可分为抵押债券和信用债券。前者是指企业以特定资产（如土地、房屋、机器、商品等）作为抵押担保而发行的债券；后者是指无特定资产作为担保，凭债券发行人的信用而发行的债券。

（3）按是否记名，应付债券可分为记名债券和无记名债券。前者是指发行人登记债券持有人的姓名和地址，并且根据登记的债券持有人支付本金和利息的债券；后者是指发行人未对债券持有人的姓名和地址进行登记的债券。

（4）按可否转换，应付债券可分为可转换债券和不可转换债券。前者是指债券持有人在持有一定时期后可按照规定的比率转换为发行企业普通股股票的债券；后者是指债券持有人不能转换为发行企业普通股股票的债券。

10.2.2 应付债券发行价格的确定

1. 终值与现值的概念

债券是按实际发行价格出售的。实际发行价格由债券面值的现值和各期债券利息的现值之和组成。债券到期时按照债券的面值还本，面值就是债券的到期值，也叫作终值。债券发行时的实际价格与面值一般是不相等的。这是由于债券发行时的市场利率与票面利率不一致。货币是具有时间价值的，也就是说，同一金额的货币在不同时间的价值是不同的。货币会随着时间的推移而不断增值，其增值的数额即为利息。所谓现值是指将来收到的款项按一定的利率折算的现在价值。一定金额的现在价值和其未来价值（终值）间的差额是一个利息函数。可以用公式来表示现值和终值之间的关系：

终值=现值×（1+年利率×n）

现值=终值÷（1+年利率×n）

上述现值与终值的计算公式是采用单利法计算的。对现值与终值的计算，还可以采用复利法。复利现值与复利终值可用公式计算：

终值=现值×（1+利率）^{n}

$$现值=终值\times\frac{1}{(1+利率)^n}$$

如果n的数字比较大，通过上面公式计算复利的现值和终值就比较麻烦，所以可以通过查表来计算。计算复利终值时，可查附录复利终值系数表。用公式表示：

终值=现值×复利终值系数

计算复利现值时，可查附录复利现值系数表。用公式表示：

现值=终值×复利现值系数

对于债券各期的利息，也需要用复利法折算为现值。由于每期支付债券的利息金额都是相等的，这种在一定期间内每间隔相等期间支付的一定数量的款项称为年金。年金现值是指在一定时期内每期年金的复利现值之和。可用公式计算求得：

$$年金现值=年金\times\frac{1-(1+利率)^{-n}}{利率}$$

为了计算上的方便、准确和迅速，可以查附录年金现值系数表。用公式表示：

年金现值=年金×年金现值系数

2. 分期付息应付债券价格的计算

债券价格的确定，取决于票面利率与市场利率的差异。在票面利率与市场利率相等时，债券的发行价格等于面值；在票面利率高于市场利率时，债券的发行价格大于债券面值，也就是按溢价发行；在票面利率低于市场利率时，债券的发行价格小于债券面值，也就是按折价发行。债券实际发行价格的计算应当包括两项内容：一是债券面值（到期值）的现值；二是债券各期票面利息的现值。

（1）债券按面值发行。

债券按面值发行是由于票面利率等于市场利率。在这种情况下，债券的发行价格一定等于债券面值。

【例10-1】A企业于2020年1月1日发行面值为100 000元，票面利率为5%，期限为5年，市场利率为5%的债券，每年付息一次。

要求：计算该债券的发行价格。

【解】债券面值的现值=100 000×（1+5%）$^{-5}$=100 000×0.78353=78 353（元）

$$各期利息的现值=100\ 000\times5\%\times\frac{1-(1+5\%)^{-5}}{5\%}=5\ 000\times4.32948=21\ 647（元）$$

债券的发行价格=78 353+21 647=100 000（元）

（2）债券按溢价发行。

债券按高于面值的价格发行，即为溢价发行。当市场利率低于票面利率时，债券才能溢价发行。在这种情况下，债券发行公司每期要按高于市场利率的票面利率支付债券的利息，所以应按高于债券面值的价格发行。发行价格超过债券面值的差额称为“债券溢价”。债券溢价是对发行公司多付利息的一种补偿，将在以后各付息期，通过债券溢价的摊销，逐期冲减发行公司的财务费用或工程成本。

【例10-2】假设例10-1的市场利率为4%，其他条件不变。

要求：计算该债券的发行价格。

【解】债券面值的现值=100 000×（1+4%）$^{-5}$=100 000×0.82193=82 193（元）

$$各期利息的现值=100\ 000\times5\%\times\frac{1-(1+4\%)^{-5}}{4\%}=5\ 000\times4.45182=22\ 259（元）$$

债券的发行价格=82 193+22 259=104 452（元）

债券溢价金额为 4 452 元（104 452-100 000）。

（3）债券按折价发行。

债券按低于面值的价格发行，即为折价发行。当市场利率高于票面利率时，债券才能按折价发行。在这种情况下，债券发行公司每期只需按低于市场利率的票面利率支付债券的利息。因此，债券应按低于面值的价格发行，以补偿债权人每期少得利息的损失。发行价格低于票面价值的差额称为“债券折价”。债券折价是对债权人每期少得利息的一种补偿，将在以后各付息期，通过债券折价的摊销，逐期增加发行公司的财务费用或工程成本。

【例 10-3】假设例 10-1 中的市场利率为 6%，其他条件不变。

要求：计算该债券的发行价格。

【解】债券面值的现值=100 000×（1+6%）$^{-5}$=100 000×0.74726=74 726（元）

各期利息的现值=100 000×5%×$\frac{1-(1+6\%)^{-5}}{6\%}$=5 000×4.21236=21 062（元）

债券的发行价格=74 726+21 062=95 788（元）

债券折价金额为 4 212 元（100 000-95 788）。

10.2.3 应付债券的核算

为了核算应付债券的增减变动情况，企业应设置“应付债券”账户。该账户属于负债类账户，贷方登记应付债券的面值、应计利息、债券溢价、债券折价的摊销金额，借方登记应付债券还本付息、债券折价、债券溢价的摊销金额，期末贷方余额表示企业尚未偿还的应付债券的金额。该账户按“债券面值”“利息调整（债券溢价或债券折价）”“应计利息”设置明细账。

1. 应付债券发行的核算

（1）按面值发行。

债券按面值发行时，一方面要反映实际收到的货币资金，另一方面要反映企业已形成的负债。

【例 10-4】承例 10-1，企业按面值 100 000 元发行债券，款已收到并存入银行。

要求：根据上述经济业务编制会计分录。

【解】借：银行存款　　100 000

　　贷：应付债券——债券面值　　100 000

（2）按溢价发行。

债券按溢价发行，一方面要反映实际收到的货币资金，另一方面要反映企业已形成的负债，要分别反映债券面值和债券溢价。发行时，按实际收到的款项，借记“银行存款”等科目，按债券票面价值，贷记“应付债券——债券面值”科目，按债券发行价格大于票面价值的差额，贷记“应付债券——债券溢价（利息调整）”科目。

【例 10-5】承例 10-2，企业按 104 452 元的价格发行面值为 100 000 元的债券，款已收到并存入银行。

要求：根据上述经济业务编制会计分录。

【解】借：银行存款　104 452
　　贷：应付债券——债券面值　100 000
　　　　　　　——债券溢价（利息调整）　4 452

（3）按折价发行。

债券按折价发行，一方面要反映实际收到的货币资金，另一方面要反映企业已形成的负债，要分别反映债券面值和债券折价。发行时，按实际收到的款项，借记“银行存款”等科目，按债券发行价格小于票面价值的差额，借记“应付债券——债券折价（利息调整）”科目，按债券票面价值，贷记“应付债券——债券面值”科目。

【例10-6】承例10-3，企业按95 788元的价格发行面值为100 000元的债券，款已收到并存入银行。

要求：根据上述经济业务编制会计分录。

【解】借：银行存款　95 788
　　　　应付债券——债券折价（利息调整）　4 212
　　贷：应付债券——债券面值　100 000

2. 分期付息应付债券利息的计算及溢价、折价的摊销

（1）应付债券的利息。

利息是债务人对借入资金所支付的价格，也可以说是使用资金的费用。根据这个原理，确认利息费用的基本方法是：某一时期的利息成本应以该时期实际借入或使用的借款额乘以实际利率求得。应付债券的利息费用，应根据权责发生制原则的要求，按期计提并视借款的用途记入“在建工程”“财务费用”账户。

如所发行债券筹集的资金用于在建工程，则债券的应计利息应计入在建工程成本（在工程达到预定可使用状态之前）。如所筹集的资金用于企业的日常经营活动，则债券的应计利息应计入财务费用。

【例10-7】承例10-1，企业发行债券的资金用于生产经营活动，每年年末按票面利率计算的利息是5 000元（100 000×5%）。

要求：根据上述经济业务编制会计分录。

【解】借：财务费用　5 000
　　贷：应付利息　5 000

（2）应付债券溢价、折价的摊销。

企业在分期确认及支付债券利息时摊销债券的溢价或折价。债券溢价是对债券发行企业在各期多付利息的一种补偿，这部分溢价应在以后各期计算利息时分期摊销，冲减各期的利息费用。也就是说，债券发行企业实际负担的利息费用，是按票面利率计算的利息额扣减各期溢价摊销额以后的余额。债券折价是对债权人少得利息的一种补偿，对发行企业而言，这部分折价应在以后各期计算利息时分期摊销，增加各期的利息费用。

企业债券的溢价和折价是应计利息费用的重要组成内容。在每个会计期末计算债券的利息费用时，企业应按合理的方法，对溢价和折价金额进行摊销。摊销的方法有直线法和实际利率法两种。

①直线法，是指将债券溢价或折价金额在债券存续期间平均分摊给各期的一种摊销方法。在直线法下，债券各期所负担的债券溢价或折价金额相等，分别冲减利息费用或转为

利息费用。用公式表示：

各期应摊销的溢价或折价金额=债券的溢价或折价金额÷计息期数

【例 10-8】企业发行的债券面值为 100 000 元，票面利率为 5%，期限为 5 年，发行价格为 104 450 元，每年付息一次，采用直线法摊销溢价。企业溢价发行债券的资金用于生产经营活动。

要求：根据上述经济业务编制会计分录。

【解】每期计提应计利息时摊销溢价：

借：财务费用 4 110

应付债券——债券溢价（利息调整） 890

贷：应付利息 5 000

【例 10-9】企业发行的债券面值为 100 000 元，票面利率为 5%，期限为 5 年，发行价格为 95 790 元，每年付息一次，采用直线法摊销折价。企业折价发行债券的资金用于生产经营活动。

要求：根据上述经济业务编制会计分录。

【解】每期计提应计利息时摊销折价：

借：财务费用 5 842

贷：应付债券——债券折价（利息调整） 842

应付利息 5 000

在直线法下，各期所摊溢价或折价相等，每期的应付利息费用固定不变，但应付债券的账面价值却在逐期变动。溢价发行时应付债券的账面价值逐期减少，折价发行时应付债券的账面价值逐期增加。所以，直线法不能正确地反映利息和负债的关系。我国现行会计准则要求采用实际利率法对应付债券的溢价或折价进行摊销。

②实际利率法，是指以实际利率乘以应付债券的摊余成本求得各期利息费用的一种方法。采用实际利率法摊销债券的溢价或折价，可以克服直线法的不足。实际利率法的要点是：以应付债券的摊余成本和实际利率确定当期应确认的利息费用，再将其与当期的票面利息相比较，以两者的差额作为该期应摊销的债券折价或溢价，即利息调整。用公式表示：

利息调整=应付债券的摊余成本×实际利率-各期按票面利率计算的应付利息

按这种方法摊销债券溢价或折价，各期的利息费用会随着债券账面价值的变动而变动。

第一，溢价的摊销。按实际利率法摊销债券溢价，各期的溢价摊销额等于应计利息减去利息费用。

【例 10-10】企业溢价发行的债券面值为 100 000 元，发行价格为 104 450 元，票面利率为 5%，假如市场利率为 4%，期限 5 年，每年付息一次，采用实际利率法摊销债券溢价。

要求：根据上述经济业务编制会计分录。

【解】编制债券溢价摊销表（见表 10-1）。

表 10-1　**债券溢价摊销表（实际利率法）**　单位：元

期数	应付利息	利息费用	溢价摊销	未摊销溢价	期末摊余成本
	①=面值×5%	②=期初⑤×4%	③=①-②	④=期初④-③	⑤=面值+④
发行时				4 450	104 450
1	5 000	4 178	822	3 628	103 628
2	5 000	4 145	855	2 773	102 773
3	5 000	4 111	889	1 884	101 884
4	5 000	4 075	925	959	100 959
5	5 000	4 041*	959	0	100 000

注：*存在计算尾差。

第一期利息费用：

借：财务费用　4 178

　　应付债券——债券溢价（利息调整）　822

　贷：应付利息　5 000

第二期利息费用：

借：财务费用　4 145

　　应付债券——债券溢价（利息调整）　855

　贷：应付利息　5 000

以后各期的会计分录相同，只是金额有所不同。

第二，折价的摊销。按实际利率法摊销债券折价，各期的折价摊销额等于利息费用减去应计利息。

【例 10-11】承例 10-9，假如市场利率为 6%，企业折价发行债券之后，采用实际利率法摊销债券折价。

要求：根据上述经济业务编制会计分录。

【解】编制债券折价摊销表（见表 10-2）。

表 10-2　**债券折价摊销表（实际利率法）**　单位：元

期数	应付利息	利息费用	折价摊销	未摊销折价	期末摊余成本
	①=面值×5%	②=期初⑤×6%	③=②-①	④=期初④-③	⑤=面值-④
发行时				4 210	95 790
1	5 000	5 747	747	3 463	96 537
2	5 000	5 792	792	2 671	97 329
3	5 000	5 840	840	1 831	98 169
4	5 000	5 890	890	941	99 059
5	5 000	5 941*	941	0	100 000

注：*存在计算尾差。

第一期利息费用：

借：财务费用 5 747

贷：应付债券——债券折价（利息调整） 747

应付利息 5 000

第二期利息费用：

借：财务费用 5 792

贷：应付债券——债券折价（利息调整） 792

应付利息 5 000

以后各期的会计分录相同，只是金额不同。

对于一次还本付息债券，应按债券的摊余成本和实际利率计算确定债券的利息费用，借记“在建工程”“财务费用”等科目，按票面利率计算确定的应付未付利息，贷记“应付债券——应计利息”科目，按其差额，借记或贷记“应付债券——利息调整”科目。

3. 应付债券的偿还

（1）到期一次偿还。

企业发行的一次还本债券有规定的到期日。对于分期付息、一次还本的应付债券，因为各年已经支付利息，到期只需还本。面值、溢价、折价发行的债券到期还本的会计处理是相同的，借记“应付债券——债券面值”科目，贷记“银行存款”科目。

【例 10-12】承例 10-10、例 10-11。企业发行的债券面值为 100 000 元，利息是分期支付的，到期用银行存款一次还本。

要求：根据上述经济业务编制会计分录。

【解】借：应付债券——债券面值 100 000

贷：银行存款 100 000

对于到期一次还本付息的应付债券，因各年未分期支付利息，每年都形成了新的负债，到期应同时支付其本金和利息。面值、溢价、折价发行债券到期还本付息的会计处理是相同的，借记“应付债券——债券面值”“应付债券——应计利息”科目，贷记“银行存款”科目。

【例 10-13】承例 10-10、例 10-11。企业发行的债券面值为 100 000 元，到期还本付息，用银行存款支付。

要求：根据上述经济业务编制会计分录。

【解】借：应付债券——债券面值 100 000

——应计利息 25 000

贷：银行存款 125 000

（2）分期偿还。

分期偿还应付债券是指在同一发行日发行而分期偿还的债券。也就是把债券分成几次偿还，每次偿还的金额可以是等额的，也可以是非等额的。分期偿还债券的优点在于分期偿还本金，使企业避免一次性偿付大量现金。在债券分期偿还的情况下，每次偿还时应按偿还部分的债券面值借记“应付债券”科目，贷记“银行存款”等科目。同时，由于一部分债券已还本，还本后各年的面值随之减少，利息支出和溢价、折价的摊销也随之减少，会计上应如实进行核算。

4. 可转换债券

（1）可转换债券的性质。

可转换债券是指可在一定期间之后，按规定的转换比率或转换价格转换为发行企业股份的债券。可转换债券既有债券的性质，又有股票的性质。由于可转换债券具有双重性质，债券持有者既可以享受股东的权利，又可以享受债权人的权利。该债券风险较小。所以，可转换债券一般利率较低。企业通过发行可转换债券，可以以较低的筹资成本取得能够长期使用的资金。

（2）可转换债券的核算。

企业应在“应付债券”科目下设置“可转换公司债券”明细账户对可转换债券进行核算。企业发行的可转换公司债券，应当在初始确认时将其包含的负债成分和权益成分进行分拆，将负债成分确认为应付债券，将权益成分确认为其他权益工具。在进行分拆时，应当先对负债成分的未来现金流量进行折现确定负债成分的初始确认金额，再按发行价格总额扣除负债成分初始确认金额后的金额确定权益成分的初始确认金额。其会计业务通常包括三类：一是发行可转换公司债券；二是可转换公司债券持有人行使转换权利；三是用现金支付不可转换股份的部分。

发行可转换公司债券，应按实际收到的金额，借记“银行存款”等科目，按可转换公司债券包含的负债成分的面值，贷记“应付债券——可转换公司债券（债券面值）”科目，按权益成分的公允价值，贷记“其他权益工具”科目，按其差额，借记或贷记“应付债券——利息调整”科目。

可转换公司债券持有人行使转换权利，将其持有的债券转换为股票，按可转换公司债券的余额，借记“应付债券——可转换公司债券（债券面值、应计利息、利息调整）”等科目，按权益成分的金额，借记“其他权益工具”科目，按股票面值和转换的股数计算股票面值总额，贷记“股本”科目，按其差额，贷记“资本公积——股本溢价”科目。

对于债券面额不足转换1股股份的部分，企业应当以现金偿还，贷记“库存现金”等科目。

对于可转换公司债券的负债成分，在转换为股份前，其会计处理与一般公司债券相同，即按照实际利率和摊余成本确认利息费用，按照面值和票面利率确认应付利息，差额作为利息调整。

【例10-14】A公司于2020年1月5日，经批准发行3年期可转换公司债券10 000份、每份面值100元，取得总收入100万元，用于生产经营，债券票面利率6%，利息按年支付。债券发行1年后可转换为该公司的股票，每100元面值转换普通股80股，股票面值1元。该债券发行时，二级市场债券的市场利率为9%，不考虑其他相关因素。

要求：根据上述经济业务编制会计分录。

【解】可转换债券负债成分的公允价值=1 000 000×0.77218+1 000 000×6%×2.5313=924 058（元）

可转换债券权益成分的公允价值=1 000 000−924 058=75 942（元）

2020年1月5日发行债券：

借：银行存款	1 000 000
应付债券——可转换公司债券（利息调整）	75 942

贷：应付债券——可转换公司债券（债券面值） 1 000 000
其他权益工具 75 942

2020 年 12 月 31 日计算债券计息：

借：财务费用（924 058×9%） 83 165.22
贷：应付利息（1 000 000×6%） 60 000
应付债券——可转换公司债券（利息调整） 23 165.22

支付利息时：

借：应付利息 60 000
贷：银行存款 60 000

1 年后转换为股份：

借：应付债券——可转换公司债券（债券面值） 1 000 000
其他权益工具 75 942
贷：股本 800 000
应付债券——可转换公司债券（利息调整） 52 776.78
资本公积——股本溢价 223 165.22

10.3 长期借款及借款费用

10.3.1 长期借款

1. 长期借款的内容

长期借款是指企业向银行或其他金融机构借入的期限在 1 年以上或者超过 1 年的一个营业周期的各种借款。长期借款一般用于固定资产的购建、改扩建工程、大修理工程以及流动资产的正常需要等方面，它是企业非流动负债的重要组成部分。企业取得的长期借款既有人民币借款，也有外币借款；既有按单利计算利息的，也有按复利计算利息的；既有一次还本付息的，也有分期还本付息的，因此，必须加强长期借款的管理和核算。企业借入长期借款要按规定办理借款手续，按规定支付长期借款的利息，并按规定的期限归还借款。

2. 长期借款的核算

长期借款核算的基本要求是反映和监督长期借款的借入、借款利息的结算和借款本金的归还情况，促使企业遵守信贷纪律，提高信用等级。企业应设置“长期借款”账户。该账户的贷方登记长期借款本息的增加额，借方登记借款本息的减少额，期末贷方余额表示企业尚未归还的长期借款的本息额。

企业取得长期借款时，如将款项存入银行，应借记“银行存款”科目，贷记“长期借款”科目；如果用借款直接购置固定资产或直接支付工程项目款，则借记“固定资产”“在建工程”等科目，贷记“长期借款”科目。企业计算长期借款的利息时，借记“财务费用”“在建工程”等科目，贷记“长期借款”科目。企业归还长期借款时，借记“长期借款”科目，贷记“银行存款”科目。

【例 10-15】A 企业从银行取得长期借款 400 000 元，3 年期，年利率为 10%，每年计息 1 次，按复利计算，到期一次归还本息。假设该企业将借款用于工程建设，于第 2 年年末工程达到预定可使用状态。

要求：根据上述经济业务编制会计分录。

【解】取得借款时：

借：银行存款　　400 000

　贷：长期借款　　400 000

第 1 年年末计算利息时：

借：在建工程　　40 000

　贷：长期借款　　40 000

第 2 年年末计算利息时：

借：在建工程（（400 000+40 000）×10%）　　44 000

　贷：长期借款　　44 000

第 3 年年末计算利息时：

借：财务费用（（440 000+44 000）×10%）　　48 400

　贷：长期借款　　48 400

到期归还借款本息时：

借：长期借款　　532 400

　贷：银行存款　　532 400

10.3.2 借款费用

1. 借款费用的构成内容

借款费用是企业因借入资金所付出的代价，包括借款利息、折价或者溢价的摊销、辅助费用以及因外币借款而发生的汇兑差额等。

因借款而发生的利息，包括企业向银行或者其他金融机构等借入资金发生的利息、发行公司债券发生的利息以及为购建或者生产符合资本化条件的资产而发生的利息。

因借款而发生的折价或者溢价主要是指发行债券等所发生的折价或者溢价。债券折价或者溢价的摊销，其实质是对债券票面利息的调整，也就是将债券票面利率调整为实际利率，属于借款费用的范畴。

因外币借款而发生的汇兑差额，是指由于汇率变动对外币借款本金及利息的记账本位币金额所产生的影响金额。因外币借款相关汇率变化所导致的汇兑差额属于借款费用的有机组成部分。

因借款而发生的辅助费用，是指企业在借款过程中发生的诸如手续费、佣金等费用。由于这些费用是因安排借款而发生的，属于为借入资金所付出的代价，因此也是借款费用的构成部分。

2. 借款费用可予资本化的资产范围

借款费用可予资本化的资产范围是指符合资本化条件的资产，这些资产是指需要经过相当长时间的购建或者生产活动才能达到预定可使用或者可销售状态的固定资产、投资性房地产和存货等资产。符合资本化条件的存货，主要包括房地产开发企业开发的用于对外出售的房地产开发产品、企业制造的用于对外出售的大型机器设备等。这类存货通常需要经过相当长时间的建造或者生产过程，才能达到预定可销售状态。其中，“相当长时间”通常为1年以上（含1年）。发生在其他资产（如投资）的借款费用，不能予以资本化，在发生时直接计入当期损益。

3. 借款费用可予资本化的借款范围

按照借款费用准则的规定，可予资本化的借款范围包括专门借款和一般借款。专门借款是指为购建或者生产符合资本化条件的资产而专门借入的款项。专门借款通常应当有明确的用途，即为购建或者生产某项符合资本化条件的资产而专门借入，并通常应当具有标明该用途的借款合同。一般借款是指除专门借款之外的借款，相对于专门借款而言，一般借款在借入时，其用途通常没有特指用于符合资本化条件的资产的购建或者生产。如果购建或者生产符合资本化条件的资产占用了一般借款，应将与一般借款相关的借款费用资本化。否则，所发生的借款费用应当计入当期损益。

4. 借款费用资本化的条件

（1）借款费用开始资本化的条件。

必须同时满足3个条件，只要有1个条件不满足，相关借款费用就不能资本化。

①资产支出已经发生。“资产支出”包括支付现金、转移非现金资产和承担带息债务形式所发生的支出。支付现金是指用货币资金支付符合资本化条件的资产的购建或者生产支出。转移非现金资产是指企业将自已的非现金资产直接用于符合资本化条件的资产的购建或者生产。承担带息债务是指企业为了购建或者生产符合资本化条件的资产所需物资等而承担的带息应付款项，如带息应付票据。

②借款费用已经发生，是指企业已经发生因购建或者生产符合资本化条件的资产而专门借入款项的借款费用或者所占用的一般借款的借款费用。

③为使资产达到预定可使用或者可销售状态所必要的购建或者生产活动已经开始，是指符合资本化条件的资产的实体建造或者生产工作已经开始，例如主体设备的安装、厂房的实际开工建造等。

（2）借款费用暂停资本化的条件。

符合资本化条件的资产在购建或者生产过程中发生非正常中断且中断时间连续超过3个月的，应当暂停借款费用的资本化。中断的原因必须是非正常中断，属于正常中断的，相关借款费用仍可资本化。

非正常中断，通常是企业管理决策上的原因或者其他不可预见的原因等所导致的中断。比如，企业因与施工方发生质量纠纷，或者工程、生产用料没有及时供应，或者资金周转发生困难，或者施工、生产发生安全事故，或者发生与资产购建、生产有关的劳动纠纷等，导致资产购建或者生产活动发生中断，均属于非正常中断。

正常中断通常仅限于因购建或者生产符合资本化条件的资产达到预定可使用或者可销售状态所必需的程序，或者事先可预见的不可抗力因素导致的中断。比如，某些工程建造到一定阶段必须暂停下来进行质量或者安全检查，检查通过后才可继续下一阶段的建造工作，这类中断是在施工前可以预见的，而且是工程建造必须经过的程序，属于正常中断。在正常中断期间所发生的借款费用可以继续资本化，计入相关资产的成本。

（3）借款费用停止资本化的条件。

购建或者生产符合资本化条件的资产达到预定可使用或者可销售状态时，借款费用应当停止资本化。所购建或者生产的资产分别建造、分别完工的，企业应当区别情况，界定借款费用停止资本化的时间：

①符合资本化条件的资产的各部分分别完工，且每部分在其他部分继续建造或者生产过程中可供使用或者可对外销售，且为使该部分资产达到预定可使用或可销售状态所必要的购建或者生产活动实质上已经完成的，应当停止与该部分资产相关的借款费用的资本化。

②购建或者生产的资产的各部分分别完工，但必须等到整体完工后才可使用或者对外销售的，应当在该资产整体完工时停止借款费用的资本化。

5. 借款费用资本化金额的确定

借款费用准则将借款分为专门借款和一般借款两类，每类借款费用资本化金额的确定方法有所不同。专门借款资本化金额实际上就是一种利息差额，即专门借款利息支出扣除其利息收入或暂时性投资收益，而一般借款则需要经过较为复杂的计算。

（1）专门借款利息费用的资本化金额的确定。

购建或者生产符合资本化条件的资产而借入专门借款的，应当以专门借款当期实际发生的利息费用，减去将尚未动用的借款资金存入银行取得的利息收入或进行暂时性投资取得的投资收益后的金额，确定为专门借款利息费用的资本化金额，并在资本化期间内，将其计入符合资本化条件资产的成本。用公式表示如下：

$$\begin{matrix}\text{借款利息资本}\\\text{化金额}\end{matrix}=\begin{matrix}\text{专门借款当期实际}\\\text{发生的利息费用}\end{matrix}-\text{未动用借款利息收入}-\text{未动用借款暂时性投资收益}$$

（2）一般借款利息费用的资本化金额的确定。

购建或者生产符合资本化条件的资产而占用了一般借款的，企业应当根据累计资产支出超过专门借款部分的资产支出加权平均数乘以所占用一般借款的资本化率，计算确定一般借款应予资本化的利息金额。资本化率应当根据一般借款加权平均利率计算确定。其计算公式如下：

$$\begin{matrix}\text{一般借款利息费用}\\\text{资本化金额}\end{matrix}=\begin{matrix}\text{累计资产支出超过专门借款部分的}\\\text{资产支出加权平均数}\end{matrix}\times\text{所占用一般借款的资本化率}$$

其中：

$$\begin{matrix}\text{所占用一般借款}\\\text{的资本化率}\end{matrix}=\begin{matrix}\text{所占用一般借款}\\\text{加权平均利率}\end{matrix}=\begin{matrix}\text{所占用一般借款当期}\\\text{实际发生的利息之和}\end{matrix}\div\text{所占用一般借款本金加权平均数}\times100\%$$

$$\text{所占用一般借款本金加权平均数}=\sum\left(\begin{matrix}\text{所占用每笔}\\\text{一般借款本金}\end{matrix}\times\begin{matrix}\text{每笔一般借款在}\\\text{当期所占用的天数}\end{matrix}\div\begin{matrix}\text{当期}\\\text{天数}\end{matrix}\right)$$

（3）每一会计期间的利息资本化金额，不应当超过当期相关借款实际发生的利息金额。

借款存在折价或者溢价的，应当按照实际利率法确定每一会计期间应摊销的折价或者溢价金额，调整每期利息金额。在资本化期间，每一会计期间的利息资本化金额，不应当超过当期相关借款实际发生的利息金额。

（4）辅助费用资本化金额的确定。

对于企业发生的专门借款辅助费用，在所购建或者生产的符合资本化条件的资产达到预定可使用或者可销售状态之前发生的，应当在发生时按其发生额予以资本化；在所购建或者生产的符合资本化条件的资产达到预定可使用或者可销售状态之后所发生的，应当在发生时根据其发生额确认为费用，计入当期损益。

【例 10-16】Z 企业于 2018 年 12 月 31 日向银行借款 2 000 万元，借款期限为 3 年，借款年利率为 5%，每年 12 月 31 日支付一次利息。Z 企业又于 2019 年 1 月 1 日发行 3 年期企业债券 3 000 万元，年利率为 4%，每年 12 月 31 日支付一次利息。Z 企业 2019 年 1 月 1 日占用上述两笔一般借款进行厂房建设，预计工期为 1 年半。Z 企业为进行厂房建设，各年实际支出如下：2019 年 1 月 1 日支出 1 000 万元；2019 年 7 月 1 日支出 500 万元；2020 年 1 月 1 日支出 2 000 万元。全年按 360 天计算，一个月按 30 天计算。该项工程于 2020 年 6 月 30 日达到预定可使用状态。

要求：编制 Z 企业借款利息资本化与费用化的会计分录。

【解】$\frac{\text{所占用一般借款}}{\text{的资本化率}}=\frac{\text{所占用一般借款}}{\text{加权平均利率}}=\frac{\text{所占用一般借款当期}}{\text{实际发生的利息之和}}\div\frac{\text{所占用一般借款}}{\text{本金加权平均数}}\times 100\%$

$=(2\ 000\times 5\%+3\ 000\times 4\%)\div(2\ 000+3\ 000)\times 100\%=4.4\%$

2019 年累计资产支出加权平均数=1 000×360÷360+500×180÷360=1 250（万元）

2020 年累计资产支出加权平均数=（1 500+2 000）×180÷360=1 750（万元）

2019 年利息资本化金额=1 250×4.4%=55（万元）

2020 年利息资本化金额=1 750×4.4%=77（万元）

编制会计分录：

2019 年 12 月 31 日：

借：在建工程	550 000	
财务费用（2 200 000−550 000）	1 650 000	
贷：应付利息（20 000 000×5%+30 000 000×4%）		2 200 000

2020 年 6 月 30 日：

借：在建工程	770 000	
财务费用（1 100 000−770 000）	330 000	
贷：应付利息		1 100 000

10.4 租赁负债与长期应付款

10.4.1 租赁负债与长期应付款概述

租赁负债是指企业在承租资产等活动中形成的负债。一般来说，企业租赁大型资产的周期比较长，金额也比较大，尽管租入资产的所有权没有转移，但是为了全面反映企业的财务状况，在租入资产时，应同时确认使用权资产和租赁负债。如果租入资产的时间较短，按照重要性原则，可以不确认使用权资产和租赁负债。

长期应付款是指除长期借款、应付债券、租赁负债、预计负债等以外的各种长期应付款项，例如，采用分期付款方式购入固定资产，该固定资产的所有权已经转移，且付款期限超过 3 年，则该项分期付款业务具有融资性质，应同时确认固定资产和长期应付款。

租赁负债与长期应付款均属于非流动负债，按照企业会计准则的规定，两者的核算方法基本相同，均应按照未来应付金额的现值计量。资产负债表“租赁负债”与“长期应付款”项目均应按照租赁负债与长期应付款的现值列示。

10.4.2　租赁负债与长期应付款的科目设置

1. 租赁负债

为了反映租赁负债发生、偿还情况，企业应设置“租赁负债”科目。该科目的贷方登记未来应付的租赁付款额，借方登记偿还的租赁付款额，期末贷方余额表示尚未偿还的租赁付款额。“租赁负债”科目应根据租赁负债的债权单位设置明细科目。为了反映负债的现值，企业还应单独设置“未确认融资费用”科目，反映未来应付金额与其现值的差额。可以说“未确认融资费用”科目是“租赁负债”科目的抵减科目，“租赁负债”科目贷方余额与“未确认融资费用”科目借方余额的差额，为租赁负债的账面价值。

【例 10-17】A 企业租入一台设备。租赁期开始日出租方设备的公允价值为 180 000 元，租赁合同规定的利率为 8%，分 5 年付款，每年年末支付租金 40 000 元、应交增值税 3 600 元，租赁设备不需安装。（注：查年金现值系数表，n 为 5 期，利率为 8%，年金现值系数为 3.9927）。

要求：根据上述经济业务编制会计分录。

【解】最低租赁付款额=40 000×5=200 000（元）

最低租赁付款额的现值=40 000×3.9927=159 708（元）

由于最低租赁付款额的现值低于该设备的公允价值，所以应以最低租赁付款额的现值作为租赁设备的入账价值。编制会计分录如下：

租入固定资产时：

借：使用权资产　　159 708

　　未确认融资费用（200 000−159 708）　　40 292

　贷：租赁负债　　200 000

每年年末支付融资租赁费时：

借：租赁负债　　40 000

　　应交税费——应交增值税（进项税额）　　3 600

　贷：银行存款　　43 600

2. 长期应付款

为了反映长期应付款发生、偿还情况，企业应设置“长期应付款”科目。该科目的贷方登记发生的长期应付款，借方登记偿还的长期应付款，期末贷方余额表示尚未偿还的长期应付款。“长期应付款”科目应根据长期应付款的债权单位设置明细科目。为了反映长期应付款的现值，企业还应单独设置“未确认融资费用”科目，反映未来应付金额与其现值的差额。可以说，“未确认融资费用”科目是“长期应付款”科目的抵减科目，“长期应付款”科目贷方余额与“未确认融资费用”科目借方余额的差额，为长期应付款的账面价值。

【例 10-18】A 企业以补偿贸易方式从国外引进设备一台。该设备价款折合人民币

760 000 元，工具价款折合人民币 40 000 元。用银行存款支付进口关税 30 000 元（其中设备承担 29 000 元，工具承担 1 000 元），设备安装费 12 000 元，1 个月后设备安装完毕交付使用。设备投产后，第一批生产的产品 6 000 件，全部出口用于偿还设备款，产品每件销售价格为 50 元（不考虑相关税费）。

要求：编制 A 企业相关会计分录。

【解】引进设备时：

借：在建工程 760 000

低值易耗品 40 000

贷：长期应付款 800 000

支付进口关税、安装费时：

借：在建工程 41 000

低值易耗品 1 000

贷：银行存款 42 000

设备安装完毕交付使用：

借：固定资产 801 000

贷：在建工程 801 000

第一批产品出口销售时：

借：应收账款 300 000

贷：主营业务收入 300 000

用第一批出口产品的价款偿还引进设备款：

借：长期应付款 300 000

贷：应收账款 300 000

基本训练

◆ 复习思考题

1. 什么是非流动负债？

2. 什么是应付债券？它如何进行分类？

3. 应付债券的价格如何确定？

4. 应付债券如何进行核算？

5. 债券的溢折价采用什么方法摊销？应如何进行会计处理？

6. 什么是实际利率法？

7. 什么是长期借款？如何对长期借款进行核算？

8. 借款费用资本化的条件有哪些？

9. 长期应付款核算哪些内容？

◆ 计算分析题

1. 企业于 2020 年 1 月 1 日发行 4 年期债券，债券面值为 500 000 元，票面利率为 5%，每年年末付息一次，到期还本（筹集资金用于生产经营）。发行时的市场利率为 6%。

要求：

（1）计算债券的发行价格。

（2）编制债券发行、摊销溢折价及收回的会计分录（采用实际利率法摊销溢折价）。

2. 依据上题资料，假如市场利率是4%。

要求：

（1）计算债券的发行价格。

（2）编制债券发行、摊销溢折价及收回的会计分录（采用实际利率法摊销溢折价）。

第11章　所有者权益

学习目标

◆ 重点掌握有限责任公司投入资本的会计处理。

◆ 掌握股份有限公司股票发行的会计处理，其他权益工具、资本公积、其他综合收益、留存收益的构成内容及会计处理方法。

◆ 了解所有者权益的含义和特点、股份有限公司的特征、普通股与优先股的种类及权利。

11.1　所有者权益概述

11.1.1　所有者权益的概念与性质

所有者权益是指所有者在企业享有的经济利益，其金额为资产减去负债后的余额。它包括企业投资者对企业投入的资本（股本）以及形成的资本公积、其他综合收益、盈余公积和未分配利润等。所有者权益在股份公司称为股东权益。

企业的所有者和债权人均是企业资金的提供者，因而所有者权益和负债（债权人权益）均是对企业资产的求偿权，但二者之间又存在一定的区别。所有者权益与负债比较，其特点主要表现在以下几个方面：

1. 对象不同

负债是企业对债权人负担的经济责任；所有者权益是企业对投资人负担的经济责任。

2. 性质不同

负债是在经营或其他事项中发生的债务，是债权人对其债务的权利，债权人有优先获取企业用以清偿债务的资产的要求权；所有者权益是投资者对投入资本及投入资本的运用所产生盈余的权利，即所有者对剩余资产的要求权，这种要求权在顺序上置于债权人的要求权之后。

3. 偿还期限不同

企业的负债一般都有约定的偿还日期；所有者权益在企业持续经营的情况下，一般不能收回投资，即不存在约定的偿还日期，是企业的一项可以长期使用的资金，只有在企业清算时才予以偿还。

4. 享受的权利不同

债权人只享有收回债务本金和利息的权利，而无权参与企业收益分配和经营管理；所有者在某些情况下，除可以获得利益外，还可以参与企业的经营管理活动。

5. 风险不同

债权人获取的利息一般是按一定利率计算、预先可以确定的固定数额，企业无论盈利与否均应按期付息，风险较小；所有者获得多少收益，则视企业的盈利水平及经营政策而定，风险较大。

6. 计量不同

负债必须在发生时按照规定的方法单独予以计量；所有者权益则不必单独计量，而是对资产和负债计量以后形成的结果。

11.1.2　所有者权益的内容

不同组织形式的企业，其所有者权益的具体结构和内容也有所不同。但一般而言，企业所有者权益都包括实收资本（或股本）、其他权益工具、资本公积、其他综合收益、盈余公积和未分配利润六项内容。其中，盈余公积和未分配利润又合称留存收益。

1. 实收资本

实收资本是指投资者按照企业章程或合同、协议的约定实际投入企业的资本，具体包括国家投入资本、其他单位（或法人）投入资本、个人投入资本等。

我国实行的是注册资本制度。注册资本是企业成立时向市场监督管理部门登记注册的资本总额，是企业的法定资本，投资者在足额交纳资本之后，企业的实收资本应该等于企业的注册资本。因此，投资者投入的资金中只有按其占被投资企业实收资本比例计算的部分才能作为实收资本核算；超过按投资比例计算的部分，作为资本溢价（或股本溢价）单独在“资本公积”账户中核算。

投资者可以用现金投资，也可以用现金以外的其他有形资产投资。符合国家规定比例的，还可以用无形资产投资。无论采用哪种投资方式，都需要对投出的资产进行合理计价，据以确定其投资额。

实收资本是企业维持生产经营的最基本的启动资金，是企业存在的基础。投资者将资本投入企业，除非企业清算，否则不得任意抽回。不过，投资者可以将其投入资本转让给他人。因此，投入资本是企业长期性的资本来源。

2. 其他权益工具

其他权益工具核算企业发行的除普通股以外的归类为权益工具的各种金融工具。如企业发行可转换公司债券的权益成分。

3. 资本公积

资本公积是企业收到投资者的超出其在企业注册资本（或股本）中所占份额的投资，以及直接计入所有者权益的利得和损失等。资本公积包括资本溢价（或股本溢价）和直接计入所有者权益的利得和损失等。

4. 其他综合收益

其他综合收益是指企业根据其他会计准则的规定未在当期损益中确认的各项利得和损失，包括以后会计期间不能重分类进损益的其他综合收益和以后会计期间在满足规定条件时将重分类进损益的其他综合收益两个项目。

5. 盈余公积

盈余公积是指企业从税后利润中提取的各种积累资金，包括企业按照有关规定提取的法定盈余公积和企业自行确定提取的任意盈余公积。盈余公积主要用于弥补企业亏损或者按照国家的有关规定，转增资本以及用于扩大企业生产经营等。

6. 未分配利润

未分配利润是指企业留待以后年度进行分配的净利润。从数量上来说，未分配利润是期初未分配利润，加上本期实现的税后利润，减去本期提取的各种盈余公积和分出利润后的余额。未分配利润有两层含义：一是留待以后年度处理的利润；二是未指定用途的利润。

所有者权益是一个涵盖了所有企业组织形式的净资产的广义概念。具体到特定种类的企业组织，所有者权益便会以不同的形式出现：在独资企业称为业主权益，在合伙企业称为合伙人权益，在股份有限公司称为股东权益，在有限责任公司称为所有者权益。

11.2 投入资本

11.2.1 投入资本的有关规定

《中华人民共和国公司法》（2018 年修订）（以下简称《公司法》）对各类公司注册资本取消最低限额，不再限制公司设立时股东首次出资比例和货币出资比例，简化了登记事项、放宽了注册资本登记条件，有限责任公司的股东以其认缴的出资额为限对公司承担责任；股份有限公司的股东以其认购的股份为限对公司承担责任。有限责任公司的注册资本为在公司登记机关登记的全体股东认缴的出资额。股份有限公司采取募集方式设立的，注册资本为在公司登记机关登记的实收股本总额。

我国实行的是注册资本制度，设立公司，应当依法向公司登记机关申请设立登记。符合《公司法》规定设立条件的，由公司登记机关登记为有限责任公司或者股份有限公司；不符合规定设立条件的，不得登记为有限责任公司或者股份有限公司。

11.2.2 有限责任公司与国有独资企业的投入资本

1. 有限责任公司的特点

有限责任公司是指由 50 个以下股东共同出资组成，股东仅就自己的出资额对公司的债务承担有限责任的公司。有限责任公司的股东不限于自然人，也可以是法人和政府。有限责任公司对公司的资本不分为等额股份，不对外公开募集股份，不能发行股票。股东以其出资比例，享受公司权利，承担公司义务。公司股份的转让有严格的限制，如需转让，应在其他股东同意的条件下方可进行。

2. 国有独资企业的特点

国有独资企业是指由国家独立出资建立的企业。国有独资企业的性质与个人独资企业不同，而与有限责任公司相同。国有独资企业与有限责任公司的不同之处在于，其出资人为国家，而非个人或其他具有法人资格的单位。

3. 有限责任公司和国有独资企业投入资本的核算

为了反映和监督投资者投入资本的增减变动情况，有限责任公司和国有独资企业应设置“实收资本”账户。该账户的贷方登记企业实际收到的投资者缴付的投资额，借方登记企业按法定程序减资时所减少的注册资本数额，期末贷方余额反映企业期末实收资本实有数额。为了反映企业各所有者的投资在企业所有者权益中的构成及变动情况，“实收资本”账户还必须按所有者设置明细账户，进行明细分类核算。

企业收到投资者投入的资本后，应分别按不同的出资方式进行账务处理。

（1）接受现金资产投资。

企业收到投资者以人民币现金投入的资本时，应当以实际收到或存入企业开户银行的金额作为实收资本入账，借记“库存现金”“银行存款”科目，贷记“实收资本”科目。实际收到或者存入企业开户银行的金额超过投资者在企业注册资本中所占份额的部分，应当计入资本公积。

【例 11-1】某公司注册资本为 3 000 000 元，现收到 A 投资者投入的货币资金 1 000 000 元，占该公司注册资本的 30%。

要求：根据上述经济业务编制会计分录。

【解】借：银行存款 1 000 000

贷：实收资本——A 投资者 900 000

资本公积——资本溢价 100 000

（2）接受非现金资产投资。

①接受存货投资。企业接受投资者以材料物资、商品等存货投资时，应按存货的公允价值，借记“原材料”“库存商品”等科目，按增值税专用发票上注明的材料或商品增值税税额，借记“应交税费——应交增值税（进项税额）”科目，按其在注册资本中应享有的份额，贷记“实收资本”科目，按其差额贷记“资本公积”科目。

【例 11-2】某公司成立时，收到 A 投资者投入的原材料一批，投资合同约定的价值为 200 000 元，增值税进项税额为 26 000 元。假定合同约定的价值与公允价值相符，进项税额允许抵扣，不考虑其他因素。

要求：根据上述经济业务编制会计分录。

【解】借：原材料 200 000

应交税费——应交增值税（进项税额） 26 000

贷：实收资本——A 投资者 226 000

②接受固定资产投资。企业接受投资者以房屋、建筑物、机器设备等固定资产投资时，应按固定资产的公允价值，借记“固定资产”科目，按其在注册资本中应享有的份额，贷记“实收资本”科目。如果固定资产的公允价值大于其在注册资本中应享有的份额，应将其差额贷记“资本公积”科目。

【例 11-3】某公司收到 C 投资者投入的不需要安装的机器设备一台，各方确认的价值为 100 000 元，假定合同约定的价值与公允价值相符。

要求：根据上述经济业务编制会计分录。

【解】借：固定资产 100 000

贷：实收资本——C 投资者 100 000

③接受无形资产投资。企业接受投资者以专利权、商标权、经营特许权等无形资产投资时，应按无形资产的公允价值，借记“无形资产”科目，按其在注册资本中应享有的份额，贷记“实收资本”科目。如果其公允价值大于其在注册资本中应享有的份额，应将其差额贷记“资本公积”科目。

【例 11-4】某公司收到 B 企业投入的专利权一项，双方协议约定的价值为 800 000 元，按照市场情况估计其公允价值为 900 000 元，已办妥相关手续。

要求：根据上述经济业务编制会计分录。

【解】借：无形资产　900 000

　　贷：实收资本——B 企业　800 000

　　　　资本公积——资本溢价　100 000

4. 经营期间实收资本变动的核算

一般情况下，企业实收资本应相对固定不变。但是，在某些特殊情况下，实收资本也可能发生变动。我国《企业法人登记管理条例》规定，企业实收资本增减变动，必须符合规定的条件，由国家登记机关批准后才能实施，不得随意增减。

（1）实收资本增加的核算。

对于一般企业来说，增加资本的途径主要有新投资者投入资本、原投资者追加投入资本、用盈余公积或资本公积转增资本等。

①投资者增加投资。投资者增加投资包括企业原有投资者追加投入资本和新投资者投入资本。企业在收到投资者投入的资本时，借记“银行存款”“原材料”“固定资产”“无形资产”等科目，贷记“实收资本”科目。需要说明的是，对于有限责任公司，新投资者缴纳的出资额大于其按约定比例计算的在注册资本中应占份额的部分，应作为资本公积处理。

②用资本公积、盈余公积转增资本。当企业用资本公积、盈余公积转增资本时，借记“资本公积”“盈余公积”科目，贷记“实收资本”科目。应当注意的是，以法定盈余公积转增资本的，转增后，该项盈余公积的留存数不得低于注册资本的 25%。

（2）实收资本减少的核算。

企业发生减资的原因主要有两种：一是企业经营方针或市场需求发生了重大变化，业务萎缩，导致资本过剩；二是企业发生重大亏损短期内无力弥补而需要减少资本。

①企业因资本过剩而减资，一般要发还股款。一般企业发还股款，按返还投资者的数额，借记“实收资本”科目，贷记“银行存款”等科目。

②企业发生重大亏损，在短期内用利润、盈余公积无法弥补，按照国家规定，企业如有未弥补亏损，不得发放股利。企业发生重大亏损，如果不进行减资，即使以后年度有了盈利，也不能分配利润，而要先弥补亏损。如果一家企业较长时间不发放股利或分配利润，会影响企业声誉，动摇投资者的信心。企业在履行减资手续后用实收资本弥补亏损，这样企业可以放下包袱，转入正常经营。用实收资本或股本弥补亏损时，借记“实收资本”科目，贷记“利润分配——未分配利润”科目。

11.2.3 股份有限公司的投入资本

1. 股份有限公司的定义、分类和特点

股份有限公司是指全部资本由等额股份构成并通过发行股票筹集资本，股东以其所持股份对公司承担有限责任，公司以其全部资产对公司债务承担责任的企业法人。

股份有限公司的设立方式有发起式和募集式两种。

发起式设立的股份有限公司的特点是：公司的股份全部由发起人认购，不向发起人以外的任何人募集股份。由于股东是固定的，无须聘请证券商发售股票，因此其募集费用较低。同时，募资风险也较小，一般不会发生设立公司失败的情况。公司对于所发生的筹资费用，如股权证明印刷费等少量费用，可以直接计入当期损益。

募集式设立的股份有限公司的特点是：公司股份除了发起人认购以外，还可以向其他法人或自然人发行股票的方式进行募集。因此，需要由企业发起人聘请证券商发行股票，企业要为此支付较高的发行费用。对于支付的发行费用，会计处理的方法为：首先减去发行股票冻结期间所产生的利息收入，再将其余额从发行股票的溢价中抵销，若股票溢价不够抵销或无溢价，对金额较小的直接计入当期损益；对于金额较大的计入长期待摊费用，在不超过2年的期限内平均摊销。另外，采用向社会募集股份的方式筹集资金，其募资对象比较广泛，在资本市场不景气或股票的发行价格不适当时，有可能发行失败（股票未被全部认购），风险较大。如果发行失败，发起人要承担筹建费用、筹建过程中的债务，以及承担对认股人已交纳股款的返还等责任。

2. 股票的种类及权利

股票是股份有限公司筹集资本时签发给股东，证明其投资的一种书面产权凭证。股票可以为其发行者筹集资金，为其持有者带来一定的收益（同时也具有一定的投资风险）。持有者可以通过证券市场自由转让、买卖股票。因此，股票具有盈利性、风险性和流动性的特点。

根据股东在企业享有的权利不同，股份有限公司的股票可分为普通股和优先股。

（1）普通股及其权利。

普通股是不享有任何优先权利的股份，是股份有限公司的基本股票。普通股可以是有面值的，也可以是无面值的。有面值普通股在股票票面上标明一定金额，并且每股的金额都相等，该面值是会计记录普通股股本科目的依据。普通股的面值既不能作为计算股利的依据，也不能代表普通股的市价或清算价值。无面值的普通股票面上不载明面值，只标明每股占公司股本总额的比例。对于无面值的普通股股票，股份有限公司的董事会通常对其规定一个价值，称为设定价值。设定价值也是记录普通股股本科目的依据。我国规定，公司发行的普通股股票应当是有面值的。普通股的基本权利有以下四项：

①参与管理权（投票表决权）。普通股股东的这一权利主要是通过参加股东大会来行使的。股东有权出席股东大会，在股东大会上行使选举权和表决权，从而对公司的经营管理发表意见。由于股份有限公司是资本的结合，因此每一股有一票表决权。

②利润分享权。普通股股东有权利享受企业的利润分配，但普通股股东能够获取多少股利取决于被投资企业的盈利水平及被投资企业股利分配政策，即这项权利被限制在被投资企业宣告派发股利的额度之内。因此，在被投资企业宣告派发股利之前，留存收益仍属于公司所有，股东对其无直接要求权。普通股可以分得的股利取决于经营状况，并不能事先确定。

③剩余财产分配权。当股份有限公司终止营业清算解散时，全部资产在清偿了所有债务、返还了优先股股东投资后的剩余部分，普通股股东享有按其所持股份的比例参加分配的权利。如果资产的清算收入不足以偿还企业债务及优先股投资时，普通股股东的投入资本就无法收回。

④优先认股权。当公司增发新的普通股股票时，为了保证原有股东的权利，原有股东有按比例优先认购股票的权利，以保持其在公司股份中的比例。

（2）优先股及其权利。

优先股是指公司在发行股票时，对股票认购人给予某些优惠条件的允诺。优先股股东的优先权利，主要是指优先于普通股股东分得股利。优先股一般都有面值。优先股的面值可以作为会计记录优先股股本科目的依据、优先股股息的计算依据以及优先股股东在企业清算时分配剩余资产的依据。

公司在分派股利时，应先分派给优先股股东，然后才分派给普通股股东。根据公司允诺的优惠条件以及分派股利的优先程度，优先股可以分成以下六种类型：

①累积优先股，是指未发放的优先股股利可逐期累积，并有优先取得的权利。公司必须将积欠的累积优先股股利付清之后，才能分派普通股股利。

②非累积优先股，是指优先股股利按期分算，当公司本期盈利不足以支付优先股股利时不予累积，以后不再补派。

③参加优先股，是指优先股除了按规定先于普通股股东分得一定金额的股利外，还有与普通股共享剩余利润分配的权利。

④非参加优先股，是指按规定先于普通股股东分得一定金额的股利后，不再参加公司的其他利益分配。

⑤可转换优先股，是指优先股股东按照发行股份时的规定，在一定的期限内，以一定的股票比例，可将优先股股份转换成一定数量的普通股股份。可转换优先股在公司盈利不多时，有比普通股优先分得股利的权利；在公司盈利增多时，可通过转换股票的方式成为普通股股东，从而享有较高的股利率。这种股票在发行时通常对投资者具有较大的吸引力。

⑥可赎回优先股，是指公司发行的优先股附有赎回条款。当金融市场利率下降时，公司可根据赎回条款，用略高于原先的发行价格收回优先股，然后通过发行新的且股息较低的优先股来节省股息开支。

通过对优先股种类的认识，可以归纳出优先股的权利，主要表现在：

①优先分得股利权。在向普通股股东分派股利之前，需要按照约定的股利率或金额优先给优先股股东分派股利。

②优先分得剩余财产权。在股份有限公司终止营业、清算解散时，在偿还了全部债务后，如果还有剩余财产，应首先向优先股股东分派剩余财产，然后才能分派给普通股股东。

③优先股股东在股东大会上通常没有表决权，但按照有关规定，如果公司连续3年未支付优先股股利，优先股股东可以出席或委托代理人出席股东大会并行使表决权，同时行使其他规定的权利。

④优先股股东享有的公司净资产，以优先股股份的面值为限，既无权享有超面值缴入资本的部分，也无权分享公司的资本公积和盈余公积。

3. 股份有限公司股本的核算

从理论上讲，股票发行有三种情况：一是面值发行，即公司发行股票所得收入等于股本总额；二是溢价发行，即公司发行股票所得收入大于股本总额；三是折价发行，即公司发行股票所得收入小于股本总额。但从实务上来看，许多国家都不允许折价发行股票，我国也是如此。股东的出资，除发起人可以用实物资产和无形资产作价投资外，其他股东多以现金方式认购股份。

（1）面值发行股票的核算。

按面值发行股票时，应按实际收到或存入企业开户银行的金额，借记“银行存款”科目，贷记“股本”科目。

【例 11-5】某股份有限公司于 2020 年 4 月 18 日发行普通股 200 000 股，每股面值 1 元，款已收到并存入银行。

要求：根据上述经济业务编制会计分录。

【解】借：银行存款　　200 000

　　贷：股本　　200 000

（2）溢价发行股票的核算。

溢价发行股票时，按发行时实际收到的金额，借记“银行存款”科目，按股票面值和核定的股份总额的乘积计算的金额，贷记“股本”科目，按其差额再扣除发行手续费、佣金等发行费用后的金额，贷记“资本公积——股本溢价”科目。

【例 11-6】某股份有限公司于 2020 年 4 月 28 日以每股 4.8 元的价格发行 30 万股面值为 1 元的普通股，以每股 3 元的价格发行 10 万股面值为 1 元、股利率为 15% 的优先股，款已收到并存入银行。

要求：根据上述经济业务编制会计分录。

【解】借：银行存款　　1 740 000

　　贷：股本——普通股　　300 000

　　　　　　——优先股　　100 000

　　　　资本公积——股本溢价　　1 340 000

4. 股份有限公司经营期间股本变动的核算

（1）股本增加的核算。

①发放股票股利。股份有限公司发放股票股利时，应按股东原持股比例进行分配，如果股东所持股份按比例分配不足 1 股时，可发放现金股利或原有股东相互转让凑为整数。企业发放股票股利，在办妥相关手续后，借记“利润分配”科目，贷记“股本”科目。

②公司发行的可转换债券转换成股票。发行可转换债券的股份有限公司，应当按照规定的转换方法向债券持有人换发股票，公司收回可转换债券。向债权人换发股票时，债券价值超过股票面值的差额，应作为资本公积处理，借记“应付债券”科目，贷记“股本”“资本公积”科目。

③资本公积、盈余公积转增资本。当公司用资本公积、盈余公积转增资本时，借记“资本公积”“盈余公积”科目，贷记“股本”科目。

（2）股本减少的核算。

股份有限公司由于采用的是发行股票的方式筹集股本的，所以减资的手段是收回公司发行在外的股票，并加以注销。《公司法》规定，股份有限公司除因减少资本等特殊情况外，不得收购本公司股票，也不得库存本公司已发行的股票。股份有限公司发行的股票的价格与股票的面值可能不等，收回股票的价格也可能与发行价格不同，会计处理比较复杂。股份有限公司因减少注册资本而回购本公司股份的，应按实际支付的金额，借记“库存股”科目，贷记“银行存款”等科目。注销库存股时，应按股票面值和注销股数计算的股票面值总额，借记“股本”科目，按注销库存股的账面余额，贷记“库存股”科目，按其差额，冲减股票发行时原计入资本公积的溢价部分，借记“资本公积——股本溢价”科目，回购价格超过上述冲减“股本”及“资本公积——股本溢价”科目的部分，应依次借记“盈余公积”“利润分配——未分配利润”等科目；如回购价格低于回购股份所对应的股本，所注销库存股的账面余额与所冲减股本的差额作为股本溢价增加处理，按回购股份所对应的股本面值，借记“股本”科目，按注销库存股的账面余额，贷记“库存股”科目，按其差额，贷记“资本公积——股本溢价”科目。

【例 11-7】某股份有限公司原溢价发行股票 1 000 万股，面值 1 元，发行价为 4 元。由于情况变化资本过剩，经批准减资 100 万股并注销，每股回购价格为 10 元。假定该公司结存的盈余公积为 5 500 000 元，未分配利润为 8 500 000 元。

要求：根据上述经济业务编制会计分录。

【解】借：库存股（1 000 000×10） 10 000 000

　　贷：银行存款 10 000 000

借：股本 1 000 000

　　资本公积——股本溢价 3 000 000

　　盈余公积 5 500 000

　　利润分配——未分配利润 500 000

　贷：库存股 10 000 000

【例 11-8】承例 11-7，假定该公司以每股 0.9 元回购股票，其他条件不变。

要求：根据上述经济业务编制会计分录。

【解】借：库存股（1 000 000×0.9） 900 000

　　贷：银行存款 900 000

借：股本 1 000 000

　贷：库存股 900 000

　　资本公积——股本溢价 100 000

11.3 其他权益工具

11.3.1 其他权益工具会计处理的基本原则及科目设置

1. 其他权益工具会计处理的基本原则

企业发行的金融工具应当按照金融工具确认和计量准则进行初始确认和计量；其后，于每个资产负债表日计提利息或分派股利，按照相关具体企业会计准则进行处理。即企业应当以所发行金融工具的分类为基础，确定该工具利息支出或股利分配等的会计处理。对于归类为权益工具的金融工具，无论其名称中是否包含“债”，其利息支出或股利分配都应当作为发行企业的利润分配，其回购、注销等作为权益变动处理；对于归类为金融负债的金融工具，无论其名称中是否包含“股”，其利息支出或股利分配原则上按照借款费用进行处理，其回购或赎回产生的利得或损失等计入当期损益。

发行方发行金融工具发生的手续费、佣金等交易费用，如分类为债务工具且以摊余成本计量，应当计入所发行工具的初始计量金额；如分类为权益工具，应当从权益中扣除。

2. 科目设置

金融工具发行方应当设置下列会计科目，对发行的金融工具进行会计核算：

（1）发行方对于归类为金融负债的金融工具在“应付债券”科目核算。

对于需要拆分且形成衍生金融负债或衍生金融资产的，应将拆分的衍生金融负债或衍生金融资产按照其公允价值在“衍生工具”科目核算。

（2）在所有者权益类科目中增设“其他权益工具”科目，核算企业发行的除普通股以外的归类为权益工具的各种金融工具。

11.3.2　其他权益工具的主要账务处理

1. 发行方的账务处理

（1）发行方发行的金融工具归类为债务工具并以摊余成本计量的，应按实际收到的金额，借记“银行存款”等科目，按债务工具的面值，贷记“应付债券——优先股、永续债（面值）”等科目，按其差额，借记或贷记“应付债券——优先股、永续债（利息调整）”等科目。

在该工具存续期间，计提利息并对账面的利息调整进行调整等的会计处理，按照金融工具确认和计量准则中有关金融负债按摊余成本后续计量的规定进行会计处理。

（2）发行方发行的金融工具归类为权益工具的，应按实际收到的金额，借记“银行存款”等科目，贷记“其他权益工具——优先股、永续债”等科目。

分类为权益工具的金融工具，在存续期间分派股利（含分类为权益工具的金融工具所产生的利息，下同）的，作为利润分配处理。发行方应根据经批准的股利分配方案，按应分配给金融工具持有者的股利金额，借记“利润分配——应付优先股股利、应付永续债利息”等科目，贷记“应付股利——优先股股利、永续债利息”等科目。

（3）发行的金融工具原合同条款约定的条件或事项随着时间的推移或经济环境的改变而发生变化，导致原归类为权益工具的金融工具重分类为金融负债的，应当于重分类日按该工具的账面价值，借记“其他权益工具——优先股、永续债”等科目，按该工具的面值，贷记“应付债券——优先股、永续债（面值）”等科目，按该工具的公允价值与面值之间的差额，借记或贷记“应付债券——优先股、永续债（利息调整）”等科目，按该工具的公允价值与账面价值的差额，借记或贷记“资本公积——股本溢价”科目。若资本公积不够冲减，依次冲减盈余公积和未分配利润。

发行方以重分类日计算的实际利率作为应付债券后续计量利息调整的基础。

发行的金融工具原合同条款约定的条件或事项随着时间的推移或经济环境的改变而发生变化，导致原归类为金融负债的金融工具重分类为权益工具的，应于重分类日，按金融负债的面值，借记“应付债券——优先股、永续债（面值）”等科目，按利息调整余额，借记或贷记“应付债券——优先股、永续债（利息调整）”等科目，按金融负债的账面价值，贷记“其他权益工具——优先股、永续债”等科目。

（4）发行方按合同条款的约定赎回所发行的除普通股以外的分类为权益工具的金融工具，按赎回价格，借记“库存股——其他权益工具”科目，贷记“银行存款”等科目；注销所购回的金融工具，按该工具对应的其他权益工具的账面价值，借记“其他权益工具”科目，按该工具的赎回价格，贷记“库存股——其他权益工具”科目，按其差额，借记或贷记“资本公积——股本溢价”科目，当资本公积不够冲减时，依次冲减盈余公积和未分配利润。

（5）发行方按合同条款的约定赎回所发行的分类为金融负债的金融工具，按该工具赎回日的账面价值，借记“应付债券”等科目，按赎回价格，贷记“银行存款”等科目，按其差额，借记或贷记“财务费用”科目。

（6）发行方按合同条款的约定将发行的除普通股以外的金融工具转换为普通股的，按该工具对应的金融负债或其他权益工具的账面价值，借记“应付债券”“其他权益工具”等科目，按普通股的面值，贷记“股本”科目，按其差额，贷记“资本公积——股本溢价”科目。

2. 投资方的账务处理

投资方购买发行方发行的金融工具，应当按照金融工具确认和计量准则及相关规定进行分类和计量。如果投资方因持有发行方发行的金融工具而对发行方拥有控制、共同控制或重大影响，按照《企业会计准则第 2 号——长期股权投资》和《企业会计准则第 20 号——企业合并》进行确认和计量；投资方需编制合并财务报表的，按照《企业会计准则第 33 号——合并财务报表》的规定编制合并财务报表。

【例 11-9】2020 年 1 月 31 日，甲公司将发行的可转换优先股 200 000 股分类为权益工具，扣除相关交易费用后，实际收到的价款为 150 000 元，6 月 30 日将优先股全部转换为 40 000 股普通股，每股面值 1 元。

要求：根据上述经济业务编制会计分录。

【解】2020 年 1 月 31 日：

借：银行存款	150 000	
贷：其他权益工具——优先股		150 000

6 月 30 日：

借：其他权益工具——优先股	150 000	
贷：股本		40 000
资本公积——股本溢价		110 000

11.4 资本公积与其他综合收益

11.4.1 资本公积的含义及构成

资本公积是企业收到的投资者超出其在企业注册资本（或股本）中所占份额的投资，以及直接计入所有者权益的利得和损失。资本公积包括资本溢价（或股本溢价）和其他资本公积等。

资本溢价（或股本溢价）是企业收到的投资者超出其在企业注册资本（或股本）中所占份额的投资。形成资本溢价（或股本溢价）的原因有溢价发行股票、投资者超额缴入资本等。

其他资本公积是指除资本溢价（或股本溢价）、净损益、其他综合收益和利润分配以外所有者权益的其他变动。主要包括：①企业的长期股权投资采用权益法核算时，被投资企业除净损益、其他综合收益以及利润分配以外所有者权益的其他变动，投资企业按应享有份额而增加或减少的其他资本公积；②企业提供给职工的以权益结算的股份支付产生的其他资本公积等。

11.4.2　资本公积的核算

为了核算企业资本公积的增减变动情况，企业应设置“资本公积”账户，并下设“资本溢价（或股本溢价）”“其他资本公积”明细账户。

1. 资本溢价

资本溢价是指有限责任公司股东的出资额大于其在企业注册资本中所占份额的差额。一般情况下，公司初建时，股东按照其在企业注册资本中所占的份额出资，不会出现资本溢价。在企业重组并有新的投资者加入时，为了维护原有投资者的权益，新加入的投资者的出资额并不一定全部作为实收资本处理。这是因为：一方面，企业初创时要经过筹建、试生产经营、为产品寻找市场、开辟市场等过程，资本利润率一般较低，当企业经营一段时间以后，资本利润率会有所提高，这表明企业的原有资本已经增值。因而新股东加入时，应以高于原股东的出资额占有与原股东等量的股份。另一方面，企业在经营一段时间以后，可能会形成一部分资本公积和留存收益，这部分所有者权益未转入实收资本，但归原股东共有。新股东加入时也与原股东共享这部分资本公积和留存收益，因而也应付出高于原股东的出资额而占有与原股东等量的份额。

企业收到新股东的出资时，应根据其实际出资额，借记“银行存款”等科目；根据其在注册资本中占有的份额，贷记“实收资本”科目；根据两者的差额，贷记“资本公积——资本溢价”科目。

【例 11-10】某有限责任公司由甲、乙、丙三位股东各自出资 100 万元设立。设立时的实收资本为 300 万元。经过 5 年的经营，该企业留存收益为 150 万元。此时有丁投资者希望加入，实际出资 180 万元，占有该企业股份的 25%。

要求：根据上述经济业务编制会计分录。

【解】收到丁投资者出资时：

借：银行存款等	1 800 000	
贷：实收资本——丁投资者		1 000 000
资本公积——资本溢价		800 000

2. 股本溢价

股份有限公司的股东按其所持企业股份享有权利和承担义务。为了反映和便于计算各股东所持股份占企业全部股份的比例，企业的股本总额应按股票的面值与股份总数的乘积计算。国家规定，实收股本总额应与注册资本相等。因此，为了提供企业股本总额及构成和注册资本等信息，当溢价发行股票时，企业发行股票取得的收入，相当于股票面值的部分记入“股本”科目；超出股票面值的溢价收入记入“资本公积——股本溢价”科目。委托证券商代理发行股票而支付的手续费、佣金等，应从溢价发行收入中扣除，企业应按扣除手续费、佣金后的数额记入“资本公积——股本溢价”科目。

【例 11-11】某公司委托甲证券公司代理发行普通股 2 000 000 股，每股面值 1 元，按每股 1.50 元的价格发行。公司与委托单位约定，按发行收入的 3% 收取手续费。假如收到的股款已经存入银行。

要求：根据上述经济业务编制会计分录。

【解】发行股票时：

借：银行存款 2 910 000

　贷：股本 2 000 000

　　资本公积——股本溢价 910 000

3. 其他资本公积

（1）以权益结算的股份支付。企业以权益结算的股份支付换取职工或其他方提供服务的，应按权益工具授予日的公允价值，借记“管理费用”科目，贷记“资本公积——其他资本公积”科目。在行权日，应按实际行权的权益工具数量计算确定的金额，借记“资本公积——其他资本公积”科目，按计入实收资本或股本的金额，贷记“实收资本”“股本”科目，并将其差额记入“资本公积——资本溢价”“资本公积——股本溢价”科目。

（2）采用权益法核算的长期股权投资。长期股权投资采用权益法核算时，在持股比例不变的情况下，被投资单位除净损益、其他综合收益和利润分配以外所有者权益的其他变动，企业按持股比例计算应享有的份额，如果是利得，则借记“长期股权投资”科目，贷记“资本公积——其他资本公积”科目；如果是损失，则作相反的会计分录。当处置采用权益法核算的长期股权投资时，应当将原计入资本公积的相关金额转入投资收益。

4. 资本公积转增资本

资本公积主要用于转增资本，企业按规定的程序增资时，借记“资本公积”科目，贷记“实收资本”科目。

11.4.3 其他综合收益的确认与计量及会计处理

其他综合收益是指企业根据其他会计准则的规定未在当期损益中确认的各项利得和损失。

1. 以后会计期间不能重分类进损益的其他综合收益项目

（1）重新计量设定受益计划净负债或净资产导致的变动。根据《企业会计准则第9号——职工薪酬》，有设定受益计划形式离职后福利的企业应当将重新计量设定受益计划净负债或净资产导致的变动计入其他综合收益，并且在后续会计期间不允许转回至损益。

（2）按照权益法核算的在被投资单位不能重分类进损益的其他综合收益变动中所享有的份额。根据《企业会计准则第2号——长期股权投资》，投资方取得长期股权投资后，应当按照应享有或应分担的被投资单位其他综合收益的份额，确认其他综合收益，同时调整长期股权投资的账面价值。

2. 以后会计期间在满足规定条件时将重分类进损益的其他综合收益项目

（1）以公允价值计量且其变动计入其他综合收益的金融资产公允价值的变动。其公允价值变动形成的利得或损失，除减值损失和外币货币性金融资产形成的汇兑差额外，应当直接计入所有者权益（其他综合收益），在该金融资产终止确认时转出，计入当期损益。其公允价值变动形成的利得会计分录为借记“其他债权投资（其他权益工具投资）——公允价值变动”科目，贷记“其他综合收益”科目，其公允价值变动形成的损失，做相反的会计分录。

（2）可供出售外币非货币性项目的汇兑差额。对于以公允价值计量的可供出售非货币性项目，如果期末的公允价值以外币反映，则应当先将该外币按照公允价值确定当日的即期汇率折算为记账本位币金额，再与原记账本位币金额进行比较，其差额计入其他综合收益。对于发生的汇兑收益，会计分录为借记“其他债权投资（其他权益工具投资）”科目，贷记“其他综合收益”科目，对于发生的汇兑损失，做相反的会计分录。

（3）金融资产的重分类。将以公允价值计量且其变动计入其他综合收益的金融资产重分类为采用成本或摊余成本计量的金融资产，重分类日应以该金融资产的公允价值或账面价值作为成本或摊余成本，该金融资产没有固定到期日的，与该金融资产相关的、原直接计入所有者权益的利得或损失，应当仍然记入“其他综合收益”科目，在该金融资产被处置时转出，计入当期损益。

将债权投资重分类为以公允价值计量且其变动计入其他综合收益的金融资产，并以公允价值进行后续计量，重分类日，该投资的账面价值与其公允价值之间的差额记入“其他综合收益”科目，在其发生减值或终止确认时转出，计入当期损益。

按照《企业会计准则第22号——金融工具确认和计量》的规定应当以公允价值计量，但以前公允价值不能可靠计量的以公允价值计量且其变动计入其他综合收益的金融资产，企业应当在其公允价值能够可靠计量时改按公允价值计量，将相关账面价值与公允价值之间的差额记入“其他综合收益”科目，在其发生减值或终止确认时将上述差额转出，计入当期损益。

（4）采用权益法核算的长期股权投资。投资方取得长期股权投资后，应当按照应享有或应分担的被投资单位其他综合收益的份额，确认其他综合收益，同时调整长期股权投资的账面价值。其会计处理为：借记或贷记“长期股权投资——其他综合收益”科目，贷记或借记“其他综合收益”科目，待处置股权投资时，将原计入其他综合收益的金额转入当期损益。

（5）将存货或自用房地产转换为采用公允价值模式计量的投资性房地产。企业将作为存货的房地产转换为采用公允价值模式计量的投资性房地产时，应当按照该项房地产在转换日的公允价值，借记“投资性房地产——成本”科目，原已计提跌价准备的，借记“存货跌价准备”科目，按原账面余额，贷记“开发产品”等科目；同时，转换日的公允价值小于账面价值的，按其差额，借记“公允价值变动损益”科目，转换日的公允价值大于账面价值的，按其差额，贷记“其他综合收益”科目。

（6）现金流量套期工具产生的利得或损失中属于有效套期的部分。现金流量套期工具产生的利得或损失中属于有效套期的部分，直接确认为其他综合收益，该有效套期部分的金额，按下列两项的绝对额中较低者确定：①套期工具自套期开始的累计利得或损失；②被套期项目自套期开始的预计未来现金流量现值的累计变动额。

（7）外币财务报表折算差额。按照外币折算的要求，企业对境外经营的财务报表进行折算时，应当将外币财务报表折算差额在资产负债表中所有者权益项目下单独列示（其他综合收益）；企业在处置境外经营时，应当将资产负债表中所有者权益项目下列示的、与该境外经营相关的外币报表折算差额，自所有者权益项目转入处置当期损益，部分处置境外经营的，应当按处置的比例计算处置部分的外币财务报表折算差额，转入处置当期损益。

【例11-12】年末W公司持有的S公司债券的账面价值为1 500 000元，公允价值为

1 510 000 元。

要求：根据上述经济业务编制会计分录。

【解】W 公司编制会计分录如下：

借：其他债权投资——S 公司债券（公允价值变动） 10 000

　贷：其他综合收益——其他债权投资公允价值变动 10 000

11.5 留存收益

11.5.1 留存收益的性质

留存收益是指企业从历年实现的净利润中提取或形成的留存于企业，未向投资者分配的内部积累。

留存收益是企业税后利润积累而形成的资本。它与投入资本不同，投入资本是由企业外部投入企业的，是企业所有者权益的基本部分，是企业创业的资本。留存收益也是企业资本的一部分，但它不是投入企业的，是投入资本通过生产经营而留存于企业的一部分收益的积累，因而它是由企业内部产生的。

11.5.2 留存收益的构成

企业留存收益由盈余公积和未分配利润两部分构成。盈余公积包括法定盈余公积和任意盈余公积。它们是已指定用途的留存收益，属于指定用途的专用资金。而未分配利润是企业留待以后年度进行分配的留存收益，属于尚未指定用途的资金。

1. 盈余公积

（1）法定盈余公积，是指企业按规定的比例从税后利润中提取的盈余公积。国家法规强制规定企业必须提取法定盈余公积，目的是确保企业不断积累资本，壮大实力。《公司法》规定，股份有限公司和有限责任公司按税后利润的 10% 提取法定盈余公积，当法定盈余公积达到注册资本的 50% 时，可以不再提取。对于非公司制企业而言，也可以按照超过税后利润 10% 的比率提取。

企业提取的法定盈余公积的用途主要有以下几个方面：

第一，弥补亏损。企业发生的亏损应由企业自行弥补。其弥补渠道主要有三个方面：首先，用以后年度税前利润弥补。根据我国有关法规的规定，企业发生亏损时，可以用以后年度税前利润连续弥补 5 年。其次，用以后年度税后利润弥补。企业发生的亏损经过 5 年时间税前弥补后，仍未弥补完的亏损应由税后利润弥补。最后，用盈余公积弥补亏损。企业用盈余公积弥补亏损，应由董事会提议，经股东大会批准。

第二，转增资本。企业用盈余公积转增资本，必须经股东大会批准。转增资本后，留存的法定盈余公积不得低于注册资本的 25%。在实际将盈余公积转增资本时，要按股东原有持股比例结转。

（2）任意盈余公积，是公司出于实际需要或采取审慎经营策略，从税后利润中提取的一部分留存收益。所谓任意，是指出于企业自愿而非法规硬性规定，其提取比例也由企业自行决定。如果公司有优先股，则必须在支付了优先股股利之后，才可以提取任意盈余公积。

任意盈余公积和法定盈余公积的区别在于各自计提的比例不同，任意盈余公积的提取比例由企业自行决定，而法定盈余公积的提取比例则由国家有关法规决定。

任意盈余公积的用途与法定盈余公积相同，企业在用盈余公积弥补亏损、转增资本时，一般先使用任意盈余公积，在任意盈余公积用完之后，再按规定使用法定盈余公积。

2. 未分配利润

未分配利润是企业实现的净利润经过弥补亏损、提取盈余公积和向投资者分配利润后留存在企业的、历年结存的利润。未分配利润是留待以后年度处理的利润，它也是企业留存收益的重要组成部分，但这部分留存收益尚未指定用途。

11.5.3　留存收益的核算

1. 盈余公积的核算

为了反映盈余公积的提取和使用情况，企业应设置“盈余公积”账户。该账户为所有者权益类账户。企业提取盈余公积时，记入该账户的贷方，使用盈余公积时，记入该账户的借方，贷方余额为企业盈余公积的结存数。“盈余公积”账户下一般设置“法定盈余公积”“任意盈余公积”两个明细账户。

（1）企业在提取各项盈余公积时，按照提取的各项盈余公积金额，借记“利润分配——提取法定盈余公积、提取任意盈余公积”科目，贷记“盈余公积——法定盈余公积、任意盈余公积”科目。

【例 11-13】某企业本年税后利润为 800 000 元，分别按 10% 和 5% 的比例提取法定盈余公积和任意盈余公积。

要求：根据上述经济业务编制会计分录。

【解】借：利润分配——提取法定盈余公积　80 000
　　　　　　　　——提取任意盈余公积　40 000
　　　贷：盈余公积——法定盈余公积　80 000
　　　　　　　　——任意盈余公积　40 000

（2）企业用盈余公积弥补亏损时，借记“盈余公积”科目，贷记“利润分配——盈余公积补亏”科目。

【例 11-14】某企业经研究决定用以前年度提取的任意盈余公积 500 000 元，弥补当期亏损。

要求：根据上述经济业务编制会计分录。

【解】借：盈余公积——任意盈余公积　500 000
　　　贷：利润分配——盈余公积补亏　500 000

（3）有限责任公司经批准用盈余公积转增资本时，按照实际用于转增的盈余公积金额，借记“盈余公积”科目，贷记“实收资本”科目。股份有限公司经股东大会决议，用盈余公积转增股本时，借记“盈余公积”科目，贷记“股本”科目。

2. 未分配利润的核算

企业未分配利润通过“利润分配——未分配利润”账户进行核算。

企业在当年盈利，应当将本年实现的净利润自“本年利润”科目转入“利润分配——未分配利润”科目，借记“本年利润”科目，贷记“利润分配——未分配利润”科目。年度终了，再将“利润分配”科目下的其他明细科目（盈余公积补亏、提取法定盈余公积、应付优先股股利、提取任意盈余公积、应付普通股股利、转作股本的普通股股利等）的余额，转入“利润分配——未分配利润”明细科目。结转后，“利润分配——未分配利润”科目若为贷方余额，表示历年累积的未分配利润；如为借方余额，则表示历年累积的未弥补亏损。

企业如果在当年发生亏损，应当将本年发生的亏损自“本年利润”科目转入“利润分配——未分配利润”科目，借记“利润分配——未分配利润”科目，贷记“本年利润”科目。

【例 11-15】某企业于 2014 年成立，该年发生亏损 1 000 000 元。在年度终了时，企业应结转本年度发生的亏损。2015 年至 2019 年，该企业每年实现利润 150 000 元。该企业 2020 年实现税前利润 300 000 元（所得税税率为 25%）。

要求：根据上述经济业务编制会计分录。

【解】2014 年企业编制会计分录为：

借：利润分配——未分配利润　　1 000 000

　贷：本年利润　　1 000 000

按照规定，企业在发生亏损以后的 5 年内可以用税前利润弥补亏损。因此，该企业在 2015 年至 2019 年均可用税前利润弥补亏损。该企业 2015 年至 2019 年各年弥补亏损的会计分录为：

借：本年利润　　150 000

　贷：利润分配——未分配利润　　150 000

该企业 2019 年“利润分配——未分配利润”科目的期末借方余额为 250 000 元（1 000 000−150 000×5）。按规定，2020 年该企业只能用税后利润弥补以后年度的亏损。该企业 2020 年的会计分录为：

计算并结转应交纳的所得税：

借：所得税费用　　75 000

　贷：应交税费——应交企业所得税　　75 000

借：本年利润　　75 000

　贷：所得税费用　　75 000

结转本年利润，弥补以前年度未弥补的亏损时：

借：本年利润　　225 000

　贷：利润分配——未分配利润　　225 000

该企业 2020 年“利润分配——未分配利润”账户的期末借方余额为 25 000 元（250 000−225 000）。

基本训练

◆ **复习思考题**

1. 股份有限公司的特征是什么？

2. 什么是普通股股票？它有什么权利？

3. 优先股股票的种类有哪些？它有什么权利？

4. 何谓资本公积？其构成内容如何？

5. 留存收益是由哪些内容构成的？

◆ 计算分析题

1. 华联有限责任公司2020年度实现利润总额150万元。该企业无纳税调整事项，按25%的税率计算所得税，并分别按税后利润的10%和15%提取法定盈余公积和任意盈余公积，按税后利润的20%分配现金利润。

要求：分别编制以上业务的相应会计分录。

2. 海峰股份有限公司2020年发生下列经济业务：

(1) 委托某证券公司代理发行普通股股票50万股，每股面值1元，每股按1.50元的价格发行。公司与受托单位约定，按发行收入的3%支付发行手续费，并从发行收入中扣除。

(2) 公司董事会研究决定，并通过股东大会审议通过2020年度的利润分配方案如下：提取法定盈余公积80万元，提取任意盈余公积40万元，分配现金股利400万元。

(3) 公司董事会决议并通过股东大会批准，以盈余公积30万元弥补以前年度未弥补的亏损。

(4) 公司经批准用盈余公积20万元转增资本。

(5) 公司接受现金捐赠50万元存入银行。

要求：编制相应会计分录。

第12章 收 入

学习目标

- ◆ 重点掌握商品或服务收入的确认条件。
- ◆ 掌握收入确认与计量的五步法模型。
- ◆ 了解特殊交易收入的确认与计量原则。

12.1 收入概述

12.1.1 收入的概念及特征

收入是指企业在日常活动中形成的、会导致所有者权益增加的、与所有者投入资本无关的经济利益的总流入。其中，日常活动是指企业为完成其经营目标所从事的经常性活动以及与之相关的其他活动。

收入具有如下基本特征：

（1）收入是在企业日常活动中所形成的经济利益的流入。这些业务活动具有经常性、重复性和可预见性的特点，如制造企业销售产品、提供劳务，商业企业销售商品，旅游企业提供旅游服务，商业银行提供贷款，租赁企业出租固定资产等业务。与日常活动相对应，企业还会发生一些偶发事项，如企业出售固定资产。因固定资产是为使用而不是为出售而购入的，将固定资产出售并不是企业经营的目标，也不属于企业的日常活动，出售固定资产取得的收益不作为收入核算。另外，企业收取的罚款、接受的捐赠、获得的债务重组利得等也是一些偶发事项，也不作为收入核算。

（2）收入可能表现为企业资产的增加，如增加银行存款、应收账款、应收票据等；也可能表现为企业负债的减少，如预收账款的销售业务，在提供了商品或劳务并取得收入的同时，预收账款得以抵偿；或者二者兼而有之，如商品销售的货款中部分抵偿债务，部分收取现金。

（3）收入能导致企业所有者权益增加。如上所述，收入能增加资产或减少负债或二者兼而有之。因此，根据会计等式“资产=负债+所有者权益”，企业取得的收入能增加所有者权益。但是，收入扣除相关成本费用后的净额则可能增加所有者权益，也可能减少所有者权益。这里仅指收入本身导致的所有者权益增加，而不是指收入扣除相关成本费用后的毛利对所有者权益的影响。因此，收入准则对收入的定义为“经济利益的总流入”。

（4）收入只包括本企业经济利益的流入，不包括为第三方或客户代收的款项，如企业代税务机关收取的税款、旅行社代客户收取的门票等。代收的款项一方面增加企业的资产，另一方面增加企业的负债，因此不增加企业的所有者权益，也不属于企业的经济利益，不能作为企业的收入。

12.1.2　收入的分类

1. 按交易履约时点划分

（1）某一时点的履约义务收入，在某一时点客户即可取得相关商品（或劳务）控制权的收入。

（2）一段时间内的履约义务收入，在一段时间内客户才能完全取得相关商品（或劳务）控制权的收入。

2. 按企业经营业务的主次划分

（1）主营业务收入，是指企业通过主要经营活动所获取的收入，是企业经常发生的，并在收入中占有较大的比重。不同行业的企业具有不同的主营业务，如制造企业以销售产成品、半成品和提供工业性劳务为主，商品流通企业以销售商品为主，交通运输企业以提供运输服务为主等。

（2）其他业务收入，是指企业通过主要经营业务以外的其他经营业务所获取的收入。其他业务收入不经常发生，每笔业务金额一般都比较小，在收入中所占的比重也比较小。如工业企业销售原材料、转让无形资产使用权、出租包装物等所取得的收入。

3. 按交易性质划分

（1）销售商品收入，是指企业通过销售产品或商品而取得的收入。如制造企业销售产品取得的收入、商品流通企业销售商品取得的收入、房地产开发企业销售商品房取得的收入等。

（2）提供劳务收入，是指企业通过提供劳务活动而取得的收入。如制造企业受托加工取得的收入、建筑安装企业提供建筑安装劳务取得的收入、服务性企业提供各类服务取得的收入（如广告、咨询、代理、培训、照相等）、交通运输企业提供运输劳务取得的收入等。

（3）让渡资产使用权收入，是指企业通过让渡资产的使用权而取得的收入。如金融企业发放贷款取得的利息收入、企业出租固定资产取得的租金收入以及让渡本企业的无形资产给他人使用而形成的使用费收入等。

（4）建造合同收入，是指企业通过签订建造合同，并按合同的要求为客户设计和建造房屋、道路、桥梁等建筑物以及大型机械设备等而取得的收入。

12.2　收入的确认与计量

12.2.1　收入的确认条件

《企业会计准则第14号——收入》规定企业应当在履行了合同中的履约义务，即在客户取得相关商品控制权时确认收入。取得相关商品控制权，是指能够主导该商品的使用并从中获得几乎全部的经济利益。当企业与客户之间的合同同时满足下列条件时，企业应当在客户取得相关商品控制权时确认收入：

（1）合同各方已批准该合同并承诺将履行各自义务；

（2）该合同明确了合同各方与所转让商品或提供劳务（以下简称“转让商品”）相关的权利和义务；

（3）该合同有明确的与所转让商品相关的支付条款；

（4）该合同具有商业实质，即履行该合同将改变企业未来现金流量的风险、时间分布或金额；

（5）企业因向客户转让商品而有权取得的对价很可能收回。

在合同开始日即满足上述五个条件的合同，企业在后续期间无须对其进行重新评估，除非有迹象表明相关事实和情况发生重大变化。合同开始日通常是指合同生效日。

在合同开始日不符合上述五个条件的合同，企业应当对其进行持续评估，并在其满足上述五个条件时做确认收入的会计处理。

对于不符合上述五个条件的合同，企业只有在不再负有向客户转让商品的剩余义务，且已向客户收取的对价无须退回时，才能将已收取的对价确认为收入；否则，应当将已收取的对价作为负债进行会计处理。没有商业实质的非货币性资产交换，不确认收入。

12.2.2 收入的确认时间

根据履约义务时间，收入确认分为在某一段时段内分期确认和在某一时点确认。

企业应当在履行了合同中的履约义务，即客户取得相关商品控制权时确认收入。企业应当根据实际情况，首先判断履约义务是否满足在某一时段内履行的条件，如不满足，则该履约义务属于在某一时点履行的履约义务。对于在某一时段内履行的履约义务，企业应当选取恰当的方法确定履约进度；对于在某一时点履行的履约义务，企业应当综合分析控制权转移的迹象，判断其转移时点。

1. 在某一时段内履行履约义务的收入

通常满足下列条件之一的，属于在某一时段内履行的履约义务；否则，属于在某一时点履行的履约义务：

（1）客户在企业履约的同时即取得并消耗企业履约所带来的经济利益。

（2）客户能够控制企业履约过程中在建的商品。

（3）企业履约过程中所产出的商品具有不可替代用途，且该企业在整个合同期间内有权就累计至今已完成的履约部分收取款项。具有不可替代用途，是指因合同限制或实际可行性限制，企业不能轻易地将商品用于其他用途。有权就累计至今已完成的履约部分收取款项，是指在由于客户或其他方原因终止合同的情况下，企业有权就累计至今已完成的履约部分收取能够补偿其已发生的款项，并且该权利具有法律约束力。

例如甲公司是一家造船企业，与乙公司签订了一份船舶建造合同，该服务仅为乙公司服务，具有不可替代性；双方约定，如果乙公司单方面解约，乙公司需向甲公司支付相当于合同总价 30% 的违约金，且建造中的船舶归甲公司所有。表明甲公司无法在整个合同期间内都有权就累计至今已完成的履约部分收取能够补偿其已发生成本和合理利润的款项。因此，甲公司为乙公司设计和建造船舶属于在某一时段内履行的履约义务。

2. 在某一时点履行履约义务的收入

当一项履约义务不属于在某一时段内履行的履约义务时，应当属于在某一时点履行的履约义务。对于在某一时点履行的履约义务，企业应当在客户取得相关商品控制权时点确认收入。在判断客户是否已取得商品控制权时，企业应当考虑下列迹象：

（1）企业就该商品享有现时收款权利，即客户就该商品负有现时付款义务。

（2）企业已将该商品的法定所有权转移给客户，即客户已拥有该商品的法定所有权。

（3）企业已将该商品实物转移给客户，即客户已实物占有该商品。

（4）企业已将该商品所有权上的主要风险和报酬转移给客户，即客户已取得该商品所有权上的主要风险和报酬。

（5）客户已接受该商品。

（6）其他表明客户已取得商品控制权的迹象。

12.2.3　收入的计量

企业应当按照分摊至各单项履约义务的交易价格计量收入，交易价格是指企业因向客户转让商品而预期有权收取对价的金额。

《企业会计准则第 14 号——收入》关于营业收入计量的核心原则为：计量的金额应反映企业预计应交付这些商品或服务而有权获取的对价。企业应当根据合同条款，并考虑以往交易习惯恰当确认交易价格。在确认交易价格时，企业应当考虑合同中存在的可变对价、重大融资成分、应付客户对价等因素的影响。

1. 可变对价

企业与客户的合同中约定的对价金额可能会因折扣、价格折让、返利、退款、奖励积分、激励措施、业绩奖金、索赔等因素而变化。此外，根据一项或多项或有事项的发生而收取不同对价金额的合同，也属于可变对价的情形。当合同交易中存在可变对价时，企业应按照期望值或可能发生金额确定可变对价的最佳估计数。

例如，甲公司签署了一项合同，根据合同，若甲公司完成了某项业绩目标即可获得 400 万元的奖金，未完成则没有奖金；甲公司估计完成该项业绩目标的可能性为 80%，完不成的可能性为 20%。则可变对价最佳估计数为 400 万元。

2. 合同中存在的重大融资成分

重大融资成分是指销售商品或提供服务等收款期较长导致分期收款的总对价高于其现销价格的差额。合同中存在重大融资成分的，企业应当按照假定客户在取得商品控制权时即以现金支付的应付金额确定交易价格。该交易价格与合同对价之间的差额，应当在合同期间内采用实际利率法摊销。

合同开始日，企业预计客户取得商品控制权与客户支付价款间隔不超过一年的，可以不考虑合同中存在的重大融资成分。

3. 应付客户对价

企业应付客户（或向客户购买本企业商品的第三方）对价的，应当将该应付对价冲减交易价格，并在确认相关收入与支付（或承诺支付）客户对价二者孰晚的时点冲减当期收入，但应付客户对价是为了向客户取得其他可明确区分商品的除外。

企业应付客户对价是为了向客户取得其他可明确区分商品的，应当采用与本企业其他采购相一致的方式确认所购买的商品。企业应付客户对价超过向客户取得可明确区分商品公允价值的，超过金额应当冲减交易价格。向客户取得的可明确区分商品的公允价值不能合理估计的，企业应当将应付客户对价全额冲减交易价格。

例如，甲公司签订了一项合同，向乙客户销售商品，合同期限为 1 年。乙客户承诺在合同期限内以约定价格购买至少价值 1 500 万元的产品。合同同时约定，甲公司需在合同开始时向乙客户支付约定价格 10% 的 150 万元的不可退回款项。该款项作为要求乙客户更改货架以使其适合放置甲公司产品而作出的补偿。第一个月甲公司销售货物开具发票的金额为 200 万元。则甲公司第一个月应确认的收入为：200-200×10%=180（万元）。

12.2.4 确认收入的步骤

收入确认与计量的核心原则，是指企业确认收入方式应反映向客户转让商品或服务的模式，而计量的金额应反映主体预计因交付这些商品或服务而有权获得的对价，根据收入确认与计量的核心原则，综合前述收入确认与计量的具体内容，企业可以根据以下步骤确认与计量收入：

1. 识别与客户订立的合同

合同，是指双方或多方之间订立的有法律约束力的权利义务的协议，包括书面形式、口头形式以及其他可验证的形式。识别客户合同，是指识别合同各方是否已批准该合同并承诺将履行各自义务。在同一客户与企业签订多项合同且合同内容基本相同等的情况下，企业可以将多项合同合并并将其作为单个合同进行会计处理。

2. 识别合同中的单项履约义务

合同开始日，企业应当对合同进行评估，识别该合同所包含的各单项履约义务，并确定各单项履约义务是在某一时段内履行的，还是在某一时点履行的，然后在履行了各单项履约义务时分别确认收入。

履约义务，是指合同中企业向客户转让可明确区分商品的承诺。履约义务既包括合同中明确的承诺，也包括由于企业已公开宣布的政策、特定声明或以往的习惯做法等导致合同订立时客户合理预期企业将履行的承诺。

企业为履行合同而应开展的初始活动，通常不构成履约义务，除非该活动向客户转让了承诺的商品。

3. 确定交易价格

企业应当按照分摊至各单项履约义务的交易价格计量收入。

交易价格是指企业因向客户转让商品而预期有权收取的对价金额。

企业代第三方收取的款项以及企业预期将退还给客户的款项，应当作为负债进行会计处理，不计入交易价格。

4. 将交易价格分摊至各单项履约义务

当合同中包含两项或多项履约义务时，为了使企业分摊至每一单项履约义务的交易价格能够反映其因向客户转让已承诺的相关商品（或提供已承诺的相关服务）而预期有权收取的对价金额，企业应当在合同开始日，按照各单项履约义务所承诺商品的单独售价的相对比例，将交易价格分摊至各单项履约义务。

5. 履行每一单项履约义务时确认收入

企业应在履行了向客户转让已承诺的商品或服务的履约义务时确认收入，收入的计量金额为分摊至已履行的履约义务的金额。

12.3 一般收入业务的会计处理

在进行销售商品的账务处理时，首先要考虑销售商品收入是否符合确认条件。符合收入确认五项条件的，企业应及时确认收入，并结转相关销售成本；否则，不能确认收入。确认商品销售收入时，企业应按已收或应收的合同或协议的价款，加上应收取的增值税税额，借记“银行存款”“应收账款”“应收票据”等科目，按确定的收入金额，贷记“主营业务收入”“其他业务收入”等科目，按应收取的增值税税额，贷记“应交税费——应交增值税（销项税额）”科目；按已发出商品的成本，借记“主营业务成本”“其他业务成本”科目，贷记“库存商品”科目；同时在资产负债表日，按应缴纳的消费税、资源税、城市维护建设税、教育费附加等税费金额，借记“税金及附加”科目，贷记“应交税费——应交消费税（应交资源税、应交城市维护建设税、应交教育费附加等）”科目。

如果售出的商品不符合收入确认条件，则不应确认收入，已经发出的商品，应当通过“发出商品”科目进行核算。

【例 12-1】甲公司 2020 年 1 月发生以下业务：

（1）5 日，向乙公司销售 W 商品 8 件，每件单价 1 000 元，开出的增值税专用发票上注明的价款为 8 000 元，增值税为 1 040 元，乙公司因临时需要，直接到甲公司提货并用银行存款付款，双方未签订销售合同。

甲公司与乙公司未签订销售合同，不需要单独识别合同及履约义务；该项交易内容单一，价格固定，最终交易价格即为收到的货款，且不需要分摊。因此，甲公司应根据开具的增值税专用发票金额，确认收入。

（2）10 日，甲公司签订商品销售合同，向丙公司销售 W 产品 100 件，开出的增值税专用发票注明价款 100 000 元，增值税 13 000 元，用银行存款代垫运杂费 200 元，采用托收承付方式收款，已办妥托收手续。

甲公司办妥托收手续，表明履行了合同规定的履约义务，按照惯例视为客户收到该商品并取得控制权，确认收入。

（3）12 日，因质量问题，丙公司退回 W 产品 10 件，价款 10 000 元，增值税 1 300 元。甲公司已办妥相关手续，收到退回商品。

【解】（1）借：银行存款 9 040
贷：主营业务收入 8 000
应交税费——应交增值税（销项税额） 1 040

（2）借：应收账款 113 200
贷：主营业务收入 100 000
应交税费——应交增值税（销项税额） 13 000
银行存款 200

（3）借：主营业务收入 10 000
应交税费——应交增值税（销项税额） 1 300
贷：应收账款 11 300

12.4 特殊收入业务的会计处理

企业销售商品的特殊业务，是指上述一般业务以外的复杂业务，需要根据前述收入确认计量“五步法”分析判断。按照企业会计准则的规定，应根据本企业履行履约义务与客户付款之间的关系，确认合同资产或合同负债。

合同资产是指企业已向客户转让商品而有权收取对价的权利，且该权利取决于时间流逝之外的其他因素。应收款项是企业无条件收取合同对价的权利，该权利应当作为应收款项单独列示。

【例 12-2】甲公司与客户签订合同，向其销售 A、B 两项商品。A 商品的单独售价为 100 元，B 商品的单独售价为 200 元，合同总价款为 900 元。A 商品于合同开始日交付，B 商品在 1 个月之后交付，合同约定：只有当两项商品全部交付之后，甲公司才有权收取 900 元的合同对价。假定 A 商品和 B 商品分别构成单项履约义务，其控制权在交付时转移给客户。上述价格均不包含增值税，且假定不考虑相关税费的影响。

【解】分摊至 A 商品的合同价款为：

100÷（100+200）×900=300（元）

分摊至 B 商品的合同价款为：

200÷（100+200）×900=600（元）

甲公司的账务处理如下：

（1）交付 A 商品时：

借：合同资产	300	
贷：主营业务收入		300

（2）交付 B 商品时：

借：应收账款	900	
贷：合同资产		300
主营业务收入		600

合同负债是指企业已收客户对价而应向客户转让商品的义务，如企业在转让承诺的商品之前已收到款项时，应计入合同负债。关于合同负债的例题请参见第 9 章 9.5.4 预收账款部分的例 9-36。

12.4.1 具有重大融资成分的分期收款销售

具有重大融资成分的分期收款销售是指商品已经交付，但货款分期收回的一种销售方式。分期收款销售的特点是销售商品的价值较大、收款期较长、收取货款的风险较大。分期收款销售，实质上具有融资性质，应当按照应收取的合同或协议价款的公允价值确定收入金额。应收的合同或协议价款的公允价值，通常应当按照其未来现金流量现值或商品现销价格计算确定。应收的合同或协议价款与其公允价值之间的差额，应当在合同或协议期内，按照应收款项的摊余成本和实际利率计算确定的金额进行摊销，冲减财务费用。其中，实际利率是指具有类似信用等级的企业发行类似工具的现时利率，或者将应收的合同或协议价款折现为商品现销价格时的折现率。应收的合同或协议价款与其公允价值之间的差额，按实际利率法摊销和按直线法摊销结果差别不大时，也可以采用直线法摊销。

【例 12-3】天龙公司 2016 年 4 月 15 日采用分期收款的方式向光大企业销售一套大型设备，合同约定的销售价为 1 000 万元，分 5 次于每年 12 月 31 日等额收取。该大型设备成本为 700 万元。在现销方式下，该大型设备的销售价格为 800 万元。假定天龙公司发出商品时开出增值税专用发票，注明的增值税税额为 130 万元，并于当日收到增值税税额 130 万元。

【解】天龙公司应收账款的收取时间较长，相当于向客户提供长期信贷，具有融资性质。因此，天龙公司不能按应收的合同价款确认收入，而应当按应收合同价款的现值作为公允价值，确认收入。假定天龙公司确定的实际利率为 8%，其应确认销售商品收入 800 万元。天龙公司采用实际利率法，每期计入财务费用的未实现融资收益金额见表 12-1。

表 12-1 **未实现融资收益计算表** 单位：万元

日 期	分期应收款	确认的融资收益	应收款成本减少额	应收款摊余成本
①	②	③=期初⑤×8%	④=②-③	期末⑤=期初⑤-④
2016年4月15日				800
2016年12月31日	200	64	136	664
2017年12月31日	200	53.12	146.88	517.12
2018年12月31日	200	41.37	158.63	358.49
2019年12月31日	200	28.68	171.32	187.17
2020年12月31日	200	12.83*	187.17	0
总 额	1 000	200	800	

注：*尾数调整。

2016 年 4 月 15 日销售实现时：

借：长期应收款——光大企业 10 000 000
　　银行存款 1 300 000
　贷：主营业务收入 8 000 000
　　　应交税费——应交增值税（销项税额） 1 300 000
　　　未实现融资收益 2 000 000
借：主营业务成本 7 000 000
　贷：库存商品 7 000 000

2016 年 12 月 31 日收取货款时：

借：银行存款 2 000 000
　贷：长期应收款——光大企业 2 000 000
借：未实现融资收益 640 000
　贷：财务费用 640 000

2017 年 12 月 31 日收取货款时：

借：银行存款 2 000 000
　贷：长期应收款——光大企业 2 000 000
借：未实现融资收益 531 200
　贷：财务费用 531 200

2018 年 12 月 31 日收取货款时：

借：银行存款　2 000 000

　贷：长期应收款——光大企业　2 000 000

借：未实现融资收益　413 700

　贷：财务费用　413 700

2019 年 12 月 31 日收取货款时：

借：银行存款　2 000 000

　贷：长期应收款——光大企业　2 000 000

借：未实现融资收益　286 800

　贷：财务费用　286 800

2020 年 12 月 31 日收取货款时：

借：银行存款　2 000 000

　贷：长期应收款——光大企业　2 000 000

借：未实现融资收益　128 300

　贷：财务费用　128 300

12.4.2 销售折扣与折让

企业在销售商品时，有时还会附有一些销售折扣条件，售出的商品有时也会因质量不符等原因而在价格上给予购货方一定的折让。当企业发生销售折扣、销售折让时，将会对收入的确认产生一定的影响。

1. 销售折扣

销售折扣是指企业为鼓励购货方早日付款或多购商品而给予的价格折扣，包括现金折扣和商业折扣。

第一，现金折扣是指销货方为鼓励购货方提前付款而向购货方提供的债务扣除。当企业以赊销方式销售商品时有可能发生现金折扣。对现金折扣的处理方法一般有两种：总价法和净价法。总价法是将现金折扣视为鼓励客户提早付款而给予的经济利益，具体处理时以未扣除现金折扣的金额确认销售收入和应收账款。销售方给予购货方的现金折扣，从融资角度处理。净价法是将扣除现金折扣后的金额确认为收入和应收账款。它是假定客户一般都会得到现金折扣，而放弃现金折扣只是例外情况，客户因超过折扣期而多付的款项，作为冲减财务费用处理。总价法可以较好地反映销售的全过程，但会在客户享受现金折扣的情况下高估资产和收入。净价法可以避免总价法的不足，但在会计期末对于客户未享受的现金折扣应进行调账，会计处理较为烦琐。我国规定，现金折扣按总价法处理。

【例 12-4】天龙公司 2020 年 4 月 5 日销售一批商品，成本 1 200 000 元，增值税专用发票上注明货款 1 600 000 元，增值税税额 208 000 元。合同规定的现金折扣条件为“2/15，N/30”。买方于 4 月 18 日付款。折扣仅针对货款。

【解】天龙公司 4 月 5 日售出商品时：

借：应收账款　1 808 000

　贷：主营业务收入　1 600 000

　　应交税费——应交增值税（销项税额）　208 000

借：主营业务成本　1 200 000

　贷：库存商品　1 200 000

4月18日，收到货款时：

借：银行存款　1 824 000

　　财务费用　32 000

　贷：应收账款　1 856 000

第二，商业折扣是指销货方为了促进销售而在商品标价上给予的扣除。由于商业折扣是在交易成立之前就予以扣除的折扣，所以它只是交易双方确定交易价格的一种方式。因此，企业销售实现时，只要按扣除商业折扣后的净额确认销售收入即可。

【例 12-5】天龙公司签订商品销售合同，向甲公司销售A产品，不含增值税单价为200元（成本为160元），增值税税率为13%。甲公司一次购买A产品1 000件。根据规定的折扣条件，甲公司可得到10%的商业折扣。天龙公司为一般纳税人，甲公司按合同规定采用托收承付结算方式结算。

【解】天龙公司销货时：

借：应收账款——甲公司　203 400

　贷：主营业务收入　180 000

　　　应交税费——应交增值税（销项税额）　23 400

借：主营业务成本　160 000

　贷：库存商品　160 000

收到银行转来的收款通知时：

借：银行存款　203 400

　贷：应收账款——甲公司　203 400

2. 销售折让

销售折让是指企业因售出商品的质量、品种等不符合要求而在售价上给予的减让。销售折让可能发生在确认收入之前，也可能发生在确认收入之后。如是前者，销售折让相当于商业折扣，无须进行会计处理；如为后者，当销售折让实际发生时，直接冲减发生当期的销售收入。发生销售折让时，如按规定允许扣减当期销项税额，应同时冲减销项税额。

【例 12-6】天龙公司上月销售商品一批，增值税专用发票上注明的售价为100 000元，增值税税额为13 000元。货到后买方发现商品质量有问题，经与买方协商同意给予10%的折让。该批商品的成本为70 000元。买方按合同规定采用托收承付结算方式结算。

【解】天龙公司实现销售时：

借：应收账款　113 000

　贷：主营业务收入　100 000

　　　应交税费——应交增值税（销项税额）　13 000

借：主营业务成本　70 000

　贷：库存商品　70 000

发生销售折让时：

借：主营业务收入　10 000

　　应交税费——应交增值税（销项税额）　1 300

贷：应收账款 11 300

实际收到货款时：

借：银行存款 101 700

贷：应收账款 101 700

12.4.3 以旧换新销售

以旧换新销售是指销货方在销售商品的同时，收回与所销商品相同的旧商品。在这种销售方式下，销售的商品按照商品销售的方法确认收入，回收的商品作为购进商品处理。

12.4.4 售后回租

售后回租是指在销售商品的同时，销售方同意日后再租回所售商品。在这种销售方式下，销售方应根据合同或协议条款判断销售商品是否满足收入确认条件。通常情况下，售后回租属于融资交易，企业保留了与所有权相联系的继续管理权，或能够对其实施有效控制，企业不应确认收入，收到的款项应确认为负债；售价与资产账面价值之间的差额应当采用合理的方法进行分摊，作为折旧费用或租金费用的调整。如果有确凿证据表明经营租赁的售后回租交易是按照公允价值达成的，那么销售的商品应按照售价确认收入，并按账面价值结转成本。

12.4.5 售后回购

售后回购是指卖方在售出商品的同时，同意日后再将同样或类似的商品购回。在这种销售方式下，销售方应根据合同或协议条款判断销售商品是否满足收入确认条件。通常情况下，售后回购属于融资交易，商品所有权上的主要风险和报酬并没有转移，整个交易不确认收入，收到的款项应确认为负债，记入“其他应付款”账户；回购价格大于原售价的差额，企业应在回购期内分期计提利息，记入“财务费用”账户。有确凿证据表明售后回购交易满足销售商品收入确认条件的，销售的商品按售价确认收入，回购的商品作为购买商品处理。

【例 12-7】天龙公司于 2020 年 4 月 1 日与甲公司签订商品销售合同，向甲公司销售一批商品，商品实际成本为 500 000 元，增值税专用发票上注明的售价为 600 000 元，增值税税额为 78 000 元。协议规定，天龙公司应于 2020 年 9 月 1 日将所售商品回购，回购价为 620 000 元（不含增值税税额）。天龙公司已将商品发运，货款已收到。

【解】天龙公司 4 月 1 日发出商品并收到货款时：

借：银行存款 678 000

贷：其他应付款——甲公司 600 000

应交税费——应交增值税（销项税额） 78 000

借：发出商品 500 000

贷：库存商品 500 000

4—8 月，各月计提利息费用时：

借：财务费用（（620 000-600 000）÷5） 4 000

贷：其他应付款——甲公司 4 000

9月1日回购该商品时：

借：其他应付款——甲公司 620 000

  应交税费——应交增值税（进项税额） 80 600

 贷：银行存款 700 600

同时：

借：库存商品 500 000

 贷：发出商品 500 000

12.4.6 附有销售退回条款的销售

发生附有销售退回条款的销售业务时，企业应当在客户取得相关商品控制权时，按照因向客户转让商品而预期有权收取的对价金额（即不包含预期因销售退回将退还的金额）确认收入，按照预期因销售退回将退还的金额确认负债；同时，按照预期将退回商品转让时的账面价值，扣除收回该商品预计发生的成本（包括退回商品的价值减损）后的余额，确认为一项资产，按照所转让商品转让时的账面价值，扣除上述资产成本的净额结转成本。

每一资产负债表日，企业应当重新估计未来销售退回情况，如有变化，应当作为会计估计变更进行会计处理。

【例12-8】1月31日，天龙公司签订商品销售合同，向甲公司销售80台A机器设备，单位销售价格为40万元，单位销售成本为25万元，未计提存货跌价准备；设备已发出，款项尚未收到。合同约定，甲公司在6月30日前有权无条件退货。当日，天龙公司根据以往经验，估计该批机器设备的退货率为10%。6月30日，收到甲公司退回的A机器设备10台并验收入库，70台A机器设备的销售款项收存银行。天龙公司发出该批机器设备时发生增值税纳税义务，实际发生销售退回时可以冲回增值税税额。

要求：根据上述资料，逐笔编制天龙公司相关业务的会计分录。

【解】1月31日：

借：应收账款 36 160 000

 贷：主营业务收入 32 000 000

   应交税费——应交增值税（销项税额） 4 160 000

借：主营业务成本 20 000 000

 贷：库存商品 20 000 000

估计退货的可能性：

借：主营业务收入 3 200 000

 贷：主营业务成本 2 000 000

   预计负债 1 200 000

6月30日实际退回10台A机器设备时：

借：库存商品（250 000×10） 2 500 000

  应交税费——应交增值税（销项税额） 520 000

  主营业务收入 4 000 000

  预计负债 1 200 000

贷：主营业务成本 2 500 000

应收账款（400 000×10×1.13） 4 520 000

银行存款 1 200 000

收到 70 台 A 设备货款时：

借：银行存款（70×400 000×1.13） 31 640 000

贷：应收账款 31 640 000

12.4.7 合同中包含多项履约义务及可变对价等复杂业务

如果企业与客户签订的合同中包含多项履约义务，交易对价的确定存在可变对价等因素，且既有一段时间内履行的履约义务，也有某一时点履行的履约义务，则需要按照前述收入确认计量模型进行会计处理。

【例 12-9】2019 年 3 月 1 日，甲公司与乙公司签订一款软件销售及后续技术服务的合同，并经双方批准。该合同规定：甲公司应于 2019 年 6 月 30 日交付软件，并于 2019 年 7 月 1 日和 2020 年 7 月 1 日提供后续技术服务，软件及技术服务不含税总价款为 8 000 000 元，假定该项交易属于混合行为，增值税税率为 13%，乙公司收到软件且能够正常使用时一次付清，甲公司单独销售这款软件的不含税金额为 7 000 000 元；单独提供技术服务不含税金额为 1 500 000 元。

【解】该项合同已经生效并包含两项履约义务：销售软件和提供服务，应该按照单独销售两项服务的价款的比例进行分配，确定交易价格。

销售软件的交易价格为 6 560 000 元：

8 000 000×7 000 000÷（7 000 000+1 500 000）=6 560 000（元）

提供技术服务的交易价格为 1 440 000 元：

8 000 000×1 500 000÷（7 000 000+1 500 000）=1 440 000（元）

由于软件在编写过程中乙公司无法控制，乙公司应于收到软件且能够正常使用时确认营业收入，技术服务收入应在 2019 年 7 月 1 日和 2020 年 7 月 1 日期间各月末提供技术服务后分期确认，甲公司按照实际发生的经济业务，编制会计分录如下：

2019 年 6 月 30 日，甲公司交付软件且乙公司可以正常使用，该软件的成本为 4 000 000 元：

借：应收账款 6 560 000

贷：主营业务收入 6 560 000

借：主营业务成本 4 000 000

贷：库存商品 4 000 000

2019 年 7 月 31 日，确认当月技术服务收入 120 000 元（1 440 000÷12=120 000），提供该项技术服务的成本为 80 000 元：

借：应收账款 120 000

贷：主营业务收入 120 000

借：主营业务成本 80 000

贷：生产成本 80 000

以后月份确认技术服务收入以此类推。

12.5　提供服务业务的会计处理

企业提供的服务属于在某一时点履行的履约义务，应采用与前述销售商品相同的办法确认商品收入；如果属于在某一时段内履行的履约义务，企业应当考虑商品的性质，采用产出法或投入法确定恰当的履约进度，并且在确定履约进度时，应当扣除那些控制权尚未转移给客户的商品和服务。

12.5.1　产出法

产出法主要是根据已转移给客户的商品对于客户的价值确定履约进度，主要包括按照实际测量的完工进度、评估已实现的结果、已达到的里程碑、时间进度、已完工或交付的产品等确定履约进度的方法。

12.5.2　投入法

投入法主要是根据企业履行履约义务的投入确定履约进度，主要包括以投入的材料数量、花费的人工工时或机器工时、发生的成本和时间进度等投入指标确定履约进度。

对于每一项履约义务，企业只能采用一种方法来确定其履约进度，并一贯运用。对于类似情况下的类似履约义务，企业应当采用相同的方法确定履约进度。

资产负债表日，企业应当在按照合同的交易价格总额乘以履约进度扣除以前会计期间累计已确认的收入后的金额，确认为当期收入。

本期确认收入= 合同的交易价格×履约进度－以前期间已确认收入

当履约进度不能合理确定时，企业已经发生的成本预计能够得到补偿的，应当按照已经发生的成本金额确认收入，直到履约进度能够合理确定为止。每一资产负债表日，企业应当对履约进度进行重新估计。当客观环境发生变化时，企业也需要重新评估履约进度是否发生变化，以确保履约进度能够反映履约情况的变化，该变化应当作为会计估计变更进行会计处理。

【例 12-10】某公司 2018 年 3 月 1 日与客户签订了一项培训服务合同，合同规定培训期 3 年，培训费为 240 000 元，分别于 2018 年 3 月 1 日、2019 年 3 月 1 日支付总培训费的 50%。2018 年、2019 年和 2020 年估计发生的成本分别为：40 000 元、80 000 元和 40 000 元。各年实际发生的成本为 45 000 元、78 000 元和 36 000 元。假定不考虑各种税费。

【解】2018 年 3 月 1 日，收到培训费时：

借：银行存款　　120 000

　贷：预收账款　　120 000

2018 年实际发生成本时：

借：主营业务成本　　45 000

　贷：银行存款等　　45 000

2018 年 12 月 31 日，按投入法确认收入时：

2018 年年末履约进度=45 000÷（45 000+80 000+40 000）×100%=27.27%

本年应确认的收入=240 000×27.27%=65 448（元）

借：预收账款　　65 448

贷：主营业务收入 65 448

2019年3月1日，收到培训费时：

借：银行存款 120 000

贷：预收账款 120 000

2019年实际发生成本时：

借：主营业务成本 78 000

贷：银行存款等 78 000

2019年12月31日，按投入法确认收入时：

2019年年末履约进度=（45 000+78 000）÷（45 000+78 000+40 000）×100%=75.46%

本年应确认的收入=240 000×75.46%−65 448=115 656（元）

借：预收账款 115 656

贷：主营业务收入 115 656

2020年实际发生成本时：

借：主营业务成本 36 000

贷：银行存款等 36 000

2020年3月1日，按投入法确认收入时：

2020年年末履约进度=（45 000+78 000+36 000）÷（45 000+78 000+36 000）×100%=100%

本年应确认的收入=240 000×100%−65 448−115 656=58 896（元）

借：预收账款 58 896

贷：主营业务收入 58 896

基本训练

◆ **复习思考题**

1. 什么是收入？

2. 收入如何分类？

3. 商品或劳务收入的确认应同时满足哪些条件？

◆ **计算分析题**

1.2020年5月8日，海峰公司向华宇公司赊销一批商品，商品的成本为350 000元，售价为500 000元，增值税税额为65 000元。海峰公司开出发票账单，并按照合同约定的品种和质量发出商品，华宇公司已将该批商品验收入库。商品赊销期限为20天。

要求：编制海峰公司赊销商品的会计分录：

（1）5月8日，发出商品。

（2）5月28日，收回货款。

2. 海峰公司向兴业公司赊销一批商品，该商品价目单价格为每件300元（不含增值税），兴业公司购买了100件，可得到10%的商业折扣；同时，兴业公司可按照2/10，1/20，N/30的现金折扣条件付款。海峰公司采用总价法核算。

要求：编制海峰公司赊销商品的会计分录：

（1）赊销商品。

（2）收取货款：①假定兴业公司在10天内付款；②假定兴业公司在10~20天内付款；③假定兴业公司超过20天，但在信用期内付款。

3.2020年4月12日，海峰公司向兴业公司销售一批商品。商品成本40 000元，销售价格50 000元，增值税税额6 500元。商品已发出，货款已收妥。5月18日，兴业公司在验收商品时，发现存在质量问题，要求给予30%的价格折让，海峰公司同意给予折让。

要求：编制海峰公司的下列会计分录：

（1）发出商品并收取货款。

（2）同意给予价格折让并退回多收货款。

4.2020年5月20日，海峰公司向兴业公司销售一批商品。商品成本40 000元，销售价格50 000元，增值税税额6 500元。商品已发出，货款也已收妥。6月8日，兴业公司在验收商品时，发现存在质量问题，要求退货，海峰公司同意退货。

要求：请编制海峰公司有关销售退回的下列会计分录：

（1）发出商品并收取货款。

（2）同意退货并退回货款。

5. 海峰公司采用视同买断方式委托兴业公司销售一批商品。商品成本40 000元，协议买断价格50 000元，增值税税额6 500元。兴业公司将该批商品出售，售价55 000元，增值税7 150元。

要求：

（1）编制海峰公司委托代销商品的会计分录：①发出委托代销商品；②兴业公司开具代销清单；③收到兴业公司支付的货款。

（2）编制兴业公司受托代销商品的会计分录：①收到受托代销商品；②将受托代销商品售出；③向海峰公司付清货款。

6. 海峰公司采用收取手续费方式委托兴业公司销售一批商品。商品成本40 000元，销售价格50 000元，增值税税额6 500元。海峰公司按销售价格（不含增值税）的3%向兴业公司支付手续费。

要求：

（1）编制海峰公司委托代销商品的会计分录：①发出委托代销商品；②兴业公司开具代销清单；③收到兴业公司支付的货款。

（2）编制兴业公司受托代销商品的会计分录：①收到受托代销商品；②将受托代销商品售出；③向海峰公司付清货款。

第13章　费　用

学习目标

- ◆ 重点掌握期间费用包括的内容及期间费用的核算。
- ◆ 掌握费用的概念。
- ◆ 了解费用的确认及分类。

13.1　费用概述

13.1.1　费用的概念

费用是指企业在日常活动中发生的、会导致所有者权益减少的、与向所有者分配利润无关的经济利益的总流出。费用有狭义和广义之分。广义的费用泛指企业各种日常活动发生的所有耗费。狭义的费用仅指与本期营业收入相配比的那部分耗费。费用的发生意味着资产的减少和负债的增加。费用最终会导致企业资源的减少，具体表现为企业的资金支出，或者表现为资产的耗费；费用最终会减少企业的所有者权益。

13.1.2　费用的确认

首先，企业应划分生产费用与非生产费用的界限。生产费用是指与企业日常生产经营活动有关的费用，如生产产品所发生的原材料费用、人工费用等；非生产费用是指不应由生产产品负担的费用，如用于购建固定资产所发生的费用。

其次，企业应当分清生产费用与产品成本的界限。生产费用与一定的时期相联系，而与生产的产品无关；产品成本与一定品种和数量的产品相联系，而不论发生在哪一期。

最后，企业应当分清生产费用与期间费用的界限。生产费用应计入产品成本，而期间费用直接计入当期损益。

13.1.3　费用的分类

费用按经济用途进行分类，可分为产品生产费用和期间费用两大类。

1. 产品生产费用

（1）直接材料，指直接用于产品生产、构成产品实体的原料、主要材料、外购半成品及有助于产品形成的辅助材料。

（2）直接人工，指直接参加产品生产的工人工资及按生产工人工资总额和在规定的比例内实际发生的职工福利费。

（3）燃料及动力，指直接用于产品生产的外购和自制的燃料及动力。

（4）制造费用，指企业各生产单位为组织和管理生产而发生的各项费用，如生产单位

(车间）管理人员的工资及职工福利费、折旧费、修理费、办公费、物料消耗、劳动保护费、水电费等。

2. 期间费用

期间费用是指不能直接归属于某个特定产品成本的费用，包括销售费用、管理费用、财务费用。

产品生产费用将在成本会计学中阐述，本章主要介绍期间费用。

13.2　期间费用

13.2.1　销售费用

销售费用是指企业在销售过程中发生的各项费用，包括企业在销售商品过程中发生的运输费、装卸费、包装费、保险费、展览费和广告费，以及为销售本企业商品而专设的销售机构（含销售网点、售后服务网点等）的职工工资、类似工资性质的费用、业务费等经营费用。

企业发生的销售费用在“销售费用”账户核算，并按照销售费用项目进行明细核算。企业发生销售费用时，借记“销售费用”科目，贷记“库存现金”“银行存款”“应付职工薪酬”等科目。期末，应将“销售费用”科目的余额转入“本年利润”科目，结转后该科目应无余额。

【例 13-1】企业月末分配销售人员工资 500 000 元。

要求：根据上述经济业务编制会计分录。

【解】借：销售费用　　500 000

　　贷：应付职工薪酬　　500 000

【例 13-2】企业用银行存款支付广告费 30 000 元。

要求：根据上述经济业务编制会计分录。

【解】借：销售费用　　30 000

　　贷：银行存款　　30 000

【例 13-3】期末，将本月发生的销售费用 150 000 元转入“本年利润”科目。

要求：根据上述经济业务编制会计分录。

【解】借：本年利润　　150 000

　　贷：销售费用　　150 000

13.2.2　管理费用

管理费用是指企业管理部门为组织和管理企业生产经营活动所发生的各种费用。管理费用包括企业的董事会和行政管理部门在企业的经营管理中发生的，或者应当由企业统一负担的公司经费（包括行政管理部门职工工资、办公费、差旅费、折旧费、修理费、物料消耗、低值易耗品摊销等）、工会经费、董事会费、聘请中介机构费、咨询费、诉讼费、业务招待费、技术转让费、矿产资源补偿费、研究与开发费、存货盘亏或盘盈（不包括应计入营业外支出的存货损失）及无形资产摊销等。

企业发生的管理费用在“管理费用”账户核算，并按照管理费用项目进行明细核算。

企业发生管理费用时，借记“管理费用”科目，贷记“银行存款”“库存现金”“原材料”“应付职工薪酬”“长期待摊费用”“累计折旧”“累计摊销”等科目。期末应将“管理费用”科目的余额转入“本年利润”科目，结转后该科目应无余额。

【例 13-4】企业按管理人员工资总额的一定比例计提工会经费 60 000 元。

要求：根据上述经济业务编制会计分录。

【解】借：管理费用　　60 000

　　贷：应付职工薪酬——工会经费　　60 000

【例 13-5】企业分配行政管理人员的工资 400 000 元。

要求：根据上述经济业务编制会计分录。

【解】借：管理费用　　400 000

　　贷：应付职工薪酬　　400 000

【例 13-6】期末，将本月发生的管理费用共计 220 000 元转入“本年利润”科目。

要求：根据上述经济业务编制会计分录。

【解】借：本年利润　　220 000

　　贷：管理费用　　220 000

13.2.3 财务费用

财务费用是指企业为筹集生产经营所需资金等而发生的费用，包括利息支出（减利息收入）、汇兑损失（减汇兑收益）、金融机构手续费以及为筹集生产经营资金发生的其他费用等。

企业发生的财务费用，在“财务费用”账户核算，并按照财务费用项目进行明细核算。企业发生财务费用时，借记“财务费用”科目，贷记“应付利息”“银行存款”等科目。期末，应将“财务费用”科目的余额转入“本年利润”科目，结转后该科目应无余额。

【例 13-7】企业预提银行借款利息 5 000 元。

要求：根据上述经济业务编制会计分录。

【解】借：财务费用　　5 000

　　贷：应付利息　　5 000

【例 13-8】企业以银行存款支付办理银行承兑汇票的手续费 2 000 元。

要求：根据上述经济业务编制会计分录。

【解】借：财务费用　　2 000

　　贷：银行存款　　2 000

【例 13-9】期末，将本月发生的财务费用共计 60 000 元转入“本年利润”科目。

要求：根据上述经济业务编制会计分录。

【解】借：本年利润　　60 000

　　贷：财务费用　　60 000

基本训练

◆ 复习思考题

1. 什么是销售费用？它包括哪些内容？

2. 销售费用如何核算？

3. 什么是管理费用？它包括哪些内容？

4. 管理费用如何核算？

5. 什么是财务费用？它包括哪些内容？

6. 财务费用如何核算？

◆ **计算分析题**

根据下列资料编制会计分录：

（1）管理部门领用材料5 000元，销售部门领用材料7 000元，作为一般耗用，共计12 000元。

（2）月末计算提取固定资产折旧费共7 000元，其中销售部门折旧费4 000元，管理部门折旧费3 000元。

（3）用银行存款支付水电费4 000元，其中企业销售部门3 000元，企业管理部门1 000元。

（4）月末分配职工工资，其中，销售人员工资20 000元，企业管理人员工资10 000元。

（5）月末按照工资总额的一定比例提取工会经费6 000元。

（6）用银行存款支付销售A产品的运输费1 000元（增值税忽略不计）。

（7）月末，将管理费用、销售费用转入“本年利润”科目。

第14章　利润及利润分配

学习目标

◆ 重点掌握本年利润的结转方法、净利润的分配程序。
◆ 掌握利润的构成和营业外收支的核算。
◆ 了解利润及利润分配有关概念、所得税的会计处理方法。

14.1　利　润

14.1.1　利润的概念与构成

利润是指企业在一定会计期间的经营成果，利润包括收入减去费用后的净额、直接计入当期利润的利得和损失等。对利润进行核算，可以及时反映企业在一定会计期间的经营成果，反映企业投入产出效果和经济效益，有助于企业投资者和债权人据此进行盈利预测，作出正确决策。

1. 营业利润

营业利润=营业收入−营业成本−税金及附加−销售费用−管理费用−财务费用−资产减值损失−信用减值损失+公允价值变动收益（−公允价值变动损失）+投资收益（−投资损失）+资产处置收益（−资产处置损失）+其他收益（−其他损失）

（1）营业收入：反映企业经营主要业务和其他业务所确认的收入总额，包括主营业务收入和其他业务收入。

（2）营业成本：反映企业经营主要业务和其他业务发生的实际成本总额，包括主营业务成本和其他业务成本。

（3）税金及附加：反映企业经营业务所负担的房产税、城镇土地使用税、车船税、消费税、资源税、城市维护建设税和教育费附加等。

（4）销售费用：反映企业在销售商品过程中发生的包装费、广告费等费用和为销售本企业商品而专设的销售机构的职工薪酬、业务费等经营费用。

（5）管理费用：反映企业为组织和管理生产经营发生的管理费用。

（6）财务费用：反映企业为筹集生产经营所需资金所发生的筹资费用以及资金使用过程中所发生的费用。

（7）资产减值损失：反映企业计提各项资产减值准备所形成的损失。

（8）公允价值变动收益或损失：反映企业交易性金融资产、交易性金融负债以及采用公允价值模式计量的投资性房地产等公允价值变动形成的应计入当期损益的利得（或损失）。

（9）投资收益或损失：反映企业以各种方式对外投资所得的收益（或发生的损失）。

（10）资产处置损益：反映企业出售划分为持有待售的非流动资产（金融工具、长期股权投资和投资性房地产除外）或处置组时确认的处置利得或损失，以及处置未划分为持有待售的固定资产、在建工程、生产性生物资产及无形资产而产生的处置利得或损失。

（11）其他收益或损失：反映其他影响营业利润的收益或损失。

2. 利润总额

利润总额=营业利润+营业外收入-营业外支出

营业外收入和营业外支出是指企业发生的与其日常活动没有直接关系的各项利得和损失。

3. 净利润

净利润=利润总额-所得税费用

所得税费用是指企业确认的应从当期利润总额中扣除的所得税费用。

4. 综合收益总额

净利润加上其他综合收益扣除所得税影响后的净额为综合收益总额。

14.1.2　其他业务收支的核算

企业的其他业务主要包括无形资产、包装物和固定资产出租，材料销售，代购代销等业务。其他业务不是企业的主要经营业务，发生的次数不是很多，金额也不是很大。其他业务收支的核算分为其他业务收入的核算和其他业务成本的核算。

1. 其他业务收入

其他业务收入是指企业在从事其他业务过程中取得的收入。企业取得其他业务收入时，应借记“银行存款”“应收账款”等科目，贷记“其他业务收入”科目，如果取得了增值税销项税额，还应贷记“应交税费——应交增值税（销项税额）”科目。

期末，企业应将“其他业务收入”科目的余额转入“本年利润”科目，结转后“其他业务收入”科目应无余额。

2. 其他业务成本

其他业务成本是指为取得其他业务收入而发生的各项直接耗费，如出租包装物的价值摊销，结转出售材料物资的成本等。企业结转其他业务成本时，应借记“其他业务成本”科目，贷记“包装物”“原材料”“累计折旧”“银行存款”等科目。

期末，企业应将“其他业务成本”科目的余额转入“本年利润”科目，结转后“其他业务成本”科目应无余额。

【例 14-1】某制造企业销售原材料一批，价款 200 000 元，增值税税额 26 000 元，款项已收到并存入银行。该批材料的实际成本为 180 000 元。

要求：根据上述经济业务编制会计分录。

【解】销售材料并取得价款时：

借：银行存款	226 000	
贷：其他业务收入		200 000
应交税费——应交增值税（销项税额）		26 000

结转该批材料的实际成本时：

借：其他业务成本	180 000	

贷：原材料 180 000

14.1.3 营业外收支的核算

1. 营业外收入

营业外收入是指企业取得的与日常生产经营活动没有直接关系的各种利得，主要包括处置非流动资产利得、非货币性资产交换利得、债务重组利得、罚没利得、捐赠利得、政府补助、盘盈利得等。

营业外收入的取得并不需要耗费企业的经营资金，因此与经营成本或费用之间并不存在配比关系，实际上是一种纯收入。在会计处理上，应将营业外收入作为利润总额的组成部分，于实际发生时，直接增加利润总额。

企业应当设置“营业外收入”账户核算发生的营业外收入，并按各营业外收入项目设置明细账，进行明细核算。企业取得营业外收入时，应借记有关科目，贷记“营业外收入”科目；期末，应将“营业外收入”科目的余额转入“本年利润”科目，结转后“营业外收入”科目应无余额。

【例 14-2】某企业报废固定资产净收益为 12 000 元，清理完毕后转为营业外收入。

要求：根据上述经济业务编制会计分录。

【解】借：固定资产清理——处置固定资产净收益 12 000

贷：营业外收入 12 000

【例 14-3】某企业取得罚款收入 20 000 元，已存入银行。

要求：根据上述经济业务编制会计分录。

【解】借：银行存款 20 000

贷：营业外收入 20 000

2. 营业外支出

营业外支出是指企业发生的与日常生产经营活动没有直接关系的各种损失，主要包括盘亏损失、处置非流动资产损失、债务重组损失、非货币性资产交换损失、罚没损失、公益性捐赠支出、非常损失等。

企业应当设置“营业外支出”账户核算发生的营业外支出，并按各营业外支出项目设置明细账，进行明细核算。企业发生营业外支出时，应借记“营业外支出”科目，贷记有关科目；期末，企业应将“营业外支出”科目的余额转入“本年利润”科目，结转后“营业外支出”科目应无余额。

【例 14-4】某企业将一台设备捐赠给其协作单位，该设备的原值为 80 000 元，已提折旧 30 000 元。

要求：根据上述经济业务编制会计分录。

【解】转销捐赠资产价值时：

借：固定资产清理 50 000

累计折旧 30 000

贷：固定资产 80 000

结转捐赠支出时：

借：营业外支出——捐赠支出 50 000

贷：固定资产清理　50 000

【例 14-5】某企业由于自然灾害的原因发生流动资产净损失 8 000 元，现已批准转销。

要求：根据上述经济业务编制会计分录。

【解】借：营业外支出——非常损失　8 000

贷：待处理财产损溢——待处理流动资产损溢　8 000

14.1.4 本年利润的结转

企业应设置“本年利润”账户，用于核算企业本年度内实现的净利润（或发生的净亏损）。会计期末，企业应将收益类科目贷方余额转入“本年利润”科目的贷方，借记“主营业务收入”“其他业务收入”“营业外收入”等科目，贷记“本年利润”科目；将费用类科目借方余额转入“本年利润”科目的借方，借记“本年利润”科目，贷记“主营业务成本”“税金及附加”“其他业务成本”“管理费用”“销售费用”“财务费用”“营业外支出”“所得税费用”等科目。各会计期末转账后，“本年利润”账户若为贷方余额，反映年初至本期末累计实现的净利润；如为借方余额，反映年初至本期末累计发生的净亏损。年度终了，企业应将“本年利润”科目的全年累计余额转入“利润分配——未分配利润”科目。如为净利润，借记“本年利润”科目，贷记“利润分配——未分配利润”科目；如为净亏损，借记“利润分配——未分配利润”科目，贷记“本年利润”科目。结转后，“本年利润”科目应无余额。

【例 14-6】某企业 2020 年 12 月份取得主营业务收入 500 000 元，其他业务收入 50 000 元，投资收益 80 000 元，公允价值变动收益 30 000 元，营业外收入 20 000 元；发生主营业务成本 300 000 元，税金及附加 30 000 元，其他业务成本 40 000 元，管理费用 50 000 元，销售费用 60 000 元，财务费用 10 000 元，营业外支出 30 000 元，所得税费用 40 000 元。

要求：编制结转该月损益的会计分录。

【解】借：主营业务收入　500 000

其他业务收入　50 000

投资收益　80 000

公允价值变动损益　30 000

营业外收入　20 000

贷：本年利润　680 000

借：本年利润　560 000

贷：主营业务成本　300 000

其他业务成本　40 000

税金及附加　30 000

管理费用　50 000

销售费用　60 000

财务费用　10 000

营业外支出　30 000

所得税费用　40 000

【例 14-7】某企业 2020 年度实现税后净利润 192 万元。

要求：编制将全年实现的净利润结转的会计分录。

【解】借：本年利润　　1 920 000

　　贷：利润分配——未分配利润　　1 920 000

14.2 所得税

14.2.1 所得税和所得税费用

1. 所得税

所得税是指企业取得收益后按照企业所得税法的规定应向国家缴纳的税金。所得税是国家依法对企业的经营所得课征的税，它具有强制性、无偿性等特征，无论国家是否对企业投资，只要企业实现了利润，均要依法纳税。

2. 所得税费用

所得税费用是根据企业会计准则的要求确认的应从当期利润总额中扣除的所得税费用。利润表中应予确认的所得税费用，包括当期所得税费用和递延所得税费用。

14.2.2 税前会计利润与应纳税所得额

1. 税前会计利润

税前会计利润是指企业根据企业会计准则的要求，采用一定的会计核算程序与方法确认的没有扣除所得税之前的利润总额，其目的是公允地反映企业的经营成果。

2. 应纳税所得额

应纳税所得额是指企业按照企业所得税法的要求，以一定期间应税收入扣减税法允许扣除的项目后计算的应纳税所得额，其目的是对企业的经营所得以及其他所得进行征税。

由于会计对损益计算与税收对应税所得计算的目的不同，对收益、费用、资产、负债等确认的时间和范围也不同，从而导致税前会计利润与应纳税所得额之间产生差异，其差异主要有两种，即永久性差异和暂时性差异。

14.2.3 永久性差异与暂时性差异

1. 永久性差异

永久性差异是指某一会计期间，由于会计准则和税法在计算收益、费用或损失时的口径不同，所产生的税前会计利润与应纳税所得额之间的差异。这种差异在本期发生，只影响本会计期间。

比如，企业购买国债的利息收入免征所得税，不计入应纳税所得额，而在会计核算中却计入当期损益。又如，超过所得税法规定的业务招待费标准的支出等，在会计核算中作为费用抵减了税前会计利润，但按企业所得税法不得在税前扣除。再如，各种罚款支出、非公益性捐赠支出，在会计核算中作为营业外支出在税前会计利润中扣除，而在计算应纳税所得额时，不得扣除。

2. 暂时性差异

暂时性差异是指资产或负债的账面价值与其计税基础之间的差额。其中，账面价值我们都很熟悉，对于计税基础的理解可以从资产和负债两个角度进行分析：

资产的计税基础是指企业在收回资产账面价值的过程中，计算应纳税所得额时，按照税法的规定可以自应税经济利益中抵扣的金额，即某一项资产在未来期间计税时可以税前扣除的金额。通常情况下，资产在取得时其入账价值与计税基础是相同的，而在后续计量过程中，因企业会计准则规定与税法规定不同，可能造成账面价值与计税基础的差异。

比如，按照企业会计准则的规定，交易性金融资产期末应以公允价值计量，公允价值变动计入当期损益；税法规定，交易性金融资产在持有期间公允价值变动不得计入应纳税所得额，即其计税基础保持不变，则产生了账面价值与计税基础之间的差异。假如某企业持有一项交易性金融资产，成本为100万元，期末公允价值为150万元，则该交易性金融资产期末的账面价值为150万元，计税基础仍为100万元，两者的差异50万元即为暂时性差异。

负债的计税基础是指负债的账面价值减去未来期间计算应纳税所得额时，按照税法的规定可予以抵扣的金额。

比如，企业会计准则规定，对于预计负债，在满足确认条件时记入“预计负债”科目；而税法规定，只有当预计负债实际发生时才准予确认，该类负债的计税基础为0，其账面价值与计税基础之间的差异即为暂时性差异。

14.2.4　所得税的会计处理方法

1. 资产负债表债务法

资产负债表债务法是从资产负债表出发，通过比较资产负债表上列示的资产、负债按照企业会计准则规定确定的账面价值与按照税法规定确定的计税基础，对于两者之间的差额分别按应纳税暂时性差异与可抵扣暂时性差异确认相关的递延所得税负债与递延所得税资产。

2. 暂时性差异的种类

按照暂时性差异对未来期间应纳税所得额的影响，分为：

（1）可抵扣暂时性差异，是指在确定未来收回资产或清偿负债期间的应纳税所得额时，将导致产生可抵扣金额的暂时性差异，即当资产的账面价值小于其计税基础或负债的账面价值大于其计税基础时，将产生可抵扣暂时性差异。

（2）应纳税暂时性差异，是指在确定未来收回资产或清偿负债期间的应纳税所得额时，将导致产生应纳税金额的暂时性差异，即当资产的账面价值大于其计税基础或负债的账面价值小于其计税基础时，将产生应纳税暂时性差异。

【例14-8】甲公司2019年12月20日购入一台设备，原值为120 000元，预计净残值为0，税法规定采用直线法计提折旧，折旧年限为5年；该公司采用年数总和法计提折旧，折旧年限也为5年。

【解】2020年1月1日，该固定资产的账面价值为120 000元，计税基础也为120 000元，无差异。2020年年末，按照税法的规定应提折旧24 000元，年末计税基础为96 000元，该公司实际计提折旧40 000元，年末账面余额为80 000元。两者之间的差额为16 000元。由于该固定资产在未来期间可以按照96 000元在所得税前抵扣，比该固定资产的账面价值多16 000元，因此，16 000元属于可抵扣暂时性差异。

【例14-9】乙公司2019年12月15日购入一台环保类设备，原值为750万元，使用年限为 5 年，预计净残值为 0，会计上采用直线法计提折旧。税法规定该类环保设备可以采用双倍余额递减法计提折旧。

【解】2020 年 1 月 1 日，该固定资产的账面价值为 750 万元，计税基础也为 750 万元，无差异。2020 年年末，按照税法的规定应提折旧 300 万元，年末计税基础为 450 万元，该公司实际计提折旧 150 万元，年末账面余额为 600 万元。两者之间的差额为 150 万元。由于该固定资产在未来期间只能按照 450 万元在所得税前抵扣，因此，这 150 万元属于应纳税暂时性差异。

3. 递延所得税资产与递延所得税负债

递延所得税资产是指按照可抵扣暂时性差异和现行税率计算确定的资产，其性质属于预付税款，在未来期间抵扣应纳税款。期末递延所得税资产大于期初递延所得税资产的差额，应确认为递延所得税收益，冲减所得税费用，借记“递延所得税资产”科目，贷记“所得税费用”科目；反之，则借记“所得税费用”科目，贷记“递延所得税资产”科目。

递延所得税负债是指按照应纳税暂时性差异和现行税率计算确定的负债，其性质属于应付税款，在未来期间转为应纳税款。期末递延所得税负债大于期初递延所得税负债的差额，应确认为递延所得税费用，借记“所得税费用”科目，贷记“递延所得税负债”科目；反之，则借记“递延所得税负债”科目，贷记“所得税费用”科目。

14.2.5 所得税费用的确认和计量

所得税会计的主要目的之一是确定当期应交所得税以及利润表中的所得税费用。在按照资产负债表债务法核算所得税的情况下，利润表中的所得税费用包括当期所得税和递延所得税。

1. 当期所得税

当期所得税是指企业按照税法的规定计算确定的针对当期发生的交易和事项，应缴纳给税务部门的所得税金额，即当期应缴所得税。

企业在确定当期应缴所得税时，对于当期发生的交易或事项，会计处理与税收处理不同的，应在会计利润的基础上，按照税法的要求进行调整，计算出当期应纳税所得额，再乘以适用的所得税税率，就可计算出当期应缴所得税。

【例 14-10】甲公司 2020 年度利润表中利润总额为 3 000 万元，该公司适用的所得税税率为 25%。2020 年甲公司发生的有关交易和事项中，会计处理与税收处理存在差别的有：(1) 2020 年 1 月开始计提折旧的一项固定资产，成本为 1 500 万元，使用年限为 10 年，净残值为 0，会计处理按双倍余额递减法计提折旧，税收处理按直线法计提折旧。假定税法规定的使用年限及净残值与会计规定相同。(2) 向关联企业捐赠现金 500 万元。(3) 违反环保法规定支付罚款 250 万元。

要求：计算甲公司 2020 年度应缴所得税。

【解】应纳税所得额=3 000+150+500+250=3 900（万元）

应缴所得税=3 900×25%=975（万元）

2. 递延所得税

递延所得税是指按照企业所得税法的规定当期应予确认的递延所得税资产和递延所得税负债的金额，即递延所得税资产和递延所得税负债当期发生额的综合结果。用公式表示为：

$$\text{递延所得税}=\left(\text{递延所得税负债的期末余额}-\text{递延所得税负债的期初余额}\right)-\left(\text{递延所得税资产的期末余额}-\text{递延所得税资产的期初余额}\right)$$

3. 所得税费用

计算确定了当期所得税及递延所得税以后，利润表中应予确认的所得税费用为两者之和。其计算公式为：

所得税费用=当期所得税+递延所得税

【例 14-11】乙公司 2020 年 12 月 31 日资产负债表中有关项目账面价值及计税基础见表 14-1。除表 14-1 中所列项目外，乙公司其他资产、负债的账面价值与计税基础不存在差异，且递延所得税资产和递延所得税负债不存在期初余额，适用的所得税税率为 25%。假定当期按照税法的规定计算确定的应缴所得税税额为 600 万元。

表 14-1　**乙公司有关项目的账面价值与计税基础分析表**　单位：元

	项　目	账面价值	计税基础	暂时性差异	
				应纳税暂时性差异	可抵扣暂时性差异
1	交易性金融资产	15 000 000	10 000 000	5 000 000	
2	预计负债	1 000 000	0		1 000 000
	合　计			5 000 000	1 000 000

【解】递延所得税负债=5 000 000×25%=1 250 000（元）

递延所得税资产=1 000 000×25%=250 000（元）

递延所得税=1 250 000−250 000=1 000 000（元）

所得税费用=6 000 000+1 000 000=7 000 000（元）

乙公司应编制会计分录如下：

借：所得税费用——当期所得税　6 000 000
　　　　　　——递延所得税　1 000 000
　　递延所得税资产　250 000
　贷：应交税费——应交企业所得税　6 000 000
　　　递延所得税负债　1 250 000

【例 14-12】承例 14-11，假定乙公司本期确认所得税费用之前，递延所得税资产和递延所得税负债已有期初余额，其他条件不变。①假定递延所得税资产期初账面余额为 30 万元，递延所得税负债期初账面余额为 100 万元。②假定递延所得税资产期初账面余额为 10 万元，递延所得税负债期初账面余额为 150 万元。

【解】①递延所得税负债=1 250 000−1 000 000=250 000（元）

递延所得税资产=250 000−300 000= −50 000（元）

递延所得税=250 000−（−50 000）=300 000（元）

所得税费用=6 000 000+300 000=6 300 000（元）

乙公司应编制会计分录如下：

借：所得税费用——当期所得税　6 000 000
　　　　　　——递延所得税　300 000

贷：应交税费——应交企业所得税 6 000 000

递延所得税负债 250 000

递延所得税资产 50 000

②递延所得税负债=1 250 000−1 500 000=−250 000（元）

递延所得税资产=250 000−100 000=150 000（元）

递延所得税=−250 000−150 000=−400 000（元）

所得税费用=6 000 000 +（−400 000）=5 600 000（元）

乙公司应编制会计分录如下：

借：所得税费用——当期所得税 6 000 000

递延所得税负债 250 000

递延所得税资产 150 000

贷：应交税费——应交企业所得税 6 000 000

所得税费用——递延所得税 400 000

14.3 利润分配

14.3.1 利润分配的程序

企业取得的净利润，应当按规定的程序进行分配。利润的分配过程和结果，不仅关系到所有者的合法权益是否得到保护，而且还关系到企业能否长期、稳定地发展。企业当期实现的净利润，按下列顺序分配：（1）弥补以前年度亏损；（2）提取法定盈余公积；（3）支付优先股股利；（4）提取任意盈余公积；（5）支付普通股股利。

从上述分配顺序可见：

首先，企业如果有亏损需要弥补时，按企业所得税法的规定，某年度发生的亏损，在其后 5 年内可以用税前利润弥补，从第 6 年开始，只能用净利润弥补。如果净利润还不够弥补亏损，则可以用发生亏损以前提取的盈余公积来弥补（因为从发生亏损的年度开始，在亏损完全弥补之前不应提取盈余公积）。

其次，企业要把税后利润的一部分留在企业，积累资本，重新投入生产经营，参加周转，这部分留存于企业的利润，被称为盈余公积。盈余公积有两种：

一种是国家规定必须提取的，称为法定盈余公积。按照《公司法》的规定，股份制企业按净利润的 10% 提取，其他企业可以根据需要确定提取比例，但至少应按 10% 提取。企业累计提取的法定盈余公积超过其注册资本的 50% 以上时，可不再提取。法定盈余公积主要用于弥补亏损、转增股本和国家规定的其他用途。

另一种是企业自愿提取的，称为任意盈余公积。其提取比例由企业自行决定，提取的原因主要有企业需要偿还一笔非流动负债、为将来扩建厂房和购置机器设备而储蓄力量、为控制本期股利的分派不致过大等。

最后，当股份公司的经营取得利润时，一般要派发股利。企业分派股利的顺序是先支付优先股股利，后支付普通股股利。按照我国有关规定，企业向普通股股东分派股利，以付清当年和积欠的优先股股利为前提。

14.3.2 利润分配的核算

企业应当设置“利润分配”账户，核算企业利润的分配（或亏损的弥补）和历年分配（或弥补）后的积存余额。“利润分配”账户下还应设置“提取法定盈余公积”“应付优先股股利”“提取任意盈余公积”“应付普通股股利”“未分配利润”“盈余公积补亏”“转作股本的普通股股利”等明细账户，进行明细核算。

年度终了，企业应将全年实现的净利润，自“本年利润”账户，转入“利润分配——未分配利润”账户，借记“本年利润”科目，贷记“利润分配——未分配利润”科目，若为亏损作相反的分录；企业用盈余公积弥补亏损，借记“盈余公积”科目，贷记“利润分配——盈余公积补亏”科目；企业提取盈余公积时，借记“利润分配——提取法定盈余公积、提取任意盈余公积”科目，贷记“盈余公积——法定盈余公积、任意盈余公积”科目；应当分配现金股利或利润时，借记“利润分配——应付优先股股利、应付普通股股利”科目，贷记“应付股利”科目；企业决定分配股票股利时，借记“利润分配——转作股本的普通股股利”科目，贷记“股本”科目。

最后，企业应将“利润分配”账户所属的所有明细账户的余额转入“利润分配——未分配利润”明细账户。结转后，除“利润分配——未分配利润”明细账户外，“利润分配”的其他明细账户应无余额。

“利润分配”账户的年末余额，反映企业历年积存的未分配利润（或未弥补亏损）。

【例 14-13】某公司 2020 年度实现净利润 600 万元，按净利润的 10% 提取法定盈余公积，按净利润的 5% 提取任意盈余公积，向普通股股东分派现金股利 100 万元，同时分派每股面值 1 元的股票股利 200 万股。

要求：根据上述经济业务编制会计分录。

【解】提取盈余公积时：

借：利润分配——提取法定盈余公积　　600 000
　　　　　　——提取任意盈余公积　　300 000
　贷：盈余公积——法定盈余公积　　600 000
　　　　　　　——任意盈余公积　　300 000

分派现金股利时：

借：利润分配——应付普通股股利　　1 000 000
　贷：应付股利　　1 000 000

分派股票股利时：

借：利润分配——转作股本的普通股股利　　2 000 000
　贷：股本　　2 000 000

结转“利润分配”其他明细科目余额时：

借：利润分配——未分配利润　　3 900 000
　贷：利润分配——提取法定盈余公积　　600 000
　　　　　　　——提取任意盈余公积　　300 000
　　　　　　　——应付普通股股利　　1 000 000
　　　　　　　——转作股本的普通股股利　　2 000 000

基本训练

◆ 复习思考题

1. 什么是利润？其构成内容是什么？

2. 营业外收入和营业外支出主要包括哪些内容？

3. 税前会计利润与应纳税所得额之间有何差异？

4. 何谓永久性差异、暂时性差异？

5. 暂时性差异是如何形成的？

6. 企业实现的净利润应按什么程序进行分配？

◆ 计算分析题

1.2019 年 12 月 31 日，某企业购入不需要安装的设备一台，购入成本为 80 000 元，预计使用 5 年，预计净残值为 0。企业采用直线法计提折旧，因符合税法规定的税收优惠政策，允许采用双倍余额递减法计提折旧。假设税法规定的使用年限及净残值与会计规定相同，年末未对该项设备计提减值准备。该企业适用的所得税税率为 25%。

要求：

（1）计算 2020 年年末该固定资产的账面价值和计税基础；

（2）计算 2020 年暂时性差异及其对所得税的影响额；

（3）编制 2020 年相关会计分录。

2. 海峰公司 2020 年度取得主营业务收入 6 000 万元，其他业务收入 1 500 万元，投资收益 1 800 万元，营业外收入 300 万元；发生主营业务成本 4 000 万元，其他业务成本 1 000 万元，税金及附加 200 万元，销售费用 750 万元，管理费用 450 万元，财务费用 100 万元，资产减值损失 600 万元，公允价值变动净损失 400 万元，营业外支出 500 万元，所得税费用 400 万元。海峰公司按净利润的 10% 提取法定盈余公积，2020 年度向股东分派现金股利 300 万元，分派每股面值 1 元的股票股利 400 万股。

要求：根据上述资料，作出海峰公司有关利润结转与分配的下列会计处理：

（1）计算营业利润、利润总额、净利润。

（2）将 2020 年度各收入类项目的金额转入“本年利润”账户。

（3）将 2020 年度各支出类项目的金额转入“本年利润”账户。

（4）将净利润转入“利润分配——未分配利润”账户。

（5）提取法定盈余公积。

（6）分派现金股利。

（7）分派股票股利。

（8）结平“利润分配”所属其他明细账户余额。

第15章　财务报告

学习目标

- ◆ 重点掌握资产负债表和利润表的编制方法、现金流量表的结构及内容。
- ◆ 掌握财务报告的作用和编制要求、现金流量表的编制原理和依据。
- ◆ 了解财务报告的概念及意义，资产负债表、利润表的结构及格式。

15.1　财务报告概述

15.1.1　财务报告的概念

在企业的日常会计核算中，企业所发生的各项经济业务都已经按照一定的会计程序，在有关的账簿中进行全面、连续、分类、汇总的记录和计算。通过会计凭证、会计账簿的记录，基本上能够反映企业在一定日期的财务状况和一定时期内的经营成果，但是这些日常核算资料数量繁多而且分散，不能集中地反映企业的财务状况和经营成果。因此，企业有必要根据不同会计信息使用者的要求，定期地将日常会计核算资料加以汇总、综合，按照一定形式编制企业财务报告，为相关管理部门和外部信息使用者提供企业真实的会计信息，为其作出决策提供依据。

财务报告是指企业对外提供的反映企业某一特定日期财务状况和某一会计期间经营成果、现金流量等会计信息的文件。因为财务报告是会计核算工作的最终结果，是财务会计部门提供财务会计信息资料的一种重要手段，所以编制财务报告，对于改善企业有关方面的管理方法和提高企业内部经营管理水平具有重要作用，编制财务报告是财务会计工作的一项重要内容。

15.1.2　财务报告的构成

财务报告是反映企业财务状况和经营成果的书面文件，主要由财务报表、财务报表附注和其他应当在财务报告中披露的相关信息资料构成。

财务报表也称为会计报表或财务会计报表。财务报表由于分类的标准不同，其分类结果也不同。财务报表按照编制内容不同，分为资产负债表、利润表、现金流量表、所有者权益（或股东权益，下同）变动表。财务报表按照编制时期不同，分为年度、半年度、季度和月度财务报表。

财务报表附注是对资产负债表、利润表、现金流量表、所有者权益变动表等报表中列示项目的文字描述或明细资料，以及对未能在这些报表中列示项目的说明等。

15.1.3 财务报告的作用

1. 全面反映企业经营活动情况

企业通过日常会计核算，虽然在会计凭证和会计账簿上的会计资料可以提供反映会计主体经营活动和财务收支情况的会计信息，但是，这些在会计凭证和会计账簿上的会计资料不集中、不概括，不便于理解和利用，不能满足国家宏观经济管理的要求，更难以满足投资者、债权人等会计信息使用者了解单位财务状况和经营成果的需要，也难以满足单位内部加强经营管理的需要。因此，有必要在日常会计核算的基础上，根据会计信息使用者的需要，定期地对日常会计核算资料进行加工、处理和分类，通过编制财务报告，总括、综合、清晰明了地反映会计主体的财务状况和经营成果以及财务收支情况，满足不同的会计信息使用者的需要。

2. 为会计信息使用者提供经济决策依据

财务报告所提供的会计信息是为会计信息使用者服务的，会计信息使用者主要指投资者、债权人、银行等。会计信息使用者需要了解企业的财务状况、经营成果和现金流量，进而了解投资风险和投资报酬，贷款或借款能否按期收回等情况，是投资者、债权人和银行进行决策的重要依据，也是国家经济管理部门如财政、市场监管、税务及审计机关对企业生产经营行为进行监督的重要依据，是制定宏观经济政策的重要依据。

3. 提高企业经营管理水平

财务报告所提供的会计资料也是企业内部管理人员了解企业经营状况、反映企业经营业绩和经营成果的重要经济信息来源。企业决策人员可以根据报表所反映的情况总结经验，制定改善经营管理的措施，不断提高企业的经济效益和管理水平。

企业对外投资达到被投资企业资本的一定比例，或者实质上拥有被投资企业控制权的，应当编制合并财务报表。

15.1.4 财务报告的编制要求

财务报告编制的目的是为使用者决策提供有用信息。因此，为了发挥财务报告的作用，会计人员必须在编制财务报告的过程中保证编制的质量，保证提供真实、准确的会计信息。为此，编制财务报告应该符合以下基本要求：

1. 真实性要求

企业应当根据真实的交易、事项以及完整、准确、客观的会计凭证、会计账簿等会计资料，遵循会计法、会计准则等相关法规和相关原则编制财务报告。企业不得违反会计法、会计准则和财务报告条例等的规定，随意改变财务报告的编制基础、编制依据、编制原则和编制方法。财务报告所提供的会计信息应具有可靠性，在编制财务报告前应当全面清查资产、核实债务，将各账簿的记录与会计凭证核对，将各项财产物资的账面数量与实存数量核对，查明各项结算款项的拖欠情况及拖欠原因、各项存货的实际储备情况、各项投资和工程项目是否达到预期的目的，各项固定资产的使用情况及完好程度等。只有取得客观真实的会计基础资料，才能编制真实可靠的财务报告。

2. 准确性要求

企业在编制财务报告前应检查会计核算是否符合国家统一规定，对财务报表中各项会计要素进行合理的确认和计量，不得随意改变会计要素的确认和计量标准，要检查相关业务的账务处理是否符合相关规定，是否存在会计差错和会计政策变更情况，是否需要调整前期或本期有关的会计事项，查明各项财产物资的实存数量与账面数量是否一致，各项结算款项的拖欠情况及原因、财产物资的实际储备情况、各项投资是否达到预期目的、固定资产的使用情况及完好程度等。企业应该按照企业会计准则规定的财务报告格式和内容，根据登记完整、核对无误、准确的会计凭证、会计账簿记录和其他有关资料，采用准确的计算方法编制财务报告，保证计算结果的准确性。只有依据完整、准确的会计基础资料，才能编制真实准确的财务报告。

3. 完整性要求

财务报告应包括资产负债表、利润表、现金流量表、所有者权益变动表和相关附注，不得漏报或任意取舍，要根据规定的各种报告的格式和内容进行编制，编制的内容无论是正表内容还是附表内容或是附注内容，均应填列齐全，对于报表中需要特别说明的项目，应在报表附注中进行说明解释，对于汇总报表要按照要求进行汇总，不得遗漏，以提供完整的财务报告资料。其中年度、半年度财务报告至少应当反映两个相关会计期间的比较数据，以提供完整的财务报告体系，有利于对财务报告进行财务分析，企业编制的财务报告所提供的有关资料、有关数字在各财务报告之间和财务报告的各项目之间，应当相互一致，财务报告中的本期与上期的有关数字应当相互衔接，存在较强的钩稽关系，形成一个完整的财务报告体系。

4. 及时性要求

因为财务报告提供的资料讲求时效性，过时滞后的会计资料就会失去其应有的实际价值，所以企业编制财务报告必须按照规定的时间、程序及时编制和报送，年度结账日为公历年度每年的 12 月 31 日；半年度、季度、月度结账日分别为公历年度每半年、每季、每月的最后一天。企业要按照规定的日期进行结账，不得为了编制财务报告而提前结账或者延迟结账。只有提供准确及时的财务报告，财务报告的使用者才能得到及时准确的会计信息，并据此作出科学、可靠的经济决策。

15.2 资产负债表

15.2.1 资产负债表的含义和作用

资产负债表是反映企业在某一特定日期的财务状况的报表，是静态报表。资产负债表根据“资产=负债+所有者权益”这一基本公式，依照一定的分类标准和一定的次序，把企业在某一特定日期的资产、负债和所有者权益项目予以适当排列，并对日常工作中形成的大量数据进行高度浓缩整理后编制而成。

资产负债表是主要财务报表之一，以企业的资产、负债和所有者权益的静态状况来说明企业某一特定日期的财务状况。

利用资产负债表的资料，可以了解企业拥有或控制的资产总额及构成情况、企业负债总额及构成情况和所有者权益总额及构成情况；评价企业的偿债能力和筹资能力；考察企业资本的保全和增值情况；分析企业财务结构的优劣和负债经营的合理程度；预测企业未来的财务状况和财务安全程度。

15.2.2 资产负债表的格式

资产负债表的格式理论上有账户式和报告式两种。

账户式资产负债表是依据“资产=负债+所有者权益”的会计平衡式，利用账户形式来编制的。这种格式是按左右结构排列的，资产类账户的期末余额一般在账户的借方（左方），所以将资产类项目排列在表的左方；而负债和所有者权益类账户的余额一般在账户的贷方（右方），所以将负债类和所有者权益类项目排列在表的右方。因此，账户式资产负债表左右方各自金额合计应相等。账户式资产负债表格式见表15-1。我国企业资产负债表采用账户式结构。

表15-1　资产负债表（账户式）

编制单位：　年　月　日　单位：元

资　产	年初余额	期末余额	负债和所有者权益（或股东权益）	年初余额	期末余额
资产 流动资产 非流动资产			负债 流动负债 非流动负债 负债合计 所有者权益（或股东权益） 所有者权益（或股东权益）合计		
资产总计			负债和所有者权益（或股东权益）总计		

报告式资产负债表亦称垂直式资产负债表，也是依据“资产=负债+所有者权益”这一会计平衡等式编制的。这种格式是上下结构，是将资产、负债和所有者权益项目采用垂直分列的形式排列于表格的上下两段或者三段。由于报告式资产负债表可以在一张表格中平行列示若干期资产负债表的数字，所以便于比较资产、负债的增减变动情况。报告式资产负债表的缺点是不能清晰地表述资产、负债和所有者权益的平衡关系，而且由于资产、负债和所有者权益的项目太多而导致报表过长，不便于编制和使用。报告式资产负债表与账户式资产负债表在国外都被广泛地应用。报告式资产负债表的格式见表15-2。

15.2.3 资产负债表的内容

资产负债表的内容主要由表头和表身构成。其中，表头又包括报表的名称、企业的名称、报表的时间和报表的计量单位；表身是报表的主体部分，由于资产负债表的结构依据的是会计等式（资产=负债+所有者权益），采取资产总额和负债与所有者权益总额相平衡的对照结构，因此，资产负债表的基本内容应当分为资产、负债和所有者权益三类项目，这三类项目应分别结出总额。

（1）资产类项目，按其流动性的大小，或按资产变现能力的强弱，分为流动资产和非流动资产项目，并分项列示。

表 15-2　　资产负债表（报告式）

编制单位：　　年　月　日　　单位：元

项　目	年初余额	期末余额
资产		
流动资产		
非流动资产		
资产合计		
负债和所有者权益（或股东权益）		
负债		
流动负债		
非流动负债		
负债合计		
所有者权益（或股东权益）		
所有者权益（或股东权益）合计		
负债和所有者权益（或股东权益）总计		

（2）负债类项目，按其承担经济义务期限的长短，分为流动负债和非流动负债项目，并分项列示。

（3）所有者权益类项目，按其来源划分，一般分为实收资本、其他权益工具、资本公积、其他综合收益、盈余公积、未分配利润等项目。

上述资产类项目金额合计数与负债和所有者权益类项目金额合计数必须相等。

为了提高资产负债表的利用效率，资产负债表设计时采用了前后期对比方式编列，表中各项目不仅列示了期末余额，还列示了年初余额，相当于两年期的资产负债表（亦称比较资产负债表），报表使用者利用期末余额与年初余额的比较，便可了解企业的财务状况变动情况以及企业的经营发展趋势。

15.2.4　资产负债表的编制方法

资产负债表的“年初余额”栏各项目数字，应根据上年年末资产负债表“期末余额”栏内所列数字填列。如果本年度资产负债表中的项目同上一年度资产负债表的各个项目的名称和内容不一致，应对上年年末资产负债表各项目的名称和数字按照本年度的规定进行调整，填入报表中的“年初余额”栏内。

资产负债表的“期末余额”栏内各项目的金额，应根据期末资产类、负债类、所有者权益类科目的期末余额填列。如果企业在编制资产负债表前编制了工作底稿，也可根据工作底稿中的“资产负债表”栏内各项目的金额填列。各项目的内容及填列方法如下：

（1）“货币资金”项目，反映企业库存现金、银行存款和其他货币资金如外埠存款、银行汇票存款、银行本票存款等货币资金的合计数。本项目应根据“库存现金”“银行存款”“其他货币资金”科目期末余额合计数填列。

（2）“交易性金融资产”项目，反映资产负债表日企业分类为以公允价值计量且其变动计入当期损益的金融资产，以及企业持有的指定为以公允价值计量且其变动计入当期损益的金融资产的期末账面价值。该项目应根据“交易性金融资产”科目的相关明细科目的期末余额分析填列。自资产负债表日起超过一年到期且预期持有超过一年的以公允价值计量且其变动计入当期损益的非流动金融资产的期末账面价值，在“其他非流动金融资产”项目反映。

（3）“应收票据”项目，反映资产负债表日以摊余成本计量的、企业因销售商品、提供服务等收到的商业汇票，包括银行承兑汇票和商业承兑汇票。该项目应根据“应收票据”科目的期末余额，减去“坏账准备”科目中相关坏账准备期末余额后的金额分析填列。

（4）“应收账款”项目，反映资产负债表日以摊余成本计量的、企业因销售商品、提供服务等经营活动应收取的款项。该项目应根据“应收账款”“预收账款”所属明细科目的期末借方余额合计，减去“坏账准备”科目中相关坏账准备期末余额后的金额分析填列。

（5）“应收款项融资”项目，反映资产负债表日以公允价值计量且其变动计入其他综合收益的应收票据和应收账款等。

（6）“其他应收款”项目，应根据“应收利息”“应收股利”和“其他应收款”科目的期末余额合计数，减去“坏账准备”科目中相关坏账准备期末余额后的金额填列。其中，“应收利息”仅反映相关金融工具已到期可收取但于资产负债表日尚未收到的利息。基于实际利率法计提的金融工具的利息应包含在相应金融工具的账面余额中。

（7）“预付款项”项目，反映企业预收的款项，减去已计提的坏账准备后的净额。本项目根据“预付账款”“应付账款”科目所属各明细科目的期末借方余额合计，减去“坏账准备”科目中有关预付账款计提的坏账准备期末余额后的金额填列。

（8）“存货”项目，反映企业期末在库、在途和在加工中的各项存货的可变现净值，包括各种原材料、商品、在产品、半成品、发出商品、包装物、低值易耗品和委托代销商品等。本项目应根据“在途物资（材料采购）”“原材料”“库存商品”“周转材料”“委托加工物资”“生产成本”“劳务成本”等科目的期末余额合计，减去“存货跌价准备”科目期末余额后的金额填列。材料采用计划成本核算以及库存商品采用计划成本或售价核算的企业，应按加或减材料成本差异、商品进销差价后的金额填列。

（9）“持有待售资产”项目，反映资产负债表日划分为持有待售类别的非流动资产及划分为持有待售类别的处置组中的流动资产和非流动资产的期末账面价值。该项目应根据“持有待售资产”科目的期末余额，减去“持有待售资产减值准备”科目的期末余额后的金额填列。

（10）“一年内到期的非流动资产”项目，通常反映预计自资产负债表日起一年内变现的非流动资产。对于按照相关会计准则采用折旧（或摊销、折耗）方法进行后续计量的固定资产、使用权资产、无形资产和长期待摊费用等非流动资产，折旧（或摊销、折耗）年限（或期限）只剩一年或不足一年的，或预计在一年内（含一年）进行折旧（或摊销、折耗）的部分，不得归类为流动资产，仍在各该非流动资产项目中填列，不转入“一年内到期的非流动资产”项目。

（11）“其他流动资产”项目，反映企业除以上流动资产项目外的其他流动资产，本项目应根据有关科目的期末余额填列。

（12）“债权投资”项目，反映资产负债表日企业以摊余成本计量的长期债权投资的期末账面价值。该项目应根据“债权投资”科目的相关明细科目期末余额，减去“债权投资减值准备”科目中相关减值准备的期末余额后的金额分析填列。自资产负债表日起一年内到期的长期债权投资的期末账面价值，在“一年内到期的非流动资产”项目反映。企业购入的以摊余成本计量的一年内到期的债权投资的期末账面价值，在“其他流动资产”项目反映。

（13）“其他债权投资”项目，反映资产负债表日企业分类为以公允价值计量且其变动计入其他综合收益的长期债权投资的期末账面价值。该项目应根据“其他债权投资”科目的相关明细科目的期末余额分析填列。自资产负债表日起一年内到期的长期债权投资的期末账面价值，在“一年内到期的非流动资产”项目反映。企业购入的以公允价值计量且其变动计入其他综合收益的一年内到期的债权投资的期末账面价值，在“其他流动资产”项目反映。

（14）“长期应收款”项目，反映企业长期应收款净额。本项目根据“长期应收款”科目的期末余额，减去1年内到期的部分、“未确认融资收益”科目的期末余额、“坏账准备”科目中有关长期应收款计提的坏账准备期末余额后的金额填列。

（15）“长期股权投资”项目，反映企业不准备在1年内（含1年）变现的各种股权性质投资的账面余额，减去减值准备后的净额。本项目应根据“长期股权投资”科目的期末余额减去“长期股权投资减值准备”科目的期末余额后的金额填列。

（16）“其他权益工具投资”项目，反映资产负债表日企业指定为以公允价值计量且其变动计入其他综合收益的非交易性权益工具投资的期末账面价值。该项目应根据“其他权益工具投资”科目的期末余额填列。

（17）“固定资产”项目，反映资产负债表日企业固定资产的期末账面价值。该项目应根据“固定资产”科目的期末余额，减去“累计折旧”和“固定资产减值准备”科目的期末余额后的金额填列。

（18）“在建工程”项目，反映资产负债表日企业尚未达到预定可使用状态的在建工程的期末账面价值和企业为在建工程准备的各种物资的期末账面价值。该项目应根据“在建工程”科目的期末余额，减去“在建工程减值准备”科目的期末余额后的金额，以及“工程物资”科目的期末余额，减去“工程物资减值准备”科目的期末余额后的金额填列。

（19）“生产性生物资产”项目，反映企业持有的生产性生物资产。本项目应根据“生产性生物资产”科目的期末余额，减去“生产性生物资产累计折旧”“生产性生物资产减值准备”科目的期末余额后的金额填列。

（20）“油气资产”项目，反映企业持有的矿区权益和油气井及相关设施的原价减去累计折耗和累计减值准备后的净额。本项目应根据“油气资产”科目的期末余额，减去“累计折耗”科目的期末余额和相应减值准备后的金额填列。

（21）“使用权资产”项目，反映资产负债表日承租人企业持有的使用权资产的期末账面价值。该项目应根据“使用权资产”科目的期末余额，减去“使用权资产累计折旧”和“使用权资产减值准备”科目的期末余额后的金额填列。

（22）“无形资产”项目，反映企业持有的各项无形资产的净值。本项目应根据“无形资产”科目的期末余额，减去“累计摊销”“无形资产减值准备”科目的期末余额后的金额填列。

（23）“开发支出”项目，反映企业开发无形资产过程中能够资本化形成无形资产成本的支出部分。本项目应根据“研发支出”科目中所属的“资本化支出”明细科目的期末余额填列。

（24）“商誉”项目，反映企业合并中形成的商誉的价值。本项目根据“商誉”科目的期末余额填列。

（25）“长期待摊费用”项目，反映企业尚未摊销的摊销期限在 1 年以上（不含 1 年）的各项费用。本项目应根据“长期待摊费用”科目的期末余额减去将于 1 年内（含 1 年）摊销的数额后的金额填列。

（26）“递延所得税资产”项目，反映企业因可抵扣暂时性差异形成的递延所得税资产。本项目根据“递延所得税资产”科目的期末余额填列。

（27）“其他非流动资产”项目，反映企业除以上资产以外的其他非流动资产。本项目应根据有关科目的期末余额填列。

（28）“短期借款”项目，反映企业借入的尚未归还的 1 年期以下（含 1 年）的借款。本项目应根据“短期借款”科目的期末余额填列。

（29）“交易性金融负债”项目，反映资产负债表日企业承担的交易性金融负债，以及企业持有的指定为以公允价值计量且其变动计入当期损益的金融负债的期末账面价值。该项目应根据“交易性金融负债”科目的相关明细科目的期末余额填列。

（30）“应付票据”项目，反映资产负债表日以摊余成本计量的、企业因购买材料、商品和接受服务等开出、承兑的商业汇票，包括银行承兑汇票和商业承兑汇票。该项目应根据“应付票据”科目的期末余额填列。

（31）“应付账款”项目，反映资产负债表日以摊余成本计量的、企业因购买材料、商品和接受服务等经营活动应支付的款项。该项目应根据“应付账款”和“预付账款”科目所属的相关明细科目的期末贷方余额合计数填列。

（32）“预收款项”项目，反映企业预收的且不构成一项承诺的款项。本项目根据“预收账款”“应收账款”科目所属各明细科目的期末贷方余额合计填列。

（33）“应付职工薪酬”项目，反映企业应付未付的工资和社会保险费等职工薪酬。本项目应根据“应付职工薪酬”科目的期末贷方余额填列，如“应付职工薪酬”科目期末为借方余额，以“-”号填列。

（34）“应交税费”项目，反映企业期末未交、多交或未抵扣的各种税费。本项目应根据“应交税费”科目的期末贷方余额填列；如“应交税费”科目期末为借方余额，以“-”号填列。

（35）“其他应付款”项目，应根据“应付利息”“应付股利”和“其他应付款”科目的期末余额合计数填列。其中，“应付利息”仅反映相关金融工具已到期应支付但于资产负债表日尚未支付的利息。基于实际利率法计提的金融工具的利息应包含在相应金融工具的账面余额中。

（36）“持有待售负债”项目，反映资产负债表日处置组中与划分为持有待售类别的资产直接相关的负债的期末账面价值。该项目应根据“持有待售负债”科目的期末余额填列。

（37）“一年内到期的非流动负债”项目，反映企业各种非流动负债在 1 年之内到期的金额，包括1年内到期的长期借款、长期应付款和应付债券。本项目应根据上述科目分析计算后填列。

（38）“其他流动负债”项目，反映企业除以上流动负债以外的其他流动负债。本项目应根据有关科目的期末余额填列。

（39）“应付债券”项目，反映企业尚未偿还的长期债券摊余价值。本项目根据“应付债券”科目的期末余额减去1年内到期部分的金额填列。

（40）“租赁负债”项目，反映资产负债表日承租人企业尚未支付的租赁付款额的期末账面价值。该项目应根据“租赁负债”科目的期末余额填列。自资产负债表日起一年内到期应予以清偿的租赁负债的期末账面价值，在“一年内到期的非流动负债”项目反映。

（41）“长期应付款”项目，反映资产负债表日企业除长期借款和应付债券以外的其他各种长期应付款项的期末账面价值。该项目应根据“长期应付款”科目的期末余额，减去相关的“未确认融资费用”科目的期末余额后的金额，以及“专项应付款”科目的期末余额填列。

（42）“预计负债”项目，反映企业计提的各种预计负债。本项目根据“预计负债”科目的期末余额填列。

（43）“递延收益”项目中摊销期限只剩一年或不足一年的，或预计在一年内（含一年）进行摊销的部分，不得归类为流动负债，仍在该项目中填列，不转入“一年内到期的非流动负债”项目。

（44）“递延所得税负债”项目，反映企业根据应纳税暂时性差异确认的递延所得税负债。本项目根据“递延所得税负债”科目的期末余额填列。

（45）“其他非流动负债”项目，反映企业除以上非流动负债项目以外的其他非流动负债。本项目应根据有关科目的期末余额填列。

（46）“合同资产”和“合同负债”项目。企业应按照《企业会计准则第14号——收入》的相关规定根据本企业履行履约义务与客户付款之间的关系在资产负债表中列示合同资产或合同负债。“合同资产”项目、“合同负债”项目，应分别根据“合同资产”科目、“合同负债”科目的相关明细科目的期末余额分析填列，同一合同下的合同资产和合同负债应当以净额列示，其中净额为借方余额的，应当根据其流动性在“合同资产”或“其他非流动资产”项目中填列，已计提减值准备的，还应按减去“合同资产减值准备”科目中相关的期末余额后的金额填列；其中净额为贷方余额的，应当根据其流动性在“合同负债”或“其他非流动负债”项目中填列。

由于同一合同下的合同资产和合同负债应当以净额列示，企业也可以设置“合同结算”科目（或其他类似科目），以核算同一合同下属于在某一时段内履行履约义务涉及与客户结算对价的合同资产或合同负债，并在此科目下设置“合同结算——价款结算”科目反映定期与客户进行结算的金额，设置“合同结算——收入结转”科目反映按履约进度结转的收入金额。资产负债表日，“合同结算”科目的期末余额在借方的，根据其流动性在“合同资产”或“其他非流动资产”项目中填列；期末余额在贷方的，根据其流动性在“合同负债”或“其他非流动负债”项目中填列。

（47）“实收资本（或股本）”项目，反映企业各投资者实际投入的资本总额。本项目应根据“实收资本（或股本）”科目的期末余额填列。

（48）“其他权益工具”项目，反映资产负债表日企业发行在外的除普通股以外分类为权益工具的金融工具的期末账面价值。对于资产负债表日企业发行的金融工具，分类为金融负债的，应在“应付债券”项目填列，对于优先股和永续债，还应在“应付债券”项目下的“优先股”项目和“永续债”项目分别填列；分类为权益工具的，应在“其他权益工具”项目填列，对于优先股和永续债，还应在“其他权益工具”项目下的“优先股”项目和“永续债”项目分别填列。

（49）“资本公积”项目，反映企业资本公积的期末余额。本项目应根据“资本公积”科目的期末余额填列，其中“库存股”按“库存股”科目的期末余额填列。

（50）“其他综合收益”项目，反映根据其他会计准则规定未在损益中确认的各项利得和损失，本项目应根据“其他综合收益”科目的期末余额填列。

（51）“专项储备”项目，反映高危行业企业按国家规定提取的安全生产费的期末账面价值。该项目应根据“专项储备”科目的期末余额填列。

（52）“盈余公积”项目，反映企业盈余公积的期末余额。本项目应根据“盈余公积”科目的期末余额填列。

（53）“未分配利润”项目，反映企业尚未分配的利润。本项目应根据“本年利润”科目和“利润分配”科目的期末余额计算填列，如为未弥补的亏损，在本项目内以“-”号填列。

【例 15-1】A 公司为增值税一般纳税人，增值税税率为 13%，所得税税率为 25%，2020 年 1 月 1 日有关科目的余额见表 15-3。

表 15-3 **科目余额表**

2020 年 1 月 1 日

单位：元

科目名称	借方余额	科目名称	贷方余额
库存现金	4 030	短期借款	650 000
银行存款	2 129 400	应付票据	325 000
其他货币资金	218 400	应付账款	988 000
交易性金融资产	34 840	其他应付款	84 500
应收票据	104 000	应付职工薪酬	66 300
应收账款	520 000	应付利润	0
坏账准备	-10 400	应交税费	53 040
预付账款	84 500	应付利息	15 600
其他应收款	5 850	长期借款	2 340 000
材料采购	156 000	其中：一年内到期的非流动负债	1 105 000
原材料	118 560	递延所得税负债	10 400
周转材料	104 000	实收资本（或股本）	5 460 000
库存商品	78 000	资本公积	303 290

续表

科目名称	借方余额	科目名称	贷方余额
材料成本差异	4 550	盈余公积	195 000
存货跌价准备	–8 450	利润分配（未分配利润）	117 000
长期股权投资	390 000		
长期股权投资减值准备	–5 850		
固定资产	4 028 700		
累计折旧	–780 000		
固定资产减值准备	–247 000		
工程物资	0		
在建工程	2 080 000		
无形资产	1 560 000		
累计摊销	–312 000		
研发支出	0		
长期待摊费用	351 000		
合 计	10 608 130	合 计	10 608 130

该公司2020年发生的经济业务如下：

（1）采购材料物资一批，价款为262 241元，增值税税额为34 091元，冲销已经预付的款项84 500元，余款211 832元用银行存款支付。

（2）收到银行通知，用银行存款305 500元支付到期的商业汇票195 000元，偿还应付账款110 500元。

（3）销售产品一批，销售价款为524 483元，应收取增值税税额68 183元，产品已经发出，货款尚未收到。

（4）用银行汇票购入原材料一批，材料价款为163 153元，增值税税额为21 210元，银行汇票仍有余额542元退回，该批材料尚未验收入库。

（5）上述材料验收入库，该批材料计划价格为160 940元。

（6）仓库收到原材料一批，实际成本为156 000元，计划成本为149 500元，材料已经验收入库，款项已于上月支付。

（7）购入工程所需物资一批，价款197 730元，增值税税额为25 705元，用银行存款支付。

（8）计算在建工程应付职工工资533 000元。

（9）工程完工，计算应予以资本化的长期借款利息208 000元，借款利息并未支付。

（10）工程完工，交付生产使用，已办理竣工决算手续，固定资产价值1 950 000元。

（11）购入不需安装的机器设备一台，价款为100 862元，增值税税额为15 584元，支付包装费等 21 320 元，总计 138 066 元，通过银行存款支付，机器设备已经交付使用。

（12）在成本法核算下，收到长期股权投资现金股利 52 000 元，存入银行。

（13）销售产品一批，价款 1 048 966 元，增值税税额 136 366 元，已收到款项存入银行。

（14）公司将要到期的一张面值为 104 000 元的无息银行承兑汇票，连同解讫通知和银行存款进账单，一起交到银行，办理银行存款收款手续。

（15）从银行借入 3 年期借款 650 000 元，存入银行，该借款用于购建固定资产。

（16）公司出售一台不需用设备，收到价款 520 000 元，设备原价 1 040 000 元，已计提折旧 338 000 元，已提减值准备 130 000 元，该设备已经处理完毕。

（17）归还短期借款本金 260 000 元，利息 13 000 元，总计归还本息 273 000 元。

（18）提取现金 1 348 100 元准备发放职工工资。

（19）支付职工工资 1 348 100 元，其中包括支付给在建工程人员的工资 533 000 元。

（20）分配应付职工工资 815 100 元（不包括在建工程人员工资），其中生产人员工资 741 000 元，车间管理人员工资 14 820 元，行政管理人员工资 59 280 元。

（21）用银行存款偿还长期借款 1 105 000 元。

（22）提取应计入本期损益的借款利息 42 250 元，其中，短期借款利息 28 600 元，长期借款利息 13 650 元。

（23）基本生产领用材料，计划成本 390 000 元；车间部门领用低值易耗品，计划成本 78 000 元。

（24）结转领用原材料和低值易耗品应分摊的材料成本差异，原材料成本差异 7 800 元，低值易耗品成本差异 1 560 元。

（25）摊销无形资产 104 000 元。

（26）计提固定资产折旧 156 000 元，其中，车间部门机器折旧 130 000 元，管理部门机器折旧 26 000 元。

（27）收到应收账款 468 000 元，存入银行。

（28）用银行存款支付本年度企业财产保险费 87 230 元。

（29）摊销基本生产车间固定资产维修费 97 500 元，原已列入长期待摊费用。

（30）结转制造费用 321 880 元。

（31）计算并结转本期完工产品成本 1 460 680 元。没有期初在产品，本期生产的产品全部完工入库。

（32）用银行存款支付广告费 36 400 元。

（33）公司采用商业承兑汇票结算方式销售产品一批，价款为 393 362 元，增值税税额为 51 137 元，收到商业承兑汇票 1 张，价值总计 444 499 元。

（34）公司将上述商业承兑汇票到银行办理贴现，贴现利息为 31 200 元。

（35）用银行存款支付研发部门的新技术研发支出 26 000 元，该项支出符合资本化条件。

（36）公司本期销售产品应缴纳的教育费附加为 2 625 元，城市维护建设税为 25 000 元。

（37）用银行存款缴纳教育费附加 2 625 元，城市维护建设税 25 000 元。

（38）结转本期产品销售成本 1 170 000 元。

（39）应收账款 6 500 元被确认为坏账。

（40）按照应收账款余额的一定比例计提坏账准备 9 178 元。

（41）基本生产车间盘亏一台设备，原价 364 000 元，已提折旧 292 500 元，已提减值准备 32 500 元。

（42）计提存货跌价准备 14 547 元。

（43）计提固定资产减值准备 26 000 元。

（44）摊销应由管理部门负担的固定资产维修费 15 600 元，原已列入长期待摊费用。

（45）年末交易性金融资产的公允价值为 37 440 元，应确认公允价值变动收益 2 600 元。

（46）将各收入类科目转至本年利润，将各支出类科目转至本年利润，确定利润总额。

（47）按照所得税税率 25% 计算并结转应交所得税费用 70 275.25 元。

（48）计提法定盈余公积 80 080 元，分配普通股股利 53 430 元。

（49）结转本年利润。

（50）将利润分配各明细科目余额转入“未分配利润”明细科目。

（51）用银行存款缴纳增值税 63 050 元。

依据所给资料，编制相关会计分录和企业的资产负债表。

【解】（1）借：材料采购　262 241

　　应交税费——应交增值税（进项税额）　34 091

　贷：银行存款　211 832

　　预付账款　84 500

（2）借：应付票据　195 000

　　应付账款　110 500

　贷：银行存款　305 500

（3）借：应收账款　592 666

　贷：主营业务收入　524 483

　　应交税费——应交增值税（销项税额）　68 183

（4）借：材料采购　163 153

　　银行存款　542

　　应交税费——应交增值税（进项税额）　21 210

　贷：其他货币资金　184 905

（5）借：原材料　160 940

　　材料成本差异　2 213

　贷：材料采购　163 153

（6）借：原材料　149 500

　　材料成本差异　6 500

　贷：材料采购　156 000

（7）借：工程物资　197 730

　　应交税费——应交增值税（进项税额）　25 705

　贷：银行存款　223 435

（8）借：在建工程 533 000
贷：应付职工薪酬 533 000
（9）借：在建工程 208 000
贷：长期借款——应付利息 208 000
（10）借：固定资产 1 950 000
贷：在建工程 1 950 000
（11）借：固定资产 122 182
应交税费——应交增值税（进项税额） 15 884
贷：银行存款 138 066
（12）借：银行存款 52 000
贷：投资收益 52 000
（13）借：银行存款 1 185 332
贷：主营业务收入 1 048 966
应交税费——应交增值税（销项税额） 136 366
（14）借：银行存款 104 000
贷：应收票据 104 000
（15）借：银行存款 650 000
贷：长期借款 650 000
（16）借：固定资产清理 572 000
累计折旧 338 000
固定资产减值准备 130 000
贷：固定资产 1 040 000
借：银行存款 520 000
贷：固定资产清理 520 000
借：资产处置损益 52 000
贷：固定资产清理 52 000
（17）借：短期借款 260 000
应付利息 13 000
贷：银行存款 273 000
（18）借：库存现金 1 348 100
贷：银行存款 1 348 100
（19）借：应付职工薪酬 1 348 100
贷：库存现金 1 348 100
（20）借：生产成本 741 000
制造费用 14 820
管理费用 59 280
贷：应付职工薪酬 815 100
（21）借：长期借款 1 105 000
贷：银行存款 1 105 000

（22）借：财务费用　42 250
　　贷：应付利息　28 600
　　　　长期借款——应付利息　13 650

（23）借：生产成本　390 000
　　贷：原材料　390 000
　　借：制造费用　78 000
　　贷：周转材料　78 000

（24）借：生产成本　7 800
　　　　制造费用　1 560
　　贷：材料成本差异　9 360

（25）借：管理费用——无形资产摊销　104 000
　　贷：累计摊销　104 000

（26）借：制造费用——折旧　130 000
　　　　管理费用——折旧　26 000
　　贷：累计折旧　156 000

（27）借：银行存款　468 000
　　贷：应收账款　468 000

（28）借：管理费用——保险费　87 230
　　贷：银行存款　87 230

（29）借：制造费用　97 500
　　贷：长期待摊费用　97 500

（30）借：生产成本　321 880
　　贷：制造费用　321 880

（31）借：库存商品　1 460 680
　　贷：生产成本　1 460 680

（32）借：销售费用——广告费　36 400
　　贷：银行存款　36 400

（33）借：应收票据　444 499
　　贷：主营业务收入　393 362
　　　　应交税费——应交增值税（销项税额）　51 137

（34）借：银行存款　413 299
　　　　财务费用　31 200
　　贷：应收票据　444 499

（35）借：研发支出　26 000
　　贷：银行存款　26 000

（36）借：税金及附加　27 625
　　贷：应交税费——应交教育费附加　2 625
　　　　　　　　——应交城市维护建设税　25 000

（37）借：应交税费——应交教育费附加　2 625

借：应交税费——应交城市维护建设税 25 000
贷：银行存款 27 625

（38）借：主营业务成本 1 170 000
贷：库存商品 1 170 000

（39）借：坏账准备 6 500
贷：应收账款 6 500

（40）借：信用减值损失——计提坏账准备 9 178
贷：坏账准备 9 178

（41）借：累计折旧 292 500
固定资产减值准备 32 500
待处理财产损溢——待处理固定资产损溢 39 000
贷：固定资产 364 000

借：营业外支出 39 000
贷：待处理财产损溢——待处理固定资产损溢 39 000

（42）借：资产减值损失——计提存货跌价准备 14 547
贷：存货跌价准备 14 547

（43）借：资产减值损失——计提固定资产减值准备 26 000
贷：固定资产减值准备 26 000

（44）借：管理费用 15 600
贷：长期待摊费用 15 600

（45）借：交易性金融资产——公允价值变动损益 2 600
贷：公允价值变动损益 2 600

（46）借：主营业务收入 1 966 811
公允价值变动损益 2 600
投资收益 52 000
贷：本年利润 2 021 411

借：本年利润 1 740 310
贷：主营业务成本 1 170 000
税金及附加 27 625
销售费用 36 400
管理费用 292 110
财务费用 73 450
营业外支出 39 000
资产处置损益 52 000
资产减值损失 40 547
信用减值损失——计提坏账准备 9 178

（47）借：所得税费用 70 275.25
贷：应交税费——应交企业所得税 70 275.25

借：本年利润 70 275.25

贷：所得税费用 70 275.25

（48）借：利润分配——提取法定盈余公积 80 080

贷：盈余公积——法定盈余公积 80 080

借：利润分配——应付普通股股利 53 430

贷：应付股利 53 430

（49）借：本年利润 210 825.75

贷：利润分配——未分配利润 210 825.75

（50）借：利润分配——未分配利润 133 510

贷：利润分配——提取法定盈余公积 80 080

——应付普通股股利 53 430

（51）借：应交税费——应交增值税（已交税金） 63 050

贷：银行存款 63 050

根据上述资料编制2020年12月31日科目余额表（见表15-4）。

表15-4

科目余额表

2020年12月31日

单位：元

科目名称	借方余额	科目名称	贷方余额
库存现金	4 030	短期借款	390 000
银行存款	1 677 335	应付票据	130 000
其他货币资金	33 495	应付账款	877 500
交易性金融资产	37 440	其他应付款	84 500
应收票据	0	应付职工薪酬	66 300
应收账款	638 166	应付利润	53 430
坏账准备	−13 078	应交税费	219 061.25
预付账款	0	应付利息	31 200
其他应收款	5 850	长期借款	2 106 650
材料采购	262 241	其中：一年内到期的非流动负债	0
原材料	39 000	递延所得税负债	10 400
周转材料	26 000	实收资本（或股本）	5 460 000
库存商品	368 680	资本公积	303 290
材料成本差异	3 903	盈余公积	275 080
存货跌价准备	−22 997	利润分配（未分配利润）	194 315.75
长期股权投资	390 000		
长期股权投资减值准备	−5 850		
固定资产	4 696 882		
累计折旧	−305 500		
固定资产减值准备	−110 500		
工程物资	197 730		
在建工程	871 000		
无形资产	1 560 000		
累计摊销	−416 000		
研发支出	26 000		
长期待摊费用	237 900		
合计	10 201 727	合计	10 201 727

根据上述科目余额表编制2020年12月31日资产负债表（见表15-5）。

表 15-5

资产负债表

编制单位：A 公司 2020 年 12 月 31 日 单位：元

资　产	年初余额	期末余额	负债和所有者权益（或股东权益）	年初余额	期末余额
流动资产：			流动负债：		
货币资金	2 351 830	1 714 860	短期借款	650 000	390 000
交易性金融资产	34 840	37 440	交易性金融负债	0	0
衍生金融资产	0	0	衍生金融负债	0	0
应收票据	104 000	0	应付票据	325 000	130 000
应收账款	509 600	625 088	应付账款	988 000	877 500
应收款项融资	0	0	合同负债	0	0
预付款项	84 500	0	预收款项	0	0
其他应收款	5 850	5 850	应付职工薪酬	66 300	66 300
存货	452 660	676 827	应交税费	53 040	219 061.25
合同资产	0	0	其他应付款	100 100	169 130
持有待售资产	0	0	持有待售负债	0	0
一年内到期的非流动资产	0	0	一年内到期的非流动负债	1 105 000	0
其他流动资产	0	0	其他流动负债	0	0
流动资产合计	3 543 280	3 060 065	流动负债合计	3 287 440	1 851 991.25
非流动资产：	0	0	非流动负债：		
其他债权投资	0	0	长期借款	1 235 000	2 106 650
其他权益工具投资	0	0	应付债券	0	0
其他非流动金融资产	0	0	其中：优先股		
投资性房地产	0	0	永续债		
债权投资	0	0	租赁负债	0	0
长期股权投资	384 150	384 150	长期应付款	0	0
长期应收款	0	0	专项应付款	0	0

续表

资　产	年初余额	期末余额	负债和所有者权益（或股东权益）	年初余额	期末余额
固定资产	3 001 700	4 280 882	预计负债	0	0
在建工程	2 080 000	1 068 730	递延收益	0	0
生产性生物资产	0	0	递延所得税负债	10 400	10 400
油气资产	0	0	其他非流动负债	0	0
使用权资产	0	0	非流动负债合计	1 245 400	2 117 050
无形资产	1 248 000	1 144 000	负债合计	4 532 840	3 969 041.25
开发支出	0	26 000	所有者权益（或股东权益）：		
商誉	0	0	实收资本（或股本）	5 460 000	5 460 000
长期待摊费用	351 000	237 900	其他权益工具	0	0
递延所得税资产	0	0	其中：优先股	0	0
其他非流动资产	0	0	永续债	0	0
非流动资产合计	7 064 850	7 141 662	资本公积	303 290	303 290
			减：库存股	0	0
			其他综合收益	0	0
			盈余公积	195 000	275 080
			专项储备	0	0
			未分配利润	117 000	194 315.75
			所有者权益（或股东权益）合计	6 075 290	6 232 685.75
资产总计	10 608 130	10 201 727	负债和所有者权益（或股东权益）总计	10 608 130	10 201 727

15.3　利润表

15.3.1　利润表的概念与作用

利润表是反映企业在一定会计期间的经营成果的财务报表。一定会计期间可以是一个月、一个季度、半年，也可以是一年，因此将利润表称为动态报表。利润表把一定期间的营业收入与其同一会计期间相关的营业费用进行配比，以计算出企业一定时期的净利润

（或净亏损）。利润表根据“收入-费用=利润”这一平衡公式，依照一定的标准和次序，把企业一定时期内的收入、费用和利润项目予以适当排列编制而成。

利润表也是主要会计报表，是企业经营业绩的综合体现，也是进行利润分配的主要依据。利用利润表的资料，可以了解企业一定时期实现的生产经营收益和成本耗费情况，表明企业生产经营成果或发生亏损的情况；通过利润表提供的不同时期的比较数字，可以评价企业本期和今后的获利能力和发展趋势；检查影响利润（或亏损）变动的原因，了解企业一定时期利润的分配或亏损的弥补情况等。所以，每一个独立核算的企业都必须按期编制利润表。

15.3.2 利润表的格式

利润表按利润形成进行排列，其格式有多步式、单步式和综合式。

1. 多步式利润表

多步式利润表是常用的格式，它将企业日常经济活动过程中发生的收入和费用项目与在该过程外发生的收入与费用分开，需要通过多步计算求出当期利润。一般分为以下几步：

第一步，计算营业利润：

营业利润=营业收入-营业成本-税金及附加-销售费用-管理费用-财务费用-资产减值损失+公允价值变动损益+投资损益+资产处置损益+其他损益

第二步，计算利润总额：

利润总额=营业利润+营业外收入-营业外支出

第三步，计算净利润：

净利润=利润总额-所得税费用

多步式利润表中利润形成的排列格式注意了收入与费用支出配比的层次性，这样便于对企业生产经营情况进行分析，有利于不同企业之间进行比较，更重要的是利用多步式利润表有利于预测企业今后的盈利能力，因而被普遍采用，我国采用多步式利润表格式（见表 15-8）编制利润表。

2. 单步式利润表

单步式利润表是将本期所有收入加在一起，然后再把所有费用加在一起，两者相减，计算得出当期损益。单步式利润表不提供营业利润、利润总额等中间性收益指标及构成项目，认为用所有收入直接减去所有成本费用得出净利润指标更直接。直接计算得出的净利润能够表明企业在本期内经营业绩和资产增值的情况。单步式利润表相对于多步式利润表，其优点是表式简单，易于理解，避免项目分类时的困难，计算结果一目了然。但是中间性收益指标对信息使用者的意义重大，如果这些中间性信息不能直接被反映出来，会降低利润表的实用性，所以其缺点也很明显，在实际工作中应用不多。单步式利润表格式可参考表 15-9。

3. 综合收益表

综合收益是指企业在一定期间内发生的与所有者以外的其他各方之间的交易或事项所引起的所有者权益的变动额。综合收益包括净利润和其他综合收益。

在我国，《企业会计准则解释第 3 号》对企业利润表作出了调整规定，将直接计入所有者权益的利得和损失也纳入利润表，并自 2009 年 1 月起施行，要求企业在利润表“每股收益”项前增列“其他综合收益的税后余额”项目和“综合收益总额”项目。

“其他综合收益的税后余额”项目，反映企业根据企业会计准则的规定未在损益中确认的各项利得和损失扣除所得税影响后的净额。“综合收益总额的税后净额”项目，反映企业净利润与其他综合收益的合计金额。下面主要介绍“其他综合收益”项目中的三个项目的填列。

第一，与以公允价值计量且其变动计入其他综合收益的金融资产相关的其他综合收益。我国会计准则规定，以公允价值计量且其变动计入其他综合收益的金融资产的公允价值变动额应当计入其他综合收益。但是如果本期处置了以前期间取得的金融资产，而该金融资产在以前期间的公允价值变动额已经计入相应期间的其他综合收益，为了避免重复计算，应当将这部分在前期计入其他综合收益当期转入利润的金额从本期的其他综合收益中减去。

第二，按照权益法核算的与长期股权投资相关的其他综合收益。长期股权投资按照权益法核算时，被投资企业的其他综合收益变动，投资企业要按照其持股比例确认相应的份额计入其他综合收益，并调整长期股权投资的余额，确认为投资企业当期的其他综合收益。

第三，与计入其他综合收益相关的所得税影响。确认其他综合收益要考虑所得税的影响。由于综合收益表中的其他综合收益各项目所反映的都是未考虑所得税影响的税前金额，所以各项目的所得税影响合并在本项目下反映。

企业应当在附注中详细披露其他综合收益各项目及其所得税影响，以及原计入其他综合收益、当期转入损益的金额等信息。综合收益表格式见表 15-6。

表 15-6　**综合收益表**

编制单位：A 公司　2020 年度　单位：元

项　目	本期发生额	上期发生额
一、净利润		
二、其他综合收益		
1. 其他债权投资（其他权益工具投资）		
加：当期利得（或损失）金额		
减：前期计入其他综合收益当期转入利润的金额		
2. 按照权益法核算的在被投资单位其他综合收益中所享有的份额		
3. 现金流量套期工具		
加：当期利得（或损失）金额		
减：前期计入其他综合收益当期转入利润的净额		
当期转为被套期项目初始确认金额的调整额		
4. 外币财务报表折算差额		
5. 与计入其他综合收益项目相关的所得税影响		
6. 其他		
其他综合收益合计		
综合收益总额		

15.3.3 利润表的内容

利润表主要由表头、基本内容两大部分构成。其中，表头包括报表的名称、企业的名称、报表的时间和报表的计量单位；基本内容也称为表身，是报表的主体组成部分。

利润表的项目是依据“收入-费用=利润”这一会计平衡式的内容来排列的。利润表的收入项目包括营业收入、投资收益、营业外收入、公允价值变动收益等内容；利润表的成本费用项目包括营业成本、税金及附加、销售费用、管理费用、财务费用、营业外支出、资产减值损失、所得税费用等内容。

利润表项目的设置和列示是按照重要性和明晰性等要求设计的，反映企业经营成果的资料既概括又突出重点，便于报表使用者理解和利用。同时，利润表不仅列示了本期金额，还列示了上期金额，报表使用者从中可了解企业利润计划完成的进度和利润构成变动等情况。

15.3.4 利润表的编制

利润表中的“上期金额”栏反映各项目自年初起至本月末止的累计实际发生数，应根据本月数与前期累计数填列。

利润表中的“本期金额”栏反映各项目的本月实际发生数，应根据收入类和费用类等科目的本期发生额填列，或根据结账前的余额填列。如果企业在编制利润表前编制了工作底稿，也可以根据工作底稿中的“利润表”栏内各项目的金额填列。具体的项目内容和填列方法如下：

（1）“营业收入”项目，反映企业经营活动所取得的收入总额。本项目应根据“主营业务收入”科目和“其他业务收入”科目的本期发生额的合计数分析填列。

（2）“营业成本”项目，反映企业经营活动发生的实际成本。本项目应根据“主营业务成本”科目和“其他业务成本”科目的本期发生额的合计数分析填列。

（3）“税金及附加”项目，反映企业销售产品和提供劳务等经营业务所应负担的消费税、城市维护建设税、资源税、土地增值税和教育费附加等。本项目应根据“税金及附加”科目的本期发生额分析填列。

（4）“销售费用”项目，反映企业在销售产品和提供劳务等经营过程中发生的各项销售费用。本项目应根据“销售费用”科目的本期发生额分析填列。

（5）“管理费用”项目，反映企业发生的各项管理费用。本项目应根据“管理费用”科目的本期发生额分析填列。

（6）“资产减值损失”项目，反映企业发生的各项资产减值损失。本项目应根据“资产减值损失”科目的本期发生额分析填列。

（7）“公允价值变动收益”项目，反映企业应当计入当期损益的资产或负债的公允价值变动收益或者损失。本项目应根据“公允价值变动损益”科目的本期发生额分析填列。

（8）“投资收益”项目，反映企业以各种方式对外投资取得的收益。本项目应根据“投资收益”科目的本期发生额分析填列。

（9）“营业利润”项目，反映企业进行经营活动所取得的利润。本项目可以按公式“营业利润=营业收入-营业成本-税金及附加-销售费用-管理费用-财务费用-资产减值损失+公允价值变动收益（-公允价值变动损失）+投资收益（-投资损失）+资产处置收益（-资产处置损失）+其他收益（-其他损失）”填列。

（10）“利润总额”项目，反映企业实现的利润。本项目可以按公式“利润总额=营业利润+营业外收入-营业外支出”填列，如果出现亏损，以“-”号填列。

（11）“所得税费用”项目，反映企业实现利润后所应负担的税金。本项目应根据“所得税费用”科目的本期发生额分析填列。

（12）“净利润”项目，反映企业所实现的利润中属于本企业的部分。本项目可以根据公式“利润总额-所得税费用=净利润”计算填列，也可以根据“本年利润”科目借贷方发生额计算填列。

（13）“其他综合收益的税后净额”项目及其各组成成分，应根据“其他综合收益”及所属明细科目的本期发生额分析填列。

（14）“研发费用”项目，反映企业进行研究与开发过程中发生的费用化支出，以及计入管理费用的自行开发无形资产的摊销。该项目应根据“管理费用”科目下的“研究费用”明细科目的发生额，以及“管理费用”科目下的“无形资产摊销”明细科目的发生额分析填列。

（15）“财务费用”项目下的“利息费用”项目，反映企业为筹集生产经营所需资金等而发生的应予费用化的利息支出。该项目应根据“财务费用”科目的相关明细科目的发生额分析填列。该项目作为“财务费用”项目的其中项，以正数填列。“财务费用”项目下的“利息收入”项目，反映企业按照相关会计准则确认的应冲减财务费用的利息收入。该项目应根据“财务费用”科目的相关明细科目的发生额分析填列。该项目作为“财务费用”项目的其中项，以正数填列。

（16）“其他收益”项目，反映计入其他收益的政府补助，以及其他与日常活动相关且计入其他收益的项目。该项目应根据“其他收益”科目的发生额分析填列。企业作为个人所得税的扣缴义务人，根据《中华人民共和国个人所得税法》收到的扣缴税款手续费，应作为其他与日常活动相关的收益在该项目中填列。

（17）“以摊余成本计量的金融资产终止确认收益”项目，反映企业因转让等情形导致终止确认以摊余成本计量的金融资产而产生的利得或损失。该项目应根据“投资收益”科目的相关明细科目的发生额分析填列；如为损失，以“-”号填列。

（18）“净敞口套期收益”项目，反映净敞口套期下被套期项目累计公允价值变动转入当期损益的金额或现金流量套期储备转入当期损益的金额。该项目应根据“净敞口套期损益”科目的发生额分析填列；如为套期损失，以“-”号填列。

（19）“信用减值损失”项目，反映企业按照《企业会计准则第22号——金融工具确认和计量》的要求计提的各项金融工具信用减值准备所确认的信用损失。该项目应根据“信用减值损失”科目的发生额分析填列。

（20）“资产处置收益”项目，反映企业出售划分为持有待售的非流动资产（金融工具、长期股权投资和投资性房地产除外）或处置组（子公司和业务除外）时确认的处置利得或损失，以及处置未划分为持有待售的固定资产、在建工程、生产性生物资产及无形资产而产生的处置利得或损失。债务重组中因处置非流动资产（金融工具、长期股权投资和投资性房地产除外）产生的利得或损失和非货币性资产交换中换出非流动资产（金融工具、长期股权投资和投资性房地产除外）产生的利得或损失也包括在本项目内。该项目应根据“资产处置损益”科目的发生额分析填列；如为处置损失，以“-”号填列。

（21）“营业外收入”项目，反映企业发生的除营业利润以外的收益，主要包括与企业日常活动无关的政府补助、盘盈利得、捐赠利得（企业接受股东或股东的子公司直接或间接的捐赠，经济实质属于股东对企业的资本性投入的除外）等。该项目应根据“营业外收入”科目的发生额分析填列。

（22）“营业外支出”项目，反映企业发生的除营业利润以外的支出，主要包括公益性捐赠支出、非常损失、盘亏损失、非流动资产毁损报废损失等。该项目应根据“营业外支出”科目的发生额分析填列。“非流动资产毁损报废损失”通常包括因自然灾害发生毁损、已丧失使用功能等原因而报废清理产生的损失。企业在不同交易中形成的非流动资产毁损报废利得和损失不得相互抵销，应分别在“营业外收入”项目和“营业外支出”项目进行填列。

（23）“（一）持续经营净利润”和“（二）终止经营净利润”项目，分别反映净利润中与持续经营相关的净利润和与终止经营相关的净利润；如为净亏损，以“-”号填列。该两个项目应按照《企业会计准则第 42 号——持有待售的非流动资产、处置组和终止经营》的相关规定分别列报。

（24）“其他权益工具投资公允价值变动”项目，反映企业指定为以公允价值计量且其变动计入其他综合收益的非交易性权益工具投资发生的公允价值变动。该项目应根据“其他综合收益”科目的相关明细科目的发生额分析填列。

（25）“企业自身信用风险公允价值变动”项目，反映企业指定为以公允价值计量且其变动计入当期损益的金融负债，由企业自身信用风险变动引起的公允价值变动而计入其他综合收益的金额。该项目应根据“其他综合收益”科目的相关明细科目的发生额分析填列。

（26）“其他债权投资公允价值变动”项目，反映企业分类为以公允价值计量且其变动计入其他综合收益的债权投资发生的公允价值变动。企业将一项以公允价值计量且其变动计入其他综合收益的金融资产重分类为以摊余成本计量的金融资产，或重分类为以公允价值计量且其变动计入当期损益的金融资产时，之前计入其他综合收益的累计利得或损失从其他综合收益中转出的金额作为该项目的减项。该项目应根据“其他综合收益”科目下的相关明细科目的发生额分析填列。

（27）“金融资产重分类计入其他综合收益的金额”项目，反映企业将一项以摊余成本计量的金融资产重分类为以公允价值计量且其变动计入其他综合收益的金融资产时，计入其他综合收益的原账面价值与公允价值之间的差额。该项目应根据“其他综合收益”科目下的相关明细科目的发生额分析填列。

（28）“其他债权投资信用减值准备”项目，反映企业按照《企业会计准则第 22 号——金融工具确认和计量》第十八条分类为以公允价值计量且其变动计入其他综合收益金融资产的损失准备。该项目应根据“其他综合收益”科目下的“信用减值准备”明细科目的发生额分析填列。

（29）“现金流量套期储备”项目，反映企业套期工具产生的利得或损失中属于套期有效的部分。该项目应根据“其他综合收益”科目下的“套期储备”明细科目的发生额分析填列。

当报表编制完成以后，可利用报表之间钩稽关系进行核对，以检查报表编制的正确性。如将利润表中的净利润以及利润分配表中未分配利润与资产负债表中的“未分配利润”项目相核对。

【例 15-2】A 公司损益类科目本年发生额见表 15-7，据此编制利润表。

表 15-7

损益类科目本年发生额

2020 年度

单位：元

科目名称	借方发生额	贷方发生额
主营业务收入		1 966 811
营业外收入		0
公允价值变动损益		2 600
投资收益		52 000
主营业务成本	1 170 000	
税金及附加	27 625	
销售费用	36 400	
管理费用	292 110	
财务费用	73 450	
资产减值损失	40 547	
信用减值损失	9178	
资产处置损益	52 000	
营业外支出	39 000	
所得税费用	77 480	

【解】编制 A 公司 2020 年度的利润表，见表 15-8 和表 15-9。

表 15-8

利润表（多步式）

编制单位：A 公司　　2020 年度　　单位：元

项　目	行次	本年累计数
一、营业收入		1 966 811
减：营业成本		1 170 000
税金及附加		27 625
销售费用		36 400
管理费用		292 110
研发费用		
财务费用		73 450

续表

项 目	行次	本年累计数
加：其他收益		0
投资收益（损失以“–”号填列）		52 000
其中：对联营企业和合营企业的投资收益		
以摊余成本计量的金融资产终止确认收益（损失以“–”号填列）		
净敞口套期收益（损失以“–”号填列）		
公允价值变动收益（损失以“–”号填列）		2 600
信用减值损失		9 178
资产减值损失		40 547
资产处置收益（损失以“–”号填列）		–52 000
二、营业利润（损失以“–”号填列）		320 101
加：营业外收入		0
减：营业外支出		39 000
三、利润总额（亏损总额以“–”号填列）		281 101
减：所得税费用		70 275.25
四、净利润（净亏损以“–”号填列）		210 825.75
（一）持续经营净利润（净亏损以“–”号填列）		
（二）终止经营净利润（净亏损以“–”号填列）		
五、其他综合收益的税后净额		
（一）不能重分类进损益的其他综合收益		
1.重新计量设定受益计划变动额		
2.权益法下不能转损益的其他综合收益		
3.其他权益工具投资公允价值变动		
4.企业自身信用风险公允价值变动		
……		
（二）将重分类进损益的其他综合收益		
1.权益法下可转损益的其他综合收益		
2.其他债权投资公允价值变动		
3.金融资产重分类计入其他综合收益的金额		
4.其他债权投资信用减值准备		
5.现金流量套期储备		
6.外币财务报表折算差额		
……		
六、综合收益总额		210 825.75
七、每股收益：		
（一）基本每股收益		（略）
（二）稀释每股收益		（略）

表 15-9　**利润表（单步式）**

编制单位：A 公司　2020 年度　单位：元

项　目	行次	本年累计数
一、收入		
主营业务收入		1 966 811
公允价值变动收益		2 600
资产处置收益		–52 000
投资收益		52 000
营业外收入		0
收入合计		1 969 411
二、费用		
主营业务成本		1 170 000
税金及附加		27 625
销售费用		36 400
管理费用		292 110
资产减值损失		40 547
信用减值损失		9 178
财务费用		73 450
营业外支出		39 000
所得税费用		70 275.25
费用合计		1 758 585.25
三、净利润（净亏损以“–”号填列）		210 825.75

15.4　现金流量表

15.4.1　现金流量表的概念与作用

1. 现金流量表的概念

现金流量表，是反映企业一定会计期间现金和现金等价物流入和流出的报表。现金流量表所指的现金是广义的现金概念，它包括库存现金、可以随时用于支付的银行存款以及现金等价物。其中，库存现金是指企业持有的可随时用于支付的纸币与硬币。银行存款是指企业存在金融企业中随时可以用于支付的存款。如果存在金融企业的款项不能随时用于支付，例如不能随时支取的定期存款，不能作为现金流量表中的现金，但提前通知金融企业便可支取的定期存款，也应包括在现金流量表中的现金范围内。现金等价物是指企业持有的期限短、流动性强、易于转换为已知金额的现金、价值变动风险很小的投资。现金等价物虽然不是严格意义上的现金，但其支付能力与现金的差别不大，可视为现金。认定现金等价物时，期限短通常是指从购买日起 3 个月内到期。

企业应根据具体情况，确定现金等价物的范围，并且一贯地保持其划分标准，如改变划分标准，应视为会计政策的变更。企业确定现金等价物的原则及变更，应在财务报表附注中披露。

2. 现金流量表的作用

（1）可以提供企业的现金流量信息，使会计信息使用者更好地了解企业的财务状况。企业要想求得生存和稳步发展，在当今异常激烈的竞争条件下，不仅仅要努力认真经营，降低产品的生产成本，想方设法地销售自己生产的产品，同时要使应收账款足额、完整地收回，减少坏账损失，并且除了要做好生产经营活动以外，还要做好投资活动和筹资活动，这些活动都会影响企业的现金流量，从而影响企业的财务状况。通过现金流量表提供的现金流量信息，企业的会计报表使用者，能够准确地了解企业的资金周转情况是否顺畅，是否存在由于资金周转不良所产生的影响。

（2）可以提供企业现金流量变动的原因，使会计信息使用者更好地了解企业资金需求情况。现金流量表把企业的现金流量分为经营活动、投资活动和筹资活动，并按照现金流入和现金流出分项反映，能够反映出企业现金流入和流出的原因，并且能够评价企业是否具有偿债能力和支付能力，以及未来获取现金的能力，会计信息使用者通过阅读企业现金流量表，对企业的现金需求和使用情况，以及未来获取和支付现金的能力能够作出客观的评价。

（3）可以使企业财务报告体系与国际会计惯例相协调。我国企业编制现金流量表，不仅仅是为会计信息使用者对企业财务状况和现金流量情况的准确了解并作出科学、合理的决策提供依据，同时，也是为外国投资者、债权人对我国企业进行投资、贷款提供依据，以及为我国未来开展跨国经营、增加国际经济合作提供可比性会计信息指标。

15.4.2 现金流量表的格式与内容

1. 现金流量表的格式

（1）现金流量正表，是现金流量表的主体，企业一定会计期间现金流量的信息主要由正表提供。正表采用报告式的结构，按照现金流量的性质，依次分类为经营活动产生的现金流量、投资活动产生的现金流量和筹资活动产生的现金流量，最后汇总反映企业现金及现金等价物增加额。企业应当按照经营活动、投资活动和筹资活动的现金流量分类分项列示。

（2）现金流量表的补充资料。企业除编制现金流量表正表外，还应当采用间接法在现金流量表附注中披露将净利润调节为经营活动现金流量的信息。补充资料包括三部分内容：①将净利润调节为经营活动的现金流量；②不涉及现金收支的重大投资和筹资活动；③现金及现金等价物的净增加情况。

2. 现金流量表的内容

（1）经营活动现金流量。经营活动是指企业投资活动和筹资活动以外的所有交易和事项。经营活动产生的现金流入主要包括销售商品、提供劳务收到的现金，收到的税费返还，收到其他与经营活动有关的现金。经营活动产生的现金流出主要包括购买商品、接受劳务支付的现金，支付给职工以及为职工支付的现金，支付的各项税费，支付其他与经营活动有关的现金。

（2）投资活动现金流量。投资活动是指企业长期资产的购建和不包括在现金等价物范围内的投资及处置活动。投资活动产生的现金流入主要包括收回投资收到的现金，取得投资收益收到的现金，处置固定资产、无形资产和其他长期资产收回的现金净额，处置子公司及其他营业单位收到的现金净额，收到其他与投资活动有关的现金。投资活动产生的现金流出主要包括投资支付的现金，购建固定资产、无形资产和其他长期资产支付的现金，取得子公司及其他营业单位支付的现金净额，支付其他与投资活动有关的现金。

（3）筹资活动现金流量。筹资活动是指导致企业资本及债务规模和构成发生变化的活动。筹资活动产生的现金流入主要包括吸收投资收到的现金，取得借款收到的现金，收到其他与筹资活动有关的现金。筹资活动产生的现金流出主要包括分配股利、利润或偿付利息支付的现金，偿还债务支付的现金，支付其他与筹资活动有关的现金。

15.4.3 现金流量表的编制方法

1.“经营活动产生的现金流量”项目的填列

编制现金流量表时，列报经营活动现金流量的方法有两种：直接法和间接法。它们通常也被称为经营活动产生的现金流量的报告方法。

第一，直接法是指按现金收入和现金支出的主要类别直接反映企业经营活动产生的现金流量，如销售商品、提供劳务收到的现金，购买商品、接受劳务支付的现金等就是按现金收入和支出的类别直接反映的。在直接法下，一般是以利润表中的营业收入为起点，调节与经营活动有关的项目的增减变动，然后计算出经营活动产生的现金流量。

（1）“销售商品、提供劳务收到的现金”项目，反映企业销售商品、提供劳务实际收到的现金（含销售收入和应向购买者收取的增值税税额），包括本期销售商品、提供劳务收到的现金，以及前期销售商品、提供劳务本期收到的现金和本期预收的账款，减去本期退回本期销售的商品和前期销售、本期退回的商品支出的现金。企业销售材料和代购代销业务收到的现金也在本项目中反映。本项目可根据“库存现金”“银行存款”“应收账款”“应收票据”“预收账款”“主营业务收入”“其他业务收入”等科目的记录分析填列。

确定本项目的金额通常可以利润表上的“营业收入”为起点进行调整：

①由于该项目包括向购货方收取的增值税销项税额，所以应在营业收入的基础上加上本期的增值税销项税额。

②由于企业商品销售和劳务供应往往并不都是现金交易，所以应加上应收账款和应收票据的减少数。

③如果企业有预收账款业务，还应加上预收账款的增加数。

④企业坏账损失采用备抵法核算，由于发生坏账减少了应收账款余额，但是没有实际的现金流入；坏账收回有现金流入，并没有影响应收账款余额。所以，本期发生了坏账，或者有坏账收回则应减去本期确认的坏账，加上本期收回的坏账。

⑤如果企业本期有应收票据贴现，发生了贴现息，则应减去应收票据贴现息，因为贴现息使应收票据减少，但是并没有相应的现金流入。

⑥企业发生的按税法的规定应视同销售的业务，如将商品用于工程项目，应将相应的销项税额减去，因为这部分销项税额没有相应的现金流入。

综上所述，可以列出下列公式：

$$\text{销售商品、提供劳务收到的现金}=\text{营业收入}+\text{销项税额}+\text{应收账款}\left(\text{期初余额}-\text{期末余额}\right)+\text{应收票据}\left(\text{期初余额}-\text{期末余额}\right)+\text{预收账款}\left(\text{期末余额}-\text{期初余额}\right)-\text{以非现金资产抵偿债务而减少的应收账款和应收票据}-\text{当期核销的坏账}+\text{当期坏账的收回}-\text{应收票据贴现息}-\text{视同销售的销项税额}$$

（2）“收到的税费返还”项目，反映企业收到返还的各种税费，包括收到返还的增值税、消费税、关税、所得税、教育费附加等。本项目可根据“库存现金”“银行存款”“税金及附加”“补贴收入”“应收补贴款”等科目的记录分析填列。

（3）“收到其他与经营活动有关的现金”项目，反映企业除了上述各项目以外所收到的其他与经营活动有关的流入，如罚款收入、流动资产损失中由个人赔偿的现金收入等，本项目可以根据“库存现金”“银行存款”“营业外收入”等科目的记录分析填列。

（4）“购买商品、接受劳务支付的现金”项目，反映企业购买商品、接受劳务实际支付的现金，包括本期购买商品、接受劳务支付的现金（包括增值税进项税额），本期支付前期购入商品、接受劳务的未付款以及本期预付账款等。本项目可根据“库存现金”“银行存款”“应付账款”“应付票据”“预付账款”“主营业务成本”等科目的记录分析填列。

确定本项目的金额通常可以利润表上“营业成本”为基础进行调整。

①由于本项目包括支付的增值税进项税额，所以应在营业成本的基础上加上本期的增值税进项税额。

②营业成本与购买商品并无直接关系，通过营业成本加上存货的增加数便可大致确定本期购进商品的成本。

③本期购进商品成本并不等于本期购进商品支付的现金，因为可能存在赊购商品或预付货款的情况，应加上应付账款和应付票据的减少数，还应加上预付账款的增加数。

④对于工业企业，存货包括材料、在产品、产成品等，即存货的增加并非都与购进材料相联系，本期发生的应计入产品成本的工资费用、折旧费用等也会导致存货增加，但是与商品购进无关，所以应进一步扣除本期生产成本的非材料费用。

⑤应调整其他与商品购进和商品销售无关的存货增减变动，主要包括：存货盘亏与盘盈，用存货对外投资或接受存货投资等。

综上所述，可以列出下列公式：

$$\text{购买商品、接受劳务支付的现金}=\text{营业成本}+\text{进项税额}+\text{存货}\left(\text{期末余额}-\text{期初余额}\right)+\text{应付账款}\left(\text{期初余额}-\text{期末余额}\right)+\text{应付票据}\left(\text{期初余额}-\text{期末余额}\right)+\text{预付账款}\left(\text{期末余额}-\text{期初余额}\right)-\text{以非现金资产清偿债务而减少的应付账款和应付票据}$$

（5）“支付给职工以及为职工支付的现金”项目，反映企业实际支付给职工，以及为职工支付的现金，包括本期实际支付给职工的工资、奖金、各种津贴和补贴等，以及为职工支付的其他费用。本项目不包括支付给离退休人员的各项费用及支付给在建工程人员的工资及其他费用。企业支付给离退休人员的各项费用（包括支付的统筹退休金以及未参加统筹的退休人员的费用），在“支付其他与经营活动有关的现金”项目中反映；支付给在建工程人员的工资、奖金等在“购建固定资产、无形资产和其他长期资产支付的现金”项目中反映。本项目可根据“应付职工薪酬”“库存现金”“银行存款”等科目的记录分析填列。

(6)“支付的各项税费”项目，反映企业按规定支付的各种税费，包括企业本期发生并支付的税费，以及本期支付以前各期发生的税费和本期预交的税金，如预交的增值税、土地增值税、房产税、车船税、印花税、教育费附加、矿产资源补偿费等。但不包括计入固定资产价值的、实际支付的耕地占用税，也不包括本期退回的增值税、所得税。本期退回的增值税、所得税在“收到的税费返还”项目反映。本项目可根据“应交税费”“库存现金”“银行存款”等科目的记录分析填列。

(7)“支付其他与经营活动有关的现金”项目，反映企业除上述各项目外所支付的其他与经营活动有关的现金流出，如罚款支出、支付的差旅费、业务招待费现金支出、支付的保险金等。其他现金流出金额较大的，应单列项目反映。本项目可根据有关项目的记录分析填列。

第二，间接法是指以净利润为起点，调整不涉及现金的收入、费用、营业外收支等有关项目，剔除投资活动、筹资活动对现金流量的影响，据此计算出经营活动产生的现金流量。净利润是按照权责发生制原则确定的，且包括了与投资活动和筹资活动相关的收益和费用，将净利润调节为经营活动产生的现金流量，实际上就是将按权责发生制原则确定的净利润调整为现金净流入，并剔除投资活动和筹资活动对现金流量的影响。

采用直接法编报现金流量表，便于分析企业经营活动产生的现金流量的来源和用途，预测企业现金流量的前景；采用间接法编报现金流量表，便于将净利润与经营活动产生的现金流量净额进行比较，了解净利润与经营活动产生的现金流量差异的原因，从现金流量的角度分析净利润的质量。企业会计准则要求企业采用直接法编报现金流量表的正表，同时采用间接法编报现金流量表的补充资料。

采用间接法将净利润调节为经营活动产生的现金流量净额，通过调整不涉及现金的收入、费用、营业外收支以及经营性应收应付等项目的增减变动，调整不属于经营活动的现金收支项目，据此计算并列示经营活动产生的现金流量。主要调整的四大项目包括：实际没有支付现金的费用；实际没有收到现金的收益；不属于经营活动的损益；经营性应收应付项目的增减变动。

经营活动产生的现金流量就是以间接法来计算的。

将净利润调节为经营活动产生的现金流量，需要调整的项目具体如下：

(1)“资产减值准备”和“信用减值准备”项目，反映企业计提的各项资产减值准备。本项目可根据“资产减值损失”“信用减值准备”科目记录填列。

(2)“固定资产折旧、油气资产折耗、生产性生物资产折旧”项目，反映企业本期累计提取的折旧、折耗。本项目可根据“累计折旧”“累计折耗”科目的贷方发生额分析填列。

(3)“无形资产摊销”项目，反映企业本期摊入成本费用的无形资产的价值。本项目可根据“累计摊销”科目的贷方发生额分析填列。

(4)“长期待摊费用摊销”项目，反映企业本期累计摊入成本费用的长期待摊费用。本项目根据 “长期待摊费用”科目的贷方发生额分析填列。

(5)“处置固定资产、无形资产和其他长期资产的损失”项目，反映企业出售固定资产、无形资产和其他长期资产（如投资性房地产）所取得的现金，减去为处置这些资产而支付的有关税费后的净额。处置固定资产、无形资产和其他长期资产所收到的现金，与处置活动支付的现金，两者在时间上比较接近，以净额反映更能准确反映处置活动对现金流量的影响。由于自然灾害等原因所造成的固定资产等长期资产报废、毁损而收到的保险赔偿收入，在本项目中反映。如处置固定资产、无形资产和其他长期资产所收回的现金净额为负数，应作为投资活动产生的现金流量，在“支付其他与投资活动有关的现金”项目中反映。本项目可以根据“应交税费”“库存现金”“银行存款”等科目的记录分析填列。

（6）“固定资产报废损失”项目，反映企业本期固定资产盘亏（减：盘盈）后的净损失。本项目根据“资产处置损益”科目的记录分析填列。

（7）“公允价值变动损失”项目，反映企业持有的交易性金融资产、交易性金融负债、采用公允价值模式计量的投资性房地产等公允价值变动形成的净损失。因为公允价值变动损失影响了当期净利润，但并没有发生现金流出，所以应进行调整。如为净收益以“-”号列示。

（8）“财务费用”项目，反映企业本期发生的应属于投资活动或筹资活动的财务费用。本项目根据“财务费用”科目的本期借方发生额分析填列。

（9）“投资损失”项目，反映企业本期所发生的投资损失减去投资收益后的净额。本项目根据利润表“投资收益”项目的数字填列。如为投资收益，以“-”号表示。

（10）“递延所得税资产减少”和“递延所得税负债增加”项目，分别反映企业本期递延所得税资产的减少和递延所得税负债的增加。这两个项目可分别根据资产负债表“递延所得税资产”“递延所得税负债”项目的期初、期末余额的差额填列。“递延所得税资产”的期末余额小于期初余额的差额，以及“递延所得税负债”的期末余额大于期初余额的差额，以正数填列；“递延所得税资产”的期末余额大于期初余额的差额，以及“递延所得税负债”的期末余额小于期初余额的差额，以“-”号填列。

（11）“存货的减少”项目，反映企业本期存货的减少。本期项目根据资产负债表“存货”项目的期初、期末余额的差额填列；期末余额大于期初余额的差额，以“-”号表示。

（12）“经营性应收项目的减少”项目，反映企业本期经营性应收项目（包括应收账款、应收票据和其他应收款中与经营性活动有关的部分及应收的增值税销项税额等）的减少。

（13）“经营性应付项目的增加”项目，反映企业本期经营性应付项目（包括应付账款、应付票据、应交税费、其他应付款中与经营性活动有关的部分以及应付的增值税进项税额等）的增加。

2.“投资活动产生的现金流量”项目的填列

现金流量表中的投资活动包括短期投资和长期投资的取得与处置、固定资产的购建与处置、无形资产的购置与转让等。单独反映投资活动产生的现金流量，能了解企业为获得未来收益和现金流量而导致对外投资或内部长期投资的程度，以及以前对外投资所带来的现金流入的信息。投资活动产生的现金流量各项目的内容和填列方法如下：

（1）投资活动产生的现金流入项目如下：

①“收回投资收到的现金”项目，反映企业出售、转让或到期收回除现金等价物以外的交易性金融资产、债权投资、其他债权投资（其他权益工具投资）、长期股权投资等而收到的现金。不包括债权性投资收回的利息、收回的非现金资产，以及处置子公司及其他

营业单位收到的现金净额。债权性投资收回的本金，在本项目反映，债权性投资收回的利息，不在本项目中反映，而在“取得投资收益收到的现金”项目中反映。处置子公司及其他营业单位收到的现金净额单设项目反映。本项目可以根据“交易性金融资产”“债权投资”“其他债权投资（其他权益工具投资）”“长期股权投资”“库存现金”“银行存款”等科目的记录分析填列。

②“取得投资收益收到的现金”项目，反映企业因股权性投资而分得的现金股利，以及因债权性投资而取得的利息收入。股票股利由于不产生现金流量，不在本项目反映。包括在现金等价物范围的债权性投资，其利息收入在本项目反映。本项目可以根据“应收股利”“应收利息”“投资收益”“库存现金”“银行存款”等科目的记录分析填列。

③“处置固定资产、无形资产和其他长期资产收回的现金净额”项目，反映企业处置固定资产、无形资产和其他长期资产收回的现金，减去为处置这些资产而支付的有关费用后的净额，包括因自然灾害所造成的固定资产等长期资产损失而收到的保险赔偿收入。本项目可根据“固定资产清理”“库存现金”“银行存款”等科目的记录分析填列。

④“处置子公司及其他营业单位收到的现金净额”项目，反映企业处置子公司及其他营业单位所取得的现金，减去相关处置费用以及子公司及其他营业单位持有的现金和现金等价物后的净额。本项目可以根据“长期股权投资”“银行存款”“库存现金”等科目的记录分析填列。

⑤“收到其他与投资活动有关的现金”项目，反映企业除了上述各项目以外，所收到的与其他投资活动有关的现金流入。其他现金流入价值较大的应单列项目反映。本项目根据有关科目的记录分析填列。

（2）投资活动产生的现金流出项目如下：

①“购建固定资产、无形资产和其他长期资产支付的现金”项目，反映企业购买、建造固定资产、无形资产和其他长期资产支付的现金，不包括为购建固定资产而发生的借款利息资本化部分，以及融资租入固定资产支付的租赁费。借款利息和融资租入固定资产的租赁费，在筹资活动产生的现金流量中反映。本项目可根据“固定资产”“在建工程”“无形资产”“库存现金”“银行存款”等科目的记录分析填列。

②“投资支付的现金”项目，反映企业对外进行权益性投资和债权性投资所支付的现金，包括企业取得的除现金等价物以外的交易性金融资产、长期股权投资、债权投资所支付的现金，以及支付的佣金、手续费等附加费用。本项目可根据“长期股权投资”“债权投资”“交易性金融资产”“库存现金”“银行存款”等科目的记录分析填列。

③“取得子公司及其他营业单位支付的现金净额”项目，反映企业购买子公司及其他营业单位的购买出价中以现金支付的部分，减去子公司及其他营业单位持有的现金和现金等价物后的净额。本项目可以根据“长期股权投资”“库存现金”“银行存款”等科目的记录分析填列。

④“支付其他与投资活动有关的现金”项目，反映企业除了上述以外支付的其他与投资活动有关的现金流出。其他现金流出价值较大时，应单列项目反映。本项目可以根据有关账户的记录分析填列。

3.“筹资活动产生的现金流量”项目的填列

现金流量表中的筹资活动包括权益性投资的吸收与减少、银行借款的借入与偿还、债券的发行与偿还等。单独反映筹资活动产生的现金流量，能了解企业筹资活动产生现金流量的规模与能力，以及企业为获得现金流入而付出的代价。筹资活动现金流量各项目的内容和填列方法如下：

（1）筹资活动产生的现金流入项目如下：

①“吸收投资收到的现金”项目，反映企业收到投资者投入的现金，包括发行股票、债券等方式筹集资金实际收到的款项净额（发行收入减去支付的佣金等发行费用后的净额）。企业为发行股票和债券而直接支付的审计、咨询等费用，不在本项目内扣除，而在“支付其他与筹资活动有关的现金”项目反映。本项目可以根据“实收资本（或股本）”“库存现金”“银行存款”等科目的记录分析填列。

②“取得借款收到的现金”项目，反映企业各种短期、长期借款所收到的现金。本项目可以根据“短期借款”“长期借款”“库存现金”“银行存款”等科目的记录分析填列。

③“收到其他与筹资活动有关的现金”项目，反映企业除上述项目外收到的其他与筹资活动有关的现金流入，如接受现金捐赠等。其他现金流入金额较大的应单列项目反映。本项目可以根据有关科目的记录分析填列。

（2）筹资活动产生的现金流出项目如下：

①“偿还债务支付的现金”项目，反映企业以现金偿还债务的本金，包括偿还金融企业的借款本金、债券本金等。企业支付的借款利息和债券利息在“分配股利、利润或偿付利息支付的现金”项目反映，不包括在本项目内。本项目可以根据“短期借款”“长期借款”“应付债券”“库存现金”“银行存款”等科目的记录分析填列。

②“分配股利、利润或偿付利息支付的现金”项目，反映企业实际支付的现金股利、支付给其他投资单位的利润以及支付的借款利息、债券利息等。本项目可以根据“应付股利”“财务费用”“长期借款”“库存现金”“银行存款”等科目的记录分析填列。

③“支付其他与筹资活动有关的现金”项目，反映企业除了上述各项目外，支付的其他与筹资活动有关的现金流出，如捐赠支出、融资租入固定资产支付的租赁费等。其他现金流出价值较大的，应单列项目反映。本项目可以根据有关科目的记录分析填列。

4. 补充资料项目的填列

（1）“将净利润调节为经营活动现金流量”项目，在经营活动产生的现金流量的间接法已经介绍。

（2）“不涉及现金收支的重大投资和筹资活动”项目，虽然不涉及现金收支，但属于企业的重大理财活动，对以后各期的现金流量有重大影响，因此，应单列项目在补充资料中反映。目前要求列示的项目主要有：

①“债务转为资本”项目，反映企业本期转为资本的债务金额。

②“一年内到期的可转换公司债券”项目，反映企业一年内到期的可转换公司债券的金额。

③“融资租入固定资产”项目，反映企业本期融资租入固定资产，应以记入“长期应付款”科目的本期融资固定资产金额减去“未确认融资费用”科目中相应部分的金额后的数额填列。

（3）“现金及现金等价物净变动情况”项目。现金及现金等价物净变动，可以通过现金及现金等价物的期末、期初差额进行反映，用以检查直接法编制的现金流量表是否正确。

5. **现金流量表具体项目的填列方法**

企业可根据业务量的大小及复杂程度，采用以下方法分析填列现金流量表：

（1）工作底稿法。

工作底稿法是以工作底稿为手段，以利润表和资产负债表数据为基础，结合有关科目的记录，对现金流量表的每一项目进行分析并编制调整记录，从而编制出现金流量表的一种方法。

在直接法下，工作底稿纵向分为三段：第一段是资产负债表项目，该段又分为借方项目和贷方项目两部分；第二段是利润表项目；第三段是现金流量表项目。工作底稿横向分为五栏，在资产负债表部分，第一栏是项目栏，填列资产负债表各项目名称；第二栏是期初数，用来填列资产负债表项目的期初数；第三栏是调整分录的借方；第四栏是调整分录的贷方；第五栏期末数，用来填列资产负债表的期末数。利润表和现金流量表部分第一栏也是项目栏，用来填列利润表和现金流量表项目名称；第二栏空置不填；第三栏、第四栏分别是调整分录的借方和贷方；第五栏是本期数，利润表部分这一栏数字应和利润表本期数字相符，现金流量表部分这一栏数字可直接用来编制正式的现金流量表。采用工作底稿法编制现金流量表的具体步骤是：

第一步，将资产负债表的各项目的期初数和期末数过入工作底稿期初数栏和期末数栏。

第二步，对当期业务进行分析并编制调整分录。调整分录大体有这样几类：第一类涉及利润表中的收入、成本和费用项目以及资产负债表中的资产、负债及所有者权益项目，通过调整，将权责发生制下的收入、费用转换为现金基础；第二类是涉及资产负债表和现金流量表中的投资、筹资项目，反映投资和筹资活动的现金流量；第三类是涉及利润表和现金流量表中的投资和筹资项目，目的是将利润表中有关投资和筹资方面的收入和费用列入现金流量表投资、筹资流量中去。此外，还有一些调整分录不涉及现金收支，只是为了核对资产负债表项目的期初期末数变动。

在调整分录中，有关现金和现金等价物的事项，并不直接借记或贷记现金，而是分别记入“经营活动产生的现金流量”“投资活动产生的现金流量”“筹资活动产生的现金流量”有关项目，借记表明现金流入，贷记表明现金流出。

第三步，将调整分录过入工作底稿中的相应部分。

第四步，核对调整分录，借贷合计应当相等，资产负债表项目期初数减去调整分录中的借贷金额以后，应当等于期末数。

第五步，根据工作底稿中的现金流量表项目部分编制正式的现金流量表。

（2）T形账户法。

T形账户法是以利润表和资产负债表为基础，结合有关科目的记录，对现金流量表的每一项目进行分析并编制调整分录，通过T形账户编制出现金流量表的一种方法。采用T形账户法编制现金流量表的具体步骤为：

第一步，为所有的非现金项目（包括资产负债表项目和利润表项目）分别开设T形账户，并将各自的期末期初变动数过入各该科目。

第二步，开设一个大的“现金及现金等价物”T形账户。每边分为经营活动、投资活动和筹资活动三个部分，左边记现金流入，右边记现金流出。与其他科目一样，过入期末期初变动数。

第三步，以利润表项目为基础，结合资产负债表分析每一个非现金项目的增减变动，并据此编制调整分录。

第四步，将调整分录过入各 T 形账户，并进行核对，该账户借贷相抵后的余额与原先过入的期末期初变动数应当一致。

第五步，根据大的“现金及现金等价物”T 形账户编制正式的现金流量表。

（3）分析填列法。

分析填列法是直接根据资产负债表、利润表和有关会计科目明细账的记录，分析计算出现金流量表各项目的金额，并据以编制现金流量表的一种方法。

【例 15-3】承例 15-1 和例 15-2，按照分析填列法编制现金流量表。

【解】该公司 2020 年度现金流量表正表各项目金额分析确定如下：

（1）销售商品、提供劳务收到的现金 =（业务 4）542+（业务 13）1 185 332+（业务 14）104 000+（业务 27）468 000+（业务 34）413 299=2 171 173（元）

（2）购买商品、接受劳务支付的现金 =（业务 1）211 832+（业务 2）305 500+（业务 4）184 905=702 237（元）

（3）支付给职工以及为职工支付的现金 =（业务 19）1 348 100-（业务 8 工程人员工资）533 000=815 100（元）

（4）支付的各项税费 =（业务 37 教育经费）27 625+（业务 51 支付增值税）63 050=90 675（元）

（5）支付的其他与经营活动有关的现金 =（业务 28 保险费）87 230+（业务 32 广告费）36 400=123 630（元）

（6）取得投资收益收到的现金 =（业务 12 投资收益）52 000 元

（7）处置固定资产、无形资产和其他长期资产收回的现金净额 =（业务 16 出售固定资产）520 00 元

（8）购建固定资产、无形资产和其他长期资产支付的现金 =（业务 7 工程物资）223 435+（业务 8 工程人员工资）533 000+（业务 11 购建固定资产）138 066=894 501（元）

（9）取得借款收到的现金 =（业务 15 借款）650 000 元

（10）偿还债务支付的现金 =（业务 21 偿还长期借款）1 105 000+（业务 17 偿还短期借款）260 000=1 365 000（元）

（11）分配股利、利润或偿付利息支付的现金 =（业务 17 支付利息）13 000 元

（12）存货的减少 = [（期初资产负债表存货）452660+（期初存货跌价准备）8450] − [（期末资产负债表存货）676827+（期末存货跌价准备）22997]
=−238714（元）

（13）经营性应收项目的减少 =（应收票据减少）72 800 −（应收账款增加）124 666+（预付账款减少）84 500
=32 634（元）

其中：

应收票据减少（扣除贴现利息 31 200）：

（期初应收票据 104 000−贴现利息 31 200）−期末应收票据−0=72 800（元）

应收账款减少（减去注销的坏账 6 500）：

（期初应收账款）520 000−（期末应收账款）638 166−（注销的坏账）6 500=−124 666（元）

或者：[（资产负债表期初应收账款）509 600+（期初坏账准备）10 400] −（资产负债表期末应收账款）625 088+（期末坏账准备）13 078] −

（注销的坏账）6 500

=-124 666（元）

预付账款减少：（期初预付账款）84 500-（期末预付账款）0=84 500（元）

其他应收款减少：（期初其他应收款）5 850-（期末其他应收款）5 850=0

（14）经营性应付项目的增加=应付票据减少-195 000+应付账款减少-110 500+应交税费的增加 207 610.25

=-97 889.75（元）

其中：

应付票据减少：（期末应付票据）130 000-（期初应付票据）325 000=-195 000（元）

应付账款减少：（期末应付账款）877 500-（期初应付账款）988 000=-110 500（元）

应付职工薪酬增加：（期末应付职工薪酬）66 300-（期初应付职工薪酬）66 300=0

应交税费的增加（加回与固定资产、工程物资相关的应交增值税（进项税额））：

（期末应交税费）219 061.25+（业务11固定资产增值税）15 884+（业务7工程物资增值税）25 705-（期初应交税费）53 040=207 610.25（元）

其他应付款增加：（期末其他应付款）84 500-（期初其他应付款）84 500=0

期初现金及现金等价物=库存现金 4 030+银行存款 2 129 400+其他货币资金 218 400=2 351 830（元）

期末现金及现金等价物=库存现金 4 030+银行存款 1 677 335+其他货币资金 33 495=1 714 680（元）

现金及现金等价物净增加额=1 714 860-2 351 830=-636 970 （元）

现金流量表见表 15-10，现金流量表补充资料见表 15-11。

表 15-10

现金流量表

编制单位：A 公司　　2020 年度　　单位：元

项　目	本期金额	上期金额（略）
一、经营活动产生的现金流量：		
销售商品、提供劳务收到的现金	2 171 173	
收到的税费返还		
收到其他与经营活动有关的现金		
经营活动现金流入小计	2 171 173	
购买商品、接受劳务支付的现金	702 237	
支付给职工以及为职工支付的现金	815 100	
支付的各项税费	90 675	
支付其他与经营活动有关的现金	123 630	
经营活动现金流出小计	1 731 642	
经营活动产生的现金流量净额	439 531	
二、投资活动产生的现金流量：		
收回投资收到的现金		
取得投资收益收到的现金	52 000	
处置固定资产、无形资产和其他长期资产收回的现金净额	520 000	
处置子公司及其他营业单位收到的现金净额		
收到其他与投资活动有关的现金		
投资活动现金流入小计	572 000	
购建固定资产、无形资产和其他长期资产支付的现金	894 501	
投资支付的现金	26 000	
取得子公司及其他营业单位支付的现金净额		
支付其他与投资活动有关的现金		
投资活动现金流出小计	920 501	

续表

项　目	本期金额	上期金额（略）
投资活动产生的现金流量净额	-348 501	
三、筹资活动产生的现金流量：		
吸收投资收到的现金		
取得借款收到的现金	650 000	
收到其他与筹资活动有关的现金		
筹资活动现金流入小计	650 000	
偿还债务支付的现金	1 365 000	
分配股利、利润或偿付利息支付的现金	13 000	
支付其他与筹资活动有关的现金		
筹资活动现金流出小计	1 378 000	
筹资活动产生的现金流量净额	-728 000	
四、汇率变动对现金及现金等价物的影响		
五、现金及现金等价物净增加额	-636 970	
加：期初现金及现金等价物余额	2 351 830	
六、期末现金及现金等价物余额	1 714 860	

表 15-11　**现金流量表补充资料**　单位：元

项　目	本期金额	上期金额（略）
1. 将净利润调节为经营活动现金流量		
净利润	210 825.75	
加：资产（信用）减值损失	49 725	
固定资产折旧、油气资产折耗、生产性生物资产折旧	156 000	
无形资产摊销	104 000	
长期待摊费用摊销	113 100	
处置固定资产、无形资产和其他长期资产的损失（收益以“-”号填列）	91 000	
固定资产报废损失（收益以“-”号填列）		
公允价值变动损失（收益以“-”号填列）	-2 600	
财务费用（收益以“-”号填列）	73 450	
投资损失（收益以“-”号填列）	-52 000	
递延所得税资产减少（增加以“-”号填列）		
递延所得税负债增加（减少以“-”号填列）		
存货的减少（增加以“-”号填列）	-238 714	
经营性应收项目的减少（增加以“-”号填列）	32 634	
经营性应付项目的增加（减少以“-”号填列）	-97 889.75	
其他		
经营活动产生的现金流量净额	439 531	
2. 不涉及现金收支的重大投资和筹资活动		
债务转为资本		
一年内到期的可转换公司债券		
融资租入固定资产		
3. 现金及现金等价物净变动情况		
现金的期末余额	1 714 860	
减：现金的期初余额	2 351 830	
加：现金等价物的期末余额		
减：现金等价物的期初余额		
现金及现金等价物净增加额	-636 970	

15.5　所有者权益变动表

15.5.1　所有者权益变动表的性质与作用

所有者权益变动表是一张反映企业在一定期间内构成所有者权益的各组成部分的增减变动情况的报表。它反映三个方面的内容：一是因资本业务而导致所有者权益总额发生变动的项目，即所有者投入资本和向所有者分配利润；二是所有者权益项目内部的变动，例如，提取盈余公积；三是综合收益导致的所有者权益的变动。其中，综合收益又由两部分构成：（1）直接计入所有者权益的利得和损失；（2）净利润。该表在一定程度上体现了企业综合收益的特点。

15.5.2　所有者权益变动表的编制

所有者权益变动表的格式见表 15-12。本表各项目应当根据当期净利润、直接计入所有者权益的利得和损失项目、所有者投入资本和向所有者分配利润、提取盈余公积等情况分析填列。在本表中，直接计入当期损益的利得和损失应包含在净利润中；直接计入所有者权益的利得和损失，如其他债权投资（其他权益工具投资）公允价值变动净额、现金流量套期工具公允价值变动净额等，应单列项目反映。

（1）“上年年末余额”项目，反映企业上年资产负债表中实收资本（或股本）、其他权益工具、资本公积、其他综合收益、盈余公积、未分配利润的年末余额。

（2）“会计政策变更”和“前期差错更正”项目，分别反映企业采用追溯调整法处理的会计政策变更的累积影响金额和采用追溯重述法处理的会计差错更正的累积影响金额。

为了体现会计政策变更和前期差错更正的影响，企业应当在上期期末所有者权益余额的基础上进行调整得出本期期初所有者权益，根据“盈余公积”“利润分配”“以前年度损益调整”等科目分析填列。

（3）“本年增减变动金额”项目分别反映如下内容：

①“综合收益总额”项目，反映企业当年的综合收益总额，应根据当年利润表中“其他综合收益的税后净额”和“净利润”项目填列，并对应列在“其他综合收益”和“未分配利润”栏。

②“所有者投入和减少资本”项目，反映企业当年所有者投入的资本和减少的资本，其中：“所有者投入的普通股”项目，反映企业接受投资者投入形成的实收资本（或股本）和资本公积，应根据“实收资本”“资本公积”等科目的发生额分析填列，并对应列在“实收资本”和“资本公积”栏。

“其他权益工具持有者投入资本”项目，反映企业发行的除普通股以外分类为权益工具的金融工具的持有者投入资本的金额。该项目应根据金融工具类科目的相关明细科目的发生额分析填列。

“股份支付计入所有者权益的金额”项目，反映企业处于等待期中的以权益结算的股份支付当年计入资本公积的金额，应根据“资本公积”科目所属的“其他资本公积”二级科目的发生额分析填列，并对应列在“资本公积”栏。

表 15-12 **所有者权益变动表**

编制单位：A 公司 2020 年度 单位：元

项目	本年金额								上年金额							
	实收资本（或股本）	其他权益工具	资本公积	减：库存股	其他综合收益	盈余公积	未分配利润	所有者权益合计	实收资本（或股本）	其他权益工具	资本公积	减：库存股	其他综合收益	盈余公积	未分配利润	所有者权益合计
一、上年年末余额	5 460 000		303 290			195 000	117 000	6 075 290								
加：会计政策变更																
前期差错更正																
二、本年年初余额	5 460 000		303 290			195 000	117 000	6 075 290								
三、本年增减变动金额（减少以"—"号填列）						80 080	644 45.75	144 525.75								
（一）综合收益总额							197 955.75	197 955.75								
（二）所有者投入和减少资本																
1.所有者投入的普通股																
2.其他权益工具持有者投入资本																
3.股份支付计入所有者权益的金额																
4.其他																
（三）利润分配						80 080	−133 510	−53 430								
1.提取盈余公积						80 080	−80 080									
2.对所有者（或股东）的分配							−53 430	−53 430								
3.其他																
（四）所有者权益内部结转																
1.资本公积转增资本（或股本）																
2.盈余公积转增资本（或股本）																
3.盈余公积弥补亏损																
4.设定受益计划变动额结转留存收益																
5.其他综合收益结转留存收益																
6.其他																
四、本年年末余额	5 460 000		303 290			275 080	181 445.75	6 219 815.75	5 460 000		303 290			195 000	117 000	6 075 290

③"利润分配"下各项目，反映当年对所有者（或股东）分配的利润（或股利）金额和按照规定提取的盈余公积金额，并对应列在"未分配利润"和"盈余公积"栏。其中：

"提取盈余公积"项目，反映企业按照规定提取的盈余公积，应根据"盈余公积""利润分配”科目的发生额分析填列。

“对所有者（或股东）的分配”项目，反映对所有者（或股东）分配的利润（或股利）金额，应根据“利润分配”科目的发生额分析填列。

④“所有者权益内部结转”下各项目，反映不影响当年所有者权益总额的所有者权益各组成部分之间当年的增减变动，包括资本公积转增资本（或股本）、盈余公积转增资本（或股本）、盈余公积弥补亏损等。其中：

“资本公积转增资本（或股本）”项目，反映企业以资本公积转增资本或股本的金额，应根据“实收资本”“资本公积”等科目的发生额分析填列。

“盈余公积转增资本（或股本）”项目，反映企业以盈余公积转增资本或股本的金额，应根据“实收资本”“盈余公积”等科目的发生额分析填列。

“盈余公积弥补亏损”项目，反映企业以盈余公积弥补亏损的金额，应根据“盈余公积”“利润分配”等科目的发生额分析填列。

“其他综合收益结转留存收益”项目，主要反映：（1）企业指定为以公允价值计量且其变动计入其他综合收益的非交易性权益工具投资终止确认时，之前计入其他综合收益的累计利得或损失从其他综合收益中转入留存收益的金额；（2）企业指定为以公允价值计量且其变动计入当期损益的金融负债终止确认时，之前由企业自身信用风险变动引起而计入其他综合收益的累计利得或损失从其他综合收益中转入留存收益的金额等。该项目应根据“其他综合收益”科目的相关明细科目的发生额分析填列。

企业应当根据上年度所有者权益变动表“本年金额”栏内所列数字填列本年度“上年金额”栏内各项数字。如果上年度所有者权益变动表的项目名称和内容同本年度不一致，应对上年度所有者权益变动表相关项目的名称和金额按本年度的规定进行调整，填入所有者权益变动表“上年金额”栏内。

（4）“本年年末余额”项目，反映企业本年资产负债表中实收资本（或股本）、其他权益工具、资本公积、其他综合收益、盈余公积、未分配利润的年末余额。

15.6　财务报表附注

15.6.1　财务报表附注的含义及作用

财务报表附注是财务报表不可或缺的组成部分，是对在资产负债表、利润表、现金流量表和所有者权益变动表等报表中列示项目的文字描述或明细资料，以及对未能在这些报表中列示项目的说明等。

由于财务报表中所规定的内容具有固定的格式，只能提供定量的财务信息，而且列入财务报表各项目的信息必须符合会计要素的定义和确认标准，因此使财务报表所反映的会计信息受到或多或少的限制。财务报表附注是对财务报表本身无法或难以充分表述的内容和项目所作的详细解释和补充说明，因此财务报表附注是企业财务报告不可缺少的组成部分。为了方便使用者阅读、了解企业真实的会计信息，企业有必要对财务报表中一些被高度浓缩的项目进行进一步的分解、解释和补充，所以，财务报表附注就成为财务报告的重要组成部分。

15.6.2 财务报表附注的内容

企业的年度财务报表附注至少应披露以下内容，法律、行政法规和国家统一的会计制度另有规定的，从其规定。

1. 企业的基本情况

（1）企业注册地、组织形式和总部地址。

（2）企业的业务性质和主要经营活动，如企业所处的行业、所提供的主要产品或服务、客户的性质、销售策略、监管环境的性质等。

（3）母公司以及集团最终母公司的名称。

（4）财务报告的批准报出者和财务报告的批准报出日。

2. 财务报告的编制基础

（1）会计年度。

（2）记账本位币。

（3）会计计量所运用的计量基础。

（4）现金和现金等价物的构成。

3. 遵循企业会计准则的声明

企业应当声明编制的财务报表符合企业会计准则的要求，真实、完整地反映了企业的财务状况、经营成果和现金流量等有关信息，以此明确企业编制财务报表所依据的制度基础。如果企业编制的财务报表只是部分地遵循了企业会计准则，附注中不得作出这种表述。

4. 重要会计政策和会计估计

企业在发生某项交易或事项允许选用不同的会计处理方法时根据财务报表列报准则的规定，企业应当披露采用的重要会计政策和会计估计，不重要的会计政策和会计估计可以不披露。

（1）重要会计政策的说明。

企业在发生的某项交易或事项允许选用不同的会计处理方法时，应当根据准则的规定从允许的会计处理方法中选择适合本企业特点的会计政策，比如，存货的计价可以选择先进先出法、加权平均法和个别计价法等。为了有助于报表使用者理解，有必要对这些会计政策加以披露，包括：

①财务报表项目的计量基础。会计计量属性包括历史成本、重置成本、可变现净值、现值和公允价值，这直接显著影响报表使用者的分析，这项披露要求便于使用者了解企业财务报表中的项目是按何种计量基础予以计量的，如存货是按成本还是可变现净值计量等。

②会计政策的确定依据，主要是指企业在运用会计政策过程中所作的对报表中确认的项目金额最具影响的判断。例如，企业应当根据本企业业务的实际情况说明确定金融资产分类的判断标准等。这些判断对在报表中确认的项目金额具有重要影响。因此，这项披露要求有助于使用者理解企业选择和运用会计政策的背景，增加财务报表的可理解性。

（2）重要会计估计的说明。

财务报表列报准则强调了对会计估计不确定性因素的披露要求，企业应当披露会计估计中所采用的关键假设和不确定性因素的确定依据，这些关键假设和不确定性因素在下一会计期间内很可能导致企业对资产、负债的账面价值进行重大调整。

在确定报表中确认的资产和负债账面金额的过程中，企业有时需要对不确定的未来事项在资产负债表日对这些资产和负债的影响加以估计。例如，固定资产可收回金额的计算需要根据其公允价值减去处置费用后的净额与预计未来现金流量的现值两者之间的较高者确定，在计算资产预计未来现金流量的现值时需要对未来现金流量进行预测，并选择适当的折现率，应当在附注中披露未来现金流量预测所采用的假设及依据、所选择的折现率为什么是合理的等。又如，为正在进行中的诉讼确认预计负债时最佳估计数的确定依据等。这些假设的变动对这些资产和负债项目金额的确定影响很大，有可能会在下一个会计年度内作出重大调整。因此，强调这一披露要求，有助于提高财务报表的可理解性。

5. 会计政策和会计估计变更以及差错更正的说明

企业应当按照《企业会计准则第28号——会计政策、会计估计变更和差错更正》及其应用指南的规定，披露会计政策和会计估计变更以及差错更正的有关情况。

（1）会计政策变更的性质、内容和原因。

（2）当期和各个列报前期财务报表中受会计政策变更影响的项目名称和调整金额。

（3）无法进行追溯调整的，说明该事实和原因以及开始应用变更后的会计政策的时点、具体应用情况。

（4）会计估计变更的内容和原因。

（5）会计估计变更对当期和未来期间的影响数。

（6）会计估计变更的影响数不能确定的，披露这一事实和原因。

（7）前期差错的性质。

（8）各个列报前期财务报表中受前期差错影响的项目名称和更正金额。

（9）无法进行追溯重述的，说明该事实和原因以及对前期差错开始进行更正的时点、具体的更正情况。

6. 报表重要项目的说明

企业应当以文字和数字描述相结合的方式，尽可能以列表形式披露报表重要项目的构成或当期增减变动情况，并且报表重要项目的明细金额合计应当与报表项目金额相衔接。在披露顺序上，一般应当按照资产负债表、利润表、现金流量表、所有者权益变动表的顺序及项目列示的顺序。

7. 其他需要说明的重要事项

其他需要说明的重要事项包括或有和承诺事项、资产负债表日后非调整事项、关联方关系及交易等，具体的披露要求须遵循相关准则的规定，分别参见相关章节的内容。

基本训练

◆ 复习思考题

1. 说明财务报告的作用与要求。

2. 说明编制资产负债表、利润表、现金流量表的作用。

3. 什么是资产负债表？资产负债表的结构和内容有哪些？

4. 如何编制资产负债表？

5. 什么是利润表？利润表的结构和内容有哪些？

6. 如何编制利润表？

7. 说明现金流量表的结构及内容。

◆ 计算分析题

1.A 企业 2020 年有关资料见表 15-13，请据此填制资产负债表有关项目：货币资金、交易性金融资产、应收票据、应收账款、预付款项、存货、长期待摊费用、债权投资、一年内到期的非流动资产、应付账款、预收款项、长期借款、一年内到期的非流动负债。

表 15-13 **资产负债表有关科目年末余额**

2020 年 12 月 31 日

单位：元

科目名称	期末余额	科目名称	期末余额
库存现金	3 000	原材料	20 000
银行存款	50 000	周转材料	700 000
其他货币资金	30 000	库存商品	400 000
交易性金融资产	200 000	材料成本差异（贷方余额）	50 000
应收票据	180 000	存货跌价准备	5 000
应收账款（明细借余）	40 000	长期待摊费用	2 000
应收账款（明细贷余）	5 000	债权投资	4 000 000
预付账款（明细借余）	30 000	其中：下年3月到期债权投资	1 000 000
预付账款（明细贷余）	3 000	长期借款	400 000
应付账款（明细借余）	90 000	其中：一年内到期的借款	100 000
应付账款（明细贷余）	10 000		
预收账款（明细借余）	80 000		
预收账款（明细贷余）	30 000		
坏账准备	20 000		

2.A 企业为增值税一般纳税企业，适用的增值税税率为 13%，2020 年有关资料见表 15-14 和表 15-15。

表 15-14

资产负债表有关科目资料

2020 年 12 月 31 日

单位：元

会计科目	年初余额	本年增加	本年减少	年末余额
应收账款	4 680 000			9 360 000
应收票据	1 170 000			702 000
交易性金融资产	600 000		100 000（出售）	500 000
应收股利	40 000	20 000		20 000
坏账准备	400 000	400 000		800 000
存货	5 000 000			4 800 000
长期股权投资	1 000 000	200 000		1 200 000
应付账款	3 510 000			4 680 000
应交税费				
应交增值税	500 000		616 000（已交） 544 000（进项税额）	360 000
应交企业所得税	60 000	20 000		80 000
长期借款	1 200 000	600 000	400 000（偿还本金）	1 400 000

表 15-15

利润表有关项目本年发生额

2020 年度

单位：元

项　目	借方发生额	贷方发生额
营业收入		6 000 000
营业成本	3 400 000	
现金股利		20 000
出售交易性金融资产		40 000

要求：计算以下现金流量表中现金流入和流出数额，并列出计算过程：

（1）销售商品、提供劳务收到的现金。

（2）购买商品、接受劳务支付的现金。

（3）支付的各项税费。

（4）收回投资收到的现金。

（5）取得投资收益收到的现金。

（6）取得借款收到的现金。

（7）偿还债务支付的现金。

主要参考文献

[1] 中华人民共和国财政部．企业会计准则［M］．上海：立信会计出版社，2020.

[2] 中华人民共和国财政部．企业会计准则——应用指南［M］．上海：立信会计出版社，2020.

[3] 中国注册会计师协会．会计［M］．北京：中国财政经济出版社，2020.

[4] 财政部会计资格考试中心．中级会计实务［M］．北京：经济科学出版社，2020.

[5] 林刚．中级财务会计［M］．北京：中国人民大学出版社，2020.

附录　现值和终值表

附表 1　　**复利终值系数表**　　(F/P, r, n) = $(1+r)^n$

n＼r	1	2	3	4	5	6	7	8	9	10	11	12	13	14	n＼r
1%	1.01000	1.02010	1.03030	1.04060	1.05101	1.06152	1.07214	1.08286	1.09369	1.10462	1.11567	1.12683	1.13809	1.14947	1%
2%	1.02000	1.04040	1.06121	1.08243	1.10408	1.12616	1.14869	1.17166	1.19509	1.21899	1.24337	1.26824	1.29361	1.31948	2%
3%	1.03000	1.06090	1.09273	1.12551	1.15927	1.19405	1.2297	1.26677	1.30477	1.34392	1.38423	1.42576	1.46853	1.51259	3%
4%	1.04000	1.08160	1.12486	1.16986	1.21665	1.26532	1.31593	1.36857	1.42331	1.48024	1.53945	1.60103	1.66507	1.73168	4%
5%	1.05000	1.10250	1.15763	1.21551	1.27628	1.34010	1.40710	1.47746	1.55133	1.62889	1.71034	1.79586	1.88565	1.97993	5%
6%	1.06000	1.12360	1.19102	1.26248	1.33823	1.41852	1.50363	1.59385	1.68948	1.79085	1.89830	2.01220	2.13293	2.26090	6%
7%	1.07000	1.14490	1.22504	1.31080	1.40255	1.50073	1.60578	1.71819	1.83846	1.96715	2.10485	2.25219	2.40985	2.57853	7%
8%	1.08000	1.16640	1.25971	1.36049	1.46933	1.58687	1.71382	1.85093	1.99900	2.15892	2.33164	2.51817	2.71962	2.93719	8%
9%	1.09000	1.18810	1.29503	1.41158	1.53862	1.67710	1.82804	1.99256	2.17189	2.36736	2.58043	2.81266	3.06580	3.34173	9%
10%	1.10000	1.21000	1.33100	1.46410	1.61051	1.77156	1.94872	2.14359	2.35795	2.59374	2.85312	3.13843	3.45227	3.79750	10%
12%	1.12000	1.25440	1.40493	1.57352	1.76234	1.97382	2.21068	2.47596	2.77308	3.10585	3.47855	3.89598	4.36349	4.88711	12%
14%	1.14000	1.29960	1.48154	1.68896	1.92541	2.19497	2.50227	2.85259	3.25195	3.70722	4.22623	4.81790	5.49241	6.26135	14%
16%	1.16000	1.34560	1.56090	1.81064	2.10034	2.43640	2.82622	3.27841	3.80296	4.41144	5.11726	5.93603	6.88579	7.98752	16%
18%	1.18000	1.39240	1.64303	1.93878	2.28776	2.69955	3.18547	3.75886	4.43545	5.23384	6.17593	7.28759	8.59936	10.1472	18%
20%	1.20000	1.44000	1.72800	2.07360	2.48832	2.98598	3.58318	4.29982	5.15978	6.19174	7.43008	8.91610	10.6993	12.8392	20%
24%	1.24000	1.53760	1.90662	2.36421	2.93163	3.63522	4.50767	5.58951	6.93099	8.59443	10.6571	13.2148	16.3863	20.3191	24%
28%	1.28000	1.63840	2.09715	2.68435	3.43597	4.39805	5.62950	7.20576	9.22337	11.8059	15.1116	19.3428	24.7588	31.6913	28%
32%	1.32000	1.74240	2.29997	3.03596	4.00746	5.28985	6.98261	9.21704	12.1665	16.0598	21.1989	27.9825	36.9370	48.7568	32%
36%	1.36000	1.84960	2.51546	3.42102	4.65259	6.32752	8.60543	11.7034	15.9166	21.6466	29.4393	40.0375	54.4510	74.0534	36%
40%	1.40000	1.96000	2.74400	3.84160	5.37824	7.52954	10.5414	14.7579	20.6610	28.9255	40.4957	56.6939	79.3715	111.120	40%
50%	1.50000	2.25000	3.37500	5.06250	7.59375	11.3906	17.0859	25.6289	38.4434	57.6650	86.4976	129.746	194.620	291.929	50%

续表

n / r	15	16	17	18	19	20	21	22	23	24	25	26	27	28	n / r
1%	1.16097	1.17258	1.18430	1.19615	1.20811	1.22019	1.23239	1.24472	1.25716	1.26973	1.28243	1.29526	1.30821	1.32129	1%
2%	1.34587	1.37279	1.40024	1.42825	1.45681	1.48595	1.51567	1.54598	1.57690	1.60844	1.64061	1.67342	1.70689	1.74102	2%
3%	1.55797	1.60471	1.65285	1.70243	1.75351	1.80611	1.86029	1.91610	1.97359	2.03279	2.09378	2.15659	2.22129	2.28793	3%
4%	1.80094	1.87298	1.94790	2.02582	2.10685	2.19112	2.27877	2.36992	2.46472	2.56330	2.66584	2.77247	2.88337	2.99870	4%
5%	2.07893	2.18287	2.29202	2.40662	2.52695	2.65330	2.78596	2.92526	3.07152	3.22510	3.38635	3.55567	3.73346	3.92013	5%
6%	2.39656	2.54035	2.69277	2.85434	3.02560	3.20714	3.39956	3.60354	3.81975	4.04893	4.29187	4.54938	4.82235	5.11169	6%
7%	2.75903	2.95216	3.15882	3.37993	3.61653	3.86968	4.14056	4.43040	4.74053	5.07237	5.42743	5.80735	6.21387	6.64884	7%
8%	3.17217	3.42594	3.70002	3.99602	4.31570	4.66096	5.03383	5.43654	5.87146	6.34118	6.84848	7.39635	7.98806	8.62711	8%
9%	3.64248	3.97031	4.32763	4.71712	5.14166	5.60441	6.10881	6.65860	7.25787	7.91108	8.62308	9.39916	10.2451	11.1671	9%
10%	4.17725	4.59497	5.05447	5.55992	6.11591	6.72750	7.4025	8.14027	8.95430	9.84973	10.8347	11.9182	13.1100	14.4210	10%
12%	5.47357	6.13039	6.86604	7.68997	8.61276	9.64629	10.8038	12.1003	13.5523	15.1786	17.0001	19.0401	21.3249	23.8839	12%
14%	7.13794	8.13725	9.27646	10.5752	12.0557	13.7435	15.6676	17.8610	20.3616	23.2122	26.4619	30.1666	34.3899	39.2045	14%
16%	9.26552	10.7480	12.4677	14.4625	16.7765	19.4608	22.5745	26.1864	30.3762	35.2364	40.8742	47.4141	55.0004	63.8004	16%
18%	11.9737	14.1290	16.6722	19.6733	23.2144	27.3930	32.3238	38.1421	45.0076	53.1090	62.6686	73.9490	87.2598	102.967	18%
20%	15.4070	18.4884	22.1861	26.6233	31.9480	38.3376	46.0051	55.2061	66.2474	79.4968	95.3962	114.475	137.371	164.845	20%
24%	25.1956	31.2426	38.7408	48.0386	59.5679	73.8641	91.5915	113.574	140.831	174.631	216.542	268.512	332.955	412.864	24%
28%	40.5648	51.9230	66.4614	86.0706	108.890	139.380	178.406	228.360	292.300	374.144	478.905	612.998	784.638	1 004.34	28%
32%	64.3590	84.9538	112.139	148.024	195.391	257.916	340.449	449.393	593.199	783.023	1 033.59	1 364.34	1 800.93	2 377.22	32%
36%	100.713	136.969	186.278	253.338	344.540	468.574	637.261	866.674	1 178.68	1 603.00	2 180.08	2 964.91	4 032.28	5 483.90	36%
40%	155.568	217.795	304.913	426.879	597.630	836.683	1 171.36	1 639.90	2 295.86	3 214.20	4 499.88	6 299.83	8 819.76	12 347.7	40%
50%	437.894	656.841	985.261	1 477.89	2 216.84	3 325.26	4 987.89	7 481.83	11 222.7	16 834.1	25 251.2	37 876.8	56 815.1	85 222.7	50%

附表 2

复利现值系数表

(P/F，r，n) = $(1+r)^{-n}$

n / r	1	2	3	4	5	6	7	8	9	10	11	12	13	14	n / r
1%	0.99010	0.98030	0.97059	0.96098	0.95147	0.94205	0.93272	0.92348	0.91434	0.90529	0.89632	0.88745	0.87866	0.86996	1%
2%	0.98039	0.96117	0.94232	0.92385	0.90573	0.88797	0.87056	0.85349	0.83676	0.82035	0.80426	0.78849	0.77303	0.75788	2%
3%	0.97087	0.94260	0.91514	0.88849	0.86261	0.83748	0.81309	0.78941	0.76642	0.74409	0.72242	0.70138	0.68095	0.66112	3%
4%	0.96154	0.92456	0.88900	0.85480	0.82193	0.79031	0.75992	0.73069	0.70259	0.67556	0.64958	0.62460	0.60057	0.57748	4%
5%	0.95238	0.90703	0.86384	0.82270	0.78353	0.74622	0.71068	0.67684	0.64461	0.61391	0.58468	0.55684	0.53032	0.50507	5%
6%	0.94340	0.89000	0.83962	0.79209	0.74726	0.70496	0.66506	0.62741	0.59190	0.55839	0.52679	0.49697	0.46884	0.44230	6%
7%	0.93458	0.87344	0.81630	0.76290	0.71299	0.66634	0.62275	0.58201	0.54393	0.50835	0.47509	0.44401	0.41496	0.38782	7%
8%	0.92593	0.85734	0.79383	0.73503	0.68058	0.63017	0.58349	0.54027	0.50025	0.46319	0.42888	0.39711	0.36770	0.34046	8%
9%	0.91743	0.84168	0.77218	0.70843	0.64993	0.59627	0.54703	0.50187	0.46043	0.42241	0.38753	0.35553	0.32618	0.29925	9%
10%	0.90909	0.82645	0.75131	0.68301	0.62092	0.56447	0.51316	0.46651	0.42410	0.38554	0.35049	0.31863	0.28966	0.26333	10%
12%	0.89286	0.79719	0.71178	0.63552	0.56743	0.50663	0.45235	0.40388	0.36061	0.32197	0.28748	0.25668	0.22917	0.20462	12%
14%	0.87719	0.76947	0.67497	0.59208	0.51937	0.45559	0.39964	0.35056	0.30751	0.26974	0.23662	0.20756	0.18207	0.15971	14%
16%	0.86207	0.74316	0.64066	0.55229	0.47611	0.41044	0.35383	0.30503	0.26295	0.22668	0.19542	0.16846	0.14523	0.12520	16%
18%	0.84746	0.71818	0.60863	0.51579	0.43711	0.37043	0.31393	0.26604	0.22546	0.19106	0.16192	0.13722	0.11629	0.09855	18%
20%	0.83333	0.69444	0.57870	0.48225	0.40188	0.33490	0.27908	0.23257	0.19381	0.16151	0.13459	0.11216	0.09346	0.07789	20%
22%	0.81967	0.67186	0.55071	0.45140	0.37000	0.30328	0.24859	0.20376	0.16702	0.13690	0.11221	0.09198	0.07539	0.06180	22%
24%	0.80645	0.65036	0.52449	0.42297	0.34111	0.27509	0.22184	0.17891	0.14428	0.11635	0.09383	0.07567	0.06103	0.04921	24%
26%	0.79365	0.62988	0.49991	0.39675	0.31488	0.24991	0.19834	0.15741	0.12493	0.09915	0.07869	0.06245	0.04957	0.03934	26%
28%	0.78125	0.61035	0.47684	0.37253	0.29104	0.22737	0.17764	0.13878	0.10842	0.08470	0.06617	0.05170	0.04039	0.03155	28%
30%	0.76923	0.59172	0.45517	0.35013	0.26933	0.20718	0.15937	0.1259	0.09430	0.07254	0.05580	0.04292	0.03302	0.02540	30%
35%	0.74074	0.54870	0.40644	0.30107	0.22301	0.16520	0.12237	0.09064	0.06714	0.04974	0.03684	0.02729	0.02021	0.01497	35%

续表

n / r	15	16	17	18	19	20	21	22	23	24	25	26	27	28	n / r
1%	0.86135	0.85282	0.84438	0.83602	0.82774	0.81954	0.81143	0.80340	0.79544	0.78757	0.77977	0.77205	0.76440	0.75684	1%
2%	0.74301	0.72845	0.71416	0.70016	0.68643	0.67297	0.65978	0.64684	0.63416	0.62172	0.6095	0.59758	0.58586	0.57437	2%
3%	0.64186	0.62317	0.60502	0.58739	0.57029	0.55368	0.53755	0.52189	0.50669	0.49193	0.47761	0.46369	0.45019	0.43708	3%
4%	0.55526	0.53391	0.51337	0.49363	0.47464	0.45639	0.43883	0.42196	0.40573	0.39012	0.37512	0.36069	0.34682	0.33348	4%
5%	0.48102	0.45811	0.43630	0.41552	0.39573	0.37689	0.35894	0.34185	0.32557	0.31007	0.29530	0.28124	0.26785	0.25509	5%
6%	0.41727	0.39365	0.37136	0.35034	0.33051	0.31180	0.29416	0.27751	0.26180	0.24698	0.23300	0.21981	0.20737	0.19563	6%
7%	0.36245	0.33873	0.31657	0.29586	0.27651	0.25842	0.24151	0.22571	0.21095	0.19715	0.18425	0.17220	0.16093	0.15040	7%
8%	0.31524	0.29189	0.27027	0.25025	0.23171	0.21455	0.19866	0.18394	0.17032	0.15770	0.14602	0.13520	0.12519	0.11591	8%
9%	0.27454	0.25187	0.23107	0.21199	0.19449	0.17843	0.16370	0.15018	0.13778	0.12640	0.11597	0.10639	0.09761	0.08955	9%
10%	0.23939	0.21763	0.19784	0.17986	0.16351	0.14864	0.13513	0.12285	0.11168	0.10153	0.09230	0.08391	0.07628	0.06934	10%
12%	0.18270	0.16312	0.14564	0.13004	0.11611	0.10367	0.09256	0.08264	0.07379	0.06588	0.05882	0.05252	0.04689	0.04187	12%
14%	0.14010	0.12289	0.10780	0.09456	0.08295	0.07276	0.06383	0.05599	0.04911	0.04308	0.03779	0.03315	0.02908	0.02551	14%
16%	0.10793	0.09304	0.08021	0.06914	0.05961	0.05139	0.04430	0.03819	0.03292	0.02838	0.02447	0.02109	0.01818	0.01567	16%
18%	0.08352	0.07078	0.05998	0.05083	0.04308	0.03651	0.03094	0.02622	0.02222	0.01883	0.01596	0.01352	0.01146	0.00971	18%
20%	0.06491	0.05409	0.04507	0.03756	0.03130	0.02608	0.02174	0.01811	0.01509	0.01258	0.01048	0.00874	0.00728	0.00607	20%
22%	0.05065	0.04152	0.03403	0.02789	0.02286	0.01874	0.01536	0.01259	0.01032	0.00846	0.00693	0.00568	0.00466	0.00382	22%
24%	0.03969	0.03201	0.02581	0.02082	0.01679	0.01354	0.01092	0.00880	0.00710	0.00573	0.00462	0.00372	0.00300	0.00242	24%
26%	0.03122	0.02478	0.01967	0.01561	0.01239	0.00983	0.00780	0.00619	0.00491	0.00390	0.00310	0.00246	0.00195	0.00155	26%
28%	0.02465	0.01926	0.01505	0.01175	0.00918	0.00717	0.00561	0.00438	0.00342	0.00267	0.00209	0.00163	0.00127	0.00100	28%
30%	0.01954	0.01503	0.01156	0.00889	0.00684	0.00526	0.00405	0.00311	0.00239	0.00184	0.00142	0.00109	0.00084	0.00065	30%
35%	0.01109	0.00822	0.00609	0.00451	0.00334	0.00247	0.00183	0.00136	0.00101	0.00074	0.00055	0.00041	0.00030	0.00022	35%

附表 3　**年金终值系数表**　(F/A，r，n) = [(1+i) ⁿ−1] /r

n/r	1	2	3	4	5	6	7	8	9	10	11	12	13	14	n/r
1%	1.00000	2.01000	3.03010	4.06040	5.10101	6.15202	7.21354	8.28567	9.36853	10.4622	11.5668	12.6825	13.8093	14.9474	1%
2%	1.00000	2.02000	3.06040	4.12161	5.20404	6.30812	7.43428	8.58297	9.75463	10.9497	12.1687	13.4121	14.6803	15.9739	2%
3%	1.00000	2.03000	3.09090	4.18363	5.30914	6.46841	7.66246	8.59234	10.1591	11.4639	12.8078	14.1920	15.6178	17.0863	3%
4%	1.00000	2.04000	3.12160	4.24646	5.41632	6.63298	7.89829	9.21423	10.5828	12.0061	13.4864	15.0258	16.6268	18.2919	4%
5%	1.00000	2.05000	3.15250	4.31012	5.52563	6.80191	8.14201	9.54911	11.0266	12.5779	14.2068	15.9171	17.7130	19.5986	5%
6%	1.00000	2.06000	3.18360	4.37462	5.63709	6.97532	8.39384	9.89747	11.4913	13.1808	14.9716	16.8699	18.8821	21.0151	6%
7%	1.00000	2.07000	3.21490	4.43994	5.75074	7.15329	8.65402	10.2598	11.9780	13.8164	15.7836	17.8885	20.1406	22.5505	7%
8%	1.00000	2.08000	3.24640	4.50611	5.86660	7.33593	8.92280	10.6366	12.4876	14.4866	16.6455	18.9771	21.4953	24.2149	8%
9%	1.00000	2.09000	3.27810	4.57313	5.98471	7.52333	9.20043	11.0285	13.0210	15.1929	17.5603	20.1407	22.9534	26.0192	9%
10%	1.00000	2.10000	3.31000	4.64100	6.10510	7.71561	9.48717	11.4359	13.5795	15.9374	18.5312	21.3843	24.5227	27.9750	10%
12%	1.00000	2.12000	3.37440	4.77933	6.35285	8.11519	10.0890	12.2997	14.7757	17.5487	20.6546	24.1331	28.0291	32.3926	12%
14%	1.00000	2.14000	3.43960	4.92114	6.61010	8.53552	10.7305	13.2328	16.0853	19.3373	23.0445	27.2707	32.0887	37.5811	14%
16%	1.00000	2.16000	3.50560	5.06650	6.87714	8.97748	11.4139	14.2401	17.5185	21.3215	25.7329	30.8502	36.7862	43.6720	16%
18%	1.00000	2.18000	3.57240	5.21543	7.15421	9.44197	12.1415	15.3270	19.0859	23.5213	28.7551	34.9311	42.2187	50.8180	18%
20%	1.00000	2.20000	3.64000	5.36800	7.44160	9.92992	12.9159	16.4991	20.7989	25.9587	32.1504	39.5805	48.4966	59.1959	20%
22%	1.00000	2.22000	3.70840	5.52425	7.73958	10.4423	13.7396	17.7623	22.6700	28.6574	35.9620	44.8737	55.7459	69.0100	22%
24%	1.00000	2.24000	3.77760	5.68422	8.04844	10.9801	14.6153	19.1229	24.7125	31.6434	40.2379	50.8950	64.1097	80.4961	24%
26%	1.00000	2.26000	3.84760	5.84798	8.36845	11.5442	15.5458	20.5876	26.9404	34.9449	45.0306	57.7386	73.7506	93.9258	26%
28%	1.00000	2.28000	3.94840	6.01555	8.69991	12.1359	16.5339	22.1634	29.3692	38.5926	50.3985	65.5100	84.8529	109.612	28%
30%	1.00000	2.30000	3.99000	6.18700	9.04310	12.7560	17.5828	23.8577	32.0150	42.6195	56.4053	74.3270	97.6250	127.913	30%
35%	1.00000	2.35000	4.17250	6.63288	9.95438	14.4384	0.4919	28.6640	39.6964	4.5902	74.6967	101.841	138.485	187.954	35%

续表

r \ n	15	16	17	18	19	20	21	22	23	24	25	26	27	28	n / r
1%	16.0969	17.2579	18.4304	19.6147	20.8109	22.0190	23.2392	24.4716	25.7163	26.9735	28.2432	29.5256	30.8209	32.1291	1%
2%	17.2934	18.6393	20.0121	21.4123	22.8406	24.2974	25.7833	27.2990	28.8450	30.4219	32.0303	33.6709	35.3443	37.0512	2%
3%	18.5989	20.1569	21.7616	23.4144	25.1169	26.8704	28.6765	30.5368	32.4529	34.4265	36.4593	38.5530	40.7096	42.9309	3%
4%	20.0236	21.8245	23.6975	25.6454	27.6712	29.7781	31.9692	34.2480	36.6179	39.0826	41.6459	44.3117	47.0842	49.9676	4%
5%	21.5786	23.6755	25.8404	28.1324	30.5390	33.0660	35.7193	38.5052	41.4305	44.5020	47.7271	51.1135	54.6691	58.4026	5%
6%	23.2760	25.6725	28.2129	30.9057	33.7600	36.7856	39.9927	43.3923	46.9958	50.8156	54.8645	59.1564	63.7058	68.5281	6%
7%	25.1290	27.8880	30.8402	33.9990	37.3790	40.9955	44.8652	49.0057	53.4361	58.1767	63.2490	68.6765	74.4838	80.6977	7%
8%	27.1521	30.3243	33.7502	37.4502	41.4463	45.7620	50.4229	55.4568	60.8933	66.7648	73.1059	79.9544	87.3508	95.3388	8%
9%	29.3609	33.0034	36.9737	41.3013	46.0185	51.1601	56.7645	62.8733	69.5319	76.7898	84.7009	93.3240	102.723	112.968	9%
10%	31.7725	35.9497	40.5447	45.5992	51.1591	57.2750	64.0025	71.4027	79.5430	88.4973	98.3471	109.182	121.100	134.210	10%
12%	37.2797	42.7533	48.8837	55.7497	63.4397	72.0524	81.6987	92.5026	104.603	118.155	133.334	150.334	169.374	190.699	12%
14%	43.8424	50.9804	59.1176	68.3941	78.9692	91.0249	104.768	120.436	138.297	158.659	181.871	208.333	238.499	272.889	14%
16%	51.6595	60.9250	71.6730	84.1407	98.6032	115.380	134.841	157.415	183.601	213.978	249.214	290.088	337.502	392.503	16%
18%	60.6953	72.9390	87.0680	103.740	123.414	146.628	174.021	206.345	244.487	289.494	342.603	405.272	479.221	566.481	18%
20%	72.0351	87.4421	105.931	128.117	154.740	186.688	225.026	271.031	326.237	392.484	471.981	567.377	681.853	819.223	20%
22%	85.1922	104.935	129.020	158.405	194.254	237.989	291.347	356.443	435.861	532.750	650.955	795.165	971.102	1 185.74	22%
24%	100.815	126.011	157.253	195.994	244.033	303.601	377.465	469.056	582.630	723.461	898.092	1 114.63	1 383.15	1 716.10	24%
26%	119.347	151.377	191.735	242.585	306.658	387.389	489.110	617.278	778.771	982.251	1 238.64	1 561.68	1 968.72	2 481.59	26%
28%	141.303	181.868	233.791	300.252	385.323	494.213	633.593	811.999	1 040.36	1 332.66	1 706.80	2 185.71	2 798.71	3 583.34	28%
30%	167.286	218.472	285.014	371.518	483.973	630.165	820.215	1 067.28	1 388.46	1 806.00	2 348.80	3 054.44	3 971.78	5 164.31	30%
35%	254.738	344.897	466.611	630.925	852.748	1 152.21	1 556.48	2 102.25	2 839.04	3 833.71	5 176.50	6 989.28	9 436.53	12 740.3	35%

附表 4 **年金现值系数表** $(P/A, r, n) = [1-(1+r)^{-n}]/r$

n / r	1	2	3	4	5	6	7	8	9	10	11	12	13	14	n / r
1%	0.99010	1.97040	2.94099	3.90197	4.85343	5.79548	6.72819	7.65168	8.56602	9.47130	10.3676	11.2551	12.1337	13.0037	1%
2%	0.98039	1.94156	2.88388	3.80773	4.71346	5.60143	6.47199	7.32548	8.16224	8.98259	9.78685	10.5753	11.3484	12.1062	2%
3%	0.97087	1.91347	2.82861	3.71710	4.57971	5.41719	6.23028	7.01969	7.78611	8.53020	9.25262	9.95400	10.6350	11.2961	3%
4%	0.96154	1.88610	2.77509	3.62990	4.45182	5.24214	6.00206	6.73275	7.43533	8.11090	8.76048	9.38507	9.98565	10.5631	4%
5%	0.95238	1.85941	2.72325	3.54595	4.32948	5.07569	5.78637	6.46321	7.10782	7.72173	8.30641	8.86325	9.39357	9.89864	5%
6%	0.94340	1.83339	2.67301	3.46511	4.21236	4.91732	5.58238	6.20979	6.80169	7.36009	7.88687	8.38384	8.85268	9.29498	6%
7%	0.93458	1.80802	2.62432	3.38721	4.10020	4.76654	5.38929	5.97130	6.51523	7.02358	7.49867	7.94269	8.35765	8.74547	7%
8%	0.92593	1.78326	2.57710	3.31213	3.99271	4.62288	5.20637	5.74664	6.24689	6.71008	7.13896	7.53608	7.90378	8.24424	8%
9%	0.91743	1.75911	2.53130	3.23972	3.88965	4.48592	5.03295	5.53482	5.99525	6.41766	6.80519	7.16073	7.48690	7.78615	9%
10%	0.90909	1.73554	2.48685	3.16987	3.79079	4.35526	4.86842	5.33493	5.75902	6.14457	6.49506	6.81369	7.10336	7.36669	10%
12%	0.89286	1.69005	2.40183	3.03735	3.60478	4.11141	4.56376	4.96764	5.32825	5.65022	5.93770	6.19437	6.42355	6.62817	12%
14%	0.87719	1.64666	2.32163	2.91371	3.43308	3.88867	4.28830	4.63886	4.94637	5.21612	5.45273	5.66029	5.84236	6.00207	14%
16%	0.86207	1.60523	2.24589	2.79818	3.27429	3.68474	4.03857	4.34359	4.60654	4.83323	5.02864	5.19711	5.34233	5.46753	16%
18%	0.84746	1.56564	2.17427	2.69006	3.12717	3.49760	3.81153	4.07757	4.30302	4.49409	4.65601	4.79322	4.90951	5.00806	18%
20%	0.83333	1.52778	2.10648	2.58873	2.99061	3.32551	3.60459	3.83716	4.03097	4.19247	4.32706	4.43922	4.53268	4.61057	20%
22%	0.81967	1.49154	2.04224	2.49364	2.86364	3.16692	3.41551	3.61927	3.78628	3.92318	4.03540	4.12737	4.20277	4.26456	22%
24%	0.80645	1.45682	1.98130	2.40428	2.74538	3.02047	3.24232	3.42122	3.56550	3.68186	3.77569	3.85136	3.91239	3.96160	24%
26%	0.79365	1.42353	1.92344	2.32019	2.63507	2.88498	3.08331	3.24073	3.36566	3.46481	3.54350	3.60595	3.65552	3.69485	26%
28%	0.78125	1.39160	1.86844	2.24097	2.53201	2.75938	2.93702	3.07579	3.18421	3.26892	3.33509	3.38679	3.42718	3.45873	28%
30%	0.76923	1.36095	1.81611	2.16624	2.43557	2.64275	2.80211	2.92470	3.01900	3.09154	3.14734	3.19026	3.22328	3.24867	30%
35%	0.74074	1.28944	1.69588	1.99695	2.21996	2.38516	2.50752	2.59817	2.66531	2.71504	2.75188	2.77947	2.79939	2.81436	35%

续表

n / r	15	16	17	18	19	20	21	22	23	24	25	26	27	28	n / r
1%	13.8651	14.7179	15.5623	16.3983	17.2260	18.0456	18.8570	19.6604	20.4558	21.2434	22.0232	22.7952	23.5596	24.3164	1%
2%	12.8493	13.5778	14.2919	14.9920	15.6785	16.3514	17.0112	17.6580	18.2922	18.9139	19.5235	20.1210	20.7069	21.2813	2%
3%	11.9379	12.5611	13.1661	13.7535	14.3238	14.8775	15.4150	15.9369	16.4436	16.9355	17.4131	17.8768	18.3270	18.7641	3%
4%	11.1184	11.6523	12.1657	12.6593	13.1339	13.5903	14.0292	14.4511	14.8568	15.2420	15.6221	15.9828	16.3296	16.6631	4%
5%	10.3797	10.8378	11.2741	11.6896	12.0853	12.4622	12.8212	13.1630	13.4886	13.7986	14.0939	14.3752	14.6430	14.8981	5%
6%	9.71225	10.1059	10.4773	10.8276	11.1581	11.4699	11.7641	12.0416	12.3034	12.5504	12.7834	13.0032	13.2105	13.4062	6%
7%	9.10791	9.44665	9.76322	10.0591	10.3356	10.5940	10.8355	11.0612	11.2722	11.4693	11.6536	11.8258	11.9867	12.1371	7%
8%	8.55948	8.85137	9.12164	9.37189	9.60360	9.81815	10.0168	10.2007	10.3711	10.5288	10.6748	10.8100	10.9352	11.0511	8%
9%	8.06069	8.31256	8.54363	8.75563	8.95011	9.12855	9.29224	9.44243	9.58021	9.70661	9.82258	9.92897	10.0266	10.1161	9%
10%	7.60608	7.82371	8.02155	8.20141	8.36492	8.51356	8.64869	8.77154	8.88322	8.98474	9.07704	9.16095	9.23722	9.30657	10%
12%	6.81086	6.97399	7.11963	7.24967	7.36578	7.46944	7.56200	7.64465	7.71843	7.78432	7.84314	7.89566	7.94255	7.98442	12%
14%	6.14217	6.26506	6.37286	6.46742	6.55037	6.62313	6.68696	6.74294	6.79206	6.83514	6.87293	6.90608	6.93515	6.96066	14%
16%	5.57546	5.66850	5.74870	5.81785	5.87746	5.92884	5.97314	6.01133	6.04425	6.07263	6.09709	6.11818	6.13636	6.15204	16%
18%	5.09158	5.16235	5.22233	5.27316	5.31624	5.35275	5.38368	5.40990	5.43212	5.45095	5.46691	5.48043	5.49189	5.50160	18%
20%	4.67547	4.72956	4.77463	4.81219	4.84350	4.86958	4.89132	4.90943	4.92453	4.93710	4.94759	4.95632	4.96360	4.96967	20%
22%	4.31552	4.35673	4.39077	4.41866	4.44152	4.46027	4.47563	4.48822	4.49854	4.50700	4.51393	4.51962	4.52428	4.52810	22%
24%	4.00129	4.03330	4.05911	4.07993	4.09672	4.11026	4.12117	4.12998	4.13708	4.14281	4.14743	4.15115	4.15415	4.15657	24%
26%	3.72607	3.75085	3.77052	3.78613	3.79851	3.80834	3.81615	3.82234	3.82725	3.83115	3.83425	3.83670	3.83865	3.84020	26%
28%	3.48339	3.50265	3.51769	3.52945	3.53863	3.54580	3.55141	3.55579	3.55921	3.56188	3.56397	3.56560	3.56688	3.56787	28%
30%	3.26821	3.28324	3.29480	3.30369	3.31053	3.31579	3.31984	3.32296	3.32535	3.32719	3.32861	3.32970	3.33054	3.33118	30%
35%	2.82545	2.83367	2.83975	2.84426	2.84760	2.85008	2.85191	2.85326	2.85427	2.85502	2.85557	2.85598	2.85628	2.85650	35%